КНИГА ЗОАР

на пять частей Торы
с комментарием «Сулам»

Глава Беаалотха
Глава Шлах леха
Глава Корах

Под редакцией М. Лайтмана,
основателя и главы
Международной академии каббалы

УДК 130.122
ББК 87.3(0)

Все права защищены. Никакая часть данной книги не может быть воспроизведена в какой бы то ни было форме без письменного разрешения владельцев авторских прав.

СЕРИЯ: «ЗОАР ДЛЯ ВСЕХ»

Книга Зоар. Главы Беаалотха, Шлах леха, Корах / Под ред. М. Лайтмана – М.: НФ «Институт перспективных исследований», 2023. – 328 с.

The Book of Zohar. Chapters Behaalotch, Shlach lecha, Korach / Edited by M. Laitman – M.: NF «Institute of perspective researches», 2023. – 328 pages.

ISBN 978-5-91072-133-7

Книга Зоар была написанна в середине II века н.э., – это одно из самых таинственных произведений, когда-либо созданных человечеством.

До середины двадцатого века понять или просто прочесть Книгу Зоар могли лишь единицы. И это не случайно – ведь эта древняя книга была изначально предназначена для нашего поколения и является раскрытием Торы.

В середине прошлого века величайший каббалист XX столетия Йегуда Ашлаг (Бааль Сулам) проделал колоссальную работу. Он написал комментарий «Сулам» (лестница) и одновременно перевел арамейский язык Зоара на иврит.

Но сегодня наш современник разительно отличается от человека прошлого века. Международная академия каббалы во главе с М. Лайтманом, всемирно известным ученым-исследователем в области классической каббалы, желая облегчить восприятие книги современному русскоязычному читателю, провела грандиозную работу. Впервые вся Книга Зоар была переведена и обработана в соответствии с правилами современного русского языка.

ISBN 978-5-91072-133-7

© Laitman Kabbalah Publishers, 2023
© НФ «Институт перспективных исследований», 2023

Содержание

ГЛАВА БЕААЛОТХА

И оно, как жених, выходит из-под хупы его 8
Счастлив народ, умеющий трубить 10
И стал ковчег в седьмом месяце 13
Когда будешь возжигать лампады 16
Иссахар и Звулун 19
Колодец, выкопанный старейшинами 21
Семидесятидвухбуквенное имя 23
Имя из семидесяти двух имен 27
Внутренний жертвенник и светильник 30
Кто исходит со стороны суда, не должен растить волосы .. 32
А это – относящееся к левитам 34
Песах в назначенное время и второй Песах 35
Второй Песах 38
Что проходит через огонь, проведите через огонь 42
И вода стала сладкою 43
Ворон и голубь 47
И в день возведения Скинии 55
Знамена 57
Второе знамя 68
Третье знамя 73
Четвертое знамя 78
Буквы нун 81
Ман – как семя кориандра 87
Лучше предай меня смерти 88
Не даст ему Всесильный вкушать от этого 90
Собери мне семьдесят мужей 93
Святое имя из одиннадцати букв 94

ГЛАВА ШЛАХ ЛЕХА

Пошли себе людей 96
Имя властвующего от полуночи и далее 97
Луна светит только после захода солнца 103
Цлофхад рубил деревья 104
Участь сынов человеческих и участь скота 109
Йеошуа и Калев 114
Как говорится о смерти прежде создания мира 119

Три мира у Творца 121
Поднимайтесь здесь, на юге 125
Разведчики..126
Человек в мире подобен высшему 136
Этот мир подобен высшему 137
Глава собрания...141
Чем отличается непорочный от смирного 150
Пещера Махпела 163
Чтение Торы 165
Корона Машиаха 171
Парящие буквы 179
Источник воды...182
Должен являться всякий мужчина........................193
Столбы и орлы 198
Любимая лань 202
Тот, кто не удостоился в этом месте 203
Суд одного человека в Эденском саду.................205
Чертог женских душ..207
Тот, кто меньше, тот больше................................211
Умершие в пустыне 212
Три голоса, которые никогда не пропадают.......214
И Йосеф положит руку на глаза твои 221
Облачения того мира 222
Строение тела человека 226
Женский разум легок 228
Столбы и колеса 230
Половина их – к морю восточному 244
Души мужские и женские, поднимающиеся наверх........249
Петушиный крик 251
Две слезы: одна – в Сагдон, а другая – в Гильба 254
Главный вредитель..259
Сложил руки и ест свою плоть 261
Кипящие слезы..262
Алфавиты и имена...264
Души поднимаются и опускаются........................266
Вот вознаграждение Его с Ним, и деяние Его пред Ним ...269
От начатков теста вашего халу 276
Рождение Моше 278
Цицит...283

ГЛАВА КОРАХ

И взял Корах 296
Созываемые на собрание 298
Свят и чист 300
Всевышний, Всесильный душ 301
Возьми угольницу 304
Не допустите искоренения колена семейств Кеата..........305
Во всем, где найдешь применение рукам своим 307
И будет служить Леви 310
Ценности дома 314
Отчуждающий свое имущество для коэна 315
Два из ста 316
Выделять десятину 318
Выделять благодарение 320
По слову Творца располагались станом 321

Интернет-магазин каббалистической книги 325
Обучающая платформа МАК 325
Международная академия каббалы 325

Глава Беаалотха

ГЛАВА БЕААЛОТХА

И оно, как жених, выходит из-под хупы его

1) «"И Творец сказал Моше, говоря: "Говори Аарону, и скажешь ему: "Когда будешь возжигать лампады, с лицевой стороны светильника должны светить эти семь лампад"[1]. Рабби Йегуда провозгласил: "И оно, как жених, выходит из-под хупы его"[2]. Счастлив удел Исраэля, ибо Творец пожелал их и дал им истинную Тору, Древо жизни, благодаря которому человек наследует жизнь для этого мира и жизнь для мира будущего. Ибо каждый, кто прикладывает старания в Торе и держится ее, – есть у него жизнь. Каждый же, кто оставляет речения Торы и расстается с Торой, – как будто расстается с жизнью. Ибо она – жизнь, и все речения ее – жизнь. И это смысл сказанного: "Потому что они – жизнь для того, кто нашел их, и исцеление для всей его плоти"[3]. И написано: "Врачеванием будет это для тела твоего"[4]».

2) «"Смотри, Древо жизни", Зеир Анпин, "включено сверху вниз. И это солнце", Зеир Анпин, "которое светит всем, – его свет начинается с рош", т.е. ХАБАД, "и распространяется в гуф дерева", т.е. Тиферет, "прямым путем. Две стороны включены в него: одна с севера, другая с юга, одна справа", и это Хесед, "другая слева", Гвура. "В час, когда солнце светит из этого гуф дерева, как мы учили, оно усиливает" сначала "правую руку", Хесед, "и светит его силой. И от этой силы" правой "светит левая", Гвура, "и включается в свет его"».

3) «"И оно, как жених, выходит из-под хупы его"[2]. Что представляет собой "хупа его"[2]?" И отвечает: "Это венец, которым украсила его мать в день свадьбы его"[5], т.е. мохин ХАБАД, которые

---

[1] Тора, Бемидбар, 8:1-2. «И Творец сказал Моше, говоря: "Говори Аарону, и скажешь ему: "Когда будешь возжигать лампады, с лицевой стороны светильника должны светить эти семь лампад"».
[2] Писания, Псалмы, 19:6. «И оно, как жених, выходит из-под хупы его, радуется, как герой, устремляясь в путь».
[3] Писания, Притчи, 4:22. «Потому что они – жизнь для того, кто нашел их, и исцеление для всей его плоти».
[4] Писания, Притчи, 3:8. «Врачеванием будет это для тела твоего и освежением для костей твоих».
[5] Писания, Песнь песней, 3:11. «Выйдите и посмотрите, дочери Циона, на царя Шломо в венце, которым украсила его мать в день свадьбы его и в день радости сердца его».

он получает от матери, Бины. "Выходит из-под хупы его"² – это рош (начало) всего света", т.е. ХАБАД.⁶ "Как ты говоришь в изречении, что после него: "От края небес восход его"⁷. И это – начало всего, называемое краем небес", т.е. Бина, из которой выходит и начинается Зеир Анпин, называемый небесами. "И тогда выходит оно, поистине как жених, когда он выходит, чтобы встретить свою невесту, возлюбленную души своей, и простирает руки свои", т.е. Хесед и Гвуру, "и принимает ее"».

4) «"Подобно этому: "И оно, как жених, выходит из-под хупы его"². Солнце", т.е. Зеир Анпин, "идет и распространяется на запад", т.е. к Малхут. "Когда запад приближается, пробуждается соответственно ей сначала северная сторона", Гвура, "и приближается к западу и совершает с ней зивуг на ее месте, как мы учили". Ибо начало зивуга Зеир Анпина – в левой линии, т.е. Гвуре,⁸ и это – примирение и просьба о разрешении. "Как написано: "Его левая рука под моей головой"⁹. А затем южная сторона, являющаяся правой линией", т.е. Хесед, "как написано: "А правая обнимает меня"⁹. Тогда он "радуется, как герой, устремляясь в путь"², чтобы осветить луну" от средней линии, т.е. Есода, "и это объяснялось. Смотри: "Когда будешь возжигать лампады"¹, – это высшие лампады", т.е. сфирот Малхут, "и все они вместе светят от солнца"», т.е. Зеир Анпина.

---

⁶ См. Зоар, главу Трума, п. 126. «"Тогда это Древо", Зеир Анпин, "возносит благоухания и ароматы"...»
⁷ Писания, Псалмы, 19:7. «От края небес восход его, и обращение его до края их, и ничто не сокрыто от тепла его».
⁸ См. Зоар, главу Берешит, часть 2, п. 215, со слов: «Внутренний смысл. Всё, что имеет место в порядке построения ступени...»
⁹ Писания, Песнь песней, 2:6. «Его левая рука под моей головой, а правая обнимает меня».

ГЛАВА БЕААЛОТХА

Счастлив народ, умеющий трубить

5) «Рабби Аба провозгласил: "Счастлив народ, умеющий трубить. Творец, в свете лица Твоего ходят они"[10]. Счастливы Исраэль, которым Творец дал святую Тору, и научил их путям Своим, чтобы прилепляться к Нему, и соблюдать заповеди Торы, чтобы удостоиться благодаря им будущего мира. И приблизил Он их в час, когда они вышли из Египта, ибо тогда вывел их из чужого владения, и поднял их, чтобы объединились Его именем. И тогда были наречены сыны Исраэля свободными от всего, так как не пребывали под чужой властью. И поднял Он их, чтобы они объединились Его именем, возносящимся над всем, властвующим над высшими и нижними"».

6) «"И из любви к ним назвал Он их: "Сын Мой, первенец Мой, Исраэль"[11], по высшему подобию", как Зеир Анпин, зовущийся первенцем. "И поразил Он всякого первенца, что наверху и внизу", от нечистой стороны. "И снял узы и запреты высших и низших", которые создали египтяне, чтобы не могли Исраэль выйти из Египта, – "дабы вывести их, и Он сделал их свободными от всего. И потому не пожелал Творец" вывести их (ни) посредством "ангела, и ни серафима, но Он сам. А еще, потому что Он умел различать" между первенцем и не первенцем, "и узнавать всё, и снимать запреты, и всё это не подвластно другому посланнику, а лишь Ему"».

7) «"Смотри, в ту ночь, когда Творец хотел поразить всех этих первенцев, как мы учили, что в час, когда стемнела ночь, пришли певцы, чтобы воспеть пред Ним. Сказал им" Творец: "Не время" произносить песнь, "ибо другую песнь воспевают сыновья Мои на земле". В час, когда разделилась ночь, пробудился северный ветер, и Творец вершил тогда возмездия за Исраэль, а Исраэль воспевали песнь в полный голос. И тогда сделал Он их свободными от всего. И высшие ангелы и все" высшие "станы – все слушали голос Исраэля, после того как они совершили обрезание и пометили свои дома той кровью и

---

[10] Писания, Псалмы, 89:16. «Счастлив народ, умеющий трубить. Творец, в свете лица Твоего ходят они».
[11] Тора, Шмот, 4:22. «И передай Фараону, что так сказал Творец: "Сын Мой, первенец Мой, Исраэль"».

кровью пасхальной жертвы – тремя метками: "на притолоке и на обоих косяках"[12]».

8) «"В чем смысл" нанесения крови на притолоку и на оба косяка? "Мы ведь объясняли. Поскольку это святой знак, и когда губитель выходил и видел эту кровь, нанесенную на вход, он жалел Исраэль. Это смысл сказанного: "И пройдет Творец мимо входа"[12]. Здесь нужно всмотреться: если Творец приходил и поражал в Египетской земле, а не другой посланник, то зачем нужен этот знак на входе, ведь всё раскрыто пред Ним? И еще: что значит "и не даст губителю"[12]? Выходит, что это посланник? "И не погубит", – следовало сказать"».

9) «"Но, разумеется, это так. Как написано: "И Творец поразил всякого первенца"[13]. "И Творец (ве-АВАЯ)"[13] – имеется в виду "Он", Зеир Анпин, "и Его суд", Малхут. "И этот суд Его находится здесь"». Поэтому написано: «Губитель»[12]. «"И в любом месте нужно показать действие" внизу, "чтобы" пробудить в соответствии с ним наверху и "спастись". И для этого они должны были нанести кровь на притолоку и оба косяка – чтобы пробудить на себя милосердие наверху. "И подобны этому" жертвоприношения "на жертвеннике – чтобы не было губителя"».

10) «"Это – в действии", т.е. в жертвоприношениях. "А в то время, когда это не нужно, как, например, в Рош а-шана, который является днем суда, когда злоязычники встают", чтобы возводить обвинения "на Исраэль", и недостаточно одних лишь жертвоприношений, "нужны речи, т.е. молитвы и просьбы. И нужно показать действие, как мы объясняли, и мы учили, с помощью чего, – с помощью шофара, дабы пробудить другой шофар", – Бину. "И мы находим в звуке этого шофара милосердие и суд вместе, как подобает, как тот высший шофар", Бина, "извлек голос", т.е. Зеир Анпина, "представляющий собой

---

[12] См. Тора, Шмот, 12:22-23. «И возьмите пучок эзова, и обмакните в кровь, которая в чаше, и возложите на притолоку и на два косяка от крови, которая в чаше. Вы же не выходите никто за двери дома своего до утра. И пойдет Творец для поражения египтян, и увидит кровь на притолоке и на обоих косяках, и пройдет Творец мимо входа, и не даст губителю войти в дома ваши для поражения».

[13] Тора, Шмот, 12:29. «И было в полночь, и Творец поразил всякого первенца в земле Египетской, от первенца Фараона, который сидеть должен на престоле его, до первенца узника, который в темнице, и все первородное из скота».

единство" милости, суда и милосердия вместе, потому что Тиферет, т.е. Зеир Анпин, включает милость (хесед), суд и милосердие. "И чтобы пробудить милосердие, мы идем" трубить в шофар, желая "сокрушить обвинителей, дабы не властвовали в тот день.[14] Когда же милосердие пробуждается, все высшие лампады", т.е. сфирот, "светят с этой стороны и с той стороны", справа и слева, "тогда: "В свете лика Царя – жизнь"[15]».

11) «"Смотри, в час, когда коэн намеревался зажечь свечи внизу и приносил благовонные воскурения, тогда в тот час светят высшие свечи", т.е. сфирот, "и связываются все вместе, и радость и ликование пребывают во всех мирах. Это смысл сказанного: "Елей и воскурения радуют сердце"[16]. И поэтому сказано: "Когда будешь возжигать лампады"[1]».

---

[14] См. Зоар, главу Ваера, статью «Рош а-шана и Йом Кипур», пп. 381-387.
[15] Писания, Притчи, 16:15. «В свете лика Царя – жизнь, и благоволение Его, как облако с весенним дождем».
[16] Писания, Притчи, 27:9. «Елей и воскурение радуют сердце, но сладость друга – в душевном совете».

ГЛАВА БЕААЛОТХА

И стал ковчег в седьмом месяце

12) «Рабби Эльазар и рабби Йоси, и рабби Ицхак находились в пути, натолкнулись на эти горы тьмы. Пока они еще шли, поднял глаза свои рабби Эльазар и увидел эти высокие горы, и они были ужасно мрачны и страшны. Сказал рабби Эльазар товарищам: "Если бы мой отец был здесь, я бы не устрашился, но поскольку нас трое, и между нами речения Торы, не будет тут пребывать суд"».

13) «Провозгласил рабби Эльазар и сказал: "И стал ковчег в седьмом месяце, в семнадцатый день месяца, на горах Арарата"[17]. Как до́роги речения Торы, ведь в каждом слове есть высшие тайны, и вся Тора называется высшей. И мы учили" в Брайте, "что тринадцать свойств, имеющихся в Торе, – все, что было в целом, и вышло из целого, чтобы обучать, не себе самой вышла обучать, а обучать всему целому вышла. Ибо Тора, которая является высшим свойством, несмотря на то что выходит из нее один простой рассказ, несомненно не призвана указывать на этот рассказ, а указывать на высшие вещи и высшие тайны. И не для того, чтобы обучать себе, вышла она, а чтобы обучать всему свойству в целом, вышла она. Ибо этот рассказ Торы или это действие, хотя и вышло из всей Торы, не указывать только на себя вышло, а указывать на высшее свойство всей Торы вышло"».

14) «"Подобно этому то, что написано: "И стал ковчег на седьмом месяце, в семнадцатый день месяца, на горах Арарата"[17]. Несомненно, это изречение вышло из всей Торы и превращается в простой рассказ". Спрашивает: "Какая нам разница, остановился он у этой горы или у той, – ведь должен же он был остановиться в каком-нибудь месте?" И отвечает: "Но обучить всему целому оно вышло". Поскольку это указывает на время суда, как нам предстоит выяснить. "И счастливы они, Исраэль, которым дана высшая Тора – истинная Тора. И тот, кто говорит, что этот рассказ Торы призван указать только на этот рассказ, – сгинет дух его. Ибо в таком случае высшая Тора не является истинной Торой. Но, безусловно, высшая святая Тора является истинной Торой"».

---

[17] Тора, Берешит, 8:4. «И стал ковчег в седьмом месяце, в семнадцатый день месяца, на горах Арарата».

15) «"Смотри, царь из плоти и крови, – не подобает его достоинству говорить о заурядных вещах, тем более записывать их. И неужели ты можешь представить, что у высшего Царя, Творца, не было святых слов, чтобы записать и сделать из них Тору, но Он собрал все обыденные речи, такие, как речи Эсава, речи Агари, речи Лавана о Яакове, речи ослицы, речи Билама, речи Балака, речи Зимри, и соединил их и все остальные написанные рассказы, и сделал из них Тору?"»

16) «"В таком случае, почему же называется она – "Тора истинная"[18], "Тора Творца совершенна"[19], "свидетельство Творца верно"[19], "повеления Творца справедливы"[20], "заповедь Творца чиста"[20], "страх пред Творцом чист"[21], "законы Творца истинны"[21]. И написано: "Вожделенней золота они и множества червонного золота"[22], – и это слова Торы. Но, разумеется, высшая святая Тора – это Тора истины, совершенная Тора Творца. И каждое слово призвано указывать на высшие вещи, ибо то, что в рассказе, не призвано указывать только лишь на себя, а призвано указывать на целое, как мы уже объяснили"».

17) «"Смотри: "И стал ковчег"[17], если это изречение так", как выяснится, "тем более, другие. В час, когда суд нависает над миром, и пребывают суды, и Творец восседает на престоле суда, чтобы судить мир с этого престола, сколько записей сделаны на нем, сколько приговоров спрятано в нем – в судопроизводстве Царя, все открытые книги спрятаны там, и поэтому ничего не забывается у Царя. И престол этот устанавливается и существует только в седьмом месяце, который является днем суда. День, когда все живущие в мире сочтены, все они проходят перед этим престолом. И потому: "И стал ковчег"[17], т.е. Малхут, называемая ковчегом, "в седьмом месяце"[17]. Разумеется, "в седьмом месяце"[17], ибо это суд мира"».

---

[18] Пророки, Малахи, 2:6. «Тора истинная была в устах его, и несправедливость не пребывала на губах его, в мире и справедливости ходил он со Мной и многих отвратил от греха».

[19] Писания, Псалмы, 19:8. «Тора Творца совершенна, оживляет душу, свидетельство Творца верно, умудряет простака».

[20] Писания, Псалмы, 19:9. «Повеления Творца справедливы, веселят сердце, заповедь Творца чиста, освещает очи».

[21] Писания, Псалмы, 19:10. «Страх (пред) Творцом чист, пребывает вовек, законы Творца истинны, все справедливы».

[22] Писания, Псалмы, 19:11. «Вожделенней золота они и множества чистого золота, и слаще меда и сотового меда».

18) «"На горах Арарата"¹⁷». Арарат – от слова «про́клятый» (ару́р), что указывает «"на этих обвинителей, рыдающих и стонущих. И на всех посланцев", находящихся "в этот день пред Творцом. И сколько защитников пробуждается в тот день, и все они стоят под этим престолом на суде мира"».

19) «"И Исраэль возносят молитву в этот день, и просят, и умоляют пред Ним, и трубят в шофар. И Творец жалеет их и обращает суд в милосердие. И все высшие и нижние начинают речь, говоря: "Счастлив народ, знающий трубление"²³. И потому нужно, чтобы в этот день, тот, кто трубит, знал главную" тайну "вещей, и сосредотачивался на них во время трубления, и делал это в" высшей "мудрости (хохма). И потому написано: "Счастлив народ, знающий трубление-(труа)"²³. И не написано: "Производящий (токей) трубление". И мы это уже учили"». Объяснение. Поскольку трубление-ткия указывает на милость (хесед), а трубление-труа – на суд. И главное намерение должно быть на трубление-труа, являющееся судом, чтобы обратить суд в милосердие.

---

²³ Писания, Псалмы, 89:16. «Счастлив народ, умеющий трубить (досл. знающий трубление). Творец, в свете лица Твоего ходят они».

Когда будешь возжигать лампады

20) «Шли они весь тот день, и когда стемнела ночь, поднялись к одному месту, и нашли одну пещеру. Сказал рабби Эльазар: "Пусть один войдет в пещеру, если найдет там место, которое более исправлено". Вошел рабби Йоси и увидел другую пещеру внутри нее, и в ней светит свет лампады. Услышал один голос, который произносил: "Когда будешь возжигать лампады, с лицевой стороны светильника должны светить эти семь лампад"[24]. Здесь взяла Кнессет Исраэль", т.е. Малхут, "свет, которым украшается высшая Има", т.е. Бина, "и все лампады", т.е. сфирот Малхут, "светят в ней от нее". И сказали о себе: "Две тонкие души воспаряют", т.е. поднимают МАН Торой своей. "А все дру́жки", т.е. все, кто поднимает МАН с помощью своей Торы, называемые дру́жками, "связывают" Малхут "с ее высшим", т.е. с Биной, "и оттуда" притягивают ее свечение "вниз"».

21) «Услышал рабби Йоси и обрадовался. Подошел к рабби Эльазару, сказал ему рабби Эльазар: "Войдем, потому что Творец встречает нас в этот день, чтобы сделать для нас чудеса". Вошли. Когда вошли, увидели двух людей, которые занимались Торой. Сказал рабби Эльазар: "Как драгоценна милость Твоя, Всесильный! И сыны человеческие в тени крыл Твоих находят убежище"[25]. Встали те. И все сели, и все возрадовались. Сказал рабби Эльазар: "Как драгоценна милость Твоя, Всесильный"[25], что нашел я вас! Милость (хесед) явил нам Творец в этом месте. Теперь зажигайте лампады"». Иначе говоря, пусть произнесут речения Торы для подъема МАН, чтобы зажечь сфирот Малхут от Имы, как сказали выше.

22) «Провозгласил рабби Йоси и сказал: "Когда будешь возжигать лампады"[24] означает – "именно: "Когда будешь возжигать"[24], то есть при зажигании тобой, потому что коэном совершаются две работы, представляющие собой единую связь. И что они представляют собой? – Елей и воскурение", и это Хохма и Бина, "о которых сказано: "Елей и воскурение

---

[24] Тора, Бемидбар, 8:1-2. «И Творец сказал Моше, говоря: "Говори Аарону, и скажешь ему: "Когда будешь возжигать лампады, с лицевой стороны светильника должны светить эти семь лампад"».
[25] Писания, Псалмы, 36:8. «Как драгоценна милость Твоя, Всесильный! И сыны человеческие в тени крыл Твоих находят убежище».

радуют сердце"²⁶. Как написано: "И воскурит на нем Аарон ... поправляя лампады, воскурять будет его"²⁷. И написано: "И Аарон, возжигая лампады, в межвечерье воскурять его будет"²⁸. Спрашивает: "В чем разница, что сказано здесь: "Поправляя"²⁷, а там: "Возжигая"²⁸?" Сказал рабби Йегуда: "Поправка и возжигание – все это является одним целым"». Ибо поправка подобна зажиганию.

23) «Рабби Йоси сказал: "Поправляя (досл. улучшая)"²⁷, это как ты говоришь: "Ибо ласки твои лучше (товим) от вина"²⁹, поскольку напоенные", т.е. "насыщенные вином, они хороши (товим). Как сказано: "И ели мы хлеб досыта и благоденствовали"³⁰». Иными словами, каждый, кто насытился вином или хлебом, т.е. светами ГАР, – они называются благоденствующими. Таким образом: «Поправляя лампады»²⁷ – означает, что притянет в изобилии света, называемые вином и хлебом, и это свечение Хохмы и хасадим. «"Рабби Йегуда говорит: "Улучшение на самом деле", т.е. он расходится во мнении с рабби Йоси, который говорит, что улучшение является результатом изобилия светов, но света праздничной трапезы, являющиеся свечением Хохмы, они сами называются улучшением. "Как сказано: "А у добросердечного – всегда пир"³¹. "Возжигая"²⁸ означает: "в то время, когда" сфирот "напоены и насыщены живительной влагой реки", где река – это Бина, а ее живительная влага – от Хохмы, "тогда поднимаются высшие, и благословения пребывают во всех, и все радуются". И получается, что поправка лампад – это свечение Хохмы, исходящее от Бины, и это вино. А возжигание лампад – это притягивание изобилия хасадим без перерыва, от Хохмы. "И поэтому написано: "И возжигая"²⁸».

24) «Рабби Аха сказал: "В час, когда самый глубокий из всех", т.е. высший Аба, "светит, он светит реке", т.е. высшей

---

²⁶ Писания, Притчи, 27:9. «Елей и воскурение радуют сердце, но сладость друга – в душевном совете».
²⁷ Тора, Шмот, 30:7. «И воскурит на нем Аарон курение благовонное; по утрам, поправляя лампады, воскурять будет его».
²⁸ Тора, Шмот, 30:8. «И Аарон, возжигая лампады, в межвечерье воскурять его будет: воскурение постоянное пред Творцом для поколений ваших».
²⁹ Писания, Песнь песней, 1:2. «Пусть он целует меня поцелуями уст своих, ибо ласки твои лучше вина».
³⁰ Пророки, Йермияу, 44:17.
³¹ Писания, Притчи, 15:15. «Все дни убогого – никчемны, а у добросердечного – всегда пир».

Име. "А река протягивается прямым путем с помощью средней линии", Зеир Анпина, "чтобы напоить всё", т.е. все ступени, что в Малхут. "Тогда написано: "Возжигая"[28], поскольку всё выходит из самого глубокого из всех. "Возжигая"[28] означает, "что он исходит со стороны высшего, самого глубокого из всех, который называется мыслью", и это Аба, "и все является одним целым", т.е. все является одним целым с тем, что сказали рабби Йоси и рабби Йегуда, "и тогда Кнессет Исраэль благословляется, и благословения пребывают во всех мирах"».

ГЛАВА БЕААЛОТХА

Иссахар и Звулун

25) «Рабби Ицхак провозгласил: "Написано: "Я построил Тебе дом обитания, постоянное место для пребывания Твоего вовеки"[32]. "Дом обитания"[32] – разумеется, дом обитания, ибо когда были переданы во власть" Малхут "все сокровища Царя", Зеир Анпина, "и она владеет ими, тогда она называется "дом обитания (бейт звуль)"[32]. И есть один небосвод, называемый Звуль (обитель). Ибо он должен принять благословения и выстроить всё. И эта", Малхут, когда она господствует над всем, тоже "называется домом обитания"».

26) «"Смотри, написано: "А о Звулуне сказал: "Радуйся, Звулун, при выходе твоем, и ты, Иссахар, в шатрах твоих"[33], – учит тому, что они действовали сообща. Этот выходил и вел войну, а тот сидел и занимался Торой. И этот дает долю тому", от своих трофеев, "а тот дает долю этому", от своей Торы. Ибо Иссахар – это Тиферет, а Звулун – это Малхут. "В уделе Звулуна находится море. И Кнессет Исраэль", т.е. Малхут, "называется морем Кинерет. И так ему подобает" называться, "потому что голубизна исходит оттуда", а голубизна – это Малхут, и Кинерет – это Малхут. "И уже объяснялось, что внизу – это подобие того, что наверху. Галилейское море наверху", т.е. Малхут, – "Галилейское море внизу. Голубизна наверху", т.е. Малхут, – "голубизна внизу. И всё это в одном месте"», – в Малхут.

27) «"И поэтому унаследовал Звулун – выступать и вести войну", потому что он – свойство Малхут. "И откуда нам известно, что это так? Поскольку написано: "Народы на гору созывают, там приносят они жертвы праведности"[34]. Разумеется, "жертвы праведности"[34], т.е. (жертвы) Малхут, называемой праведностью. В чем причина? – "Ибо изобилием морским питаться будут"[34], то есть изобилием вследствие войн. "А Иссахар – удел его в Торе. И он дает Звулуну его удел в Торе, несомненно, и потому они действовали сообща, так как Звулун благословлялся через Иссахара. Ибо благословение, которое в Торе, – это благословение всех"».

---

[32] Пророки, Мелахим 1, 8:13. «Я построил Тебе дом обитания, постоянное место для пребывания Твоего вовеки».

[33] Тора, Дварим, 33:18. «А о Звулуне сказал: "Радуйся, Звулун, при выходе твоем, и ты, Иссахар, в шатрах твоих"».

[34] Тора, Дварим, 33:19. «Народы на гору созывают, там приносят они жертвы праведности. Ибо изобилием морским питаться будут и сокровищами, сокрытыми в песке».

28) «Рабби Аба сказал: "Наследие Торы – оно таково, безусловно, и эта ступень – это шестая ступень", т.е. Есод, "который дает вознаграждение Торы и передает ее в наследие Кнессет Исраэль. И передает в наследие белизну", т.е. Хесед, "голубизне", т.е. суду. "И поэтому мы учили: "С момента, когда отличает голубое от белого"[35], перед провозглашением Шма, "то есть, чтобы цвета были различимы, тогда называется утром, и белое приходит в мир, а голубое", т.е. суд, "устраняется" из мира. "И потому все войны Царя, и всё оружие Царя вручаются" Малхут, которая тогда называется домом обитания (бейт звуль). И также Звулун, как говорилось. "И мы это уже объясняли"».

---

[35] См. Вавилонский Талмуд, трактат Брахот, лист 9:2. «С какого момента провозглашают Шма в утренней молитве (шахарит), – с момента, когда отличает голубое от белого».

ГЛАВА БЕААЛОТХА

Колодец, выкопанный старейшинами

29) «"Колодец, выкопанный старейшинами, вырыли его знатные народа"[36]. "Колодец"[36] – это Кнессет Исраэль", т.е. Малхут. "Выкопанный старейшинами"[36] – это Аба ве-Има, которые породили" Малхут. "Вырыли его знатные народа"[36] – это праотцы", т.е. ХАГАТ Зеир Анпина, "как написано: "Знатные народов собрались – народ Всесильного Авраамова"[37]». И «Всесильный Авраамов»[37] – это Хесед Зеир Анпина, от которого исходят Гвура и Тиферет. И «вырыли его знатные народа»[36] – означает, что исправили ее, чтобы благословиться от них с помощью ступени праведника", т.е. Есода Зеир Анпина, "который находится над ним" и передает ей всё, что в ХАГАТ. "Поэтому говорят, что колодец перемещается с помощью праотцев"».

30) «"И" иногда Малхут "называется "колодец", а" иногда "называется "море". Она называется "колодец" в час, когда Ицхак", т.е. Гвура Зеир Анпина, "выходит вооруженным" от левой линии, "со стороны Имы, и собирается притянуть" свечение Хохмы от Имы "после этой" Малхут, "и наполняет ее"», в тайне сказанного: «Его левая рука под моей головой»[38]. «"Тогда называется она колодцем Ицхака" или "колодцем Мирьям. И это уже объяснялось. Морем" она называется, "когда светит от высшей реки Абы", т.е. получает тогда Хохму и хасадим, "тогда называется морем, так как реки сходятся к ней. Как сказано: "Все реки текут в море, но море не переполняется"[39]».

31) «"А со дня, когда была отослана Кнессет Исраэль", т.е. Малхут, "в изгнание, написано: "Уходят воды из моря"[40] – это Кнессет Исраэль", называемая морем. "Иссякает и высыхает"[40] – это праведник", т.е. Есод. "И потому написано: "Праведник пропал"[41], который был высшей и драгоценной рекой, которая

---

[36] Тора, Бемидбар, 21:18. «Колодец, выкопанный старейшинами, вырыли его знатные народа жезлом, посохами своими. И из пустыни в Матану».

[37] Писания, Псалмы, 47:10. «Знатные народов собрались – народ Всесильного Авраамова, ибо Всесильному – защитники земли, весьма возвышен Он».

[38] Писания, Песнь песней, 2:6. «Его левая рука под моей головой, а правая обнимает меня».

[39] Писания, Коэлет, 1:7. «Все реки текут в море, но море не переполняется; к месту, куда реки текут, туда вновь приходят они».

[40] Писания, Иов, 14:11. «Уходят воды из моря, и река иссякает и высыхает».

[41] Пророки, Йешаяу, 57:1. «Праведник пропал, и нет человека, принимающего (это) к сердцу, и мужи благочестия погибают, и никто не понимает, что от зла погиб праведник».

втекала в нее. И он собирал все эти реки и потоки, исходящие от притяжения той святой реки, воды которой не прекращаются никогда", т.е. Бины, "которая исходит и вытекает из высшего Эдена"», т.е. из скрытой Хохмы. И это Бина, которая вышла из рош Арих Анпина, в тайне сказанного: «И река вытекает из Эдена»[42], и это источник всех мохин Зеир Анпина и нижних. «"И он входит в нее и наполняет ее водоемы", т.е. сфирот Малхут, "и оттуда наследуют миры все благословения во всем"» совершенстве.

32) «"Смотри, в час, когда благословляется Кнессет Исраэль, благословляются все миры, и Исраэль внизу питаются и благословляются благодаря ей. И мы объясняли, что" Малхут "защищает Исраэль, как мы учили"».

---

[42] Тора, Берешит, 2:10. «И река вытекает из Эдена, чтобы орошать сад, и оттуда разделяется и образует четыре главных реки».

ГЛАВА БЕААЛОТХА

Семидесятидвухбуквенное имя

33) «"Написано: "И двинулся ангел Всесильного, шедший перед станом Исраэля"[43]. "Ангел Всесильного"[43] – это Кнессет Исраэль, и мы объясняли, что в этот час"», о котором сказано: «И двинулся ангел Всесильного»[43], «"она двигалась с помощью праотцев", т.е. получала тогда от трех линий ХАГАТ, называемых праотцами. "И когда эти есть у нее, – всё есть", как Хохма, так и хасадим. "И потому передано в этих отрывках святое" семидесятидвухбуквенное "имя, в которое включены праотцы, как мы объясняли, – один отрывок в прямой последовательности", указывающий на правую линию, "и один отрывок в обратной последовательности", указывающий на левую линию, "и один отрывок в прямой последовательности"», указывающий на среднюю линию.[44]

34) «"И двинулся ангел Всесильного, шедший перед станом Исраэля"[43]. Это изречение – оно в прямой последовательности, так как находится здесь Авраам", то есть Хесед, правая линия, "и все те, что идут с его стороны. И потому" буквы – "они в прямой последовательности соответственно этому"».

35) «"Здесь увенчался Авраам", Хесед, "своими украшениями и увенчал Кнессет Исраэль", Малхут, "прямым путем, чтобы идти днем", т.е. Хеседом, "как написано: "Днем явит Творец милость (хесед) Свою, а ночью – песнь Его со мною"[45]. И потому сказано: "Двинулся"[43]. Когда выдвигаются в переходах своих? Говорит ведь: "Днем", когда светит солнце", т.е. Зеир Анпин, ибо тогда власть Хеседа. "И это одно изречение, в котором семидесятидвухбуквенное имя"».

36) «"Второе изречение – Ицхака", т.е. Гвуры Зеир Анпина, "и тоже находится в семидесяти двух буквах, чтобы быть в суде по отношению к Египту, а к Исраэлю – в милосердии. И поэтому написано" здесь: "И вошел он между станом Египта и

---

[43] Тора, Шмот, 14:19. «И двинулся ангел Всесильного, шедший перед станом Исраэля, и пошел позади них. И двинулся облачный столп, (шедший) перед ними, и встал позади них».
[44] См. Зоар, главу Бешалах, пп. 165-167.
[45] Писания, Псалмы, 42:9. «Днем явит Творец милость Свою, а ночью – песнь Его со мною, молитва к Создателю жизни моей».

станом Исраэля"⁴⁶, т.е. напротив одних и напротив других"».
Потому что Ицхак – это свечение Хохмы, а свечение Хохмы
притягивается только с суровыми судами для грешников и с
добрым вознаграждением для праведников.⁴⁷ В этом смысл
слов: «И вошел он между станом Египта и станом Исраэля»⁴⁶.
«"И было облако и мрак"⁴⁶, ибо таков день Ицхака – он облачный" день. "Ибо облако и мрак – это от него. И потому буквы
расположены в обратной последовательности, а не в прямой,
соответственно этому"».

37) «"И поэтому все буквы расположены в обратной последовательности, как написано: "И было облако и мрак"⁴⁶, т.е.
суд, и обратная последовательность указывает на суд. "Ибо
когда Ицхак входит в свои суды, "не приближался один к другому"⁴⁶. Написано: "Один к другому"⁴⁶ – это те, кто идет со стороны Авраама", т.е. от света Хесед. "Не приближался один к
другому"⁴⁶ – т.е. правая линия, Хесед, не приближалась, чтобы отдавать левой линии, Гвуре, и потому пребывала левая
линия в Хохме без хасадим, а это – суровый суд и мрак.⁴⁸ И
Зеир Анпин, Хесед, не приближался к Нукве, чтобы давать ей
хасадим, и Нуква получала от левой линии Хохму без хасадим,
и это мрак. "Ибо не могли" сблизиться друг с другом, "так как
этот колодец", т.е. Малхут, "слилась с Ицхаком", левой линией, "как сказано: "И осветил ночь"⁴⁶, т.е. левая линия осветила ночь, Малхут. "И когда она наполнилась, соединившись с
Ицхаком, – "не приближался один к другому"⁴⁶ и не мог приблизиться", так как не было зивуга Зеир Анпина и Малхут со
стороны Хеседа. "Пока не пришел Яаков", средняя линия, "и
не соединился с Авраамом", Хеседом, "и не взял Ицхака и не
поместил его посередине", между милосердием, т.е. средней
линией, и Хеседом, т.е. правой линией. "Тогда связались верой
этот с этим, а этот с этим", т.е. две линии, правая и левая,
соединились воедино, а также Зеир Анпин и Малхут соединились вместе со стороны Хеседа. "И были спасены Исраэль"».

---

⁴⁶ Тора, Шмот, 14:20. «И вошел он между станом Египта и станом Исраэля, и было облако и мрак, и осветил ночь, и не приближался один к другому всю ночь».

⁴⁷ См. Зоар, главу Насо, Идра раба, п. 219, со слов: «Объяснение. В тот момент, когда Хохма раскрывается для праведников, в тот же самый момент раскрываются вместе с ней суровые и горькие суды над грешниками, желающими притягивать ее сверху вниз...»

⁴⁸ См. Зоар, главу Берешит, часть 1, п. 34, со слов: «Затем вышла тьма, и вышли в ней семь других букв алфавита...»

ГЛАВА БЕААЛОТХА Семидесятидвухбуквенное имя

38) «"И мы учили, что в том месте, где находятся праотцы, остальные праведники пребывают у них". Иначе говоря, в то место, где есть ХАГАТ, т.е. праотцы, включены также и НЕХИМ, зовущиеся Моше-Аарон-Йосеф. "И поэтому это" семидесятидвухбуквенное "имя поднимается и истолковывается другими путями". То есть "семидесятидвухбуквенное имя проясняется таким образом", что в двенадцати пределах, и это ХУБ ТУМ, в каждом из которых три линии, всего двенадцать, светят в каждом из шести концов (ВАК) Зеир Анпина. А шесть раз по двенадцать – это семьдесят два. А также другими способами тем же путем, "хотя все" толкования "сводятся к одному пути"».

39) «"Когда светит этот колодец", т.е. Малхут, "что со стороны Ицхака", левой линии, "и соединяется с ним, образуется большое море, мощное" и бурное, "и сильные волны поднимаются и опускаются в гневе и ярости, с напором двигаясь вверх, поднимаясь и опускаясь вниз"», как сказано: «Поднялись они в небо, опустились в бездны»[49].[50] «"Авраам встал напротив него", т.е. правая линия, иначе говоря, поскольку правая линия встает против него, поэтому возникает разногласие и этот шум, ибо с усилением левой линии морские волны вздымаются до небес, а с усилением правой линии, Авраама, волны опускаются в бездну.[50] "И из-за ярости, гнева, неистовства и напора "не приближался один к другому"[46], две эти линии, а воевали. "Пока не пришел Яаков", средняя линия, "и не успокоил гнев, и не принизил", т.е. уменьшил ГАР левой линии,[51] "и не сокрушил морские волны. Это означает сказанное: "И простер Моше руку свою на море, и гнал Творец море сильным восточным ветром"[52]. Что значит "сильным восточным ветром"[52]? Это дух Яакова", т.е. средняя линия, "который силен и напорист в противостоянии" левой линии, "чтобы сокрушить ярость этого моря".[53] Тогда: "И сделал море сушей, и расступились воды"[52],

---

[49] Писания, Псалмы, 107:26. «Поднялись они в небо, опустились в бездны; в бедствии растаяла душа их».

[50] См. Зоар, главу Насо, Идра раба, п. 214, со слов: «И это смысл сказанного: "Подобно одному камню, выходящему из бездны"...»

[51] См. Зоар, главу Берешит, часть 1, п. 50. «Разногласие, которое было исправлено согласно высшему подобию...»

[52] Тора, Шмот, 14:21. «И простер Моше руку свою на море, и гнал Творец море сильным восточным ветром всю ночь, и сделал море сушей, и расступились воды».

[53] См. Зоар, главу Лех леха, п. 22, со слов: «Экран де-хирик, на который выходит средняя линия, происходит от свойства суда, имеющегося в Малхут...»

ибо опорожнил море от вод ярости, и разделились воды на сторону Авраама", правой линии и Хеседа, "и на сторону Яакова", средней линии и милосердия. "Это означает: "И расступились воды"[52], на ту сторону и на эту. И потому все буквы" в этом изречении о средней линии "расположены в прямой последовательности, как подобает"».

40) «"Эти буквы расположены в прямой последовательности – на стороне Яакова", средней линии, "и всех, кто идет с его стороны. И когда пришел Яаков, соединился с Авраамом", правой линией, "и взял Ицхака", левую линию, "и поместил его посередине", между собой и правой линией. "Тогда связались верой этот с тем, а тот с этим", т.е. связались две линии, правая и левая, эта с той, а та с этой. И все три – с Малхут, которая называется верой. "И потому работа по исправлению святого имени познается в зивуге праотцев", правой линии с левой, а левой – с правой, и обеих – со средней, "и это единая связь", так как все три линии стали единым целым, "связь веры", и все три линии соединяются в Малхут, называемой верой, "чтобы стать совершенным строением (меркава)". И эти три линии и Малхут – четыре опоры престола. И они – престол и строение для Бины. "И благодаря соединению (зивугу) праотцев вместе, всё свершилось"».

41) «"И товарищи умеют идти прямым путем", т.е. в средней линии, "исправляя деяния должным образом. В этом" семидесятидвухбуквенном "имени, представляющем собой связь праотцев, заключены пути к суду, к милосердию, к помощи, к милости, к страху, к Торе, к жизни, к смерти, к добру и ко злу. Счастливы праведники, знающие пути Торы и умеющие ходить путями святого Царя. Счастливы они в этом мире и в мире будущем"».

ГЛАВА БЕААЛОТХА

Имя из семидесяти двух имен

42) «"Вот праотцы, в движениях", – и это тайна их движения в трех местах,[54] "в действиях", – чтобы поднимать МАН, "в связях", – т.е. в единениях, "когда связываются друг с другом". Ибо в каждом из этих семидесяти двух имен связываются все праотцы вместе, и это три линии. "И когда соединяются вместе – нет того, кто бы встал пред ними. И мы учили, что в месте, где находятся праотцы, там пребывают с ними и остальные праведники", – Моше, Аарон, Йосеф. "И потому поднимается это имя" семидесяти двух, "и истолковываются они другими способами, хотя все толкования сводятся к одному пути"».[55]

43) «"Их семь связей" в семидесяти двух именах, "когда связываются в них", в каждой связи, "три праотца", т.е. ХАГАТ, "и четыре других", НЕХИМ. И объясняет: "Рош" семидесяти двух имен, и это три сферы ХАБАД, называемые рош, "и середина", что в них, Малхут, "они (находятся) в одной связи", поскольку "эти" Хохма и Бина – "они те, что выкопали колодец с водой"», т.е. Малхут, как сказано: «Колодец, выкопанный старейшинами»[56], и это Хохма и Бина.[57] И потому ХУБ Даат с Малхут – они в одной связи. «"Вторая" связь – "один с другим"», т.е. две линии, Хесед и Гвура, о которых сказано: «И не приближался один к другому»[46].[58] «И они представляют собой одну связь», начинающуюся "в трех йуд (י)"».

Объяснение. Имя семидесяти двух разделяется десятью делениями так, что в каждом – семь имен, соответствующих ХАГАТ НЕХИМ, как мы уже объясняли. Три первых деления: от имени вав-хэй-вав (והו) до имени нун-ламед-хаф софит (נל״ך) – это рош, т.е. ХАБАД. И с ними связывается шестое деление, которое является средним, начинающееся с имени мем-нун-далет (מנ״ד) до имени мем-йуд-хаф (מ״י), внутри которых – имя алеф-нун-йуд (אנ״י). И это деление соответствует Малхут и связывается с рош одной связью. И получается, что вторая связь, т.е. Хесед и Гвура, от имени йуд-йуд-йуд (יי״י) до имени каф-вав-куф (כו״ק) – это два деления, в каждом из которых

---

[54] См. Зоар, главу Бешалах, п. 137. «И три эти линии не раскрывают Хохму иначе, как с помощью своих движений...»
[55] См. выше, п. 38.
[56] Тора, Бемидбар, 21:18. «Колодец, выкопанный старейшинами, вырыли его знатные народа жезлом, посохами своими. И из пустыни в Матану».
[57] См. выше, п. 29.
[58] См. выше, п. 37.

семь имен. И они считаются одной связью. И они представляют собой вторую связь. И это означает: «Вторая – один с другим», т.е. Хесед и Гвура, «и они представляют собой одну связь в трех йуд (י)», т.е. оба они являются одной связью, и начинаются они в трех йуд (יייי).

44) «"Третья" связь – это Тиферет, являющаяся средней линией, и это "совершенство всей веры". И она передает наполнение Малхут, называемой верой, и завершает ее. "Четвертая" связь – "это две опоры, на которых стоит тело", т.е. Нецах и Ход, и они считаются Нецахом. "Пятая" связь – это Ход, "в которой заключены добро и зло, и это река, вытекающая к Древу жизни и смерти", т.е. Малхут, так как Ход передает наполнение Малхут. "И она глубже всех", – иначе говоря, есть в ней больше судов, чем во всех сфирот. "Шестая" связь – это Есод, "в которой суд – в милосердии. Седьмая" связь, и это Малхут, уже "было сказано вначале, что она" включена "в тот рош, о котором мы сказали, так как это – середина всего", как уже выяснилось в предыдущем пункте, "и поскольку это середина всего, называется "я (ани אני)". Иначе говоря, в ее делении присутствует имя алеф-нун-йуд (אנ״י), "представляющее собой осуществление всех ветвей, объединяющихся вокруг нее"».

Объяснение. Третья связь начинается с имени вав-вав-ламед (וו״ל) до имени вав-хэй-вав (וה״ו), так как три первых деления – они в ХАБАД, а два деления, которые за ними, – они в Хеседе и Гвуре. А шестое деление, распределяющееся от имени мем-нун-далет (מנ״ד) до имени мем-йуд хаф (מי״כ), – это среднее деление, представляющее собой свойство Малхут и связанное одной связью с первой связью, т.е. рош, как объяснялось в предыдущем пункте. И потому начинается третья связь с седьмого деления, с вав-вав-ламед (וו״ל) до вав-хэй-вав (וה״ו). Четвертая связь начинается с восьмого деления, с имени далет-нун-йуд (דנ״י) до имени пэй-вав-йуд (פו״י). Пятая связь начинается с девятого деления, с имени нун-мем-мем софит (נמ״ם) до имени аин-нун-вав (ענ״ו). Шестая связь начинается с десятого деления, с имени мем-хэт-йуд (מח״י) до имени йуд-бет-мем (יב״מ). И два последних имени включены в них в свойстве «семьдесят членов Синедриона и два свидетеля».[59]

---

[59] См. Зоар, главу Бешалах, п. 163. «И два украшения со стороны Абы ве-Имы, и это – семьдесят два имени. И мы учили, что со стороны Хеседа их семьдесят, и два свидетеля...»

45) «"Семь этих ступеней", т.е. семь связей, упомянутых выше, "от одной ступени до другой ступени", то есть от первой ступени до последней, – "одно известное строение (меркава) в них, во всех этих именах, объединяющихся в нем. И так от ступени к ступени". Иначе говоря, и так каждая частная ступень – это целое строение (меркава) само по себе. И хотя во всех ступенях – это те же семь сфирот ХАГАТ НЕХИМ, различие между ними в том, что на каждой ступени "все ведут себя согласно этой ступени, назначенной над ними, и мы это уже объясняли"». Ведь, например, на ступени Хесед есть семь сфирот ХАГАТ НЕХИМ, но все они ведут себя согласно сфире Хесед. Так же в Гвуре есть семь сфирот ХАГАТ НЕХИМ, и все они действуют согласно власти Гвуры. И так на каждой ступени.

46) «"Смотри, в час, когда эти ступени" имени семидесяти двух "присутствуют, тогда присутствует вся вера", т.е. всё совершенство Малхут. "И эти" семь связей – "это семь облаков, которые окружали их, Исраэль". И их было десять, так как Хесед включает три первые сфиры, как известно. "Поэтому, когда Шхина движется, она движется в праотцах", представляющих собой ХАГАТ, и это имя семидесяти двух. Ибо "когда они движутся, все другие ступени движутся внутри них", как мы уже объясняли, "и тогда украшается Кнессет Исраэль", Малхут, "как подобает"». И всё их свечение, главным образом, во время движения.[54]

47) «"Смотри, Звулун, о котором мы сказали, что он унаследовал море Кинерет, – просто море Кинерет", и это Малхут. "И так должно быть". Спрашивает: "В таком случае, Йегуда", о котором мы говорили везде, что это Малхут, "какая часть есть в нем" от Малхут, после того как Звулун уже взял ее? И отвечает: "Но Йегуда взял всю Малхут и объединился с ней на всех ее ступенях"», как в катнуте, так и в гадлуте, в свойстве далет-хэй (ד'ה') имени Йегуда (יהודה), где далет (ד) – это малое состояние (катнут), прежде чем приняла к себе захара, а хэй (ה) – это большое состояние (гадлут). В отличие от этого, Звулун взял только Малхут в то время, когда она называется морем Кинерет, в свойстве войн, что в ней.[60]

---

[60] См. выше, пп. 26-27.

ГЛАВА БЕААЛОТХА

Внутренний жертвенник и светильник

48) «Рабби Эльазар сказал: "Смысл этого уже выяснялся в действии со светильником, и во всех его исправлениях, и во всем, что в нем. Почему здесь" говорится об этом "вторично?" И объясняет: "Но поскольку предводители принесли жертвы на жертвеннике со всеми положенными ему исправлениями,[61] рассказывает Писание о действии со светильником,[62] которое является исправлением посредством Аарона, ибо наверху светильник", т.е. Малхут, "и все его лампады", т.е. сфирот, – "всё светит посредством Аарона"».

49) «"Смотри, жертвенник, – двенадцать предводителей было, чтобы подготовить жертвенник и исправить его, и уже объяснялось, что это двенадцать колен на четыре стороны, четыре знамени, и под каждым знаменем три колена, а всего" вместе – "двенадцать. И всё – по высшему подобию". Ибо жертвенник наверху, т.е. Малхут, получает от двенадцати сочетаний АВАЯ, что в Зеир Анпине, и это ХУБ ТУМ, в каждом из которых три линии, итого двенадцать. "Светильник с семью лампадами, зажигать которые было назначено священнику, и всё – по высшему подобию", соответственно Зеир Анпину, светящему ХАГАТ НЕХИМ де-Малхут. Этот светильник на знамении стоит и чудом сделан, поскольку был сделан сам по себе.[63] "И это уже объяснялось в действии со светильником"».

50) «"И внутренний жертвенник и светильник стоят вместе на радость всем, как написано: "Елей и воскурение радуют сердце"[64]. И елей – это светильник, т.е. Малхут, получающая от Хохмы, а воскурение – это внутренний жертвенник, "и мы объясняли, что было два жертвенника: один – внутренний, относящийся ко всем", и это жертвенник воскурения, "и этот стоит на радость", и он соответствует Бине; "а другой – вовне", т.е. внешний жертвенник, "стоящий для принесения жертв",

---

[61] См. Тора, Бемидбар, 7.
[62] См. Тора, Бемидбар, 8:1-4.
[63] См. Зоар, главу Трума, п. 581. «И поскольку я не делаю сокращения и разъединения в высшем единстве...»
[64] Писания, Притчи, 27:9. «Елей и воскурение радуют сердце, но сладость друга – в душевном совете».

и он соответствует Малхут. "И от внутреннего жертвенника", соответствующего Бине, "исходит наполнение к тому, что снаружи", к Малхут. "И тот, кто смотрит и созерцает, знает высшую мудрость, что тайна этого – Адни АВАЯ (אדנ״י הוי״ה)". Ибо внутренний жертвенник – это АВАЯ, Бина, а внешний – адни, Малхут. "И потому совершается воскурение только в час, когда есть елей"».[65] И это – единая связь Хохмы и Бины.

---

[65] См. выше, п. 22.

ГЛАВА БЕААЛОТХА

Кто исходит со стороны суда, не должен растить волосы

51) «"Нашел я в книге царя Шломо, что воскурение призвано радовать и удалять смерть. Какова причина? Это из-за того, что суд присутствует от внешнего" жертвенника, т.е. Малхут, "а радость и ликование, и связь света, – они от внутреннего жертвенника, на котором зиждется вся радость", т.е. от Бины. "Когда этот пробуждается", т.е. внутренний, "весь суд удаляется от того", от внешнего, "и не может он вершить суд. И поэтому воскурение", то есть внутренний, "призван отменять смерть". Ибо когда внутренний, т.е. Бина, пробуждается посредством воскурения, не может внешний, Малхут, вершить суд. "И потому воскурение – это связь всего, и оно приносится на внутреннем" жертвеннике, на котором пребывает вся радость. "Счастливы Исраэль в этом мире и в мире будущем. О них написано: "И сказал мне: "Ты раб Мой, Исраэль, в котором Я прославлюсь"[66]"».

52) «"Возьми левитов"[67], которых нужно очистить и привлечь их, чтобы установить связь на их месте", в левой линии, "ибо они – от левой руки", от Гвуры Зеир Анпина. "А сторона суда, и каждый, кто исходит со стороны суда, не должен растить волосы, так как преумножает суд в мире. И потому женщине нужно, подобно этому, чтобы волосы ее не были видны снаружи, и должна она покрывать голову и покрывать волосы, и это объяснялось, и мы это уже учили. И тогда благословляются все те, что приходят со стороны суда. И потому написано о левитах: "Так поступи с ними, чтобы очистить их... и пусть они проведут бритвой..."[68] И мы учили, что левиты не поднимаются на свое место, пока не возвысит их священник, так как правая всегда управляет левой"».

Объяснение. Корень сеарот (волос) – от вхождения буквы йуд (י) в свет (ор אור), когда она удаляет ГАР, и свет (ор אור) становится воздухом (авир אויר). В связи с возникшим недостатком

---

[66] Пророки, Йешаяу, 49:3. «И сказал мне: "Ты раб Мой, Исраэль, в котором Я прославлюсь"».
[67] Тора, Бемидбар, 8:6. «Возьми левитов из среды сынов Исраэля и очисти их».
[68] Тора, Бемидбар, 8:7. «Так поступи с ними, чтобы очистить их: окропи их водою грехоочистительною, и пусть они проведут бритвой по всему телу своему, и вымоют одежды свои, и очистятся они».

ГАР, произрастают сеарот (שערות) – от слова бури (סערות), т.е. суды. Ибо ситра ахра удерживается в том месте, где есть недостаток. И это означает сказанное: «И каждый, кто исходит со стороны суда, не должен растить волосы, так как преумножает суд в мире». Однако всё это относится к тем, кто исходит от левой линии, как, например, женщина, а также левиты. Для тех же, кто исходит от правой стороны, от святости, наоборот, волосы у них – это святость. Пример – назир, о котором сказано: «Быть ему святым, должны расти свободно волосы на голове его»[69]. И в этом вся разница между святостью и чистотой.

53) «Сказал рабби Шимон: "В день, когда поднимались левиты на свое место", приносили они в жертву "двух быков. Что означает "быков"?" И отвечает: "Однако это были как бы быки"», в левой линии, в тайне: «И лик быка – слева»[70], «"чтобы им получить в левой линии ту корову, которая называется красной коровой", – т.е. Малхут, что с левой стороны. "А коэн", являющийся правой линией, – "вся сила и всё исправление зависит от него, поскольку вся сила тела пребывает в правой руке. И потому коэн был" правой "рукой всего Исраэля, с помощью которой собирается исправить всё и исправить мир. И вместе с тем", правая линия "не пребывает одна, а" в соединении "с телом и с левой", т.е. с двумя линиями, средней и левой. "И тело", т.е. средняя линия, "является основой всего"», так как оно объединяет две линии и восполняет их, а также включает их в себя.

---

[69] Тора, Бемидбар, 6:5. «Во все дни обета его бритва да не коснется головы его, до исполнения дней, на которые он посвятил себя Творцу, быть ему святым, должны расти свободно волосы на голове его».

[70] Пророки, Йехезкель, 1:10. «И образ ликов их – лик человека, и лик льва – справа у (каждого из) четырех, и лик быка – слева у (каждого из) четырех, и лик орла у (каждого из) четырех».

А это – относящееся к левитам

54) «"А это – относящееся к левитам"⁷¹. Левит, которому исполнилось двадцать пять лет, поднимается к месту своему и украшается. И двадцать пять лет должен работать, пока не поднимется на ступень пятьдесят. Когда он поднимается на ступень пятьдесят лет и далее, он понижается в силе огня, что в нем. И поскольку огонь и пыл его поостыли, он портит то место, с которым связан"», то есть левую.

Объяснение. Поскольку свечение Хохмы в левой не светит иначе, как под воздействием силы суда, наводящего страх и ужас на грешников.⁷² И поскольку прекратилась в нем сила огня, т.е. суды, он не пригоден больше к работе, и он портит левую, которая из-за него не пригодна к притяжению Хохмы.

55) «"И еще", после пятидесяти лет "голос воспевания в нем недостаточно связан", то есть ослабевает немного. "А" голос "должен не только не ухудшаться, но еще и усиливаться, ибо пребывает в месте сильного суда, а не слабого. И потому требуется от него не портить это место", т.е. левой, "с которым связал себя, представляющим собой суд сильный, а не слабый. И не должен поэтому обнаруживать ни малейшей слабости ни с какой из сторон.⁷³ Счастлив человек, занимающийся Торой и знающий пути Творца, не уклоняющийся ни вправо, ни влево. Как написано: "Ведь прямы пути Творца"⁷⁴» – то есть он всегда идет средней линией.

---

⁷¹ Тора, Бемидбар, 8:24. «А это – относящееся к левитам: от двадцати пяти лет и старше пусть каждый стоит на службе по исполнению работы в Шатре собрания».
⁷² См. Зоар, главу Насо, Идра раба, п. 219.
⁷³ См Зоар, главу Ваехи, п. 825. «"О левитах, которые исходят от этой стороны", со стороны восхваления и песнопения...»
⁷⁴ Пророки, Ошеа, 14:10. «Кто мудр, да разумеет это, благоразумный пусть поймет это: ведь прямы пути Творца – праведники пройдут по ним, а грешники споткнутся на них».

ГЛАВА БЕААЛОТХА

Песах в назначенное время и второй Песах

56) «"И говорил Творец, обращаясь к Моше в пустыне Синай, во второй год после исхода их из страны Египетской, в первый месяц"[75]. Сказал рабби Аба: "Каков смысл того, что предупредил их здесь о Песахе, – ведь было уже сказано им в Египте?" И отвечает: "Но это было во второй год, и Исраэль думали, что Песах действует только в Египте. И поскольку уже прошли его однажды в Египте, то думали, что больше не нужно. Явился Творец и предупредил их о нем, чтобы не думали, что прошло его время в Египте и что не нужно" более. "Именно поэтому" предостерег "в пустыне Синай, во второй год, установить им Песах во все поколения"».

57) «"Хотя предупредил их в Египте, наказал им сейчас вторично, именно в том месте, в котором были вручены все заповеди Торы. И поэтому: "Во второй год"[75]. Спрашивает: "Что означает: "Во второй год, в первый месяц"[75]?" То есть, на что это указывает? И отвечает: "Но это высшая тайна. Есть то, что называется годом, и есть то, что называется месяцем. Месяц – это луна", Малхут. "Год – это солнце", Зеир Анпин, "светящее луне"». И «во второй год, в первый месяц»[75] – указывает на зивуг Зеир Анпина и Малхут, называемых годом и месяцем, в месте пустыни Синай, который является вторым зивугом после выхода из Египта. И это было в то время, когда все заповеди Торы были переданы в нем. Ибо с помощью зивуга ЗОН, произведенного в пустыне Синай, были переданы все заповеди Торы.

58) «Рабби Шимон сказал: "Горе тому человеку, который говорит, что Тора дана для того, чтобы просто рассказывать истории о событиях житейских, о Эсаве, Лаване и т.п. Ведь в таком случае даже в наше время мы можем написать Тору о свершающихся событиях, даже более привлекательных, чем те? И если" Тора призвана "указать на происходящее в мире, то даже у правящих в мире, – случаются среди них вещи более примечательные. Если так, давайте проследим за ними и сделаем из них Тору сообразно этой. Но все события в Торе – это высшие речения и высшие тайны"».

---

[75] Тора, Бемидбар, 9:1-2. «И говорил Творец, обращаясь к Моше в пустыне Синай, во второй год после исхода их из страны Египетской, в первый месяц, так: "Пусть совершают сыны Исраэля Песах в срок"».

59) «"Смотри, высший мир и нижний мир взвешиваются на одних весах. И Исраэль внизу" соответственно "высшим ангелам наверху. Высшие ангелы, о них сказано: "Делает Он ветры посланниками своими"[76]. И в тот час, когда они спускаются вниз, то принимают облачения этого мира. А если бы они не принимали облачений, сродни этому миру, не смогли бы представать в этом мире, и были бы нестерпимы для людей. Но если с ангелами это так, то Тора, которой создал всех этих ангелов и все миры, и они существуют ради нее, еще более того: вследствие того, что спустилась в этот мир, если бы не облеклась в существующее в этом мире", то есть истории и рассказы из жизни, "мир не смог бы вытерпеть"».

60) «"И поэтому повествование в Торе – это облачение Торы. А тот, кто думает, что это облачение является непосредственно Торой, и нет в нем ничего другого, – сгинет дух его, и не будет ему удела в мире будущем. Поэтому сказал Давид: "Открой глаза мои, чтобы я увидел чудесное из Торы Твоей"[77], – чтобы увидеть, "что скрывается под облачением Торы"».

61) «"Смотри, есть облачение (левуш), предстающее взору всех. И те глупцы, которые видят человека, красиво одетого, – кажется он им почтенным в своем одеянии, и они не смотрят глубже", а судят о нем по изысканности облачения. "И принимают они облачение за тело человека, а тело" человека "принимают за душу его"».

62) «"И подобно этому – Тора. Есть у нее тело (гуф), и это заповеди Торы, называемые телом Торы. И это тело облачено в одеяния – в рассказы этого мира. Глупцы в мире не видят ничего, кроме этого облачения, т.е. повествования Торы, и не знают больше, и не всматриваются в то, что находится под этим облачением. Те, кто знают больше, не смотрят на облачения, а только на тело, находящееся под этим облачением. А мудрецы, служащие высшему Царю, те, что стояли у горы Синай, видят ни что иное, как душу, что в Торе, являющуюся основой всего, – настоящую Тору. А в грядущем будущем будут созерцать душу души Торы"».

---

[76] Писания, Псалмы, 104:4. «Делает Он ветры посланниками Своими, служителями Своими – огонь пылающий».

[77] Писания, Псалмы, 119:18. «Открой глаза мои, чтобы я увидел чудесное из Торы Твоей».

63) «"Смотри, и так же наверху, – есть левуш (облачение), гуф (тело), нешама (душа), и нешама ле-нешама (душа души). Небеса и воинства их – это левуш. И Кнессет Исраэль", Малхут, – "это тело, получающее душу, то есть Тиферет (великолепие) Исраэля", Зеир Анпин. "И поэтому Малхут – это тело души", потому что Зеир Анпин облачается в нее, как душа в тело. "Душа, о которой мы сказали, что это Тиферет (великолепие) Исраэля, – это настоящая Тора", т.е. душа Торы, о которой мы говорили в предыдущем пункте, которую созерцают мудрецы. "И душа души Торы (нешама ле-нешама) – это святой Атик", который будут созерцать в грядущем будущем, как мы уже объясняли в предыдущем пункте. "И всё включено друг в друга"», то есть святой Атик облачается в Зеир Анпина, а Зеир Анпин облачается в Малхут, а Малхут – в миры БЕА и все воинства их.

64) «"Горе тем грешникам, которые говорят, что Тора – это не более, чем всего лишь повествование, и они смотрят на облачения, и не более того. Счастливы праведники, всматривающиеся в Тору как подобает. Вино не пребывает ни в чем ином, как в кувшине. Так и Тора – не пребывает ни в чем ином, как в этом облачении. И потому необходимо смотреть на то, что находится за облачением. Поэтому все рассказы – это облачения"».

ГЛАВА БЕААЛОТХА

Второй Песах

65) «"Пусть совершают сыны Исраэля Песах в срок"[78]. Спрашивает: "Что значит "пусть совершают"[78]», надо было сказать: «пусть едят»? «Сказал рабби Йоси: "Мы ведь учили, что каждый, кто показывает действие внизу как подобает, он как будто совершает его наверху, – поскольку благодаря ему оно пробудилось" наверху, "он, якобы, словно совершает его. И мы это уже учили"».

66) «"Человек, человек, если будет нечист"[79]. Спрашивает: "Человек, человек"[79] – дважды, почему?" И отвечает: "Но" объяснение такое – "человек, который является человеком, то есть, что он достоин получить высшую душу, но он причинил себе вред так, что Шхина не пребывает над ним. В чем причина? Поскольку он привел к тому, что осквернил себя. И поэтому: "Человек, человек"[79] – это значит, "что он достоин быть человеком, но осквернил себя так, что не пребывает над ним высшая святость"».

67) «"Или в дальнем пути"[79] – это одно из десяти" мест, "которые огласованы в Торе. Все они призваны показать что-то. Что значит "в дальнем пути (ба-дерех рехока́ בְּדֶרֶךְ רְחֹקָה)"[79]», так как есть точка над хэй (ה) в слове «дальнем (рехока́ רְחֹקָה)»? – «"Это потому, что если человек оскверняет себя, то оскверняют его наверху. А поскольку оскверняют его наверху, он "в дальнем пути"[79] от того места и пути, которого держатся потомки Исраэля, ибо он держится дальнего пути, поскольку отдалился от того, чтобы приблизиться к вам", к Исраэлю, "и связаться с вами, как связываетесь вы"». И потому сказано: «В дальнем пути»[79] к вам, путем, далёким от вас», – с точкой над хэй (ה) в слове «дальнем (рехока́ רְחֹקָה)», чтобы указать на то, что имеется в виду ситра ахра, далекая от святости.

68) «Сказал рабби Ицхак: "Но ведь написано: "Если будет нечист от прикосновения к умершему, или в дальнем пути"[79]. Стало быть, речь идет о двух вещах, и это следует из того, что

---

[78] Тора, Бемидбар, 9:2. «Пусть совершают сыны Исраэля Песах в срок».
[79] Тора, Бемидбар, 9:10-11. «Обратись к сынам Исраэля, говоря: "Всякий (досл. человек, человек), если будет нечист от прикосновения к умершему, или в дальнем пути, из вас или из потомков ваших, то совершит Песах Творцу во втором месяце, – в четырнадцатый день в сумерки совершат его, с опресноками и горькими травами должны есть его"».

написано: "Или"⁷⁹». И как ты можешь сказать, что это одно, – что скверна увела его в дальний путь? «Сказал рабби Йоси: "Здесь"», когда говорит: «Нечист от прикосновения к умершему»⁷⁹, – это значит: «"прежде чем осквернили его" свыше, и он сбился на дальний путь, и это ситра ахра. "И это значит, что как тот, так и другой, – не будет пребывать над ним высшая святость, и не совершат Песах в то время, когда Исраэль совершают его"».

69) «"И если скажешь: "Ведь он во втором месяце совершает" Песах, "хотя и не исправляет себя", – это не так, но после того как он очистился и исправил себя, у него есть второй месяц, чтобы совершить Песах. Отсюда следует, что каждого, кто очищает себя, очищают его"» свыше.

70) «"А если скажешь, что во втором месяце он находится на более высокой ступени, – это не так, потому что Исраэль, святое потомство, совершающее Песах в срок, принимают луну и солнце", т.е. Малхут и Зеир Анпина, "как одно целое. А тот, кто берет основу вначале, – приобретает строение. Что такое основа? Не говори, что это высшая основа (есод) праведника мира", т.е. Есод Зеир Анпина, "а это основа (есод) драгоценного камня", т.е. Малхут, "как сказано: "Камень, отвергнутый строителями, стал краеугольным"⁸⁰. Ибо она – тот камень, над которым пребывает тот, кто пребывает"», т.е. Зеир Анпин. И это смысл сказанного: «Тот, кто берет основу вначале», – то есть берет вначале Малхут, являющуюся основой, на которой выстраиваются все сфирот Зеир Анпина, «приобретает строение» – он приобретает также и строение, то есть все сфирот, что над ней, от Зеир Анпина. Ибо Малхут – это вход в Зеир Анпин.

71) «Сказал рабби Йегуда: "Конечно, он берет все, даже во второй месяц", то есть также и во второй месяц он принимает Малхут и Зеир Анпина как одно целое, как и в первый Песах. Но "это несравнимо с тем, кто принимает Песах в срок. В чем причина? Ибо тот, кто принимает Песах в срок, получает снизу вверх и не опускается, так как поднимают в святости, а не опускают. А тот, кто принимает Песах по истечении срока, опускается сверху вниз. И потому они во всем равны и не равны, поскольку один поднимается, а не опускается, другой

---

⁸⁰ Писания, Псалмы, 118:22. «Камень, отвергнутый строителями, стал краеугольным».

же опускается, а не поднимается. Поэтому тот, кто приносит пасхальное жертвоприношение в назначенное время, достоин большей похвалы. Счастливы Исраэль, удостаивающиеся всего, ибо они удостаиваются Торы, – а всякий, кто удостаивается Торы, удостаивается святого имени. Счастливы Исраэль в этом мире и в мире будущем"».

Объяснение. Первый месяц – это правая линия, а второй месяц – левая. Песах – это мохин свечения Хохмы, корень которых – в левой линии Бины. И нужно взять их из правой линии, т.е. первого месяца, ибо тогда наступает время принести пасхальную жертву. И тогда поднимают в святости, и света преумножаются и идут согласно святости. Но приносящий жертву во втором месяце, когда принимает мохин Песаха от левой, тогда света уменьшаются и опускаются соответственно праздничным быкам.[81] И это смысл сказанного: «Ибо тот, кто принимает Песах в срок, получает снизу вверх», – то есть его света все время преумножаются согласно светам, исправленным в святости. «Так как поднимают в святости, а не опускают», – ибо это свойственно правой линии. «И не опускается», т.е. света не уменьшаются. «А тот, кто принимает Песах по истечении срока, опускается сверху вниз», т.е. опускает важность светов сверху вниз. Иными словами, они все время уменьшаются, подобно праздничным быкам, так как он принимает их от левой линии, т.е. второго месяца.

Раайа меэмана

72) «"Заповедь о втором Песахе относится к тем, которые не смогли" совершить Песах вовремя, так как были в дальнем пути "или осквернились другой нечистотой". Спрашивает: "Если Песах, представляющий собой свойство веры, в которую вошли Исраэль, властвует в месяце нисан, и тогда это время радости, как же те, кто не смог справить его вовремя или осквернился, могли совершить Песах во втором месяце, – ведь прошло его время?"»

73) И отвечает: «"Но когда Кнессет Исраэль", Малхут, "венчается своими украшениями", т.е. мохин де-ГАР, "в месяце нисан, она не снимает с себя кетеры и украшения все тридцать

---

[81] В праздник Суккот в жертву приносятся 70 быков, каждый день в порядке убавления с 13 до 7.

дней. И все эти тридцать дней, с того дня как вышли Исраэль из Песаха, сидит Царица в своих украшениях, и все воинства ее пребывают в радости. И тот, кто хочет увидеть Царицу, может увидеть. И вестник взывает: "Каждый, кто не может видеть Царицу, пускай придет и увидит, пока не замкнулись врата". Когда вестник провозглашает? – В четырнадцатый день второго месяца, ибо с того времени в течение семи дней врата открыты, а отсюда и далее закрывают врата. И поэтому" приносят "второе пасхальное жертвоприношение"».

74) «"Эта заповедь – это заклание пасхальной жертвы в назначенное время. А после нее – первый Песах и второй Песах, дабы съесть их как полагается. А нечистым будет дана отсрочка на второй Песах, являющийся третьей заповедью. Таннаи[82] и амораи[83]. Есть люди, которые как будни очищения, – со стороны Михаэля. И как будни святости, как например, священное мясо, и они – со стороны Гавриэля", где Михаэль и Гавриэль – это коэн и левит, т.е. Хесед и Гвура. "И есть люди, которые как праздничные дни, и они – святая святых"».

75) «"Шхина – это первый Песах, с правой стороны", так как первый месяц – это правая линия. "А второй Песах – слева", так как второй месяц – это левая линия. Ибо нисан и ияр – это Хесед и Гвура. "Первый Песах – справа, там где Хохма", так как Хохма находится в правой линии. "Второй Песах – слева, там где Бина", так как Бина находится в левой линии. "И поскольку в Гвуре", т.е. в левой линии, "устраняется всякий чуждый огонь, подобный соломе и мякине по сравнению с огнем Гвуры", поэтому "дается нечистым отсрочка на второй Песах"».

---

[82] Таннаи – мудрецы периода Мишны (I-II века н.э.).
[83] Амораи – мудрецы в период после завершения Мишны (III-V века н.э.).

ГЛАВА БЕААЛОТХА

Что проходит через огонь, проведите через огонь

76) «"И всё нечистое: нечистая женщина, и прокаженный, и слизеточивый, и слизеточивая, и рожающая, – сильный огонь сожжет их. Поскольку душа – это кли Творца, и" Творец "не пребывает в ней, пока она не очищается добела в сильном огне. Как написано: "Ведь таково слово Мое, как огонь, – сказал Творец"[84]. И в этом огне, если" злое начало "это железо, – оно взрывается, а если камень оно, – смягчается"».

77) «"А о правой, где (находится) письменная Тора, и она" называется "вода", написано: "И будет очищена от источника крови своей"[85]. И очищается ею прокаженный, и осквернившийся мертвым, слизеточивый, и осквернившийся любым видом пресмыкающегося. Это смысл сказанного: "И окроплю вас водою чистою, и очиститесь вы"[86]».

78) «"В средней линии кли соединяется с мужем своим". Кли – "это женщина", Малхут, – "после того, как освящается в левой" линии, "и очищается в водах миквы, в правой" линии, она соединяется в средней линии. "И говорится о келим (принадлежностях) Песаха – келим (принадлежности), которыми пользовались для холодной пищи, окунают в холодную воду, и тогда они чисты. И это души, исходящие со стороны милосердия, и они милосердные, обладающие прелестью и милостью, – не должны очищаться в теплой воде, как "средние", тем более, в горячей воде, в которой очищаются законченные грешники, разогревающие себя огнем злого начала. И о них сказано: "Всё, что проходит через огонь"[87], ибо нечистота их велика. Но завершенные праведники – в холодной воде, и о них сказано: "Всякий, кто разъединяет соединенных", то есть не соединяет буквы в провозглашении Шма одну с другой, "остужают для него чистилище"».

---

[84] Пророки, Йермияу, 23:29. «Ведь таково слово Мое, как огонь, – сказал Творец, – и как молот расколет оно скалу».

[85] Тора, Ваикра, 12:7. «И приблизит это пред Творцом, и добьется искупления для нее, и будет очищена от источника крови своей. Это учение о родившей мальчика или девочку».

[86] Пророки, Йехезкель, 36:25. «И окроплю вас водою чистою, и очиститесь вы от скверны вашей; и от всех идолов ваших очищу вас».

[87] Тора, Бемидбар, 31:23. «Все, что проходит через огонь, проведите через огонь, и станет оно чистым, но чтобы и водою очистительною очищено было, а все, что не проходит через огонь, проведите через воду».

ГЛАВА БЕААЛОТХА

И вода стала сладкою

79) «"И если души приземлены, когда они как сосуды из глины, их разбиение является очищением, как ты говоришь: "Разбились – очистились". И скрытый смысл этого: "Жертвы Всесильному – дух сокрушенный"[88]. Но те, кто занимается письменной Торой и устной Торой, являющимися огнем и водой, и те, кто прилагает старания в тайнах Торы, являющихся светом, о котором написано: "А Тора – свет"[89], они очищаются с помощью Торы"», и не нуждаются в чистилище.

80) «"В разделе "Видящий": "Видящий пальмы (тмарим תְּמָרִים) во сне – закончились (таму תַּמּוּ) прегрешения его"[90]. Как сказано: "Кончилось (там תַּם) преступление твоё, дочь Циона"[91]. Ибо в пальмах (тмарим תְּמָרִים) есть буквы тав-мем (там תַּם), и это ступень Яакова, о котором сказано: "А Яаков стал человеком смирным (там תָּם)"[92]. Прегрешения – они горьки (марим מָרִים), и поэтому тмарим (תְּמָרִים пальмы): там" – буквы "смирный (там תָּם)", а там – буквы "горький (мар מָר)"», и поэтому указывают на то, что закончились (таму תַּמּוּ) прегрешения его.

81) «"Здесь содержится намек: "И указал ему Творец дерево... и вода стала пресною (досл. сладкою)"[93]. Отсюда следует, что прилагающий старания в Торе, являющейся Древом" жизни, "прегрешения его, о которых сказано: "И делали горькую жизнь их тяжким трудом"[94], – Творец прощает их, и снова" становятся "сладкими"», то есть прегрешения его становятся заслугами.

---

[88] Писания, Псалмы, 51:19. «Жертвы Всесильному – дух сокрушенный; сердце сокрушенное и удручённое, Всесильный, не отвергай».

[89] Писания, Притчи, 6:23. «Ибо заповедь – свеча, а Тора – свет, и путь жизни – назидательные наставления».

[90] См. Вавилонский Талмуд, трактат Брахот, лист 57:1.

[91] Писания, Мегилат Эйха, 4:22. «Кончилось преступление твое, дочь Циона, более не будут изгонять тебя; учтено преступление твое, дочь Эдома, открыт грех твой».

[92] Тора, Берешит, 25:27. «И выросли отроки, и стал Эсав человеком, сведущим в охоте, человеком поля; а Яаков – человеком смирным, живущим в шатрах».

[93] Тора, Шмот, 15:25. «И вскричал он к Творцу, и указал ему Творец дерево, и бросил он (дерево) в воду, и вода стала пресною. Там установил Он ему закон и правосудие, и там испытал его».

[94] Тора, Шмот, 1:14. «И делали горькую жизнь их тяжким трудом над глиной и кирпичами, и всяким трудом в поле, и всякой работой, к которой насильно принуждали их».

82) «"Ибо наступят дни, и исполнится у них, как при выходе из Египта, и сказано там: "И умер Йосеф и его братья, и все то поколение"[95]. Но в последнем изгнании нет смерти, а лишь бедность, ибо "бедный – всё равно что мертвый"[96]. Чтобы осуществить среди них: "И оставлю Я среди тебя народ бедный и нищий, и будут они полагаться на имя Творца"[97]. И исполнится в них: "Народ бедный Ты спасаешь"[98]. А те богачи, которые останутся среди них, – исполнится сказанное о них: "Нерадивы вы, нерадивы"[99]. "Нерадивы" они в Торе, "нерадивы" они поступать благочестиво с мудрецами Торы, и людей достойных, не принимаемых ни в одном городе, – не пощадят они"».

83) «"И нерадивы они в этом тяжелом обложении. Ибо если скажешь, что вследствие" обременительности для них "тяжелого обложения они не поступают благочестиво, как раз об этом сказано: "Пусть обременяет работа людей, и занимаются ею"[100], – ибо было обременительным это обложение для них на самом деле, "а не занимаются лживыми речами"[111], – то есть лгали, говоря, что обременительно это обложение для них, мол, потому они не поступают благочестиво". К тому же "они лгут в своих речах, что почетно обложение, которым обременяют их, говоря: "Солома не выдается"[101], – то есть это фальшивая монета, которой пытались обмануть Творца. Мол, потому, что не обращались к Нему, и не полагались на имя Творца", солома,

---

[95] Тора, Шмот, 1:6-8. «И умер Йосеф и его братья, и все то поколение. А сыны Исраэля плодились и размножались, и стали очень многочисленны и сильны – и наполнилась ими страна. И восстал новый царь над Египтом, который не знал Йосефа».

[96] См. Вавилонский Талмуд, трактат Недарим, лист 64:2. «Четверо считаются словно мертвые: бедный и прокаженный, и слепой, и тот, у кого нет сыновей».

[97] Пророки, Цфания, 3:12. «И оставлю Я среди тебя народ бедный и нищий, и будут они полагаться на имя Творца».

[98] Пророки, Шмуэль 2, 22:26-29. «С милостивым поступаешь Ты милостиво, с мужем искренним – искренне, с чистым поступаешь Ты чисто, а со строптивым – строптиво. И народ бедный Ты спасаешь, и взором Своим унижаешь надменных. Ибо Ты, Творец, – светильник мой; и Творец озаряет тьму мою».

[99] Тора, Шмот, 5:17. «И сказал он: "Нерадивы вы, нерадивы, потому говорите: "Пойдем, принесем жертвы Творцу"».

[100] Тора, Шмот, 5:9. «Пусть обременяет работа людей, и занимаются ею, а не занимаются пустыми (досл. лживыми) речами».

[101] Тора, Шмот, 5:15-16. «И пришли надсмотрщики сынов Исраэля, и возопили к Фараону, говоря: "Зачем ты так поступаешь с рабами твоими? Солома не выдается рабам твоим; а кирпичи, говорят нам, делайте. И вот, рабов твоих бьют, и грех народу твоему"».

являющаяся монетой, "не выдается рабам Твоим"¹⁰¹», а не потому, что обременительно обложение.

84) «"А те, у которых есть деньги, скрытые и упрятанные внутри, – и это содержимое, как, например, содержимое казны, и содержимое ковчега, – то исполняется у них: "А меру (досл. содержимое) кирпичей выдавайте"¹⁰². И это – деньги, то есть кирпичи, которые будут у того поколения"».

85) «"В это время: "Там установил Он ему закон и правосудие"⁹³. И они, мудрецы Мишны, – они тоже так: "И пришли в Мару"¹⁰³ – то есть устная Тора снова станет для них горькой (марá מָרָה), в большой скудости и бедности. И исполнится сказанное о них: "И делали горькою жизнь их тяжким трудом"⁹⁴ – в этом трудность. "Над глиной"⁹⁴ – всё более усложняя задачу, "и кирпичами"⁹⁴ – выявлением законов, "и всяким трудом в поле"⁹⁴ – это Мишна"», поскольку Мишна означает «поле», «"и всякой работой, к которой насильно принуждали их"⁹⁴, – то, что называется: "Элияу раскроет смысл всех трудностей и проблем"».

86) «"И там, верный пастырь, осуществится с тобой: "Там установил Он ему закон и правосудие, и там испытал его"⁹³. Поскольку с помощью Древа познания добра и зла, то есть запрещенного и позволенного, и с помощью тайн, которые будут раскрыты тобой, "и вода стала пресною (досл. сладкою)"⁹³, – подобно тому, как соль придает сладкий вкус мясу, так станет сладкой она благодаря тайнам, которые будут раскрыты тобой. Все те трудности и распри "горькой воды", что в устной Торе, снова станут водой Торы, сладкой. А страдания твои, благодаря тем тайнам, которые будут раскрыты тобой, станут наслаждением для тебя. И все твои беды снова пройдут над тобой, как сны, что проходят", и нет их. "А "сон (халóм חֲלֹם)" в обратной последовательности букв – "соль (мéлах מֶלַח)", и так же, как соль, которая подслащает вкус мяса, так же страдания подслащают, как уже объяснялось"».

87) «"А к грешникам вернутся страдания, став солью содомской, от которой слепнут глаза. Чтобы осуществилось в них: "А

---

¹⁰² Тора, Шмот, 5:18. «А теперь идите, работайте, и солома вам дана не будет, а меру кирпичей выдавайте».
¹⁰³ Тора, Шмот, 15:23. «И пришли в Мару, и не могли пить воду в Маре, ибо горька она, поэтому назвал это (место) Мара (горькая)».

глаза нечестивых истают"[104]. И этот великий сброд грешников, – осуществится в них в то время: "Прояснятся и выявятся, и очистятся многие, злодеи же будут злодействовать"[105]. "Выявятся"[105] – это мудрецы Мишны, "и очистятся"[105] – это святое потомство остального народа, как сказано: "Очищу их, как очищают серебро"[106]. "Злодеи же будут злодействовать"[105] – это великий сброд"».

---

[104] Писания, Иов, 11:20. «А глаза нечестивых истают, и убежище исчезнет у них, и надежды их – смертный вздох».

[105] Писания, Даниэль, 12:9-10. «И сказал он: "Отойди, Даниэль, ибо скрыты и запечатаны речи эти до конца срока. Прояснятся и выявятся, и очистятся многие, злодеи же будут злодействовать; и не поймут (этого) все злодеи, а разумеющие поймут"».

[106] Пророки, Зехария, 13:8-9. «"И будет во всей земле, – слово Творца, – две части в ней истреблены будут, умрут, а третья останется в ней. И введу треть эту в огонь, и очищу их, как очищают серебро, и испытаю их, как испытывают золото. Призовет он (остаток) имя Мое, и Я отвечу ему, сказав: "Народ Мой он!" И он скажет: "Творец Всесильный мой!"»

ГЛАВА БЕААЛОТХА

Ворон и голубь

88) «"А разумеющие поймут"¹⁰⁵ – это каббалисты, и сказано о них: "А разумеющие будут сиять как сияние (зо́ар) небосвода"¹⁰⁷. Это те, кто усердствует в этом сиянии, называемом книгой Зоар, которая подобна Ноеву ковчегу, где собираются двое из города и семеро из царства, а иногда – один из города и двое из семьи, в ком исполняется: "Всякого сына рожденного – в реку бросайте его"¹⁰⁸». И тайна Торы называется сыном. «Рожденный»¹⁰⁸ – т.е. постигнутый. «В реку» (йео́ра) – т.е. свет (ор) Торы. «Бросайте его (ташлиху́у תַּשְׁלִיכֻהוּ)»¹⁰⁸ – подобно «постигайте его (таскилу́у תַּשְׂכִּילֻהוּ)», – что всякую тайну, которая рождается у тебя, постигни в свете Торы и в душе ее. «"И это свет этой книги" Зоар. "И всё это благодаря тебе"».

89) «"А кто вызвал это? Ворон. Ибо ты будешь в то время как голубь (йона́)", – что указывает на ворона и голубя, которых послал Ноах из ковчега, после того как уподобил он Зоар Ноеву ковчегу. "Ибо другой посланец, зовущийся твоим именем, подобен ворону, который был послан сначала" из ковчега, "и не вернулся со своего поручения, так как усердствовал в отношении пресмыкающихся, о которых сказано: "Народы земли – пресмыкающиеся"¹⁰⁹, и он старался по отношению к ним, "из-за их богатства, и не усердствовал в своем поручении, чтобы вернуть праведников к раскаянию. И он как будто не выполнил поручения своего Господина"». Рамак, благословенной памяти, написал, что это указывает на Йеровама бен Невата, который был достоин избавить Исраэль, но соблазнился золотыми тельцами и согрешил, и ввел в грех многих. И он уподобляется ворону, который злоупотребил данным ему поручением.

90) «"И через тебя исполнится тайна голубя (йона), который вошел в глубины морской пучины. Так войдешь и ты в глубины пучин Торы. Как сказано о пророке Йоне: "Ибо Ты вверг меня в пучину, в сердце моря"¹¹⁰, – т.е. в море Торы. "И" тогда

---

¹⁰⁷ Писания, Даниэль, 12:3. «А разумеющие будут сиять как сияние небосвода, и ведущие к праведности многих – как звезды, во веки веков».

¹⁰⁸ Тора, Шмот, 1:22. «И повелел Фараон всему своему народу: "Всякого сына рожденного – в реку бросайте его, а всякую дочь оставляйте в живых"».

¹⁰⁹ Вавилонский Талмуд, трактат Псахим, лист 49:2.

¹¹⁰ Пророки, Йона, 2:4. «Ибо Ты вверг меня в пучину, в сердце моря, и потоки окружили меня, все валы Твои и волны Твои проходили надо мной».

"будут Хохма Хесед Нецах справа. И в честь них сказал Давид: "Десница Творца одерживает победу. Десница Творца вознесена, десница Творца одерживает победу"[111]. И три ступени "слева соединятся вместе, и это Бина Гвура Ход. И три ступени, что посередине, и это Кетер Тиферет Есод, включенные в правую и левую"». Ибо средняя линия включена в правую и левую. И восполнятся так все десять сфирот, включая также и ГАР.

91) «"И поскольку пророк видел тебя соединяющимся с тремя ступенями" Кетер Тиферет Есод, "что посередине, произнес о тебе это речение: "Вот преуспеет раб Мой"[112] – это Есод, "поднимется, и вознесется"[112] – это Тиферет, "и возвысится чрезвычайно"[112] – это Кетер. И поскольку ты будешь включен в двух Машиахов, сказал Давид о трех десницах", Хохме Хеседе Нецахе, "Машиаха сына Давида, "десница Творца"[111] три раза", как объяснялось в предыдущем пункте. "А соответственно трем левым", Гвуре Бине Ходу, "в которые включен Машиах сын Эфраима, сказал с одной левой стороны, и это Гвура: "Не умру"[113]. И сказал: "Но жив буду"[113] с" другой "левой стороны, и это твой Ход (великолепие), ибо сказано о нем: "И дал Он великолепие (ход) Моше"». То есть, как сказано: «И возложи от великолепия твоего на него»[114], – это значит, что Творец дал ему великолепие, чтобы принадлежало оно ему. «"И дано тебе со стороны Бины"». Ибо свечение Хохмы левой линии Бины раскрывается в Ходе.

92) «"Поскольку в нём", в Гвуре, "ты был иссякший и высохший во всём, из-за Машиаха сына Эфраима", – высох "в Торе твоей и пророчестве твоём, и в теле твоём. Ибо терпел ты разные виды страданий, чтобы не умер он", Машиах сын Эфраима, "и просил ты милосердия к нему", поэтому "сказано о нем: "Но жив буду"[113] – со стороны Бины. И поэтому: "Не умру"[113] – со стороны Гвуры", от которой низошел суровый суд, как мы уже сказали. "Но жив буду"[113] – со стороны Бины", т.е. после

---

[111] Писания, Псалмы, 118:15-16. «Голос радости и спасения в шатрах праведников, десница Творца одерживает победу. Десница Творца вознесена, десница Творца одерживает победу».
[112] Пророки, Йешаяу, 52:13. «Вот преуспеет раб Мой, поднимется, и вознесется, и возвысится чрезвычайно».
[113] Писания, Псалмы, 118:17-18. «Не умру, но жив буду и расскажу о деяниях Творца. Наказать наказал меня Творец, но смерти не предал».
[114] Тора, Бемидбар, 27:20. «И возложи от великолепия твоего на него, чтобы слушали (его) вся община сынов Исраэля».

того как раскрылись от нее мохин, т.е. "Древо жизни", средняя линия, "которое пересилило его", левую линию, Гвуру, благодаря "провозглашению Шма утренней молитвы (шахарит)", являющейся свойством Хесед, "и соединил его узлом тфилин с правой линией Авраама, являющейся утренней молитвой (шахарит)"», т.е. Хеседом.

93) «"И расскажу о деяниях Творца. Наказать наказал меня Творец (йуд-хэй יָ)", но смерти не предал"[113]. "И расскажу о деяниях Творца"[113] – это со стороны Хода, ибо свечение Хохмы, которое раскрывается от Бины, раскрывается от хазе и ниже, то есть в Ходе. "Наказать наказал меня Творец"[113] – то есть "в Хохме и Бине, которые справа и слева", потому что Хохма содержит "три правые", Хохму Бину Нецах, а Бина содержит "три левые"», Бину Гвуру Ход, ибо до прихода средней линии, правая и левая находятся в разногласии друг с другом, и исходят от них суды, потому сказано: «Наказать наказал меня Творец»[113]. «"Но смерти не предал"[113] – это средняя линия, содержащая три" средних: "Кетер, и праведник", т.е. Есод, "и Он" сам, т.е. Тиферет, "и это сын йуд-хэй (יָ). И сразу же поднимется вав (ו) для хэй (ה) в йуд-хэй (יה)", и завершится имя АВАЯ (הויה), – "в правой и в левой, в милосердии и в мольбах, в различных успокоениях для нее", для Малхут, "и для сыновей ее. Это смысл сказанного: "В тот день подниму Я падающий шалаш Давида"[115], т.е. Малхут. "И поэтому сказал пророк: "С плачем придут они, и с мольбами поведу Я их"[116]».

Пояснение статьи. Из-за греха поколения потопа распалось соединение Малхут с Биной, и раскрылась Малхут свойства суда, от которой исходит потоп. Кроме Ноева ковчега, оставшегося в подслащении Малхут в Бине, в котором собралась вся жизнь, хотя во время потопа она (жизнь) была в катнуте без ГАР. И это смысл сказанного: «(В этом сиянии), называемом книгой Зоар, которая подобна Ноеву ковчегу»[117]. И книга Зоар – это выяснение подслащения Малхут в Бине, которая была в Ноевом ковчеге, что является основой (есод) всей души жизни.

---

[115] Пророки, Амос, 9:11. «В тот день подниму Я падающий шатер Давида, и заделаю щели его, и восстановлю разрушенное, и отстрою его, как во дни древности».

[116] Пророки, Йермияу, 31:8. «С плачем придут они, и с милосердием (досл. с мольбами) поведу Я их, поведу их к потокам вод путем прямым, не споткнутся они на нем, ибо стал Я отцом Исраэлю, и Эфраим – первенец Мой».

[117] См. выше, п. 88.

Однако тогда – как во время потопа, «где собираются двое из города и семеро из царства». «Двое из города» – это Зеир Анпин в состоянии ВАК без рош и Малхут в состоянии точки. А «семеро из царства» – то есть семь нижних сфирот (ЗАТ) без ГАР. И это указывает на объяснения катнута в книге Зоар. «А иногда – один из города и двое из семьи» – указывает на три линии, когда одна линия объединяет две, и это указывает на объяснения гадлута в Зоаре. «В ком исполняется: "Всякого сына рожденного – в реку бросайте его"[108]», – то есть уменьшение ГАР левой линии с помощью средней линии, ибо там нет света захара, светящего сверху вниз,[118] и это означает: «В реку бросайте его»[108], – чтобы он мог светить, потому что «в реку (йео́ра)»[108] означает как «в свет (ле-мао́р)», ибо с помощью этого уменьшения левая линия объединяется с правой и сможет светить.[118] «А всякую дочь оставляйте в живых»[108] – то есть только свет некевы, который притягивается снизу вверх, и это свойство Малхут, называемое «дочь», только это оживляет средняя линия, и не более. И это смысл сказанного: «И это свет этой книги», то есть этот порядок: «Всякого сына рожденного – в реку бросайте его, а всякую дочь оставляйте в живых»[108] – этот свет выясняется в книге Зоар в подробном выяснении со всех его сторон. «И всё это благодаря тебе» – т.е. благодаря верному пастырю, который является средней линией, так как он вызвал все это.

И известен порядок выхода мохин, что после уменьшения, которое произошло с помощью точки холам, вводящего йуд (י) в свет (ор אור) и уменьшающего его до воздуха (авир אויר) ВАК, выходит первое исправление с помощью точки шурук, т.е. левой линии, которая выводит йуд (י) из воздуха (авир אויר) и возвращает его к свету (ор אור). Однако протянулись от него суды, и он не может светить,[119] и кажется, что он не выполнил своего поручения и не исправил ничего. Пока не появляется средняя линия в виде точки хирик, и она уменьшает ГАР левой линии и объединяет ее с правой, и завершает совершенство мохин. И получается, что всё поручение и исправление совершается средней линией, а левая линия не выполнила своего

---

[118] См. Зоар, главу Берешит, часть 1, п. 50. «Разногласие, которое было исправлено согласно высшему подобию...»

[119] См. Зоар, главу Берешит, часть 1, п. 34, со слов: «Затем вышла тьма, и вышли в ней семь других букв алфавита...», а также Зоар, главу Берешит, часть 1, п. 9. «Высшая точка, Арих Анпин, посеяла внутри чертога ИШСУТ три точки: холам, шурук, хирик...»

поручения. И потому относит Зоар двух посланцев, которых послал Ноах из ковчега, т.е. ворона и голубя, к двум линиям, левой и средней, и ворон, который не исполнил своего поручения, исходил от левой линии, а голубь (йона), который выполнил свое поручение, исходил от средней линии. И также с пророком Йоной, который с первого раза не выполнил своего поручения, а сбежал на корабле от Творца, а во второй раз выполнил поручение, и это тоже по вышеупомянутой причине. Ибо первый раз он был прилеплен к левой линии в свойстве «ворон», и потому не выполнил своего поручения, а во второй раз прилепился к средней линии и выполнил свое поручение.

И это смысл сказанного: «А кто вызвал это? Ворон»[120], иначе говоря, несмотря на то что ворон, левая линия, не выполнил своего поручения, он всё же вызвал появление средней линии, чтобы она смогла завершить исправление. Ведь если бы не ворон, левая линия, средней линии нечего было бы делать. И это смысл сказанного: «Ибо ты будешь в то время как голубь (йона́)», – что верный пастырь будет как голубь, то есть средняя линия. «Ибо другой посланец, зовущийся твоим именем», т.е. пророк Йона в первый раз, – который называется именем Йона (голубь), но был «подобен ворону, который был послан сначала и не вернулся со своего поручения», – то есть был тогда подобен ворону, которого послал Ноах из ковчега, и он не вернулся к нему со своим поручением, как мы уже сказали, поскольку был привязан к левой линии. «Так как усердствовал в отношении пресмыкающихся, о которых сказано: "Народы земли – пресмыкающиеся"[109], из-за их богатства», потому что свечение Хохмы в левой линии считается богатством, как сказали мудрецы: «Желающий разбогатеть – пусть обратится на север»[121]. Но прилепившийся к левой линии – закрылся от него свет Торы, и он подобен простолюдину. И это смысл сказанного: «Так как усердствовал в отношении пресмыкающихся», поскольку они в свойстве простолюдинов, и он сделал это, чтобы питаться от Хохмы, что в левой линии, называемой богатством. И это смысл сказанного: «Из-за денег их». «И не усердствовал в своем поручении, чтобы вернуть праведников к раскаянию», – то есть вернуть жителей Ниневии к раскаянию в

---

[120] См. выше, п. 89.
[121] Вавилонский Талмуд, трактат Бава батра, лист 25:1. «Сказал рабби Ицхак: "Желающий прийти к мудрости – пусть обратится на юг, а чтобы разбогатеть – обратится на север"...»

свойстве средней линии. И поэтому, хотя левая линия и приводит к тому, что средняя линия делает и завершает поручение, всё же считается, «как будто не выполнил поручения своего Господина», поскольку не намеревался это сделать.

И известно, что левая линия подчиняется, чтобы соединиться с правой, только с помощью пробуждения экрана де-хирик, что в средней линии, который уменьшает ее на ГАР.[122] И это смысл того, что Йона, который был привязан к левой линии, был послан в глубины морских пучин, где морские пучины – это власть экрана де-хирик,[123] благодаря чему уменьшились ГАР левой линии пророка Йоны, и он снова слился со средней линией. И это смысл сказанного: «И через тебя исполнится тайна голубя (йона), который вошел в глубины морских пучин»[124], – который вошел в пучины морские, чтобы уменьшились ГАР левой линии с помощью экрана де-хирик. «Так войдешь и ты в глубины пучин Торы», Тора – это Зеир Анпин, средняя линия, а пучины Торы – это экран де-хирик, что в средней линии. И сказал Он верному пастырю, что и он прилепится к пучинам Торы, т.е. к экрану де-хирик Зеир Анпина, чтобы соединить правую линию и левую линию друг в друге. И это смысл сказанного: «И тогда будут Хохма Хесед Нецах справа», – ведь когда он объединит правую и левую друг в друге, будет каждая линия включать три сфиры, в виде рош тох соф, и будет правая линия Хохмы – в рош, Хесед – в тох, Нецах – в соф. И таким же образом левая линия: будет Бина – в рош, Гвура – в тох, Ход – в соф. И таким же образом средняя линия, которая объединяет их: будет Кетер в рош, или Даат, Тиферет – в тох, Есод – в соф. А в будущем, в час избавления, когда раскроется Моше с двумя Машиахами, будет верный пастырь в свойстве средней линии, и Машиах сын Давида – в свойстве правой линии, а Машиах сын Эфраима – в свойстве левой линии.

И это смысл сказанного: «И поскольку ты будешь включен в двух Машиахов»[125] – то есть в час избавления будут Хохма Хесед Нецах включены в Машиаха сына Давида, а Бина Гвура

---

[122] См. Зоар, главу Лех леха, п. 22, со слов: «Экран де-хирик, на который выходит средняя линия, происходит от свойства суда, имеющегося в Малхут...»
[123] См. Зоар, главу Насо, Идра раба, п. 214.
[124] См. выше, п. 90.
[125] См. выше, п. 91.

Ход – в Машиаха сына Эфраима. И известно, что до того как левая линия объединяется с правой, несмотря на то, что есть у нее тогда ГАР, это только ГАР де-ВАК, а не настоящие ГАР, и поэтому нет тогда сфиры Бина в левой линии, а есть только Гвура и Ход, т.е. ВАК. И это смысл слов: «Сказал с одной левой стороны, и это Гвура: "Не умру"[113]», – поскольку до того, как была у него Бина, т.е. до того, как он объединился с правой линией, когда начинался со сфиры Гвура, исходили от него суровые суды, и тогда сказал: «Не умру»[113], – т.е. он молился, чтобы не умереть из-за суровых судов. И это смысл сказанного: «Поскольку в нём ты был иссякший и высохший во всём, из-за Машиаха сына Эфраима», – иначе говоря, из-за власти Машиаха сына Эфраима, который является левой линией, когда не было у нее Бины, то есть до его объединения с Машиахом сыном Давида, являющимся правой линией, происходили от него разрушение и сухость во всем. «Ибо терпел ты разные виды страданий, чтобы не умер он», – то есть терпел он все эти страдания, исходившие от него, чтобы не умер он, и не отменилось бы свечение левой линии, но чтобы объединить его с правой линией в час готовности, в момент, когда пробуди́тся экран де-хирик. А пока что он страдал от него, чтобы не исчезло его свечение. И продолжалось это, пока не пробудился экран де-хирик, и тогда подчинилась левая, и он объединил ее с правой, и тогда вышли ГАР, называемые рош, и тогда достигла левая линия, т.е. Машиах сын Эфраима, своего свойства рош, т.е. Бины. И это смысл сказанного: «"Не умру"[113] – со стороны Гвуры», в момент, когда недоставало Бины, и он начинался с Гвуры, поскольку не объединился с правой, и тогда молился, чтобы не умереть. «"Но жив буду"[113] – со стороны Бины», то есть в момент, когда объединится с правой линией, и выйдут ГАР де-рош, и в левой линии будет сфира Бина. А то, что сказано выше: «"Но жив буду"[113] – с левой стороны Ход»[125], то это потому, что говорит относительно места свечения Хохмы, которая не светит ни в рош, ни в тох, а только в соф, от табура и ниже. А тут он говорит относительно места происхождения свечения Хохмы, которое в рош, и поэтому говорит: «"Но жив буду"[113] – со стороны Бины».

94) «Встал верный пастырь и поцеловал его, и благословил его, и сказал: "Несомненно, ты посланник своего Господина для нас. Провозгласили танаим и амораим и сказали: "Верный пастырь, ты узнал все это, и с помощью тебя раскрылось, но

благодаря скромности твоей, как сказано о тебе: "А этот муж, Моше, был очень скромен"[126]. Там, где ты стыдишься, чтобы благодарили тебя, Творец назначил нас и великого светоча", то есть рабби Шимона бар Йохая, "быть в руках и устах твоих в этих местах"».

(До сих пор Раайа меэмана)

---

[126] Тора, Бемидбар, 12:3. «А этот муж, Моше, был очень скромен, более всех людей, что на земле».

ГЛАВА БЕААЛОТХА

И в день возведения Скинии

95) «"И в день возведения Скинии"[127]. Рабби Хия провозгласил: "Щедро раздавал он нищим, праведность его пребывает вовек, рог его вознесется во славе"[128]. "Щедро раздавал он нищим"[128]. Спрашивает: "Что значит "раздавал"[128]?" И отвечает: "Это как ты говоришь: "Иной раздает, и прибавится еще"[129]. И можно сказать, что у любого раздающего это так. Поэтому он дает нам понять: "Щедро раздавал он нищим"[128] – поскольку щедро раздает бедным, он достоин" благословения. "Что значит: "И прибавится еще"[129]? То есть, во всем: "И прибавится еще"[129] в богатстве, "и прибавится еще"[129] в жизни"».

96) Спрашивает: «"Это изречение следовало сказать так: "Иной раздает и прибавляет еще", – что значит: "И прибавится"[129]?" И отвечает: "Но это место, в котором пребывает смерть", т.е. Малхут, "оно приводит его к тому, что прибавится в высшей жизни", и чтобы притягивать оттуда, "и прибавлять ему"» жизнь. «Сказал рабби Йегуда, сказал рабби Хия: "Это изречение свидетельствует о том, что каждый, кто дает" милостыню "нищим, – пробуждается Древо жизни", Зеир Анпин, "чтобы добавить жизнь Древу смерти", Малхут, "и тогда пребывает жизнь и радость наверху", в Малхут, "и человек, вызвавший это", тем что дал милостыню, – "вот в час, когда это необходимо, это Древо жизни стоит над ним, и это Древо смерти защищает его. И поэтому: "И прибавится еще"[129]».

97) «"Праведность его пребывает вовек"[128]. Спрашивает: "Что значит: "Пребывает вовек"[128]?" И отвечает, что "праведность стоит над человеком, чтобы дать ему существование и жизнь, как дает он жизнь ему", бедному, "и пробуждается у него" высшая "жизнь", то есть благодаря ему, как мы уже сказали в предыдущем пункте, "так и ему дают жизнь. И эти два Древа", Зеир Анпин и Малхут, "стоят над ним, чтобы спасать его и добавлять ему жизнь"».

---

[127] Тора, Бемидбар, 9:15. «И в день возведения Скинии покрывало облако Скинию, над Шатром свидетельства, а с вечера было над Скинией словно видение огненное до утра».

[128] Писания, Псалмы, 112:9. «Щедро раздавал нищим, праведность его пребывает вовек, рог его вознесется во славе».

[129] Писания, Притчи, 11:24. «Иной (щедро) раздает, и прибавится еще, а (другой) воздерживается от благодеяния – лишь к ущербу».

98) «"Рог его будет вознесен во славе"¹²⁸. Смотри, мир, о котором мы говорили", т.е. Зеир Анпин, сказано ему: "Тот рог", т.е. Малхут, "будет вознесен"¹²⁸. И в чем? В высшей славе", и это Бина, то есть с помощью свечения Бины возвышается Малхут, "так как этот человек" посредством милостыни, которую давал, "привел к тому, чтобы соединить их", Зеир Анпин и Малхут, "вместе, и излить благословения наверху и внизу"».

99) «Рабби Аба сказал: "Всё время, пока возводилась Скиния", то есть когда Малхут совершает зивуг с Зеир Анпином, "благодаря деяниям людей, тогда этот день является днем всеобщей радости. И священный елей помазания изливался в эти лампады", в сфирот Малхут, "и все они светят. Тот, кто вызвал это, привел себя к тому, чтобы спастись в этом мире, и чтобы была у него жизнь в мире будущем. Это смысл сказанного: "А добродетель спасает от смерти"¹³⁰. И сказано: "Свет (путь) праведников – как светило лучезарное, которое светит всё ярче, пока не наступит день"¹³¹».

---

¹³⁰ Писания, Притчи, 11:4. «Не поможет богатство в день гнева, а добродетель спасает от смерти».
¹³¹ Писания, Притчи, 4:18. «Путь праведников – как светило лучезарное, которое светит всё ярче, пока не наступит день».

ГЛАВА БЕААЛОТХА

Знамена

100) «"Сделай себе две серебряные трубы, чеканными сделай их, и будут они тебе для созыва общества и для выдвижения станов"[132]. Рабби Шимон провозгласил: "И при движении этих существ, двигались колеса у них, а при вознесении этих существ над землею, возносились колеса"[133]. "И при движении этих существ"[133] – они шли под воздействием свыше. А если скажешь, что это высоко-высоко", и отвечает: "Нет, внизу. Но подобно этому, это – прежде" четырех "ликов, а это – после" четырех "ликов"».

Объяснение. ХАГТАМ Зеир Анпина называются четырьмя существами с четырьмя ликами: льва, быка, орла, человека. И они получают от ИШСУТ, как сказано: «Трое выходят благодаря одному, один находится в трех»[134]. И сказано: «"И при движении этих существ"[133] – они шли под воздействием свыше», т.е. под воздействием ХУБ ТУМ де-ИШСУТ. «А если скажешь, что это высоко-высоко», то есть выше ИШСУТ, но относительно ХУБ ТУМ высших Абы ве-Имы, – «нет», это не так, «внизу», т.е. получают снизу, от ИШСУТ, «подобно этому, это», ибо подобно тому, как у Абы ве-Имы, «прежде ликов» – прежде, чем образовались в них четыре лика лев-бык-орел-человек, поскольку в Абе ве-Име нет ничего, кроме Хеседа, ведь в них йуд (י) не выходит из воздуха (авир אויר). «А это», что у ИШСУТ, «после ликов», так как уже разделились в них на четыре лика, ибо в них уже есть корень льва, быка, орла, человека. Ведь в них раскрывается Хохма, и будет лик льва – хасадим, а лик быка – Хохмой, а лик орла состоит из Хохмы и хасадим, а лик человека состоит из всех трех. И поэтому необходимо, чтобы существа Зеир Анпина получали от ИШСУТ, так как они выше него.

101) «"(Один) дух из четырех духов" облачается "в четырех отделах, и в четырех сторонах, и в сияниях, которые были сотворены в поддерживающих светящихся ликах. И потому они как вид этих созданий, и это четыре направления, в которых

---

[132] Тора, Бемидбар, 10:2. «Сделай себе две серебряные трубы, чеканными сделай их, и будут они тебе для созыва общества и для выдвижения станов».
[133] Пророки, Йехезкель, 1:19. «И при движении этих существ, двигались колеса у них, а при вознесении этих существ над землею, возносились колеса».
[134] См. Зоар, главу Берешит, часть 1, п. 363. «Трое выходят благодаря одному, один находится в трех, входит между двумя, двое питают одного, и один питает многие стороны ...»

развернуты знамена, называемые лев-бык-орел-человек, что включает всех четырех правящих ангелов", т.е. Михаэля, Гавриэля, Уриэля, Рефаэля, "и включает всех"», то есть четыре этих ангела включают все воинства небесные.

Объяснение. После того, как выяснил, что эти существа происходят от ИШСУТ, объясняет теперь, как они произошли. И известно, что сначала поднялся Зеир Анпин и согласовал две линии ИШСУТ между собой, и произвел там три линии и Малхут, принимающую их. И вследствие того, что он привел к выходу трех линий и Малхут в ИШСУТ, он тоже удостоился этих трех линий и Малхут. Ибо всей меры света, который нижний вызвал для высшего, удостаивается ее также и нижний.[134] И это смысл сказанного: «Дух из четырех духов» – один дух из четырех духов, которые возникли в ИШСУТ, т.е. средняя линия, Зеир Анпин, который извлек четыре духа в ИШСУТ, т.е. три линии и Малхут, этот дух распространился «в четырех отделах», тоже представляющих собой три линии и Малхут, – в той же мере, в какой Зеир Анпин произвел в ИШСУТ. И называются отделами, так как в каждом из этих четырех – пребывают в нем три линии, и их двенадцать, как известно. «В четырех сторонах» – поскольку каждый отдел с тремя линиями, что в нем, светит в одной из четырех сторон юг-север-восток-запад. И известно, что три эти линии, что в каждом отделе, притягивают свечение ГАР, называемых светящимся ликом. Ибо прежде, чем пришла средняя линия и объединила правую с левой, был левый лик темным. А после того как пришла средняя линия и вывела три линии и Малхут, тогда они поддерживают лик, чтобы он был светящимся ликом. «И потому они как вид этих созданий, и это четыре направления, в которых развернуты знамена, называемые лев-бык-орел-человек», – ибо поэтому у каждого существа особый облик соответственно его свойству, и это – четыре направления, в которых развернуты знамена. И, сочетаясь между собой, они притягивают светящийся лик. И эти четыре существа, «что включает всех четырех правящих ангелов», т.е. Михаэля, Гавриэля, Уриэля и Рефаэля, властвуют над четырьмя станами Шхины так, что в каждом знамени различается существо, т.е. источник в Зеир Анпине, и ангел, происходящий от него, который находится в строении (мерkava), что в Малхут. А также различается там правящая сторона – правая это или левая, и также восток это или запад. «И включает все», т.е. эти четыре ангела включают все небесные воинства, находящиеся под их властью.

102) «"Первое знамя, вооруженный стан", и это выходящие войском от двадцати лет и старше, и существо его – "лев". Ангел – это "Михаэль запечатлен на развороте знамени, развернутого на правую сторону". И дух его – это "восток, являющийся началом солнца, идущий в своих передвижениях в его свечении. Два правителя, подчиняющиеся ему", Михаэлю, – "Йофиэль и Цадкиэль: один – для Торы, а другой – чтобы ходить по рыночной площади"».

103) «"Когда они движутся – движутся множество вооруженных станов с правой стороны, и все они – одно целое", так как они под управлением трех ангелов, упомянутых выше. "В левой стороне идет солнце, и светит, и венчает их", эти станы. "Тысяча и десятки тысяч правителей, подчиняющихся ему, и все – в страхе, в ужасе, в содрогании и в трепете"».

104) «"Лев простер правую руку, собирает у себя все свои воинства, – триста семьдесят (тысяч) львов вокруг того льва, и он меж ними посередине"».

105) «"Когда этот лев рычит, содрогаются небосводы, и все воинства и станы содрогаются от страха пред ним. От того голоса река Динур воспламеняется и нисходит по тысяче пятистам ступеням преисподней вниз. Тогда все грешники в преисподней содрогаются и пылают в огне. И об этом написано: "Лев зарычал – кто не затрепещет?!"[135]»

106) «"Рычит второй раз – триста семьдесят тысяч львов, все они ревут. Простирает" лев "свою левую руку – все тяжущиеся внизу трепещут и покоряются этой руке. Простирает он эту руку на них, и все они подчиняются ему. Как сказано: "Рука твоя на хребте врагов твоих"[136]».

107) «"Четыре крыла у каждого из них, из белого огня, и все пылают. И все лики завязи и цветка[137] погружены в белизну того огня"».

---

[135] Пророки, Амос, 3:8. «Лев зарычал – кто не затрепещет?! Творец изрек – кто не станет пророчествовать?!»

[136] Тора, Берешит, 49:8. «Йегуда, тебя восхвалят братья твои; рука твоя на хребте врагов твоих; поклонятся тебе сыны отца твоего».

[137] См. Тора, Шмот, 25:31. «И сделай светильник из золота чистого; чеканный да сделан будет светильник; бедро его и стебель его, чашечки его, завязи его и цветы его должны быть из него».

108) «"Четыре лика у каждого в четырех сторонах, все они светят белизной солнца. Один – на восточную сторону, светит в радости. Один – на западную сторону, этот собирает свой свет. Один – на северную сторону, и это тьма без света, как солнечная тень по сравнению с солнцем. Тень сгущается, а солнце светит, потому что солнце и тень – это правая и левая линии, и они идут вместе. Виды тьмы, идущие с ним, – все они несут боевые орудия"».

109) «"И все, справа и слева, – они с тремя головами. Одна его голова – семьдесят четыре тысячи и шестьсот.[138] И выходят воинства силой правой руки, которую он поднял над ними. Кроме всех правителей внизу, которые подчинены этим властителям. Одни над другими, низшие ступени с высшими, и нет им счета"».

110) «"Вторая голова, идущая с первой головой, – счет ее пятьдесят четыре тысячи и четыреста.[139] Кроме всех правителей внизу, в четырех сторонах, которым нет счета. Третья голова, идущая за ними, – пятьдесят семь тысяч и четыреста.[140] Подобно тому, как движется правая, так движется и левая, и так же – спереди, и так же – сзади"».

111) «"Когда движется эта первая, "и разбиралась Скиния"[141], и все левиты возносят песнь, и все славословящие – они все с ее стороны. Тогда: "Ибо дух существа – в колесах"[142], – написано"».

Выяснение первого знамени, являющимся знаменем стана Йегуды. Ты уже узнал, что понятие «движение», в каком бы то ни было месте, призвано раскрыть свечение Хохмы в трех местах, то есть в трех линиях, потому что свечение Хохмы раскрывается только во время движения,[143] что означает –

---

[138] Тора, Бемидбар, 1:27. «Исчисленных по колену Йегуды – семьдесят четыре тысячи шестьсот».
[139] Тора, Бемидбар, 1:29. «Исчисленных по колену Иссахара – пятьдесят четыре тысячи четыреста».
[140] Тора, Бемидбар, 1:31. «Исчисленных по колену Звулуна – пятьдесят семь тысяч четыреста».
[141] Тора, Бемидбар, 10:17. «И разбиралась Скиния, и двигались сыны Гершона и сыны Мерари, носители Скинии».
[142] Пророки, Йехезкель, 1:20. «Куда возникнет желание, туда и шли они, куда бы ни возникло желание идти; и колеса поднимались подле них, ибо дух существа – в колесах».
[143] См. Зоар, главу Бешалах, п. 137. «И три эти линии не раскрывают Хохму иначе, как с помощью своих движений...»

разборка Скинии посредством власти правой линии, и возведение Скинии посредством раскрытия левой линии и ее облачения в хасадим. Ибо Скиния, т.е. Малхут, строение ее – в свойстве нижней Хохмы, и потому под властью одной лишь правой линии «и разбиралась Скиния»[141], ибо тогда отменялось свечение Хохмы, что в ней, а затем, при раскрытии левой линии и облачения ее в хасадим, т.е. посредством включения линий друг в друга, вновь возводилась Скиния.

И понятие «двенадцать колен» – это сфирот ХУГ ТУМ, что в Малхут, где каждая включает три линии, и это двенадцать быков, на которых стоит море,[144] т.е. Малхут. И Йегуда, т.е. свойство «царь», что в двенадцати коленах, он включает их. И, казалось бы, порядок движения должен быть таким, что Реувен должен выдвигаться вначале, т.е. правая линия и юг, а затем должно выдвигаться знамя стана Дана, т.е. левая линия и север, а затем – Йегуда, т.е. средняя линия и восток, и в конце – Эфраим, и это запад, т.е. Малхут, получающая от трех линий. Однако же движение в пустыне совершалось наиболее исправленным путем. И сначала выходили все три линии и включались друг в друга в свойстве двенадцати колен, которое мы пояснили выше. И поскольку основная действующая сила при исправлении линий это средняя линия, что на востоке, поэтому она выдвигалась первой на востоке, но она считается правой линией. И дело в том, что в средней линии есть два согласования:

Первое называется началом солнца, то есть первое согласование средней линии, называемой солнцем. И тогда оно приводит к власти правую линию, а левая линия включается и отменяется в правой, как будто ее вовсе не было.

Второе называется силой солнца, и оно объединяет две линии друг с другом так, чтобы было раскрытие у них обеих – как у Хеседа, так и у Хохмы.

---

[144] См. Писания, Диврей а-ямим, 2, 4:2-4. «И сделал море литое (из меди): от края до края его десять локтей, все круглое, высотою в пять локтей; и линия в тридцать локтей шла вокруг него по кругу; И (литые) подобия быков под ним, кругом со всех сторон окружают его, десять в каждом локте, окружают море по кругу два ряда быков, отлитых одной с ним отливкой. Стояло оно на двенадцати быках: три обращены к северу, и три обращены к западу, и три обращены к югу, и три обращены к востоку, а море на них сверху; и задней стороной они развернуты внутрь».

И это – два первых знамени. Сначала двигалось знамя стана Йегуды на востоке, и хотя восток – это средняя линия, однако движение это было в свойстве «начало солнца», когда властвует правая линия, и нет там раскрытия у левой линии, и поэтому считается правой линией, а не левой. И потому разбиралась Скиния при движении ее, потому что отменялось свечение левой линии, т.е. свечение Хохмы, называемое Скинией.

И это смысл сказанного им: «Первое знамя, вооруженный стан, – лев»[145], что знамя стана Йегуды, являющееся первым знаменем, – это лев, Хесед и правая линия, «Михаэль» – и это также свойство Михаэля, что над станом Шхины Хеседа. И он «запечатлен на развороте знамени, развернутого на правую сторону», – т.е. знамя его, оно на правую сторону, и это Хесед. «Восток», – ведь это средняя линия, которая называется востоком, и поэтому движение его в восточной стороне Скинии. И он объясняет смысл того, почему он считается Хеседом, правой линией, и говорит: «Являющийся началом солнца, идущий в своих передвижениях в его свечении», – и это свойство согласования начала солнца, и это средняя линия, которая приводит тогда правую линию к власти над левой, как мы уже сказали, и поэтому считается львом и свойством ангела Михаэля, которые являются правой линией. И не считается действительно средней линией, так как средняя линия должна в действительности включать правую и левую вместе, что является вторым согласованием, называемым силой солнца, как мы уже сказали. И поэтому Йегуда двигался первым, так как он является включающим Малхут, и он включает свойство «начало солнца», а не Реувен, так как Реувен не более, чем часть Малхут, т.е. правая линия, Хесед, у которой нет совершенства, иначе как с помощью силы солнца, и тогда он включается в левую линию и получает от нее ГАР. И потому он двигался за Йегудой. Таким образом, Йегуда, по сути своей, – это средняя линия, а его свечение – один лишь Хесед, правая линия без левой. И потому называется Хеседом, хотя он и на востоке. А Реувен, по сути своей, – это правая линия, и его свечение – это правая линия с включением левой, а Йегуда – это свойство «начало солнца», и поэтому двигался первым, и Реувен – это свойство «сила солнца», и поэтому двигался за Йегудой. И известно, что каждое из четырех знамен включает три линии, и поэтому есть три колена в каждом знамени. И поэтому соответственно Иссахару и Звулуну, что под знаменем Йегуды, есть два правителя, подчиняющиеся Михаэлю, и это означает сказанное: «Два правителя,

---

[145] См. выше, п. 102.

подчиняющиеся ему, – Йофиэль и Цадкиэль». Один соответствует Иссахару, другой соответствует Звулуну. «Один – для Торы», и это Йофиэль, и он напротив Иссахара, который занимался Торой, «а другой – чтобы ходить по рыночной площади», и это Цадкиэль, соответствующий Звулуну, который ходил по рынку, торгуя товарами, и обеспечивал Иссахара.[146]

И то, что говорит, что с началом солнца приводит правую линию к власти над левой, и только правая светит, – это не значит, что правая совершенно не включена в левую, ведь если бы она не была включена в левую, то остались бы только ВАК без ГАР, как известно. Но это значит, что и левая служит только свойству правой, чтобы увенчать ее тремя первыми сфирот (ГАР), и отменяет свое собственное свойство. И это смысл сказанного: «В левой стороне идет солнце, и светит, и венчает их»[147], – то есть солнце, средняя линия, даже в начале солнца, оно идет в левую линию и светит оттуда всем станам, что с правой стороны, свечением левой линии, чтобы увенчать их ГАР, однако нисколько не раскрывает само свечение левой линии. «Тысяча и десятки тысяч правителей, подчиняющихся ему», и потому там есть свечение тысячи, и это Хохма, называемая тысячей, и свечение десятков тысяч, то есть хасадим, называемых десятками тысяч. Иначе говоря, в них есть ГАР. Но «все – в страхе, в ужасе, в содрогании и в трепете», – то есть страх перед судами левой линии пребывает над ними, и потому они остерегаются, чтобы не получить ничего от ее свечения, а получить только меру, достаточную для одних лишь ГАР.

И это смысл сказанного: «Лев простер правую руку»[148] – то есть дает власть правой линии над всем. «Собирает у себя все свои воинства» – тогда собирает все свои воинства к себе, то есть тогда раскрывает совершенство всех своих мохин, представляющих собой «триста семьдесят (тысяч) львов вокруг того льва», т.е. совокупность всех мохин, являющихся тремя линиями ХАБАД и Малхут, которая их получает. И ХАБАД – это триста тысяч, а Малхут – только семьдесят тысяч, и это указывает на то, что у нее отсутствуют ГАР Хохмы, и есть в ней только ЗАТ. А сто тысяч – это Хохма и хасадим. Но о Малхут, представляющей одну лишь Хохму, сказано о ней: «Семьдесят

---

[146] См. выше, п. 26.
[147] См. выше, п. 103.
[148] См. выше, п. 104.

тысяч». И все они называются львами, указывая на то, что там власть одной лишь правой линии, без левой. И это означает сказанное: «И он меж ними посередине», что свойство середины, являющейся началом солнца, как мы уже говорили, – это лев, который посередине трехсот семидесяти тысяч львов. И потому все они обращены только направо.

После того, как выяснил предел свечения знамени стана Йегуды в общем и совершенном виде, начинает объяснять в частном виде порядок согласования, происходящий на востоке, представляющем собой среднюю линию. И известно, что средняя линия не может склонить левую к подчинению и включению в правую линию иначе, как посредством двух действий. Первым действием она пробуждает силу экрана в свойстве манулы, и тогда уходят все света левой линии, а затем вторым действием она скрывает свойство манулы и пробуждает свойство мифтехи, что в экране, благодаря чему левая линия снова светит в ВАК де-ГАР.[149] И это смысл сказанного: «Когда этот лев рычит, содрогаются небосводы, и все воинства и станы содрогаются от страха пред ним»[150], и этот рев означает – первое действие средней линии, которым является пробуждение силы манулы, т.е. Малхут свойства сурового суда, изгоняющего все света, и тогда содрогаются все воинства, как справа, т.е. «небосводы, и все воинства и станы», так и слева, когда «от того голоса река Динур воспламеняется», т.е. река Динур, исходящая от левой линии, воспламеняется из-за судов манулы, «и нисходит по тысяче пятистам ступеням преисподней вниз», – потому что сила левой служит в левой линии, т.е. в Бине, которая вернулась в Хохму, и это свойство «тысяча», так как Хохма называется тысячей; а также по левой половине Даат, составляющей пятьсот, – т.е. полтысячи, полступени. И теперь нисходит сила левой, оставляя всю свою власть, то есть – тысячу и полтысячи. И это смысл сказанного: «И нисходит по тысяче пятистам ступеням преисподней вниз», когда она нисходит со всех своих ступеней и падает в глубину преисподней внизу. И это смысл сказанного: «Тогда все грешники в преисподней содрогаются и пылают в огне», потому что осуждаются суровыми судами манулы. «И об этом написано: "Лев зарычал – кто не затрепещет?!"[135]», ибо этот рев ужасает всех и сбрасывает их со своих ступеней.

---

[149] См. Зоар, главу Лех леха, п. 22, со слов: «Экран де-хирик, на который выходит средняя линия, происходит от свойства суда, имеющегося в Малхут...»
[150] См. выше, п. 105.

И это смысл сказанного: «Рычит второй раз»[151], – т.е. пробуждает второе действие, о котором мы уже говорили, и это пробуждение экрана мифтехи, способного притянуть ВАК де-ГАР левой линии, тогда «триста семьдесят тысяч львов, все они ревут», – то есть все они получили от него силу этого экрана мифтехи, и тогда «простирает свою левую руку», – т.е. он снова притянул света ВАК де-ГАР, что в левой руке, и снова раскрылись ВАК Хохмы. И тогда «все тяжущиеся внизу трепещут и покоряются этой руке», так как свечение Хохмы приводит в смирение всех тяжущихся, как сказано: «Рука твоя на хребте врагов твоих»[136]. То есть свечение Хохмы, что в левой руке, покоряет всех врагов святости.

Однако ГАР де-ГАР остались скрытыми от силы пробуждения экрана средней линии, так как не раскрылись посредством его, но только ВАК де-ГАР.[152] И это смысл сказанного: «Четыре крыла у каждого из них, из белого огня»[153], – соответственно четырем мохин образовались четыре крыла, покрывающие ГАР де-ГАР всякого моаха, чтобы не светил. И поскольку сила этого экрана, покрывающего ГАР де-ГАР, привлекает все хасадим, он называется белым огнем. «И все они пылают», – то есть пылают в судах экрана, чтобы покрывать ГАР де-ГАР. И это означает сказанное: «И все лики (паним) завязи и цветка», – т.е. совершенные паним ГАР де-ГАР левой линии, называемые завязью и цветком, «погружены в белизну того огня», – т.е. они погрузились, и не светят из-за белого огня, имеющегося в силе экрана, как мы уже сказали.

Теперь выясняет различие между этими четырьмя сторонами, представляющими собой три линии и Малхут, получающую их. И говорит: «Четыре лика (паним) у каждого в четырех сторонах»[154], – это мера ВАК де-ГАР, называемых паним, которые остались во всех четырех сторонах, т.е. три линии и Малхут. И говорит: «Все они светят белизной солнца», то есть мера их свечения, она как белизна, что в средней линии, называемой солнцем, т.е. основа их свечения – это только хасадим, которые называются белизной. А различие между ними в том, что «один – на восточную

---

[151] См. выше, п. 106.
[152] См. Зоар, главу Берешит, часть 1, п. 50. «Разногласие, которое было исправлено согласно высшему подобию...»
[153] См. выше, п. 107.
[154] См. выше, п. 108.

сторону, светит в радости», – тот один, что светит в восточной стороне, т.е. средняя линия, светит во всем совершенстве и в радости, а «один – на западную сторону, этот собирает свой свет», – а другой, светящий в западной стороне, т.е. Малхут, нет у него собственного света, и он собирает свет от всех трех линий. «Один – на северную сторону, и это тьма без света», – а тот, что светит в северной стороне, т.е. левая линия, является тьмой без света. Однако эта тьма не означает отсутствие света, но это действительность, сотворенная от света, «как солнечная тень по сравнению с солнцем» так же как солнечная тень является порождением солнечного света, и если бы не солнечный свет, то не было бы и тени. Так и тьма левой линии – это порождение света ГАР де-ГАР, который светил в ней, от которого исходила тьма из-за недостатка света хасадим.[155] А затем, хотя и ушли из нее ГАР де-ГАР, светит она лишь при соединении с правой линией, т.е. с хасадим. И это смысл сказанного: «Тень сгущается, а солнце светит, потому что солнце и тень – это правая и левая линии», ибо пока левая линия не включена в правую, левая является тенью света и свойством левой линии света, т.е. порождением его. «И они идут вместе», – потому что в месте, где нет света, нет и тени. И известно, что свечение Хохмы левой линии светит только вместе с судами и наказаниями над грешниками, желающими притянуть ГАР де-ГАР.[156] И это смысл сказанного: «Виды тьмы, идущие с ним», – эти виды тьмы, т.е. суды, как мы уже сказали, идущие с левой линией, «все они несут боевые орудия» – боевое снаряжение, чтобы наказывать грешников, желающих питаться от ГАР де-ГАР. И выяснилось различие между двумя линиями, средней и левой, и Малхут. А правая линия не разъяснена, ибо она представляет собой хасадим, о которых говорится непрерывно, и не нуждается в разъяснении.

После того, как разъяснил все особенности, что в средней линии, общие и частные, разъясняет теперь три колена, что под первым знаменем, и это Йегуда, Иссахар и Звулун. И называет их тремя головами. И это смысл сказанного: «Одна его голова – семьдесят четыре тысячи и шестьсот»[157], – то есть счет колена Йегуды, приведенный в Писании. «И выходят воинства силой правой руки, которую он поднял над ними», – то есть эти

---

[155] См. Зоар, главу Берешит, часть 1, п. 34, со слов: «Затем вышла тьма, и вышли в ней семь других букв алфавита...»

[156] См. Зоар, главу Насо, Идра раба, п. 219.

[157] См. выше, п. 109.

воинства выходят силой правой линии, которой дал власть над ними, как мы уже говорили, в свойстве «начало солнца». «Кроме всех правителей внизу, которые подчинены этим властителям. Одни над другими, низшие ступени с высшими, и нет им счета», т.е. свойства «женщины и дети» колена Йегуды, которые не были исчислены с ними. «Вторая голова, идущая с первой головой, – счет ее пятьдесят четыре тысячи и четыреста»[158], – то есть счет колена Иссахара, приведенный в Писании. «Кроме всех правителей внизу», то есть женщины и дети. «Третья голова, идущая за ними, – пятьдесят семь тысяч и четыреста», – то есть счет колена Звулуна, что в Писании.

И это смысл сказанного: «Подобно тому, как движется правая, так движется и левая, и так же – спереди, и так же – сзади», то есть движение всех четырех знамен осуществлялось одним путем – путем, разъясненным здесь. «Когда движется эта первая, "и разбиралась Скиния"[141]», ибо уже выяснилось выше, в начале разъяснения, что поскольку движение первого знамени, знамени стана Йегуды, было в свойстве «начало солнца», приводящего к власти хасадим и не дающего места для раскрытия свечения Хохмы в левой линии, поэтому отменилось свечение Скинии, т.е. нижняя Хохма, и это смысл слов: «И разбиралась Скиния»[141], которые сказаны при движении этого знамени. Однако это вызвано не изъяном, а большой силой единства, что в начале солнца. И это означает сказанное: «И все левиты возносят песнь», то есть они возносили песнь во время этой разборки, вызванной силой единства начала солнца. И также: «И все славословящие – они все с ее стороны» возносили песнь. «Тогда: "Ибо дух существа (руах а-хая) – в колесах"[159], – написано», так как совершенное свечение хасадим называется духом хая, духом мудрости (хохма), ибо Хохма называется хая. И ты уже узнал, что свойства этих существ – это ХАГТАМ Зеир Анпина. И ХАГТАМ, что в Нукве, в которые включены четыре ангела Михаэль-Гавриэль-Уриэль-Рефаэль, тоже называются существами, а все станы, над которыми властвуют четыре ангела, называются колесами.

---

[158] См. выше, п. 110.
[159] Пророки, Йехезкель, 1:20. «Куда возникнет желание, туда и шли они, куда бы ни возникло желание идти; и колеса поднимались подле них, ибо дух существа – в колесах».

Второе знамя

112) «"Второе знамя", которым является знамя стана Реувена,[160] – "это вооруженный стан, т.е. выходящие войском от двадцати лет и старше, в свойстве "орел", и под властью ангела "Уриэля", властвующего в свойстве средней линии, и движение этого знамени – "в южной стороне", которая является правой линией и Хеседом. "Два правителя с ним", с Уриэлем, – "Шамшиэль Хасдиэль. Орел этот поднимается, и все обладающие крыльями – перед ним. Множество станов поднимается со всех сторон, каждый – благодаря силе солнца"».

Уже выяснилось, что и Йегуда, и Реувен состоят из двух свойств – средней линии и правой линии. Но разница в том, что Йегуда по своей сути – это средняя линия, Тиферет, и потому движение его – в восточной стороне, однако с точки зрения свечения он считается правой линией, и это Хесед, и свойством ангела Михаэля, которым является Хесед. И причина в том, что его единение – в свойстве «начало солнца», которое устанавливает власть Хеседа над всем. Реувен по своей сути – правая линия, и поэтому движение его – в южной стороне, и это правая линия и Хесед, но в отношении свечения считается свечением средней линии со стороны силы солнца, которая дает раскрытие также и левой линии.[161]

И это смысл сказанного: «Второе знамя – это вооруженный стан, орел», потому что лик орла – это средняя линия, то есть относительно его свечения, и также ангел – это Уриэль, являющийся свойством средней линии и Тиферет. Однако суть свойства Реувена – это правая линия, Хесед, и поэтому он в южной стороне, т.е. совершает движение в южной стороне, являющейся Хеседом и правой линией. И так же как с Реувеном есть два колена, Шимон и Гад, и так же в высшем знамени с Уриэлем есть два ангела, и это означает сказанное: «Два правителя с ним, Шамшиэль и Хасдиэль», и это потому, что их двенадцать колен, поскольку каждое из четырех знамен включает три, и это двенадцать, как мы уже объясняли. И все воинства, относящиеся к свойству «орел», называются «обладающие

---

[160] Тора, Бемидбар, 10:18. «И выступило знамя стана Реувена по их ратям, а над его войском Элицур, сын Шедеура».
[161] См. выше, п. 111, со слов: «И понятие "двенадцать колен" – это сфирот ХУГ ТУМ, что в Малхут, где каждая включает три линии...»

крыльями». И это смысл сказанного: «И все обладающие крыльями – перед ним», однако они состоят из всех четырех сторон, которые представляют собой три линии и Малхут, их принимающую, и это означает сказанное: «Множество станов поднимается со всех сторон», и уже выяснилось, что поэтому считается свечение этого знамени свойством средней линии, так как единение средней линии от свойства «сила солнца», и это означает сказанное: «Каждый – благодаря силе солнца», поскольку каждая из четырех сторон вышла благодаря силе второго единения средней линии, называемого силой солнца. И поэтому есть в нем раскрытие также и от свечения левой линии, как мы уже объясняли.

113) «"Руах внутреннего руаха выходит, и этот руах приходит к орлу, и он поднимает крылья и закрывает тело. Как сказано: "Твоею ли мудростью парит ястреб, простирает крыла свои на юг?"[162] Этот орел поссорился с голубем и с ястребом. И все обладающие крыльями щебечут и радуются. Один со стороны паним поднимается снизу вверх, множество птиц спускаются и входят, щебечут и радуются, отправляются и кружат"».

Объяснение. Ты уже узнал, что левая не хочет объединяться с правой, прежде чем средняя линия не уменьшила свой ГАР с помощью экрана де-хирик, и эта сила называется руах. И это смысл сказанного: «Руах внутреннего руаха выходит» и уменьшает ГАР у левой линии. И в силу этого также и сама средняя линия уменьшается на ГАР. «И этот руах приходит к орлу, и он поднимает крылья и закрывает тело», – то есть тот руах, который уменьшает левую линию, приходит также и к самому орлу, который является средней линией, и она тоже уменьшается на ГАР, и это считается, что он поднимает крылья и закрывает света его тела (гуф). И то, что говорит: «Руах внутреннего руаха», – это потому, что есть две силы, уменьшающие левую линию, которые называются манула и мифтеха, как выяснилось в предыдущем пункте. И он уточняет, что имеет в виду внутренний руах, мифтеху, а не внешний, манулу, которым он не занимается здесь. «Как сказано: "Твоею ли мудростью парит ястреб, простирает крыла свои на юг?"[162]», – потому что левая линия называется «ястреб (нец יֵץ)», от слов: «Когда ссориться

---

[162] Писания, Иов, 39:26. «Твоею ли мудростью парит ястреб, простирает крыла свои на юг?»

будут (ина́цу יִנָּצוּ) мужчины»¹⁶³. Поскольку он ссорится с правой линией и есть у него с ней разногласие.¹⁶⁴ И благодаря уменьшению экрана де-хирик, что в средней линии, «простирает крыла свои»¹⁶² т.е. закрывает свои света, «на юг»¹⁶², чтобы включиться в юг, являющийся правой линией.

И это смысл сказанного: «Этот орел поссорился с голубем и с ястребом», потому что ястреб – это левая линия, как мы уже сказали, голубь – это Малхут, получающая от левой линии, и поэтому орел, средняя линия, ссорится с ними и уменьшает их ГАР с помощью экрана де-хирик. И тогда: «И все обладающие крыльями щебечут и радуются» – потому что не могут они терпеть власть ястреба, т.е. левой линии, которая приводит к застыванию всех светов.¹⁶⁵ И поэтому они рады видеть, как орел восстает на него и уменьшает его на ГАР, и устраняет его власть. И объясняет это подробнее: «Один со стороны паним» – т.е. средняя линия, являющаяся свойством паним. Ибо правая линия – справа, а левая линия – слева, и средняя линия – спереди (бе-паним), а Малхут – сзади (бе-ахор). «Поднимается снизу вверх», т.е. он поднимается снизу, и согласовывает две линии между собой, правую и левую, которые выше него.¹⁶⁶ И тогда все света, которые застыли из-за власти левой линии, оттаивают и обретают силу светить наверху и внизу. И это смысл сказанного: «Множество птиц спускаются и входят, щебечут и радуются, отправляются и кружат», потому что птицы, т.е. света, вышли из застывшего состояния и могут ходить и летать везде, где пожелают. И потому они щебечут и радуются.

114) «"Когда двигается" орел, "он простирает правое крыло, собирает всё свое войско, и это триста пятьдесят тысяч обладающих крыльями, с двумя телами, орла и льва вместе. Возвышает голос, все другие поднимаются и опускаются, щебечут со своей стороны со многих ступеней"».

---

¹⁶³ Тора, Дварим, 25:11. «Когда ссориться будут мужчины между собой, и подойдет жена одного, чтобы спасти своего мужа от руки избивающего его...»

¹⁶⁴ См. Зоар, главу Берешит, часть 1, п. 44, со слов: «И это означает сказанное им: "Правая, – она является совершенством всего..."»

¹⁶⁵ См. Зоар, главу Берешит, часть 1, п. 301. «Воды "застывшего моря", т.е. Малхут, вбирают все воды мира и собирают их в себе...»

¹⁶⁶ См. Зоар, главу Трума, п. 837, со слов: «И известно, что когда мы различаем три линии сами по себе, будут всегда две верхние линии в свойстве ГАР, а средняя линия – в свойстве ВАК...»

Объяснение. Ты уже узнал, что в знамени стана Реувена есть два свойства: потому что со своей стороны, оно по сути своей является правой линией, – и это лев и южная сторона; а по своему свечению является средней линией, – и это орел и восточная сторона. И это смысл сказанного: «Когда двигается», – когда знамя стана Реувена, который является свойством орла по сути своего свечения, выдвигается, «он простирает правое крыло», – то есть простирает свойство правой линии, что в нем, и двигается в южной стороне, справа. Поскольку правая линия является сутью его свойства. И тогда «собирает всё свое войско, и это триста пятьдесят тысяч обладающих крыльями, с двумя телами, орла и льва вместе», то есть все его войска – это два свойства, которые по сути своей являются львом и правой линией, а по своему свечению являются орлом и средней линией, и поэтому считается, что они облачены, как два тела вместе. И смысл числа триста пятьдесят тысяч в том, что три линии – это триста, а Малхут считается только половиной парцуфа,[167] и поэтому она – пятьдесят, а свечение Хохмы, что в них, называется тысячей, и поэтому их – триста пятьдесят тысяч.

И хотя с точки зрения движения с орлом двигаются только два свойства, льва и орла, вместе с тем, с точки зрения согласования в нем, он действует во всех четырех свойствах. И это смысл сказанного: «Возвышает голос», – то есть когда производит согласование линий между собой, называемое возвышением голоса. Ибо средняя линия называется голосом, а то, что поднимается наверх, чтобы согласовать линии между собой, определяется как «возвышение голоса». И тогда «все другие поднимаются и опускаются, щебечут со своей стороны со многих ступеней», – что все другие свойства, то есть даже исходящие от быка и от человека, все они воодушевляются и получают от свечения орла во многих своих свойствах, и каждый согласно своей ступени таким образом получает от него.

115) "Три главы (рош) вместе в этих станах", так как три колена в стане Реувена. "И все они в особом счете. И счет этих глав" следующий:

"Первая глава, сорок шесть тысяч пятьсот", и это число колена Реувена.

---

[167] См. Зоар, главу Берешит, часть 2, п. 269. «Сорок пять (МА) цветов и разных светов различаются в мире...»

"Вторая глава, пятьдесят девять тысяч триста", и это число колена Шимона.

"Третья глава, сорок пять тысяч шестьсот пятьдесят"», и это число колена Гада.

116) «"С этих двух сторон", т.е. орла и льва, "исходят два призыва, идущих перед всеми станами. Когда эти две", то есть две трубы, как мы еще выясним, "призывают, все воинства и все станы, малые создания с большими созданиями, – все собираются. Кто видел движение всех небосводов, когда все они двигаются в переходе по станам перед той Скинией"», т.е. Малхут.

117) «"В час, когда один из них, то есть тот, что исходит со стороны льва, простирает голос", т.е. трубит в трубы трублением-ткия, представляющим собой простой звук, "чтобы не колебались все эти звуки", которыми он трубит, а простыми звуками без колебаний, "тогда собираются все эти станы"», то есть как сказано: «И затрубят в них, и соберется к тебе все общество»[168]. «"В час, когда другой призывает", т.е. трубит в трубы под властью того, кто исходит со стороны орла, "и звук прерывистый, а не простой", то есть это звук трубления-труа, и тогда "все эти станы того орла, все они собираются, чтобы выступить в свой переход"». То есть, как написано: «И вострубите трубным звуком, и двинутся станы»[169]. «"В соответствии этим" двум, т.е. льву и орлу, – "две серебряные трубы. Ибо подобно тому", что происходит наверху, "всё то же самое внизу. Смотри, когда эти выступают, что написано: "И когда шли эти существа, двигались колеса (офаним) подле них"[170], т.е. те" воинства, "что собираются" к правителям, они называются офаним (колеса). "И как глава смотрит", т.е. правители, "так и все"» смотрят, т.е. воинства под их командованием.

---

[168] Тора, Бемидбар, 10:3. «И затрубят в них, и соберется к тебе все общество ко входу в Шатер собрания».

[169] Тора, Бемидбар, 10:5-6. «И вострубите трубным звуком, и двинутся станы, стоящие на востоке. И воструубите трубным звуком вторично, и двинутся станы, стоящие на юге; трубным звуком пусть трубят для движения их».

[170] Пророки, Йехезкель, 1:19. «И когда шли эти существа, двигались колеса подле них, а когда поднимались эти существа снизу (вверх), поднимались и колеса».

ГЛАВА БЕААЛОТХА

Третье знамя

118) «"Третье знамя", которым является знамя стана Дана, это лик "быка" из этих существ, левая сторона, а из четырех ангелов – это "Гавриэль", т.е. от левой линии. И движется "в северной" стороне Скинии, т.е. в левой. "И с" Гавриэлем "есть два правителя: Кафциэль и Хизкиэль". Поскольку Гавриэль соответствует Дану, а два правителя – Ашеру и Нафтали, прикрепленных к знамени стана Дана. "Этот бык находится слева, лучи его поднимаются меж двух глаз его. Смотрит гневно, глаза пылают пламенем горящего огня. Бодается, топчет ногами и не жалеет"».

Объяснение. После того как разъяснил первые два знамени, представляющие собой среднюю и правую линии, разъясняет теперь третье знамя, являющееся левой линией, и среди существ называется ликом быка, а среди ангелов называется Гавриэлем. И известно, что после того как средняя линия согласовала и объединила правую линию и левую линию друг с другом, он остался в левой линии лишь со светом Малхут, т.е. свечением Хохмы снизу вверх, т.е. свойством ВАК,[171] а ГАР исчезли у нее. И это смысл сказанного: «Лучи его поднимаются меж двух глаз его» – Малхут называется лучом, а Хохма называется глазами, и говорит, что из двух его глаз, т.е. от Хохмы, не поднималось более, чем свойство «лучи», то есть свет Малхут, идущий снизу вверх, а ГАР, что в свете глаз его, ушли. Ты также узнал, что свечение Хохмы, имеющееся в левой линии, светит только с суровыми судами на голову грешников.[172] И это смысл сказанного: «Смотрит гневно, глаза пылают пламенем горящего огня», – т.е. суровые суды, появляющиеся при взоре его, и это свечение Хохмы, что в левой линии.

119) «"Когда этот бык ревет, выходят из проема великой бездны множество отрядов губителей, и все они с ревом бредут перед ним. Ярость и папка, в которой все грехи, висят пред ним, ибо все грехи мира заносятся в книгу и записываются"».

---

[171] См. Зоар, главу Берешит, часть 1, п. 50. «Разногласие, которое было исправлено согласно высшему подобию...»

[172] См. Зоар, главу Насо, Идра раба, п. 219, со слов: «Объяснение. В тот момент, когда Хохма раскрывается для праведников, в тот же самый момент раскрываются вместе с ней суровые и горькие суды над грешниками, желающими притягивать ее сверху вниз...»

Объяснение. Как выяснилось выше, с ревом льва,[173] который ревет в силу экрана де-хирик, приходящему к нему и уменьшающему его на ГАР, – так и рев быка, т.е. левая линия: когда приходит к нему сила уменьшения от экрана де-хирик, что в средней линии, он ревет. Известно также, что бездна – это подъем Малхут и ее включение в Бину, уменьшающее ее на ГАР, что похоже на силу экрана де-хирик.[174] И это смысл сказанного: «Когда этот бык ревет» – т.е. когда приходит к нему сила уменьшения, содержащаяся в экране де-хирик, «выходят из проема великой бездны множество отрядов губителей» – тогда выходят отряды клипот и губителей, удерживающиеся в месте недостатка (от) этого уменьшения, называемого великой бездной. «И все они с ревом бредут перед ним» – они присоединяются к реву этого быка и бредут перед ним. И тогда раскрываются в этом быке два вида судов: первый – суды левой линии, и второй – суды экрана де-хирик, которые пристали к нему. И два этих суда включают все виды грехов и испорченностей в мире. И это смысл сказанного: «Ярость и папка, в которой все грехи, висят пред ним, ибо все грехи мира заносятся в книгу и записываются», – и тогда осуждаются за грехи всего мира, так как привели к появлению двух этих судов в средней линии. А изъяны и испорченности, образованные свечением левой линии, и являются записью грехов в книгу, ибо они ждут возвращения низших. И посредством их возвращения будут исправлены эти суды. И это смысл сказанного: «Заносятся в книгу и записываются».

120) «"Семь огненных рек простираются пред ним. Когда испытывает жажду, он идет к реке Динур (огненной) и поглощает ее одним глотком, а эта река" снова "наполняется как вначале, и не иссякает". Словом, она не как иссякающий ручей, воды которого прекращаются. "Все эти воинства" этого быка, т.е. Гавриэля, "поглощают огонь, пожирающий другой огонь. И если бы со стороны льва не вытекала одна река, несущая воды", т.е. свет хасадим, "гасящие их огненные угли, мир не мог бы вынести"» их судов.

Объяснение. В предыдущем пункте выяснилось, что благодаря силе экрана де-хирик уменьшились ГАР левой линии, и остались в ней нижние семь сфирот ХАГАТ НЕХИМ без ГАР. И

---
[173] См. выше, п. 105.
[174] См. Зоар, главу Насо, Идра раба, п. 214.

это смысл сказанного: «Семь огненных рек простираются пред ним» – то есть семь нижних сфирот, и они называются огненными реками, по имени судов, что в них. И известно, что при движении линий выходит свечение Хохмы в левой линии, а затем уменьшается.[175] И это смысл сказанного: «Когда испытывает жажду», т.е. в то время, когда суды пылают в нем, тогда, во время движения линий, «он идет к реке Динур», которая вся – огонь и суды, «и поглощает ее одним глотком», т.е. благодаря появлению свечения Хохмы, что в нем, он отменяет суды, что в реке Динур, сразу. Однако, сразу же после движения линий, Хохма снова исчезает.[175] И поэтому: «А эта река наполняется как вначале» – так как после движения линий возобновляются в ней суды как вначале. И известно, что всё исправление левой линии состоит в объединении с правой линией, представляющей собой хасадим. И это смысл сказанного: «Все эти воинства его поглощают огонь, пожирающий огонь», так как все воинства его переполнены суровыми судами, «и если бы со стороны льва не вытекала одна река, несущая воды, гасящие их огненные угли», т.е. если бы не соединение с правой линией, являющейся хасадим, «мир не мог бы вынести» – не мог бы мир вынести ее судов и был бы разрушен.

121) «"Затемнение солнца", т.е. тень,[176] "находится там", в левой линии. "Свет есть, и его нет. Множество тяжущихся в суде продолжают блуждать во тьме. А та река, горящая" в левой стороне, – "это черный мрачный огонь. И если скажешь, что нет здесь белого огня, черного огня, красного огня и огня", состоящего "из двух цветов", т.е. зеленого, – "не говори" этого. "Ибо, безусловно, это так" – что горящая река черна, "и вместе с тем, высоко-высоко", в Бине, "есть это", что огонь состоит из четырех огней, "и оттуда нисходит он к этим низшим"» – к лику быка, что в Зеир Анпине, и к ангелу Гавриэлю, что в Малхут, и в них тоже огонь Гвуры состоит из четырех огней.

Объяснение. Затемнение солнца, которое есть в левой линии, уже выяснялось.[177] И то, что говорит: «Свет есть, и его нет», – т.е. когда левая линия объединяется с правой, в ней есть свет Хохмы, когда же она не объединяется с правой, нет в ней света,

---

[175] См. Зоар, главу Бешалах, п. 137. «И три эти линии не раскрывают Хохму иначе, как с помощью своих движений...»
[176] См. выше, п. 108, и комментарий Сулам, п. 111.
[177] См. выше, п. 111, комментарий Сулам.

только тьма. И выяснилось выше, что мера света, светящего в левой линии, соответствует величине Малхут, когда «лучи его поднимаются меж двух глаз его»[178]. И это смысл сказанного: «А та река горящая – это черный мрачный огонь», то есть согласно величине Малхут, представляющей собой черный и мрачный огонь. Однако, безусловно, левая линия включает все три линии и Малхут, которая их получает, и потому в ней есть четыре огня. И это означает: «И если скажешь, что нет здесь белого огня, черного огня, красного огня и огня из двух цветов», поскольку так же как левая линия в Бине включает все четыре стороны, так же и левая линия, что в существах и в четырех ангелах, состоит из всех четырех сторон, и это: белая, черная, красная и зеленая.

122) «"Мы учили" – высшая "Тора, в чем она находится? Она – белый огонь", и написана она "черным огнем по белому огню. В двух огнях находится Тора. Смотри, это один огонь", т.е. левая линия, называемая огнем, "и он разделяется на четыре" огня, поскольку состоит из четырех сторон, как мы уже сказали. А также "вода – это одно", т.е. правая линия, называемая водой, "и она разделяется на четыре", т.е. включены в нее четыре стороны. А также "дух – он один", т.е. средняя линия, "и разделяется на четыре"», т.е. состоит из всех четырех сторон. И это три линии и Малхут, которая их получает.

123) «"Три головы есть в этих станах" – соответственно трем коленам, что в стане Дана. "Исчисление их:
Первая голова – это шестьдесят две тысячи семьсот", и это число колена Дана, что в Писании.[179]
"Вторая голова – сорок одна тысяча пятьсот", и это число колена Ашера".[180]
"Третья голова – пятьдесят три тысячи четыреста", и это число колена Нафтали.[181]
"Кроме других ступеней, расположенных на их стороне, которые не исчисляются", – то есть женщины и дети трех этих колен, не входящие в это исчисление. "И все они – ступени

---
[178] См. выше, п. 118.
[179] Тора, Бемидбар, 1:39. «Исчисленных по колену Дана – шестьдесят две тысячи семьсот».
[180] Тора, Бемидбар, 1:41. «Исчисленных по колену Ашера – сорок одна тысяча пятьсот».
[181] Тора, Бемидбар, 1:43. «Исчисленных по колену Нафтали – пятьдесят три тысячи четыреста».

над ступенями, кроме многих тяжущихся в суде", исходящих из левой линии и находящихся внизу, в клипот. "Они дерзкие, как пёс, и кусачие, как осел", и они не входят в число этих станов левой стороны. "Горе тому, кто находится у них. И суд их – в четвертой стороне"», в Малхут. Иначе говоря, они получают жизненные силы от Малхут.

ГЛАВА БЕААЛОТХА

Четвертое знамя

124) «"Четвертое знамя", являющееся знаменем стана Эфраима: из свойств этих существ – это лик "человека", а из четырех ангелов – это "Рефаэль". И оно движется "в западной стороне". И всё это является свойствами Малхут. "И с ним исцеление", ибо "со стороны человека включен в него высший суд, и он исцеляется. Он удерживает лучи быка, когда тот хочет направить их в великую бездну, и связывает их, чтобы не сожгли мир. А после этого воцаряется "голос тонкой тишины"[182] – здесь дело вершится втайне, и не слышно при этом ни звука"».

Объяснение. Четвертое знамя – это Малхут, которая называется «человек». А из четырех ангелов, представляющих собой строение Малхут, – это ангел Рефаэль. И это – западный ветер. И известно, что во время власти левой линии, прежде чем она объединилась с правой, она сжигает мир своими судами и хочет отменить правую линию, и не может объединиться с правой, пока не получает свойство Малхут, чтобы светить только снизу вверх, как свойство Малхут.[171] И тогда объединяется с правой линией и исцеляется от своих судов. И это означает сказанное: «И с ним исцеление – со стороны человека включен в него высший суд, и он исцеляется». «Со стороны человека» означает – левая линия, так как Малхут, называемая «человек (адам)», исходит с ее стороны. «Включен в него высший суд» – то есть суровые суды левой линии без правой. «И он исцеляется» – то есть, благодаря получению им свойства Малхут, дабы светить только снизу вверх. И объясняет свои слова, говоря: «Он удерживает лучи быка», – то есть Малхут держит лучи быка, и это свойство, когда она находится в левой линии, чтобы ГАР светили только снизу вверх, тогда они называются лучами быка. Таким образом, Малхут удерживает быка, левую линию, с помощью лучей его, – т.е. только после воздействия средней линии, которая уменьшила экраном де-хирик левую линию, и она ослабла, и тогда смирилась с получением свойства Малхут, чтобы светить только снизу вверх.[183] И это смысл сказанного: «Когда тот хочет направить их в великую бездну», то есть после того как установилась над ней власть экрана де-хирик,

---

[182] Пророки, Мелахим 1, 19:12. «И после землетрясения – огонь; "не в огне Творец". И после огня – голос тонкой тишины».
[183] См. Зоар, главу Лех леха, п. 22, со слов: «Экран де-хирик, на который выходит средняя линия, происходит от свойства суда, имеющегося в Малхут...»

уменьшившего ее до ВАК без рош,[183] что означает, что она захотела спуститься в великую бездну, где мера уменьшения до ВАК без рош. А после того как достигла этого – получила исцеление Малхут, дабы ее ГАР светили только снизу вверх. «И связывает их, чтобы не сожгли мир», то есть она связала эти лучи, чтобы светили только снизу вверх, и тогда исцелилась от своих судов, которые были готовы сжечь мир.

И это смысл сказанного: «А после этого воцаряется "голос тонкой тишины"[182]», так как свечение снизу вверх считается голосом тонкой тишины, «здесь дело вершится втайне, и не слышно при этом ни звука», – ибо если свечение идет снизу вверх и совершенно не притягивается вниз, это значит, что дело вершится втайне, и не слышно внизу вообще ни звука.

125) «"В этой стороне", в Малхут, "пребывает тот, кто пребывает", т.е. хасадим правой линии, "и поднимается тот, кто поднимается", т.е. свечение Хохмы, что в левой линии, которое светит путем подъема снизу вверх. "Солнце", т.е. Зеир Анпин, "собирается светить этому месту", Малхут. "И поэтому" написано: "И вострубите трубным звуком"[184] – в южной стороне", то есть правая линия со свечением средней линии, как уже выяснилось. "Но здесь", в Малхут, – "ни того, ни другого", то есть нет здесь ни трубления-ткия, ни трубления-труа. Спрашивает: "Почему же" совершают трубление "труа?" И отвечает, что это сила экрана, что в средней линии, "подчиняющая северную сторону", т.е. левую линию, чтобы она объединилась с правой, и больше не светила, иначе как снизу вверх. "И потому северная сторона после"» всех станов, как сказано: «Замыкающий все станы»[185] – и это потому, что она исправляется посредством Малхут, как мы уже выяснили в предыдущем пункте. И потому знамя стана Эфраима, т.е. Малхут, движется перед левой линией, т.е. перед станом Дана. А стан Дана «последними будут выходить»[186].

---

[184] Тора, Бемидбар, 10:5-6. «И вострубите трубным звуком, и двинутся станы, стоящие на востоке. И вострубите трубным звуком вторично, и двинутся станы, стоящие на юге; трубным звуком пусть трубят для движения их».

[185] Тора, Бемидбар, 10:25. «Затем двигался под знаменем стан сынов Дана, замыкающий все станы по ополчениям их. И над ополчением его Ахиэзер, сын Амишадая».

[186] Тора, Бемидбар, 2:31. «Всех исчисленных в стане Дана – сто пятьдесят семь тысяч шестьсот; последними будут выходить под знаменами своими».

126) «"Смотри, это две трубы,[187] потому что они со стороны двоих, как мы сказали: с востока", представляющего собой среднюю линию, "и с юга", являющегося правой линией. "И они готовы сокрушать суды и покорять их", с помощью трубления. "И поэтому они из серебра", т.е. Хеседа. "И поэтому: "В день радости вашей и в праздники ваши... трубите в трубы"[188] – без уточнения, т.е. как наверху, так и внизу", в этом мире. "Счастливы Исраэль, поскольку Творец пожелал великолепия их и дал им высшую долю над всеми остальными народами. И Творец прославляется ими, благодаря их восхвалениям", которыми они прославляют Его, "это смысл изречения: "И сказал мне: "Ты раб Мой, Исраэль, в котором Я прославлюсь"[189]».

---

[187] Тора, Бемидбар, 10:2. «Сделай себе две серебряные трубы, чеканными сделай их, и будут они тебе для созыва общества и для выдвижения станов».

[188] Тора, Бемидбар, 10:10. «В день радости вашей и в праздники ваши, и в начале каждого месяца вашего тоже трубите в трубы при всесожжениях ваших и при мирных жертвах ваших. И это будет напоминанием о вас пред Творцом вашим. Я – Творец Всесильный ваш».

[189] Пророки, Йешаяу, 49:3. «И сказал мне: "Ты раб Мой, Исраэль, в котором Я прославлюсь"».

ГЛАВА БЕААЛОТХА

Буквы нун

127) «"И было, когда двигался ковчег"[190]. Рабби Эльазар сказал: "Тут нужно внимательно всмотреться: нун (נ), которая оборачивается здесь" лицевой стороной "назад в двух местах"», то есть нун (נ) перед отрывком «И было, когда двигался»[190], и после него, – «"почему? И если скажешь", что указывает на "изогнутую нун (נ)", а известно, что изогнутая нун (נ) – это нуква", Малхут, "прямая нун (ן) – это совокупность захара и нуквы", которыми являются Зеир Анпин и Малхут. "И мы объясняли в этом месте" относительно изогнутой нун (נ), что о ней сказано: "И было, когда двигался ковчег, то говорил Моше: "Встань же, Творец"[190]», – что об изогнутой нун (נ) он сказал: «Встань же»[190]. И скажи, что поэтому пишутся эти две буквы нун (נ) перевернутыми. «"Но", в таком случае, "почему они еще и обернулись" лицевой стороной назад, "в таком виде – ꜱ?"»

128) «"Смотри, не упомянута нун (נ) в" алфавитном порядке молитвы: "Счастливы пребывающие в доме Твоем"[191], потому что" нун (נ), а это Малхут, "она в изгнании. И так объяснили товарищи, что написано о ней: "Пала, не встанет вновь дева Исраэля"[192]. Но что написано выше: "А ковчег союза Творца двигался перед ними на три дня пути, чтобы усмотреть для них место покоя"[193], – когда ковчег двигался, нун (נ) двигалась над ним", и это Малхут, "ведь Шхина пребывала над ковчегом. Посмотри на любовь Творца к Исраэлю, – несмотря на то, что они уклонялись от прямого пути, не желает Творец оставлять их, и в любое время Он обращает Свой лик к ним. И если бы не это, не могли бы они выстоять в мире"».

---

[190] Тора, Бемидбар, 10:35-36. «И было, когда двигался ковчег, то говорил Моше: "Встань же, Творец, и рассеются враги Твои, и обратятся в бегство ненавистники Твои от лица Твоего", а при остановке говорил: "Обратись, Творец десятков тысяч Исраэля"».

[191] Молитва, произносимая трижды, два раза во время утренней молитвы (шахарит), и еще один раз во время послеполуденной молитвы (минха). Основой ее является 144 псалом Давида, в стихах которого, следующих по алфавитному порядку, нет стиха, начинающегося с буквы нун.

[192] Пророки, Амос, 5:2. «Пала, не встанет вновь дева Исраэля; повержена она на землю свою, некому поднять ее».

[193] Тора, Бемидбар, 10:33. «И отправились они от горы Творца, три дня пути, а ковчег союза Творца двигался перед ними на три дня пути, чтобы усмотреть для них место покоя».

129) «"Смотри, ковчег двигался перед ними на три дня пути, нун (נ)", символизирующая Шхину, "не отделялась от него, а двигалась вместе с ним. И вследствие любви Исраэля, Он обращал лик Свой" к Исраэлю, "и" сама "отворачивалась от ковчега. Как та молодая лань, которая, уходя, обращает лик свой к тому месту, откуда вышла она, и поэтому, "когда двигался ковчег"¹⁹⁰, нун (נ) обращала свою лицевую сторону по направлению к Исраэлю, а плечи своего тела (гуф) – к ковчегу"».

130) «"И поэтому, "когда двигался ковчег"¹⁹⁰, говорил Моше: "Встань же, Творец"¹⁹⁰, – то есть, "чтобы не оставлял нас и обращал лик Свой к нам. И тогда обращала нун (נ) свою лицевую сторону к ним в таком виде – ⌐, подобно обращающему лик свой к тому, кто любит его. А когда начинает ковчег покоиться, тогда отворачивал лик Свой от Исраэля и обращал" лик Свой "к ковчегу. И полностью обращал его"».

Пояснение статьи. Сначала выясняет,¹⁹⁴ что изогнутая нун (נ), то есть Малхут, находится в падении до зивуга с Зеир Анпином. И тогда она как в изгнании, и о ней сказано: «Пала, не встанет вновь»¹⁹². И поэтому сначала она нуждается в том, чтобы ее подняли из ее падения, а затем она может совершить зивуг с ним. И «падение» означает, что она утратила ГАР. А «подъем» означает возвращение ГАР, и по отношению к Малхут это свечение Хохмы. И ковчег со скрижалями внутри него – это Зеир Анпин и Малхут: скрижали свидетельства – это Зеир Анпин, а ковчег – Малхут.¹⁹⁵ И получается, что прежде, чем «и было, когда двигался ковчег»¹⁹⁰, Малхут не находилась в зивуге с Зеир Анпином из-за отсутствия Хохмы. И известно, что нет раскрытия Хохмы, иначе как во время движения, то есть движения трех линий в трех местах.¹⁹⁶ И поэтому предварил зивуг переходом, как мы уже объяснили. И это означает: «И было, когда двигался ковчег, то говорил Моше: "Встань же, Творец"»¹⁹⁰, поскольку тогда раскрывается свечение Хохмы, которое подняло нун (נ) из ее падения. А затем, когда завершился переход, и она получила свечение Хохмы, тогда говорил Моше: «Обратись, Творец»¹⁹⁰, поскольку тогда прекращается

---

[194] В пункте 128.
[195] Как выяснится далее. См. Зоар, главу Шлах леха, п. 14.
[196] См. Зоар, главу Бешалах, п. 137. «И три эти линии не раскрывают Хохму иначе, как с помощью своих движений...»

свечение Хохмы, и она возвращается к зивугу с Зеир Анпином, являющимся (свойством) хасадим.

И это смысл сказанного: «А ковчег союза Творца двигался перед ними на три дня пути, чтобы усмотреть для них место покоя»[197]. «Покой» означает зивуг Зеир Анпина и Малхут. И для того чтобы подготовить Малхут быть достойной зивуга с Зеир Анпином, должен был ковчег союза пройти трехдневный путь, что означает три линии в трех местах, когда путем этих трех дней она получала свечение Хохмы, и это – «подъем из падения ее», и тогда она достойна покоя, и это – зивуг. И таким же образом Исраэль недостойны получать от зивуга ЗОН прежде, чем получат свечение Хохмы, что в Малхут. И это смысл сказанного: «Чтобы усмотреть для них место покоя», – то есть для того, чтобы Исраэль смогли получить состояние покоя в результате зивуга ЗОН. И это смысл сказанного: «Несмотря на то, что они уклонялись от прямого пути», – то есть недостойны получить покой в результате зивуга ЗОН, «не желает Творец оставлять их» – не оставляет их Творец просто так, «и в любое время Он обращает Свой лик к ним» – то есть Малхут обращает лик свой к ним и светит им свечением Хохмы, чтобы подготовить их к тому, чтобы смогли затем получить от состояния «покой». И это смысл сказанного: «Ковчег двигался перед ними на три дня пути, нун (נ) не отделялась от него, а двигалась вместе с ним»[198], ибо движение трех линий – в Зеир Анпине, но Малхут не отделяется от Зеир Анпина во время движения, и она тоже получает эти три линии. «И вследствие любви Исраэля, Он обращал лик Свой», – то есть свойство свечения Хохмы, которое она получает, называемое ликом, как сказано: «Мудрость человека просветляет лик его»[199], она обращает этот лик к Исраэлю и передает им свечение Хохмы. «И отворачивалась от ковчега» – то есть она сама отворачивается от Зеир Анпина, на которого указывают скрижали, находящиеся в ковчеге. Ибо Зеир Анпин – это свойство укрытых хасадим, и в то время, когда Малхут получает Хохму, не являющуюся свойством Зеир Анпина, считается что Малхут отворачивается сама от него, и это смысл сказанного: «А плечи своего тела (гуф) – к ковчегу».

---

[197] См. выше, п. 128.
[198] См. выше, п. 129.
[199] Писания, Коэлет, 8:1. «Кто подобен мудрецу, и кто разумеет значение вещей? Мудрость человека просветляет лик его и смягчает суровость лица его».

Иначе говоря, она отделяет себя от свойства Зеир Анпина, и это подобно тому, словно поворачивается к нему спиной. И то, что он говорит в примере с ланью: «Обращает лик свой к тому месту, откуда вышла она», указывает тем самым, что Малхут, называемая ланью, выходит из левой линии, и там корень ее, и поэтому обращает лик свой к свойству свечения Хохмы, что в левой линии.

И намек в Торе заключается в том, что отрывок «и было, когда двигался»[190], считается свойством ковчега союза, который двигается, а затем приходит к зивугу, называемому покоем. И ставят перед ним (отрывком) перевернутую нун – ɔ, повернутую обратной стороной к отрывку «и было, когда двигался»[190]. А передняя сторона ее – к предыдущим отрывкам, определяемым как свойство Исраэль. И также после отрывка «и было, когда двигался»[190], ставят перевернутую нун – ɔ, передняя сторона которой обращена к отрывку «и было, когда двигался», означающему ковчег союза, а обратная ее часть повернута к следующим за ней отрывкам, считающимся свойством Исраэль, в тайне сказанного: «Тора и Исраэль – едины».

И это смысл сказанного: «И поэтому, "когда двигался ковчег"[190], нун (ɔ) обращала свою лицевую сторону по направлению к Исраэлю, а плечи своего тела (гуф) – к ковчегу», – то есть пишут нун (ɔ) обращенной лицевой стороной к предыдущим отрывкам, означающим Исраэль, а плечи тела (гуфа) ее (обращены) к отрывку «и было, когда двигался»[190], и это ковчег, то есть Зеир Анпин. И это по вышеуказанной причине, поскольку во время следующего движения она получает Хохму, являющуюся ее паним (ликом), и эти паним (лик) она передает Исраэлю. И поскольку Зеир Анпин находится в свойстве укрытых хасадим, определяется, что повернута обратной стороной к Зеир Анпину, и «обратная сторона» указывает на то, что она не получает от него его свойство. И это смысл сказанного: «И поэтому, "когда двигался ковчег"[190], говорил Моше: "Встань же, Творец"[190]», что означает – «чтобы не оставлял нас и обращал лик Свой к нам», то есть, чтобы получила она подъем, и это Хохма, и чтобы этот лик Хохмы она передала Исраэлю, чтобы они удостоились затем получать от полного зивуга, являющегося покоем. «А когда начинает ковчег покоиться», то есть после окончания получения трех линий, называемого движением, и приходил в состояние покоя, то есть к зивугу с Зеир Анпином, «тогда отворачивал лик Свой от Исраэля», то есть прекращала передачу Хохмы, «и обращал к ковчегу», то есть получала ГАР де-хасадим от Зеир Анпина, что определяется как обращение лика ее, то есть ГАР, к Зеир Анпину, – к свойству Зеир Анпина, хасадим. «И полностью обращал его» – и окончательно возвращалась к хасадим Зеир Анпина. Ибо нет раскрытия Хохмы, но только во время движения линий, а после движения возвращаются окончательно к свойству хасадим.[200] И потому написана здесь вторая перевернутая нун – ɼ, передняя сторона которой обращена к отрывку «и было, когда двигался»[190], и это ковчег союза, а обратная часть ее – к отрывкам Торы, которые после «и было, когда двигался»[190], и это Исраэль.

131) «Сказал рабби Шимон: "Эльазар, несомненно, так оно и есть", что здесь должны быть две перевернутых буквы нун, до и после него, "но здесь"», после «и было, когда двигался»[190], «"не отвернула" Малхут "лик свой от Исраэля", то есть не прекратила своей отдачи Исраэлю, как сказал рабби Эльазар, "ведь в таком случае эта нун", которая написана, "должна быть в обратном виде относительно другой, высшей" нун, то есть Малхут. "Поскольку эта нун отвернута обратной стороной" к Исраэлю, "а эта" высшая, Малхут, "связана напрямую с ковчегом"», то есть находится в зивуге с Зеир Анпином, и тогда, безусловно, лик ее – к Исраэлю, а не так, как (сказал) рабби Эльазар.

132) «"Но несомненно, что" Малхут "не отвернула лика своего" от Исраэля, "а что она делала в час, когда начинал ковчег покоиться. Тогда говорил Моше: "Обратись, Творец"[190], – то есть, чтобы прервала свечение Хохмы и обратилась к свечению хасадим Зеир Анпина. "Тогда останавливался ковчег", то есть покоился, "а Шхина находилась с другой стороны", – то есть с правой стороны, и это хасадим, и получает ГАР де-хасадим, т.е. паним, от Зеир Анпина. "И" эти "паним ее обращает к Исраэлю, и по направлению к ковчегу". Иначе говоря, паним ее к ковчегу, чтобы получить от него хасадим, и паним ее к Исраэлю, чтобы передать им эти хасадим, которые она получает от ковчега союза. "И тогда она состоит внутри себя из всего: из ковчега и Исраэля. Но затем Исраэль привели" к тому, что Малхут повернулась обратной стороной своей к ним, "как написано:

---

[200] См. Зоар, главу Бешалах, п. 137. «И три эти линии не раскрывают Хохму иначе, как с помощью своих движений...»

"И стал народ как бы роптать"[201]». И поэтому пишется перевернутая нун – ℾ, между «и было, когда двигался»[190], и отрывком «и стал народ как бы роптать»[201].

Объяснение. Рабби Шимон не возражает в отношении написания нун, и согласен, что она должна быть перевернутой, что ее лицевая сторона – к отрывку «и было, когда двигался»[190], а обратная – к Исраэлю, то есть к остальным отрывкам, что в Торе, но возражает относительно его причины, что во время покоя прекращается ее отдача Исраэлю, и поэтому ее обратная сторона – к Исраэлю, а лицевая сторона – к ковчегу союза, чтобы получать от него хасадим. И на это возражает рабби Шимон, и говорит, что во время покоя она кроме того, что обращает лик свой к Исраэлю, но еще и лик хасадим. И учитывая всё это, написание нун должно быть перевернутым так, что ее лицевая сторона – к «и было, когда двигался»[190], а обратная ее сторона – к остальным отрывкам. Но по другой причине – по той причине, что здесь прегрешили Исраэль, в отрывке «и стал народ как бы роптать»[201], и поэтому она повернула здесь свою обратную сторону к Исраэлю.

133) «Сказал рабби Эльазар: "То, что я сказал, – это из книги рава Йева Савы, который так сказал, что как с одной, так и с другой стороны, обращает"» нун лицевую сторону, так что перед «и было, когда двигался»[190] она обращает лик свой к Исраэлю, а после «и было, когда двигался»[190] она обращает лик свой к ковчегу, а обратную сторону – к Исраэлю. «Сказал ему: "Правильно он сказал", что написание этих нун должно быть таким, "но то, что я сказал"», что повернула обратную сторону к Исраэлю, – это не по причине покоя, а по причине того, что написано после нее: «И стал народ как бы роптать»[201] – «"это ты найдешь в книге рава Амнуна Савы, и это безусловно так"».

---

[201] Тора, Бемидбар, 11:1. «И стал народ как бы роптать на Творца, и услышал это Творец, и возгорелся гнев Его, и загорелся у них огонь Творца и пожрал край стана».

ГЛАВА БЕААЛОТХА

Ман – как семя кориандра

134) «"А ман – как семя кориандра"[202]. Сказал рабби Йоси: "Как семя Гада[203]"[202] означает – как рать, то есть "для поддержания семени и воинств на земле. Как сказано: "Гад – рать выступит от него"[204]. И подобно тому, как потомство (досл. семя) Гада взяли удел свой на другой земле", за рекой Ярден, "так же ман пребывал над Исраэлем вне святой земли"», то есть в пустыне.

135) «"Другое объяснение. "Как семя кориандра"[202], то есть как вид семени кориандра, и оно белое и застывало, когда опускалось в воздухе, и поглощалось телом. И уже объясняли товарищи. "А на вид он подобен хрусталю"[202], то есть как тот хрусталь, который белый, подобно правой линии наверху"», и это Хесед, называемый белым.

---

[202] Тора, Бемидбар, 11:7. «А ман – как семя кориандра, а на вид он подобен хрусталю».
[203] Гад (גד) переводится и как кориандр и как имя Гад.
[204] Тора, Берешит, 49:19. «Гад – рать выступит от него, и вслед за тем он возвратится».

ГЛАВА БЕААЛОТХА

Лучше предай меня смерти

136) «Сказал рабби Ицхак: "Что означает это изменение – то, что Моше обратился с этим наверх, как к нукве, как написано: "Если так Ты (ат) поступаешь со мной"²⁰⁵. То есть говорит, обращаясь в женском роде, – "Ты (ат)", ведь "Ты (ата)" следовало сказать?" И отвечает: "Но к месту, в котором пребывает смерть, он обращался, и это место является местом нуквы", Малхут, "и потому сказал: "Лучше предай меня смерти"²⁰⁵, и это – Древо смерти. И мы уже объясняли, что в Древе жизни", т.е. в Зеир Анпине, "смерть не пребывает"», и он не мог обратиться к Нему: «Лучше предай меня смерти»²⁰⁵. «"И поэтому отвернулся" от Древа жизни "и обратился к Древу смерти", к Малхут, "Ты (ат)"²⁰⁵, не сказав "Ты (ата)". И должен был так сказать"», потому что Малхут – это нуква.

137) «"Тотчас: "И сказал Творец Моше: "Собери Мне семьдесят мужей"²⁰⁶. Сказал ему Творец: "Ты просишь в любой момент смерти, так вот: "И возьму от духа"²⁰⁷, – смотри, здесь узнал Моше, что он умрёт, не ступив на (святую) землю, и Эльдад и Мейдад пророчествовали об этом"²⁰⁸».

138) «"Поэтому не должен человек, в то время, когда он пребывает в гневе, проклинать себя. Ибо стоят над ним многие" обвинители, "принимающие сказанное им, и проклятье его сбывается. В другое время, когда Моше просил смерти"», т.е. из-за изготовления тельца, сказав: «Сотри и меня из книги Твоей, которую Ты писал»²⁰⁹, «"не приняли от него, потому что было всё ради Исраэля. Теперь он сказал это не так, а в гневе и огорчении, и потому это было принято от него. И поэтому остались затем Эльдад и Мейдад" в стане, "и сказали это, – что

---

²⁰⁵ Тора, Бемидбар, 11:15. «И если так Ты (ат – женский род) поступаешь со мной, лучше предай меня смерти, если я удостоился милости в глазах Твоих, чтобы не видеть мне бедствия моего».

²⁰⁶ Тора, Бемидбар, 11:16. «И сказал Творец Моше: "Собери Мне семьдесят мужей из старейшин Исраэля, о которых знаешь, что они старейшины народа и его смотрители, и возьми их к Шатру собрания, и предстанут они там с тобою"».

²⁰⁷ Тора, Бемидбар, 11:17. «И Я низойду, и буду говорить с тобой там, и возьму от духа, который на тебе, и возложу на них. И они будут нести с тобою бремя народа, и не будешь нести ты один».

²⁰⁸ См. Вавилонский Талмуд, трактат Санедрин, лист 17:1.

²⁰⁹ Тора, Шмот, 32:32. «И вот, не простишь ли Ты грех их? Если же нет, то сотри и меня из книги Твоей, которую Ты писал».

Моше отойдет, приобщившись к народу своему, а Йеошуа введёт Исраэль в страну"».

139) «"И поэтому пришел Йеошуа к Моше, и ревновал за Моше. А Моше не заботился о своем почете, и потому сказал Йеошуа: "Господин мой Моше, останови их"[210]. Что значит: "Останови их"[210]? – То есть: "Предотврати их слова", чтобы они не сбылись. "Как сказано: "И перестал народ приносить"[211]. И также: "И перестал лить дождь с неба"[212]». «И перестал» – означает «"полное прекращение. А Моше не захотел. Сделай вывод о скромности Моше. Что сказано: "Не ревнуешь ли ты за меня?"[213] Счастлив удел Моше, который поднялся над всеми высшими пророками". Сказал рабби Йегуда: "Все остальные пророки по сравнению с Моше, как луна по сравнению с солнцем"».

---

[210] Тора, Бемидбар, 11:28. «И отозвался Йеошуа, сын Нуна, служитель Моше с юности своей, и сказал: "Господин мой, Моше, останови их!"»

[211] Тора, Шмот, 36:6. «И приказал Моше, и провозгласили по стану, говоря: "Мужчинам и женщинам не заниматься более работой для священного приношения". И перестал народ приносить».

[212] Тора, Берешит, 8:2. «И закрылись источники бездны и окна небесные, и перестал лить дождь с неба».

[213] Тора, Бемидбар, 11:29. «И сказал ему Моше: "Не ревнуешь ли ты за меня? О, если бы весь народ Творца был пророками, лишь бы Творец дал им дух Свой!"»

ГЛАВА БЕААЛОТХА

Не даст ему Всесильный вкушать от этого

140) «Рабби Аба сидел однажды ночью и занимался Торой. И были с ним рабби Йоси и рабби Хизкия. Сказал рабби Йоси: "Насколько жестокосердны люди, которые совершенно не присматриваются к сказанному о том мире". Сказал рабби Аба: "Зло в сердце, присутствующее во всех частях тела, делает им это". Провозгласил и сказал: "Есть зло, что видал я под солнцем, и велико оно у человека"[214]. "Есть зло"[214] – это зло является силой зла нашего сердца, которое желает властвовать над тем, что в этом мире, и вовсе не интересуется тем, что в том мире"».

141) Спрашивает: «"Почему зло сердце?" И отвечает: "Изречение, следующее после него, подтверждает это, поскольку написано: "Всякий человек, кому дал Всесильный богатство и имущество"[215]. Это изречение сложно понять, – если написано: "И нет для души его недостатка ни в чем, чего бы ни пожелал"[216], то почему: "Но не даст ему власти Всесильный вкушать от этого"[216], – ведь нет никакого недостатка для души его?" И отвечает: "Но скрытый смысл этого в том, что все слова царя Шломо облачаются в иные слова, и это подобно тому, как слова Торы облачаются в рассказы" этого "мира"».

142) «"Смотри, несмотря на то, что мы вынуждены смотреть на облачение", т.е. на рассказы этого мира, иначе говоря, что объяснение изречения включает в себя также и простой его смысл, а здесь это изречение говорит, что человек проходит по этому миру, и Творец дает ему богатство, чтобы он удостоился с его помощью будущего мира, и остался бы у него фонд" от сбережений его. "Что такое "фонд"? Те" сбережения, "которые существуют" вечно. "И это то место, в которое собирают душу.

---

[214] Писания, Коэлет, 6:1. «Есть зло, что видал я под солнцем, и велико оно у человека».
[215] Писания, Коэлет, 5:18. «Всякий человек, кому дал Всесильный богатство и имущество, и власть пользоваться ими, и брать свою долю, и радоваться трудам своим, – получил дар Всесильного».
[216] Писания, Коэлет, 6:2. «Муж, которому даст Всесильный богатство и имущество, и почет, и нет для души его недостатка ни в чем, чего бы ни пожелал, но не даст ему власти Всесильный вкушать от этого, ибо муж чужой вкушать это будет, – суета это, и недуг злой такое».

Поэтому он должен оставить после себя этот фонд, и фонд этот он получит после того, как уйдет из этого мира"».

143) «"Поскольку этот фонд – это Древо жизни того мира", т.е. Зеир Анпин, "и ничего не остается от него в этом мире, кроме тех плодов, что выходят от него. И поэтому плоды его отведает человек, удостоившийся их, в этом мире, а этот фонд есть у него для мира будущего, чтобы удостоиться с его помощью высшей жизни, что наверху"».

144) «"А тот, кто оскверняет себя и тянется за собственным" благом, "и не нуждается для тела и души ни в чем, и это Древо", Зеир Анпин, "оставлено, и он не удерживает его в страхе перед собой, и чтобы получить его наверху, тогда: "Но не даст ему власти Всесильный вкушать от этого"[216], и удостоиться этого богатства. Конечно, "муж чужой вкушать это будет"[216], как сказано: "Наготовит он, а оденется праведник"[217]. Поэтому человек должен удостоиться того мира с помощью того, что дает ему Творец, и тогда будет вкушать от этого в этом мире, а фонд тот остаётся у него для другого мира, где он будет включен в узел жизни". Сказал рабби Йоси: "Несомненно"», так оно и есть.

145) «Еще сказал рабби Йоси: "Написано: "Если так Ты поступаешь со мной, лучше предай меня смерти"[218]. Спрашивает: "Разве Моше, скромностью превышавший всех людей в мире, лишь потому, что требовали Исраэль пищу у него, просил предать себя смерти? Почему?" Сказал рабби Аба: "Я это учил, и это является высшей тайной. Моше был разгневан и просил предать его смерти не потому, что Исраэль требовали от него"» мясо в пищу.

146) «"Смотри, Моше соединялся с высшим, поднимаясь таким образом, каким не соединился ни один пророк, и в час, когда сказал Творец Моше: "Вот Я посылаю вам в изобилии

---

[217] Писания, Иов, 27:13-17. «Вот доля грешнику от Всевышнего, и судьба притеснителей, которую они получат от Всемогущего: если умножатся сыновья его, мечу они обречены, и потомки его не насытятся хлебом; оставшихся после него схоронит мор, и вдовы его по нему не заплачут; если накопит он серебра, как песка, и наготовит одежды, как праха, то наготовит он, а оденется праведник, и непорочному достанется серебро».

[218] Тора, Бемидбар, 11:15. «И если так Ты поступаешь со мной, лучше предай меня смерти, если я удостоился милости в глазах Твоих, чтобы не видеть мне бедствия моего».

хлеб с небес"[219], – возрадовался Моше, сказав (про себя): "Конечно же, теперь это совершенство будет находиться во мне, ведь благодаря мне есть ман у Исраэля". Когда же увидел Моше, что опять начали опускаться на другую ступень и требовать мясо, говоря: "И душе нашей постыл ничтожный хлеб"[220], сказал: "В таком случае, наверняка ступень моя несовершенна", – ведь это благодаря мне кормятся Исраэль от пустыни. Таким образом, и я несовершенен, и Аарон несовершенен, и Нахшон, сын Аминадава, несовершенен"». Поскольку Аарон и Нахшон принадлежали правой и левой (сторонам) Моше.[221]

147) «Сказал: "И если так Ты поступаешь со мной, лучше предай меня смерти"[218], – ибо стал я как нуква", т.е. Малхут, "в пище ее", – то есть в мясе, которое они требуют. "И я опускаюсь с небес, с высшей ступени", Зеир Анпин, из-за того стал им отвратителен хлеб небесный, "чтобы спуститься на ступень нуквы", к питанию мясом, – разве "не отличаюсь я от всех остальных пророков мира?" – потому что все пророки пророчествовали с помощью Ко, то есть Нуквы, а Моше пророчествовал с помощью Зэ, то есть Зеир Анпина, называемого небесами. "И поэтому сказал: "Чтобы не видеть мне бедствия моего"[218], – поскольку считается "как мертвый, безусловно, при опускании на более низкую ступень"». Ибо, у того, кто опускается со ступени на ступень, это считается смертью.

---

[219] Тора, Шмот, 16:4. «И Творец сказал Моше: "Вот Я посылаю вам в изобилии хлеб с небес, и будет выходить народ, и собирать необходимое на день ежедневно, чтобы Мне испытать его – будет ли он поступать по закону Моему или нет"».

[220] Тора, Бемидбар, 21:5. «И стал говорить народ против Всесильного и против Моше: "Зачем вы вывели нас из Египта, чтобы (нам) умереть в пустыне? Ибо нет хлеба и нет воды, и душе нашей постыл ничтожный хлеб"».

[221] См. Зоар, главу Ваэтханан, пп. 13-14.

ГЛАВА БЕААЛОТХА

Собери мне семьдесят мужей

148) «"Тогда: "И сказал Творец Моше: "Собери мне семьдесят мужей из старейшин Исраэля"[222], поскольку они нужны, чтобы вручить им другую пищу", которая не с небес, являющихся ступенью Моше. "И ты не будешь несовершенен на своей ступени. И поэтому: "И возьму от духа, который на тебе, и возложу на них"[223]. В чем причина? Это потому, что они объединились с луной", Нуквой, "и должно солнце", являющееся ступенью Зеир Анпина и ступенью Моше, "светить ей. Поэтому: "И возложу на них"[223] – чтобы светили от солнца", т.е. от ступени Моше, "так же как свет луны", который (светит) от солнца. "И потому эта пища", мясо, "дается не через Моше"», а через «семьдесят мужей»[222], «"чтобы не стал несовершенным"», – чтобы не был вынужден опуститься со своей ступени, как мы уже говорили.

---

[222] Тора, Бемидбар, 11:16. «И сказал Творец Моше: "Собери Мне семьдесят мужей из старейшин Исраэля, о которых знаешь, что они старейшины народа и его смотрители, и возьми их к Шатру собрания, и предстанут они там с тобою"».

[223] Тора, Бемидбар, 11:17. «И Я низойду, и буду говорить с тобой там, и возьму от духа, который на тебе, и возложу на них. И они будут нести с тобою бремя народа, и не будешь нести ты один».

ГЛАВА БЕААЛОТХА

Святое имя из одиннадцати букв

149) «"Счастлив удел Моше, ибо Творец желал его величия. О нем написано: "Возрадуется отец твой и мать твоя, и возликует родительница твоя"[224]. "Возрадуется отец твой"[224] – это Творец, "и мать твоя"[224] – это Кнессет Исраэль", т.е. Малхут. "И возликует родительница твоя"[224] – это мать Моше, что внизу. Творец любил его больше всех пророков мира", ибо пророчество его было "без всякого посредничества, как написано: "Из уст в уста говорю Я с ним"[225]. И мы это объясняли в разных местах"».

150) «"И вскричал Моше к Творцу, говоря: "Творец, прошу, исцели же ее!"[226] Это уже объяснялось. И это тайна святого одиннадцатибуквенного имени"», то есть тех одиннадцати букв, из которых состоит восклицание: «Творец, прошу, исцели же ее! (Эль на рфа на ла (אֵל נָא רְפָא נָא לָהּ))»[226]. «"И Моше не пожелал молиться более этого, поскольку не хотел беспокоить Царя еще и о своем. Поэтому Творец желал величия Моше. И поэтому Творцу везде угодно величие праведников больше, чем Свое. В будущем Творец взыщет с народов-идолопоклонников за поругание Исраэля, и порадует Исраэль радостью Циона. Как написано: "И придут они, и воспоют с высоты Циона"[227]. И тогда: "И придет избавитель в Цион"[228]. Благословен Творец вечно, амен и амен. Будет царствовать Творец вечно, амен и амен"».

Закончилась глава Беаалотха

---

[224] Писания, Притчи, 23:25. «Возрадуется отец твой и мать твоя, и возликует родительница твоя».

[225] Тора, Бемидбар, 12:8. «Из уст в уста говорю Я с ним, и явно, а не загадками, и лик Творца видит он. Как же не боитесь вы говорить против раба Моего, Моше?»

[226] Тора, Бемидбар, 12:13. «И вскричал Моше к Творцу, говоря: "Творец, прошу, исцели же ее!"»

[227] Пророки, Йермияу, 31:11. «И придут они, и воспоют с высоты Циона, и устремятся к благу Творца: к хлебу и вину, и оливковому маслу, и к агнцам, и к тельцам; и будет душа их подобна обильно напоенному саду, и не будут они больше горевать».

[228] Пророки, Йешаяу, 59:20. «И придет избавитель в Цион и к отвратившимся от нечестия в Яакове, – слово Творца!»

Глава Шлах леха

ГЛАВА ШЛАХ ЛЕХА

Пошли себе людей

1) «"И сказал Творец Моше, говоря: "Пошли себе людей, чтобы они высмотрели землю Кнаан"[1]. Рабби Хия провозгласил: "Назначал ли ты утро, знает ли рассвет место его?"[2] "Рассвет (шахар שַׁחַר)" написано", без определяющей хэй (ה), – "хэй (ה) отдалилась от рассвета (шахар שַׁחַר). В чем причина? Однако, – сказал рабби Хия, – в час, когда простерлись вечерние тени и солнце", Зеир Анпин, "склоняется к закату", т.е. ко второй половине дня, "тогда ослабевает сила солнца", Зеир Анпина, "тогда властвует левая сторона, и пребывает в мире суд и распространяется. И тогда должен молиться человек и направлять свое желание пред Господином своим"».

---

[1] Тора, Бемидбар, 13:1-2. «И сказал Творец Моше, говоря: "Пошли себе людей, чтобы они высмотрели землю Кнаан, которую Я даю сынам Исраэля; по одному человеку от колена отцов их пошлите, главных из них"».
[2] Писания, Иов, 38:12. «Назначал ли ты утро, знает ли рассвет место его?»

ГЛАВА ШЛАХ ЛЕХА

Имя властвующего от полуночи и далее

2) «"Ибо сказал рабби Йоси: "Когда солнце", Зеир Анпин, "склоняется к закату и ослабевает", то есть после полудня, "раскрывается один вход в солнце", т.е. вход власти левой линии, "и заканчивается сила солнца", т.е. Зеир Анпина и средней линии, "и левая линия властвует. И Ицхак", левая линия, "выкапывает под собой колодец"», т.е. Малхут, питание которой от левой линии, и тогда он устанавливает ее.

3) «"Когда наступает ночь, записи приговоров обычно у них в кармане. И многие отряды губителей расходятся по миру, и все они рыщут, смешиваясь между собой, и отправляются насмехаться над душами грешников, и сообщают им вещи, частью ложные, частью истинные, и если кто-то окажется среди них", из людей, "им дано право губить их. И все люди мира спят и ощущают вкус смерти"».

4) «"Смотри, когда пробуждается северный ветер, тогда принимается Кнессет Исраэль", Малхут, "левой линией" Зеир Анпина, "и они соединяются вместе, и она пребывает в" левой "руке на своем месте. И является Творец, чтобы радоваться вместе с праведниками, которые в Эденском саду.[3] И тогда каждый, кто пробуждается, чтобы заниматься Торой в этот час, он участвует вместе" с Малхут, "потому что она и все ее множества восславляют высшего Царя", Зеир Анпина. "И все те, кто участвует в прославлении Торы, все они записаны среди обитателей чертога и называются там поименно, и те, что записаны днем"», то есть записаны, чтобы получить хасадим, являющиеся свойством дня, Зеир Анпина.

5) «"Смотри, есть одно святое имя, записанное высеченными буквами, властвующее с полуночи и далее, и это буквы каф-ламед-хаф (כלך) самех-аин-пэй-хэй (סעפה) йуд-алеф-аин-вав-цади-хэй (יאעוצה), конечных мем-нун (מן) де-МАНЦЕПАХ (מנצפך), которые включают их. Конечная мем (ם)

---

[3] См. Зоар, главу Ваякель, п. 15. «"Из-за трех сторон", правой, левой и средней, "поделилась ночь"...»

выяснялась" в тайне: "Для приумножения (לְםַרְבֵּה) власти"[4], где мем (ם)" закрытая, написанная в середине слова, указывает на Бину во время власти левой линии, и света закрыты в ней. "Нун (נ) скрыла одну и другую"», т.е. изогнутая нун(נ) в тайне сказанного: «Пала, не встанет вновь»[5], скрыла Бину и Малхут. «"Ибо тогда сфирот были включены", т.е. Малхут и Бина включились друг в друга, и Бина тоже находилась в падении, как и Малхут, "вав (ו) святого имени установил" Малхут, т.е. нун (נ), и притянул к себе левую линию в виде вав (ו). И тогда она поднялась из падения, но "и закрыл источники ее". Поскольку в силу власти левой линии, перекрылись эти света и застыли. И таким же образом Бина была перекрыта властью левой линии, и поэтому называется Бина в это время закрытой мем (ם). "И после того, как породила" Бина вав (ו) де-АВАЯ (הויה), т.е. Зеир Анпин, который является средней линией, Малхут породила душу, тогда "она стала открытой в начале одного прохода"», т.е. закрытая мем (ם) открылась снизу и стала открытой мем (מ).

Объяснение. Зоар говорит здесь о Бине и Малхут одновременно, поскольку вследствие подъема Малхут в Бину они включились друг в друга, как приводится в самом Зоаре. «Нун (נ) скрыла одну и другую, ибо тогда сфирот были включены». И поэтому закрытая мем (ם), указывающая на Бину в тот момент, когда она во власти левой линии, объясняет Зоар также и относительно Малхут. И кроме того, даже форма закрытой мем (ם) объясняется как форма изогнутой нун (נ), Малхут, с вав (ו), т.е. свойство левой руки вав (ו), соединяющейся с формой нун (נ), и она перекрывает ее, и делает ее формой квадрата, подобно закрытой мем (ם). А затем возвращается к Бине, так как говорится об исправлениях, ибо после того как Бина породила вав (ו), свойство Зеир Анпина, открылась закрытая мем (ם) и стала открытой мем (מ), которая тоже является формой нун (נ) в соединении с вав (ו), однако есть у нее вход снизу, указывающий, что она открылась, выйдя из скрытия, и передает свои света нижним. А затем снова говорит о Малхут, то есть говорит в сказанном после этого: «Когда был разрушен Храм», т.е. снова говорит о закрытой мем (ם), что в Малхут.

---

[4] Пророки, Йешаяу, 9:6. «Для приумножения власти и бесконечного мира на престоле Давида и в царстве его, для укрепления и поддержки ее правосудием и праведностью, – отныне и вовеки ревность Творца воинств сделает это».

[5] Пророки, Амос, 5:2. «Пала, не встанет вновь дева Исраэля; повержена она на землю свою, некому поднять ее».

6) «"Когда был разрушен Храм" – т.е. в то время, когда нет зивуга Зеир Анпина и Малхут, и тогда разрушается Храм, Малхут. "И перекрываются источники" Малхут "со всех сторон", и она становится закрытой мем (ם), все света которой застыли. "И" закрытая мем (ם) "включает другие буквы, и это семь" букв от вышеуказанного святого имени: "три с одной стороны" – и это самех-аин-вав (סעו), "и четыре с другой стороны" – алеф-аин-цади-хэй (אעצה). "Каф-ламед-хаф (כלך) йуд-пэй-хэй (יפה)", оставшиеся от святого имени, "и признак: "Вся ты прекрасна (יפה כלך), возлюбленная моя, и нет в тебе изъяна"⁶. То есть говорится о "нун (ן)", указывающей на "захара и нукву", т.е. ЗОН, "соединенных вместе". И "эта" нун (ן) "состоит из трех букв с одной стороны", каф-ламед-хаф (כלך), "и трех с другой", йуд-пэй-хэй (יפה). "Итого – шесть" букв. "И мы объясняли, что в эти две буквы мем (ם) и нун (ן) включаются тринадцать букв" святого имени каф-ламед-хаф (כלך) самех-аин-пэй-хэй (סעפה) йуд-алеф-аин-вав-цади-хэй (יאעוצה), "потому что от них восходят два" свойства: "одно" свойство – "с одной буквой", мем (ם), "и другое – с одной буквой"», нун (ן).

7) «"Каф-ламед-хаф (כלך) самех-аин-пэй-хэй (סעפה) йуд-алеф-аин-вав-цади-хэй (יאעוצה) – так запечатлелись эти буквы. И это скрытый смысл того, что в главе: "Когда выйдешь (ки теце) на войну"⁷, в изречении: "Если будет девица, девственница"⁸, где "девица (наара נער)"⁸ написано" без хэй (ה). "И после того, как прошла ночь, и светит утро, тогда поднимается хэй (ה) и включается в высший свет. И тогда" сказано: "Знает ли рассвет место его"², где "рассвет", т.е. Зеир Анпин, "знает место этой хэй (ה), и она включается в него"».

Пояснение статьи. Есть два состояния ночью:
Первое состояние – это первая половина ночи, когда Малхут без зивуга с Зеир Анпином, и это свойство закрытой мем (ם), все света которой застывают. И это смысл сказанного: «Когда наступает ночь, записи приговоров обычно у них в кармане...»⁹

---

⁶ Писания, Песнь песней, 4:7. «Вся ты прекрасна, возлюбленная моя, и нет в тебе изъяна».

⁷ Тора, Дварим, 21:10. «Когда выйдешь на войну против врагов твоих, и отдаст их Творец Всесильный твой в руки твои, и возьмешь у них пленных».

⁸ Тора, Дварим, 22:23. «Если будет девица, девственница, обручена с мужчиной, и встретит ее человек в городе, и совокупится с нею».

⁹ См. выше, п. 3.

И второе состояние – это вторая половина ночи, то есть, начиная с полуночи и далее, когда происходит зивуг ЗОН, в состоянии: «Его левая рука под моей головой»[10]. И в состоянии, когда Творец, т.е. Зеир Анпин, входит в Эденский сад, т.е. в Малхут, и соединяются захар и нуква вместе, и на это указывает буква нун (ן).

И сочетания, выходящие из тринадцатибуквенного имени – каф-ламед-хаф (כלך) самех-аин-пэй-хэй (סעפה) йуд-алеф-аин-вав-цади-хэй (יאעוצה), властвующего в полночь, – это самех-аин-вав (סעו) алеф-аин-цади-хэй (אעצה) каф-ламед-хаф (כלך) йуд-пэй-хэй (יפה). То есть, таким образом **каф-ламед-хаф** (כלך) самех-аин-**пэй-хэй** (סעפה) **йуд**-алеф-аин-вав-цади-хэй (יאעוצה). И объясняется это так же, как было при выходе из Египта, когда Нуква была в свойстве закрытой мем (ם), и Исраэль находились в большой беде, посоветовал Творец Моше: «Скажи сынам Исраэля, чтобы выдвигались (ве-иса́у וְיִסָּעוּ)»[11], – т.е. благодаря их выдвижению внизу они пробудят наверху продвижение по трем линиям, и Малхут соединится со средней линией, вследствие чего открывается Малхут из своего закрытого состояния, и тогда для них совершается чудо пересечения Конечного моря. И так же здесь, в полночь, когда закрытая мем (ם) властвует в состоянии левой линии без правой, и нужно устранить суды из Малхут, властвует имя самех-аин-вав (סעו) алеф-аин-цади-хэй (אעצה), означающее, что Творец дает совет совершить выдвижение и притянуть три линии для соединения (зивуга) с Нуквой, на что указывает конечная нун (ן) де-МАНЦЕПАХ (מנצפך), и тогда: «Пробуждается северный ветер»[12] в состоянии: «Его левая рука под моей головой»[10], и это смысл сказанного: «Тогда принимается Кнессет Исраэль левой линией, и они соединяются вместе»[12], на что указывает конечная нун (ן) де-МАНЦЕПАХ (מנצפך). И тогда выходит сочетание каф-ламед-хаф (כלך) йуд-пэй-хэй (יפה), означающее, как сказано: «Вся ты прекрасна (כֻּלָּךְ יָפָה), возлюбленная моя, и нет в тебе изъяна»[6]. «Изъян (мум מום)» указывает на закрытую мем (ם), и с помощью зивуга с Зеир Анпином была устранена эта закрытая мем (ם) и больше не пребывает в ней.

---

[10] Писания, Песнь песней, 2:6. «Его левая рука под моей головой, а правая обнимает меня».
[11] Тора, Шмот, 14:15. «И сказал Творец Моше: "Что ты вопиешь ко Мне? Скажи сынам Исраэля, чтобы выдвигались!"»
[12] См. выше, п. 4.

И это смысл сказанного: «Есть одно святое имя, записанное высеченными буквами, властвующее с полуночи и далее, и это буквы каф-ламед-хаф (כלך) самех-аин-пэй-хэй (סעפה) йуд-алеф-аин-вав-цади-хэй (יאעוצה), конечных мем-нун (מן) де-МАНЦЕПАХ (מנצפך), которые включают их», поскольку закрытая мем (ם) включает сочетание семи букв самех-аин-вав (סעו) алеф-аин-цади-хэй (אעצה), так как из-за власти судов, что в ней, раскрылось это имя, дающее совет пробудить состояние выдвижения. И это смысл сказанного: «И включает другие буквы, и это семь: три с одной стороны и четыре с другой стороны», то есть такие – самех-аин-вав (סעו) мем (ם) алеф-аин-цади-хэй (אעצה), что указывает, что по причине этой закрытой мем (ם) пробудились эти два сочетания, состоящие из семи букв. А нун (ן) включает зивуг, который произошел вследствие выдвижения. И с помощью них раскрываются два сочетания каф-ламед-хаф (כלך) йуд-пэй-хэй (יפה), и закрытая мем (ם) устраняется. И это означает сказанное: «Нун (ן) – захар и нуква, соединенные вместе», – т.е. указывает на полуночный зивуг, произошедший по причине выдвижения, «эта состоит из трех с одной стороны и трех с другой», то есть в таком виде – каф-ламед-хаф (כלך) нун (ן) йуд-пэй-хэй (יפה), и это указывает на то, что нун (ן), символизирующий зивуг ЗОН, раскрыл это имя в Малхут, которое показывает, что вся она прекрасна, и больше нет в ней судов мем (ם). И это смысл сказанного: «Каф-ламед-хаф (כלך) йуд-пэй-хэй (יפה), и признак: "Вся ты прекрасна (יפה כלך), возлюбленная моя, и нет в тебе изъяна"[6]», то есть, как уже выяснилось. И слово «изъян (мум מום)» указывает на закрытую мем (ם), которая ушла от нее, и нет в ней. И получается, что мем (ם) включает два сочетания от имени, которые представляют собой семь букв, а нун (ן) включает два сочетания от имени, представляющих собой шесть букв. И это смысл сказанного: «В эти две буквы мем (ם) и нун (ן) включаются тринадцать букв», то есть всё это святое имя. И это означает сказанное: «От них восходят два: одно – с одной буквой, и другое – с одной буквой», и свойство «от полуночи и далее» – это у буквы нун (ן), как мы уже объясняли.

И вместе с тем, зивуг в полночь недостаточен для довершения Малхут, и всё свое совершенство она приобретает в утреннем зивуге, когда получает хасадим. И это означает: «И это скрытый смысл ...: "Если будет девица, девственница"[8], где "девица (наара נער)"[8]», – поскольку ночью называется Малхут «девица (наара נַעַר)» без хэй (ה), потому что хэй (ה) указывает на ее наполнение свойством хасадим. И это смысл сказанного: «И после того, как прошла ночь, и светит утро, тогда поднимается хэй (ה) и включается в высший свет», – т.е. она включается в хасадим Зеир Анпина и тогда называется «девица (наара נַעֲרָה)» с хэй (ה). И это смысл сказанного: «"Знает ли рассвет место его"², где "рассвет знает место этой хэй (ה), и она включается в него», и это объяснение того, что спрашивает: «"Рассвет (шахар שַׁחַר)" написано, – "хэй (ה) отдалилась от рассвета (шахар שַׁחַר). В чем причина?»¹³ И сказанным это объясняется: потому что ночью, когда называется «девица (наара נַעַר)» без хэй (ה), тогда хэй (ה) отдалилась от рассвета, т.е. Зеир Анпина; а днем, когда называется «девица (наара נַעֲרָה)» с хэй (ה), тогда читают рассвет (а-шахар הַשַׁחַר) с хэй (ה), поскольку: «"Знает ли рассвет место"² хэй (ה)», как выяснилось.

---

[13] См. выше, п. 1.

ГЛАВА ШЛАХ ЛЕХА

Луна светит только после захода солнца

8) «"Смотри, Моше был" свойством "солнце", т.е. Зеир Анпин, "и он хотел вступить на землю. Сказал ему Творец: "Моше, когда выходит свет солнца, ведь луна", Малхут, "включается в него", и свойство ее незаметно. "Теперь, если ты являешься солнцем", и вступишь на землю, в свойство луны, т.е. Малхут, "как смогут находиться вместе солнце и луна – ведь луна светит только в час, когда заканчивается солнце? Но сейчас ты не можешь" вступить на землю. "И если захочешь узнать о ней, "пошли себе людей"[1], – то есть "для себя, чтобы знал ты"».

9) «"Смотри, Моше, – если скажешь, что он не знал, что он не вступит на землю в этот момент, это не так, но он знал, и хотел знать о ней прежде, чем отойдет, и послал этих разведчиков. После того как те не принесли подобающего ответа, он не посылал их больше в другое время, пока Творец не показал ему" ее. Как написано: "Взойди на эту гору Аварим и посмотри на землю, которую Я дал сынам Исраэля"[14]. И сказано: "И показал ему Творец всю землю"[15]. И не только это" Он показал ему, "но и всех тех" глав народа, "которые встанут в будущем в каждом из поколений, – всех их Он показал Моше. И мы это учили. И уже объясняли товарищи"».

10) «"Когда начал Моше посылать туда (людей), что он сказал им: "Есть ли на ней дерево"[16]. Разве, говоря это, ты можешь сказать, что он не знал", есть ли на ней деревья? "Но Моше сказал (себе): "Если есть дерево на ней, то я буду знать, что войду в неё". Что значит "дерево"? Это Древо жизни. Но оно было не там, а в земном Эденском саду. Сказал" Моше: "Если есть в ней это дерево, то я войду туда, а если нет, то не могу войти"».

---

[14] Тора, Бемидбар, 27:12. «И сказал Творец Моше^ "Взойди на эту гору Аварим и посмотри на землю, которую Я дал сынам Исраэля"».
[15] Тора, Дварим, 34:1. «И взошел Моше с равнин Моава на гору Нево, на главу вершины, что пред Йерехо. И показал ему Творец всю землю – от Гилада до Дана».
[16] Тора, Бемидбар, 13:20. «"И какова земля, тучна она или тоща, есть ли на ней дерево или нет; крепитесь (духом) и возьмите от плодов земли". И дни эти – дни первинок винограда».

ГЛАВА ШЛАХ ЛЕХА

Цлофхад рубил деревья

11) «Сказал рабби Хия: "Написано: "И нашли человека, который рубил деревья в день субботний"[17]. О каких деревьях говорится здесь, и кто тот" человек? И отвечает: "Но это Цлофхад, который уточнял", чтобы знать "относительно этих деревьев", то есть Зеир Анпина и Малхут, – "какое из них больше другого. И не беспокоился о величии Господина своего, и одну субботу подменял другой. И написано: "Но за грех свой (бе-хето בחטאו) умер"[18], и это означает – "за грех перед вав (бе-хет вав בחט ו)", за то, что нанес ущерб Зеир Анпину, называемому вав (ו) де-АВАЯ (הויה), "он умер. И поэтому наказание его было скрыто, и наказание его не раскрылось, подобно другим наказаниям". Ибо сказано: "Который рубил деревья"[17], просто (без уточнения), – потому что это должно держаться в тайне, и должно быть скрыто, а не раскрыто. И поэтому не сказано о нем открыто, и Творец почтительно относился к его достоинству"».

Объяснение. Поскольку у Нуквы есть два состояния:
Первое состояние – когда она большая, как и Зеир Анпин, то есть, что оба они находятся на одной ступени, и Зеир Анпин облачает правую линию Бины, а Нуква облачает левую линию Бины. И тогда она не находится в зивуге с Зеир Анпином, потому что получает все от Бины и не нуждается в Зеир Анпине. А второе состояние – после уменьшения, когда она вернулась к свойству точки под Есодом Зеир Анпина, и оттуда отстраивается в полный парцуф паним бе-паним (досл. лицом к лицу) с Зеир Анпином, но уже считается нижней ступенью по отношению к Зеир Анпину, когда корень ее – в точке хазе Зеир Анпина.[19] И в первом состоянии Нуква находится в разделении с Зеир Анпином, и она в ахораим и полна судов. А во втором состоянии она наполнена всем совершенством. А в субботу она находится в зивуге с Зеир Анпином паним бе-паним и облачают высших Абу ве-Иму. И грехом Цлофхада было то, что в день субботний,

---

[17] Тора, Бемидбар, 15:32. «И были сыны Исраэля в пустыне, и нашли человека, который рубил деревья в день субботний».

[18] Тора, Бемидбар, 27:3. «Отец наш умер в пустыне, а он не был среди общины собравшихся против Творца, в общине Кораха, но за свой грех умер, и сыновей не было у него».

[19] См. Зоар, главу Берешит, часть 1, пп. 110-115. «Когда луна была вместе с солнцем в едином слиянии, луна пребывала в своем свете. То есть, сначала были Зеир Анпин и его Нуква, называемые "солнце" и "луна", на равной ступени, и были слиты друг с другом...»

когда Зеир Анпин и Нуква находятся на вершине своей ступени паним бе-паним, он «рубил деревья»[17]. «Деревья»[17] – то есть два дерева: Древо жизни, и это Зеир Анпин, и Древо познания, Нуква. «Рубил (мекошéш מְקֹשֵׁשׁ)»[17] – то есть он сопоставлял и сравнивал (מקיש ומשווה) эти деревья, Зеир Анпин и Нукву, чтобы они были равными, как была Нуква в первом состоянии. И получается вследствие этого, что отделял Нукву от зивуга паним бе-паним с Зеир Анпином, происходящим в субботний день, и возвращал ее к (состоянию) разделения и ахораим, как она была в первом состоянии, и тем самым наносил большой ущерб ступени Зеир Анпина и всей ступени субботы, потому что придавал большую важность ахораим Нуквы, чем паним бе-паним Зеир Анпина. И это смысл сказанного: «И уточнял относительно этих деревьев – какое из них больше другого», то есть хотел вернуть Нукву в первое состояние, и всматривался, чтобы узнать, не является ли первое состояние и разделение Нуквы более важным, чем паним бе-паним Зеир Анпина. «И не беспокоился о величии Господина своего», и не интересовало его, что этим он принижает величие Зеир Анпина, «и одну субботу подменял другой», то есть подменял большую важность зивуга паним бе-паним в день субботний, на состояние субботы будней, а это ГАР де-ахораим Нуквы, что в первом состоянии, называемые Древом познания добра и зла.

И это означает сказанное: «И поэтому наказание его было скрыто», поскольку этот грех, что ступень Нуквы он считал важнее Зеир Анпина, не делает чести Нукве, «и Творец почтительно относился к его достоинству», то есть Зеир Анпин почтительно относился к его достоинству, т.е. относился почтительно к Малхут, которая называется достоинством, чтобы не показывать возмущение и грех тому, кто считает самой важной Нукву. Ибо это не делает чести Нукве. И на смысл этого греха указывает его имя Цлофхад (צְלָפְחָד), и это буквы «тень страха (цель пахад צל פחד)». Ведь когда Зеир Анпин уменьшает ГАР левой линии и оставляет только ВАК де-ГАР,[20] называется, что он наводит тень на ГАР левой линии. Однако об этой «тени» Нуквы сказано: «В тени его сидела я и наслаждалась»[21]. Потому

---

[20] См. Зоар, главу Берешит, часть 1, п. 50. «Разногласие, которое было исправлено согласно высшему подобию...»
[21] Писания, Песнь песней, 2:3. «Как яблоня меж лесных деревьев, так любимый мой меж юношей! В тени его сидела я и наслаждалась, и плод его сладок небу моему».

что прежде, в первом состоянии, когда еще не было у нее этой тени на ГАР, она вместе с тем была скрыта и не давала плодов, но теперь, когда она получила тень от Зеир Анпина, она сказала: «И плод его сладок нёбу моему»²¹, – потому что сейчас есть у нее плоды от него. Однако Цлофхад (צְלָפְחָד) боялся (па́хад פחד) этой тени (цель צל), и хотел выбрать первое состояние, когда не было никакой тени на Нукве. И из-за этого умер.

12) «Рабби Йоси сказал: "Остальные деревья", являющиеся семидесятью внешними правителями, он с наступлением субботы "рубил (меко́шеш מְקֹשֵׁשׁ)"¹⁷ – то есть сопоставлял и сравнивал (מקיש ומשווה) ступень семидесяти правителей со ступенью дня субботнего, "и получил наказание в свой час, и был искуплен грех его. И поэтому Моше затруднялся с решением вопроса относительно дочерей его (Цлофхада), т.е. он не знал, искупился ли" грех его (Цлофхада), "и будет ли его дочерям удел и наследие" земли "или нет. Когда же Творец упомянул имя его, сказав: "Справедливо говорят дочери Цлофхада. Дай им наследственный надел"²², стало известно, что искуплен грех его"».

13) «"Смотри, это два дерева, – одно наверху", Древо жизни, Зеир Анпин, "и одно внизу", Древо познания, Нуква. "В этом – жизнь, а в этом – смерть. Тот, кто меняет их, т.е. считает Нукву, когда она в разделении, более важной", чем Зеир Анпин, "навлекает на себя смерть в этом мире, и нет у него доли в мире будущем. И об этом сказал Шломо: "Нашел мед – ешь, сколько тебе нужно, чтобы тебе не пресытиться им и не извлевать его"²³».

Объяснение. Хотя первое состояние Нуквы является разделением и обратной стороной (ахораим),²⁴ вместе с тем, если бы не первое состояние, Нуква не могла бы получить Хохму во втором состоянии, потому что келим первого состояния остаются

---

²² Тора, Бемидбар, 27:7. «Справедливо говорят дочери Цлофхада. Дай им наследственный надел среди братьев отца их и переведи им надел отца их».
²³ Писания, Притчи, 25: 16. «Нашел мед – ешь, сколько тебе нужно, чтобы тебе не пресытиться им и не извлевать его».
²⁴ См. выше, п 11.

в ней во втором состоянии, ведь в них она получает Хохму.²⁵ И поэтому после того, как человек удостоился получить от первого состояния Нуквы, он обязан поднять МАН для получения второго состояния Нуквы. И тогда будет у него всё совершенство Хохмы и хасадим вместе. Но если он этого не делает, а предпочитает остаться в первом состоянии, разделения, наказанием его является смерть. И это смысл сказанного: «Нашел мед»²³ – то есть первое состояние Нуквы, «ешь, сколько тебе нужно»²³, а затем привлеки второе состояние, ибо в противном случае: «Чтобы тебе не пресытиться им и не изблевать его»²³ – то есть уйдут из него света жизни.

14) «"Ковчег и Тора", т.е. Малхут, называемая ковчегом, и Зеир Анпин, называемый Торой, "находятся в одном", т.е. в зивуге. "Тора", что в ковчеге, – "это главное, а ковчег – это вместилище" Торы. И поэтому "ковчег (арóн אֲרֹן)" в любом месте неполный, без вав (ו), – то есть ковчег союза (арóн а-брит אֲרֹן הַבְּרִית), ковчег свидетельства (арон а-эдýт אֲרֹן הָעֵדוּת)", потому что Тора внутри ковчега – это вав (ו). "В любом месте Аарон – это правая рука, кроме одного. Как написано: "Всех исчисленных левитов, которых исчислил Моше и Аарон (אַהֲרֹן)"²⁶, где он огласован наверху (над буквой)"», чтобы показать, что он не является здесь правой рукой, свойством Хесед, а он – свойство Малхут, называемой «ковчег (арóн אֲרֹן)».

15) «Сказал рабби Ицхак: "Моше был включен в Древо жизни, и поэтому хотел знать, находится ли оно на этой земле или нет. И поэтому сказал: "Есть ли на ней дерево или нет, крепитесь (духом) и возьмите от плодов земли"¹⁶. Потому что Древо жизни любимо всеми. А они принесли только виноград, гранаты и инжир, которые относятся к другому дереву и включены в него"», т.е. в Нукву, а не в Зеир Анпин, называемый Древом жизни.

---

[25] См. Зоар, главу Ваякель, п. 53. «"Отделите от вас тех, кто возвеличен, – этих высших правителей", и это Михаэль-Гавриэль-Уриэль-Рефаэль, "чтобы поднять это возношение, свойство святого престола", Малхут, "к соединению с праотцами", т.е. ХАГАТ Зеир Анпина...»

[26] Тора, Бемидбар, 3:39. «Всех исчисленных левитов, которых исчислил Моше и Аарон по слову Творца, по их семействам, всех мужского пола от одномесячного и старше, – двадцать две тысячи».

16) «"Пошли себе людей"[27]». «Себе»[27] означает – «"для себя". Рабби Йегуда провозгласил: "Словно прохладный снег, выпавший в день жатвы, так верный посланник для отправивших его, и душу Господина его вернет"[28]. "Словно прохладный снег, выпавший в день жатвы"[28], – когда эта прохлада "несет пользу телу и душе. "Так верный посланник для отправивших его"[28] – это Калев и Пинхас, которые были верными посланниками для Йеошуа", – в ту пору, когда он отправил их разведать Йерихо. "И душу Господина его вернет"[28] – так как они вернули Шхину, чтобы пребывала в Исраэле, и она не удалялась от них"».

17) «"А те" разведчики, "которых послал Моше, привели к стенанию в последних поколениях", ибо в этот день были разрушены первый Храм и второй. "И они привели к потере Исраэлем многих тысяч и десятков тысяч, и привели к изгнанию Шхины из этой земли, из среды Исраэля. И о тех, кого послал Йеошуа, сказано: "И душу Господина его вернет"[28]».

---

[27] Тора, Бемидбар, 13:1-2. «И сказал Творец Моше, говоря: "Пошли себе людей, чтобы они высмотрели землю Кнаан, которую Я даю сынам Исраэля; по одному человеку от колена отцов их пошлите, главных из них"».

[28] Писания, Притчи, 25:13. «Словно прохладный снег, выпавший в день жатвы, так верный посланник для отправивших его, и душу Господина его вернет».

ГЛАВА ШЛАХ ЛЕХА

Участь сынов человеческих и участь скота

18) «Рабби Хизкия и рабби Йеса находились в пути. Сказал рабби Йеса рабби Хизкие: "Я вижу по твоему лицу, что ты что-то обдумываешь". Сказал ему: "Ну да, я вдумывался в это изречение. Если Шломо сказал: "Ибо (есть) участь сынов человеческих и участь скота, и (есть) одна участь у них"[29]. И мы учили, что все речения царя Шломо, все они скрыты со ступеней Хохмы. В таком случае, следует внимательно изучить это изречение, так как тут есть вход для тех, кто еще не обладает верой"».

19) «Сказал ему: "Конечно, так оно и есть", что здесь есть вход для тех, кто не верит, "и необходимо узнать и внимательно изучить его". Тем временем он увидел одного человека, который подошел и попросил у них воды, потому что испытывал жажду. Он был утомлен солнечным зноем. Сказали ему: "Кто ты?" Сказал им: "Йеуди я, и я устал и страдаю от жажды". Сказали ему: "Ты занимаешься Торой?" Сказал им: "Пока я занимаюсь с вами разговорами, лучше я поднимусь на эту гору, и там возьму воды и напьюсь"».

20) «Достал рабби Йеса один сосуд, полный воды, и дал ему. После того, как тот выпил, сказал: "Поднимемся с тобой" в гору, "за водой". Поднялись в гору, и нашли одну тонкую ниточку воды, и она наполнила один сосуд. Сели. Сказал им тот человек: "Теперь спрашивайте. Ведь я занимаюсь Торой благодаря одному моему сыну, которого я ввел в дом учения", и он учил меня Торе. "И благодаря ему я обрел Тору". Сказал рабби Хизкия: "Если" ты удостоился Торы "благодаря твоему сыну, это хорошо, но то, на чем мы стоим, я вижу, что я должен это вознести к другому месту"», – иначе говоря, что не подходит тот для объяснения их вопросов. «Сказал этот человек: "Скажи свои речения, ибо иногда в воронке бедняка", то есть в сосуде, что над жерновами, "найдешь жемчужину"».

---

[29] Писания, Коэлет, 3:18-19. «Сказал я в сердце своем на речи сынов человеческих, что отличил их Всесильный (от других существ), но увидел, что сами по себе они скоты. Ибо (есть) участь сынов человеческих и участь скота, и (есть) одна участь у них: как тем умирать, так умирать и этим; и дух один у всех, и нет превосходства человека над скотом, ибо все – суета».

21) «Сказал ему: "Это изречение, которое произнес Шломо, и изложил ему"» весь вопрос. «Сказал ему: "Так чем же они отличаются от остальных людей, которые не знают?" Сказал ему: "А чем"» ты объясняешь этот вопрос? «Сказал им: "Об этом сказал Шломо это изречение, и не сказал это, исходя из своей" собственной "мысли, как остальные речения, которые изрек, но повторил те слова, которые произносят глупцы мира. И что они говорят? Дескать, "ибо (есть) участь сынов человеческих и участь скота, и (есть) одна участь у них"[29]. Глупцы, которые не знают и не изучают мудрости, говорят, что этот мир существует случайно, и Творец не управляет ими, но "(есть) участь человека и участь скота, и (есть) одна участь у них"[29]».

22) «"И когда Шломо взглянул на тех глупцов, которые говорят это, он назвал их скотом, потому что они ставят себя именно в положение скота тем, что произносят эти речи. И откуда нам это известно? Изречение, которое до него, подтверждает это, как написано: "Сказал я в сердце своем на речи сынов человеческих, которых выделил Всесильный и дал увидеть, что они скот сами по себе"[29]. "Сказал я в сердце своем"[29], – и решил посмотреть. На что? "На речи сынов человеческих", – на глупые речи их, которые они произносят"[29], что мир управляется случаем. "Которых выделил Всесильный"[29] – т.е. избрал их, чтобы они были "отдельно и не соединялись с другими людьми, у которых есть вера. "И дал увидеть, что они скот сами по себе"[29]. «И дал увидеть»[29] – «"чтобы те, кто обладает верой, увидели в них, "что они скот"[29] на самом деле, и разум их подобен животному. "Сами по себе"[29] – что они сами по себе, чтобы не передавать свои глупые мнения обладающим верой. И поэтому они "сами по себе"[29] и не относятся к другим. И каково же их мнение? Об этом сказано в завершение изречения: "Ибо (есть) участь сынов человеческих и участь скота, и (есть) одна участь у них"[29] у всех. Да сгинет дух этих животных, этих глупцов, в которых отсутствует вера. Горе им и горе душе их, лучше бы им не рождаться на свет"».

23) «"И что ответил им Шломо? Об этом приводится изречение, которое после него, и сказал: "Кто знает дух сынов человеческих, который возносится ввысь, и животный дух, что опускается вниз, к земле?"[30] "Кто знает"[30] этих глупцов, которые не

---

[30] Писания, Коэлет, 3:21. «Кто знает дух сынов человеческих, который возносится ввысь, и животный дух, что опускается вниз, к земле?»

знают величия высшего Царя, и не изучают Тору. "Дух сынов человеческих, который возносится ввысь"[30], – то есть в высшее место, в место величия, в место святости, для созерцания высшего света, света святого Царя, чтобы быть включенным в средоточие жизни и стать для святого Царя чистой жертвой всесожжения. И об этом сказано: "Который возносится ввысь"[30]».

24) «"И животный дух, что опускается вниз, к земле"[30], – но не в то место, которое предназначено для всех людей, о котором сказано: "По образу Всесильного создал Он человека"[31], и написано: "Душа человека – свеча Творца"[32]. И как же говорят эти глупцы, не являющиеся носителями веры: "И дух один у всех"[33]? Да сгинет их дух. О них написано: "Станут они как мякина на ветру, и ангел Творца развеет их"[34] – эти останутся в преисподней на самых нижних ступенях и не поднимутся оттуда в поколения. О них написано: "Пусть грешники исчезнут с земли, и нечестивых не будет больше! Благослови, душа моя, Творца! Алелуйа!"[35] Подошли рабби Хизкия и рабби Йеса и поцеловали его в голову. Сказали: "И что такое было с тобой, и мы не знали. Счастлив тот час, когда мы встретились с тобой"».

25) «Еще сказал: "Но разве только этому удивлялся Шломо? Ведь он сказал в другом месте подобное этому. Провозгласил и сказал: "Это и есть зло во всем, что делается под солнцем"[36]. "Это и есть зло"[36], конечно. Что значит: "Это и есть зло"[36]? Это тот, кто проливает семя напрасно и губит путь свой. Потому что жилище его не с Творцом, и не будет у него доли в будущем мире. Это то, что написано: "Ибо не Творец, желающий

---

[31] Тора, Берешит, 9:6. «Кто прольет кровь человека, того кровь прольется человеком, ибо по образу Всесильного создал Он человека».

[32] Писания, Притчи, 20:27. «Душа человека – свеча Творца, исследующая все тайники утробы».

[33] Писания, Коэлет, 3:19.

[34] Писания, Псалмы, 35:5. «Станут они как мякина на ветру, и ангел Творца развеет их».

[35] Писания, Псалмы, 104:35. «Пусть грешники исчезнут с земли, и нечестивых не будет больше! Благослови, душа моя, Творца! Алелуйа!»

[36] Писания, Коэлет, 9:2-3. «Всё, как всем: участь одна праведнику и нечестивцу, доброму и чистому, и оскверненному; приносящему жертву и тому, кто жертвы не приносит; как благому, так и грешнику; клянущемуся, так и боящемуся клятвы. Это и есть зло во всем том, что делается под солнцем, ибо одна участь у всех; поэтому сердце сынов человеческих исполнено зла, и безумие в сердцах их при жизни; а затем (отправляются) – к мертвым».

беззакония, Ты, не водворится у Тебя зло"[37]. Об этом сказал: "Это и есть зло"[36] – что не будет у него жилища наверху. "Ибо участь одна у всех. И также сердце сынов человеческих исполнено зла, и безумие в сердцах их"[36] – потому что глупость упрочилась в сердцах их "при жизни"[36], и отсутствует в них вера, и нет у них доли в Творце и среди тех, кто обладает верой, ни в этом мире, ни в мире будущем. И это смысл сказанного: "А затем – к мертвым"[36]».

26) «"Смотри, Творец предостерегает жителей мира, и сказал: "Избери жизнь, чтобы жил ты"[38], – т.е. жизнь мира иного. А эти грешники, лишенные веры, что говорят: "Ибо у того, кто будет избран, во всей этой жизни есть уверенность"[39]. И хотя избран человек в мире ином, он словно говорит, что это ничего не значит, так как законы эти в наших руках, "во всей этой жизни есть уверенность"[39], – т.е. жизни в этом мире. "И законы эти в их руках, "ведь живому псу лучше, чем мертвому льву"[39]. И как будет у нас жизнь в том мире? И поэтому это, конечно же, является злом, поскольку не будут обитать в высшем Царе, и не будет у них доли в Нем. И, хотя для всех этих изречений найдешь близкие," то есть объяснения, "у товарищей, другими словами, однако царь Шломо, разумеется, хотел показать на этих грешниках, лишенных веры, что нет у них доли в Творце ни в этом мире, ни в мире будущем"».

27) «Сказали ему: "Ты хочешь, чтобы мы соединились с тобой, и ты пошел с нами?" Сказал им: "Если я так сделаю, провозгласит обо мне Тора: "Глупец". И мало того, я понесу вину". Сказали ему: "Почему?" Сказал им: "Потому что посланец я, отправленный с поручением, и царь Шломо сказал: "Подрезает себе ноги и испивает горечь тот, кто дает словесное поручение глупцу"[40]. Смотри, разведчики за то, что не держались веры и

---

[37] Писания, Псалмы, 5:4-5. «Творец, утром услышь голос мой, утром приготовлю (молитву) Тебе и ждать буду. Ибо не Творец, желающий беззакония, Ты, не водворится у Тебя зло».

[38] Тора, Дварим, 30:19. «Призываю в свидетели против вас сегодня небо и землю: жизнь и смерть предложил я вам, благословение и проклятие. Избери жизнь, чтобы жил ты и потомство твое».

[39] Писания, Коэлет, 9:4. «Ибо у того, кто будет избран, во всей этой жизни есть уверенность, ведь живому псу лучше, чем мертвому льву».

[40] Писания, Притчи, 26:6. «Подрезает себе ноги и испивает горечь тот, кто дает словесное поручение глупцу».

не были верными посланниками, понесли вину в этом мире и в мире будущем". Поцеловал их, и пошел своим путем"».

28) «Пошли рабби Хизкия и рабби Йеса, пока шли, встретили людей. Спросили рабби Хизкия и рабби Йеса о нем, сказали: "Как имя того человека?" Сказали: "Рабби Хагай это, и он товарищ среди товарищей. И послали его товарищи из Вавилона, чтобы узнать вещи от рабби Шимона бен Йохая и остальных товарищей". Сказал рабби Йеса: "Конечно, это рабби Хагай, который все свои дни не желал показывать себя в том, что он знает. И поэтому сказал нам, что его сын удостоил его Торы, поскольку сказал изречение: "Видал ли ты человека, мудрого в глазах своих? У глупого больше надежды, чем у него"[41]. Разумеется, он преданный посланник. И счастлив тот, кто посылает свое поручение через преданного посланника"».

29) «"Смотри, Элиэзер, раб Авраама, относился к потомкам Кнаана, как сказано: "В руке кнаанейца весы неверные"[42]. И сказано о нем: "Проклят Кнаан – рабом рабов будет он братьям своим!"[43] Но поскольку (Элиэзер) был верным посланником, – что написано о нем: "Войди, благословенный Творцом"[44], – благословленный именно Творцом. И поэтому написано о нем так в Торе, потому что он освободился от этого проклятия" Кнаану "и благословился. И мало того, что он освободился" от проклятия, "но еще стал благословлен именем Творца. И я учил, что явился ангел и вложил это слово", то есть, что назвали его благословленным Творцом, "в уста Лавана"».

---

[41] Писания. Притчи, 26:12. «Видал ли ты человека, мудрого в глазах своих? У глупого больше надежды, чем у него».

[42] Пророки, Ошеа, 12:8. «В руке кнаанейца – весы неверные, любит он обирать».

[43] Тора, Берешит, 9:25. «Исказал он: "Проклят Кнаан – рабом рабов будет он братьям своим!"»

[44] Тора, Берешит, 24:31. «И сказал он: "Войди, благословенный Творцом! Почему стоишь ты снаружи? Я же освободил дом и место для верблюдов"».

ГЛАВА ШЛАХ ЛЕХА

Йеошуа и Калев

30) «"И послал их Моше из пустыни Паран по слову Творца. Все люди эти – главы сынов Исраэля они"[45], – т.е. все они были праведниками и главами Исраэля были, но они воспользовались плохим советом. Почему воспользовались этим советом? Но они подумали: "Если вступят Исраэль на эту землю, отстранят нас от главенства, и Моше назначит новых глав, потому что мы удостоились быть главами только в пустыне, но на этой земле мы не удостоимся" быть главами. И поскольку воспользовались плохим советом, умерли, – и они, и те, кто принял их речи"».

31) «"Это имена людей, которых послал Моше высмотреть землю"[46]. Сказал рабби Ицхак: "Моше посмотрел и увидел, что не добьются успеха" разведчики "на пути своем. Тогда помолился за Йеошуа. Тогда Калев оказался в беде, сказал себе: "Что же мне делать? Ведь Йеошуа получает высшую помощь Моше, поскольку он посылал ему свет луны", Малхут, "и он светил ему в его молитве, поскольку он является свойством солнца", Зеир Анпина. "Что сделал Калев? Ушел от них", от разведчиков, "и пришел к могиле праотцев, и вознес там свою молитву"».

32) «Сказал рабби Йегуда: "Другой путь взял" Калев, "и искривил тропинки", то есть пошел кривыми тропинками, "и пришел к могиле праотцев. И подверг опасности душу свою. Ведь написано: "Ахиман, Шешай и Талмай, порожденные Анаком"[47]. Но тот, кто находится в беде, не смотрит вообще. Так и Калев, – поскольку был в беде, вообще не смотрел, и пришел молиться к могиле праотцев, чтобы спастись от этого совета"» разведчиков.

33) «"И нарек Моше Ошеа, сына Нуна, Йеошуа"[46]. Рабби Ицхак сказал: "Но разве называет его Писание Ошеа, – ведь

---

[45] Тора, Бемидбар, 13:3. «И послал их Моше из пустыни Паран по слову Творца. Все люди эти – главы сынов Исраэля они».
[46] Тора, Бемидбар, 13:16. «Это имена людей, которых послал Моше высмотреть землю. И нарек Моше Ошеа, сына Нуна, Йеошуа».
[47] Тора, Бемидбар, 13:22. «И поднялись они на юге, и дошел до Хеврона, а там Ахиман, Шешай и Талмай, порожденные Анаком. А Хеврон был построен за семь лет до Цоана египетского».

написано: "И сказал Моше Йеошуа"[48], "Йеошуа бин Нун, юноша"[49], "и ослабил Йеошуа (Амалека)"[50]?" И отвечает: "Однако сказал ему Моше: "Творец (Ко יָהּ) спасет тебя (йошиахá יוֹשִׁיעֲ) от них"». Так как Йеошуа (יְהוֹשֻׁעַ) – это буквы «Творец спасет (Ко йошúа יָהּ יוֹשִׁיעַ)».

34) «Рабби Аба сказал: "Поскольку" Моше "послал" Йеошуа "идти туда", в землю Исраэля, "он должен быть совершенным. И в чем? В Шхине". Ибо земля Исраэля – это Шхина. "А до этого часа он назывался юношей, как мы объясняли", – т.е. удерживался в Матате, который называется юношей. "И в этот час связал его Моше со Шхиной. И несмотря на то, что найдешь до этого" в Писании "Йеошуа", – это Писание назвало его так за то, что в будущем должно так назвать его. Сказал Моше: "Конечно же, он не должен входить туда иначе, как в Шхину. И так должно быть"». И поэтому назвал его Йеошуа, т.е. добавил йуд (י) к его имени, и это – Шхина.

35) «"Есть ли на ней дерево"[51]. Рабби Хия сказал: "Разве не знал Моше, что есть там много деревьев, отличающихся друг от друга, ведь он восславлял эту землю Исраэлю много раз", посредством оливкового дерева, винограда, граната, – "и он сомневался в этом? Но ведь Творец сказал Моше вначале, что "это земля, текущая молоком и медом"[52]?" Сказал рабби Йоси: "Уже объяснили товарищи, что написано: "Был человек в земле

---

[48] Тора, Шмот, 17:9. «И сказал Моше Йеошуа: "Выбери нам мужей и выходи на войну с Амалеком! Завтра я встану на вершине холма с посохом Всесильного в руке моей"».
[49] Тора, Шмот, 33:11. «И говорил Творец Моше лицом к лицу, как говорит человек ближнему своему; и возвращался он в стан, а его служитель, Йеошуа бин Нун, юноша, не отлучался от шатра».
[50] Тора, Шмот, 17:13. «И ослабил Йеошуа Амалека и народ его силой меча».
[51] Тора, Бемидбар, 13:20. «"И какова земля, тучна она или тоща, есть ли на ней дерево или нет; крепитесь (духом) и возьмите от плодов земли". И дни эти – дни первинок винограда».
[52] Тора, Шмот, 3:7-8. «И сказал Творец: "Увидел Я бедствие народа Моего, который в Египте, и услышал вопль его из-за его притеснителей, ибо познал Я боль его. И сошел Я спасти его из-под власти Египта и привести его из той страны на землю прекрасную и просторную – землю, текущую молоком и медом: на место кнаанеев, и хеттов, и эмореев, и призеев, и хивеев, и йевусеев"».

Уц, Иов – имя его"⁵³». То есть он спрашивал у них, есть ли там Иов. Чтобы тот защитил их, «дерево (эц עץ)»⁵¹ – как «Уц (עוץ)»⁵³.

36) «Сказал рабби Шимон: "Указал им намеком на ту мудрость, о которой они спросили вначале. Как написано: "Так есть Творец среди нас или нет (аин אִין)?"⁵⁴ Что означает: пребывает ли среди них Зеир Анпин, называемый АВАЯ, или пребывает среди них Арих Анпин, называемый Неведомый (аин אִין).⁵⁵ Сказал: "Там", на земле, "увидите, достойна ли она этого", – Зеир Анпина, который называется Древом (эц עץ), "или этого", – Арих Анпина, который называется Неведомый (аин אִין). "Сказал им: "Если вы увидите, что плоды этой земли как на остальных землях, что в мире, тогда есть в ней Древо, являющееся Древом жизни", т.е. Зеир Анпин, "а не из более высокого места. А если увидите, что плоды земли более отличаются, чем во всех местах в мире, вы узнаете, что от святого Атика это истекает, и приходит это высшее изменение, которое есть в ней, (по сравнению) со всеми местами, что в мире. И отсюда вы узнаете, "есть ли на ней дерево (эц עץ)"⁵¹, т.е. Зеир Анпин, "или нет (аин אִין)"⁵¹, и это святой Атик, т.е. Арих Анпин. "И это вы хотели вначале узнать, как написано: "Так есть Творец среди нас"⁵⁴. "Среди нас"⁵⁴ – именно так", – находится ли Зеир Анпин среди них, "или нет (аин אִין)"⁵⁴, т.е. Арих Анпин. И поэтому: "Крепитесь и возьмите от плодов земли"⁵¹», – чтобы знать, есть ли разница в них, или нет.

37) «"И дни эти – дни первинок винограда"⁵¹. "И дни эти"⁵¹ – что это значит, – ведь и тогда "первинок винограда"⁵¹ было бы достаточно", чтобы написал? И отвечает: "Эти дни являются теми, что были известны", то есть шесть дней, являющиеся ХАГАТ НЕХИ Зеир Анпина, "все они соединялись в эту пору в Древе, относительно которого прегрешил Адам Ришон, т.е. в дереве", и это Малхут, "и как мы учили – было виноградом".

---

53 Писания, Иов, 1:1. «Был человек в земле Уц, Иов – имя его, и был человек тот непорочным, справедливым и боящимся Всесильного, и удалился от зла».

54 Тора, Шмот, 17:7. «И нарек он имя тому месту "Маса (Испытание) и Мерива (Раздор)", из-за ссоры сынов Исраэля и потому, что они испытывали Творца, говоря: "Так есть Творец среди нас или нет?"»

55 См. Зоар, главу Насо, Идра раба, п. 32. «"И из-за этого, стремились сыны Исраэля присоединить" и почувствовать "в своем сердце, как написано: "Так есть Творец (АВАЯ הויה) среди нас или нет (аин אִין)?", т.е. как Зеир Анпин, называемый АВАЯ (הויה), так и Арих Анпин, называемый Неведомый (аин אִין)"...»

Ведь виноград – это Малхут. "И поэтому "дни эти"⁵¹, которые были известны", т.е. ВАК Зеир Анпина, – "дни первинок винограда"⁵¹, именно так"», и это Малхут. То есть ВАК Зеир Анпина соединились тогда с Малхут.

38) «"И поднялись они на юге, и дошел до Хеврона"⁴⁷. Спрашивает: "И дошли", следовало сказать". И отвечает: "Но сказал рабби Йоси: "Калев это был, так как он пришел молиться на могилы праотцев" в Хевроне. "Подумал Калев: "Йеошуа, ведь его благословил Моше с помощью высшей святости, и он сможет спастись от них, а что же мне делать?" Воспользовался советом молиться на могилах праотцев, чтобы спастись от плохого совета остальных разведчиков"».

39) «Рабби Ицхак сказал: "("И дошел"⁴⁷ означает): тот, кто важнее всех, – это входит в него", то есть Шхина вошла и облачилась в Калева, "и от этого", от Шхины, "зависит всё. И смотри, кто из них предпочтительнее, чтобы мог войти" в Хеврон, "но ведь написано: "А там Ахиман, Шешай и Талмай"⁴⁷ – и из страха перед ними, кто может войти, и даже скрыться в пещере? Но Шхина облачилась там в Калева, чтобы сообщить праотцам, что пришло время, когда их сыновья вступят на землю, о которой поклялся им Творец. И это означает: "И дошел до Хеврона"⁴⁷», то есть не сказано: «И дошли», поскольку это указывает на Шхину.

40) «"Мы учили: Ахиман, Шешай и Талмай – от кого произошли? Они были потомками тех исполинов, которых поверг Творец" с небес "на землю, и они порождали от дочерей земных. И от них произошли исполины мира, как сказано: "Это богатыри, которые извечно люди именитые"⁵⁶. "Которые извечно (досл. от мира)"⁵⁶ – т.е. они находятся с того момента, как был создан мир. "Люди именитые"⁵⁶ – Ахиман, Шешай и Талмай"». Иначе говоря, их имя будет известно в мире.

41) «"И дошли они до долины Эшколь, и срезали там ветвь"⁵⁷. Рабби Йегуда провозгласил: "Написано: "Так сказал Всемогущий

---

⁵⁶ Тора, Берешит, 6:4. «Исполины были на земле в те времена, и даже после того, когда сыны божественных стали входить к дочерям человеческим, и они рожали им. Это богатыри, которые извечно люди именитые».

⁵⁷ Тора, Бемидбар, 13:23. «И дошли они до долины Эшколь, и срезали там ветвь с одной гроздью винограда, и понесли ее на шесте вдвоем, и (также взяли) от гранатов и от смоковниц».

Творец, сотворивший небеса и распростерший их, разостлавший землю с порождениями ее, дающий душу народу на ней и дух – ходящим по ней"[58]. Насколько же внимательны должны быть люди к работе Творца, насколько внимательно изучать Тору, ведь каждый, кто занимается Торой, словно приносит все жертвы в мире Творцу. Но вдобавок ко всему, Творец прощает ему все грехи, и устанавливают для него множество престолов для мира будущего"».

---

[58] Пророки, Йешаяу, 42:5. «Так сказал Всемогущий Творец, сотворивший небеса и распростерший их, разостлавший землю с порождениями ее, дающий душу народу на ней и дух – ходящим по ней».

ГЛАВА ШЛАХ ЛЕХА

Как говорится о смерти прежде создания мира

42) «Рабби Йегуда находился в пути с рабби Абой. Спросил его, сказал: "Я хочу спросить одну вещь: если Творец знал, что Адам Ришон должен будет прегрешить пред Ним и будет обречен на смерть, зачем же Он создал его? И ведь Тора уже существовала за две тысячи лет до создания мира", т.е. до прегрешения Адама Ришона. "И написано в ней, в Торе: "Если человек умрет в шатре"[59], "если умрет человек"[60], "и умер". Жил такой-то и умер. Что хотел Творец от человека в этом мире, – ведь если даже занимается Торой днем и ночью, он умрет, и если не занимается Торой, умрет? И путь один у всех, кроме того, что" грешащий "отлучается от того мира", но в этом мире все равны, "как сказано: "Как непорочному, так и грешащему"[61]».

43) «Сказал ему: "Пути – от Господина твоего, и наказания – от Господина твоего, зачем тебе усердствовать в них? То, в чем есть у тебя право познавать и изучать, спрашивай. А о том, в чем нет у тебя права познавать, написано: "Не давай устам твоим вводить в грех плоть твою"[62]. Ибо о путях Творца и о скрытом Им, о высших тайнах, которые Он упрятал и скрыл, мы не должны спрашивать". Сказал ему: "Ведь вся Тора полностью недоступна и скрыта, поскольку является высшим святым именем, и тот, кто занимается Торой, словно изучает Его святое имя, но в таком случае, нам нельзя спрашивать и изучать Тору?"»

44) «Сказал ему: "Вся Тора скрыта и раскрыта. И Его святое имя скрыто и открыто. И написано: "Скрытое – Творцу Всесильному нашему, а открытое – нам и сыновьям нашим навечно,

---

[59] Тора, Бемидбар, 19:14. «Вот учение: если человек умрет в шатре, то всякий, кто войдет в шатер, и всё, что в шатре, нечисто будет семь дней».
[60] Тора, Бемидбар, 27:8. «А сынам Исраэля скажи так: "Если умрет человек, и сына нет у него, то передайте его наследство его дочери"».
[61] Писания, Коэлет, 9:2. «Все, как всем: участь одна праведнику и нечестивцу, доброму и чистому, и оскверненному; приносящему жертву и тому, кто жертвы не приносит; как непорочному, так и грешащему; (как) клянущемуся, так и боящемуся клятвы».
[62] Писания, Коэлет, 5:5. «Не давай устам твоим вводить в грех плоть твою, и не говори пред посланцем, что ошибка это. Для чего гневаться Всесильному из-за голоса твоего и губить дело рук твоих!»

чтобы исполнять все слова этой Торы"⁶³. "Открытое – нам" – это значит, что есть право интересоваться, исследовать и изучать их, и познавать их. Однако "скрытое – Творцу Всесильному нашему"⁶³, поскольку ни одни и ни другие не способны. Ибо кто может познать и постигнуть Его скрытый разум, и уж тем более спрашивать (о нем)?"»

45) «"Смотри, нет права у живущих в мире говорить о непостигнутом и истолковывать его. Кроме великого светоча, рабби Шимона, потому что Творец согласился благодаря ему. И поскольку поколение его отмечено наверху и внизу, эти слова были сказаны им открыто, и не было такого поколения, как поколение, в котором он жил, и не будет до прихода царя Машиаха"».

---

⁶³ Тора, Дварим, 29:28. «Скрытое – Творцу Всесильному нашему, а открытое – нам и сыновьям нашим навечно, чтобы исполнять все слова этой Торы (учения)».

ГЛАВА ШЛАХ ЛЕХА

Три мира у Творца

46) «"Смотри, написано: "И сотворил Всесильный человека в образе Своем, в образе Всесильного сотворил Он его"[64]. Скрытый смысл этого в том, что три мира есть у Творца, внутри которых Он скрыт. Первый мир – это высший мир, самый скрытый из всех. И никто не созерцает его и не познает его, кроме того, который скрыт внутри него"». И это мир Зеир Анпин Ацилута.

47) «"Второй мир, связанный с тем миром, что наверху, – это тот, из которого познается Творец. Как сказано: "Откройте мне врата праведности ... Это врата Творца"[65] – и это мир Малхут Ацилута, являющийся вратами к Зеир Анпину. "И это второй мир"».

48) «"Третий мир – это самый нижний из них мир, в котором есть разделение"», то есть БЕА (Брия-Ецира-Асия), о которых сказано: «И оттуда разделяется»[66]. «"И это мир, в котором обитают высшие ангелы, а Творец находится в нем и не находится в нем. Находится в нем сейчас, а когда хотят созерцать и постичь Его, Он удаляется от них и не виден, пока не спрашивают все: "Где место величия Его?" ... "Благословенно величие Творца с места Его"[67] – и это "мир, в котором Он не пребывает постоянно"».

49) «"Подобно этому: "В образе Всесильного создал Он человека (адам)"[68]. И тогда есть у него три мира. Первый мир – это тот мир, который называется миром разделения", т.е. этот мир. И этот человек (адам) находится в нем и не находится. Ибо когда хотят созерцать его, он уходит от них и не виден"». Объяснение: прежде чем друзья его успевают вглядеться в него, он уходит из мира и нет его. Как сказано: «Устремишь глаза твои на него, – и нет его»[69].

---

[64] Тора, Берешит, 1:27. «И сотворил Всесильный человека в образе Своем, в образе Всесильного сотворил Он его; мужчиной и женщиной сотворил Он их».

[65] Писания, Псалмы, 118:19-20. «Откройте мне врата праведности, и я войду в них и возблагодарю Творца. Это врата Творца, праведники войдут в них».

[66] Тора, Берешит, 2:10. «Река вытекает из Эдена, чтобы орошать сад, и оттуда разделяется и образует четыре главных реки».

[67] Пророки, Йехезкель, 3:12. «И понес меня ветер, и услышал я позади себя голос, шум мощный: "Благословенно величие Творца с места Его"».

[68] Тора, Берешит, 9:6. «Кто прольет кровь человека, того кровь прольется человеком: ибо в образе Всесильного создал Он человека».

[69] Писания, Притчи, 23:5. «Устремишь глаза твои на него, – и нет его, ибо сделает себе крылья, как орел, и полетит к небу».

50) «"Второй мир – это мир, связанный с высшим миром, и это – земной Эденский сад, который связан с другим высшим миром. И из этого" мира "познается и постигается другой мир"».

51) «"Третий мир – это высший мир, скрытый, сокровенный и недоступный, и нет того, кто знает его. Как написано: "Глаз, который не видел иных божеств, но лишь Тебя, даст Он уповающему на Него"[70]. И все это подобно высшему" – т.е. так же, как есть три мира наверху, как уже было сказано, как написано: "В образе Всесильного создал Он человека (адам)"[68]».

Пояснение статьи. Три мира есть наверху:

Первый – Зеир Анпин Ацилута, являющийся свойством ГАР, т.е. от хазе и выше. И он в укрытых хасадим, и Хохма не раскрыта в нем. И это смысл сказанного: «Первый мир – это высший мир, самый скрытый из всех. И никто не созерцает его и не познает его, кроме того, который скрыт внутри него»[71], – т.е. нет постижения его, потому что Хохма исчезает и укрыта в нем.

Второй – это Малхут Ацилута, свечение которой является свойством ВАК, и поэтому Хохма в ней раскрыта. И это смысл сказанного: «Второй мир, связанный с тем миром, что наверху, – это тот, из которого познается Творец».

Третий – он ниже Малхут, о которой сказано: «И оттуда разделяется»[66], потому что миры БЕА, находящиеся под Малхут, это (миры) разделения.

И таким же образом определяются по отношению к человеку три мира, находясь в которых он получает от трех высших. И считает их снизу вверх, так что считает вначале этот мир, который является миром разделения. И он подобен третьему высшему миру, т.е. БЕА. И в этом мире он получает НАРАН от БЕА разделения, и это смысл сказанного: «Первый мир – это тот мир, который называется миром разделения», то есть в этом мире, который соответствует БЕА разделения. А второй мир соответствует второму высшему миру – Малхут Ацилута, в которой есть постижение, так как она является свойством ВАК. И это смысл сказанного: «Второй мир – это мир, связанный с высшим миром,

---

[70] Пророки, Йешаяу, 64:3. «И никогда не слышали, не внимали; глаз, который не видел иных божеств, но лишь Тебя, даст Он уповающему на Него».
[71] См. выше, п. 46.

и это – земной Эденский сад, который связан с другим высшим миром. И из этого познается и постигается другой мир» – то есть земной Эденский сад, откуда постигается второй высший мир, Малхут. И третий мир человека (адам) – это мир постижения исчезающих ГАР, следующий после Эденского сада. И это смысл сказанного: «Третий мир – это высший мир, скрытый, сокровенный и недоступный, и нет того, кто знает его». И он соответствует Зеир Анпину Ацилута, являющемуся свойством ГАР, как мы уже сказали, так как в грядущем будущем Зеир Анпин поднимется в свойство Хохмы. И тогда будет постижение ГАР, о которых сказано: «Даст Он уповающему на Него»[70]. Таким образом, он постигает тогда Зеир Анпин и Нукву Ацилута. И об этом написано: «В образе Всесильного создал Он человека (адам)»[68], потому что постижение Зеир Анпина называется образом (цéлем צֶלֶם), а постижение Малхут называется подобием (дмут דְמוּת).

52) «"И поэтому", поскольку удостаиваются трех миров, "написано: "Сыны вы Творцу Всесильному вашему"[72], как это уже объяснялось. И они "в образе Всесильного"[68], и они наследуют высшее достояние, подобное Его", т.е. три мира. И поэтому Он предупредил их в Торе: "Не делайте на себе надрезов, и плеши не делайте над глазами своими по умершим"[72] – потому что не исчезает после своей кончины, а он находится в высших прекрасных и величественных мирах, и должны быть в радости, когда праведник уходит из этого мира"».

53) «"Смотри, если бы человек не грешил, он не ощущал бы вкус смерти в этом мире в час, когда он входит в другие миры. Но поскольку грешил, он ощущает вкус смерти прежде, чем войдет в эти миры, и дух покидает тело и оставляет его в этом мире, и этот дух совершает омовение в реке Динур, чтобы получить наказание свое. А затем он входит в земной Эденский сад, и ему уготовано другое кли, из света, в точности подобное облику тела (парцуф а-гуф), которое было у него в этом мире, и он облачается и исправляется в нем. И там", в Эденском саду, "его постоянная обитель. А в новомесячья и в субботы этот дух (руах) связывается с душой (нешама), и поднимается, и украшается высоко наверху", в высшем Эденском саду. "И это смысл сказанного: "И будет – в каждое новомесячье и в

---

[72] Тора, Дварим, 14:1. «Сыны вы Творцу Всесильному вашему, не делайте на себе надрезов, и плеши не делайте над глазами своими по умершим».

каждую субботу приходить будет всякая плоть, чтобы преклониться предо Мной"[73]».

И отсюда мы получаем ответ на заданный вопрос насчет Торы, которая была прежде греха Адама Ришона. И написано в ней: «Если человек умрет в шатре»[74], потому что переход из мира в мир называется смертью. Но если бы не совершил грех Древа познания, то было бы у него не скверное тело, а первое тело, которое было в Эденском саду, с которым он мог бы переходить из мира в мир, как с духом сегодня, и потому не испытывал бы страданий смерти и наказаний. Но теперь, когда прегрешил, он должен оставить это скверное тело в этом мире, а дух получает наказание и очищение в том мире, как мы уже сказали, и все это пришло из-за греха Древа познания.

54) «"В каждое новомесячье"[73]. Спрашивает: "Почему именно в новомесячье?" И отвечает: "Но дело в том, что из-за обновления луны, которая в это время украшается, чтобы светить от солнца, это (происходит) в эту пору". Иначе говоря, тогда происходит высший зивуг Зеир Анпина и Нуквы, называемых солнцем и луной. "И также "в каждую субботу (досл. от субботы к субботе)"[73]. "От субботы"[73] – это луна", Малхут, "к субботе"[73] – это солнце", Зеир Анпин, "от которого приходит к ней свет. И поэтому всё это является одним целым", т.е. месяц и суббота являются одним целым, поскольку тогда время зивуга Зеир Анпина с Малхут. Однако есть отличие в величине ступени, так как в новомесячье они находятся на ступени ИШСУТ, а в субботу – на ступени Абы ве-Имы. "И это является выяснением вопроса. Кроме грешников, о которых написано, (что их ждет) смерть во всех мирах, и это значит, (что будут) истреблены из всех миров, и лишатся всего, если не совершат возвращения". Сказал рабби Йегуда: "Благословен Милосердный, что спросил я, и обрел эти речения, и настоял"» на их смысле.

---

[73] Пророки, Йешаяу, 66:23. «"И будет – в каждое новомесячье и в каждую субботу приходить будет всякая плоть, чтобы преклониться предо Мной", – сказал Творец».

[74] Тора, Бемидбар, 19:14. «Вот учение: если человек умрет в шатре, то всякий, кто войдет в шатер, и всё, что в шатре, нечисто будет семь дней».

ГЛАВА ШЛАХ ЛЕХА

Поднимайтесь здесь, на юге

55) «Сказал рабби Шимон: "Из этой главы я изучил тайну мудрости, и следуют из нее высшие и величественные тайны. Смотри, Творец восславляет Тору и сказал: "Идите Моими путями и занимайтесь работой Моей, и введу Я вас в миры прекрасные, в миры возвышенные". Людям же, которые не знают, не верят и не смотрят, Творец говорит: "Идите и изведайте мир прекрасный, этот возвышенный мир, преисполненный прелести". Отвечают они: "Как же мы сможем изведать его и познать всё это?"»

56) «"Что написано", что говорит им Творец: "Поднимайтесь здесь, на юге, и взойдите на эту гору. И осмотрите землю, какова она, и народ, что живет на ней, силен он или слаб, малочислен он или многочислен"[75]. "Поднимайтесь здесь, на юге"[75] – то есть усердствуйте в Торе, и увидите тогда, что она предстает пред вами, и благодаря ей будете познавать тот самый" мир. "И осмотрите землю, какова она"[75], – то есть увидите из нее этот мир, который является достоянием и наследием, и Я введу вас в него. "И народ, что живет на ней"[75], – это праведники в Эденском саду, ряды которых выстраиваются в высшем величии, на высших ступенях"».

57) «"Силен он или слаб, малочислен он или многочислен"[75] – в ней вы увидите, удостоились ли они всего этого, благодаря тому, что" с силой "преодолевали свое злое начало, и сокрушили его, или" расслабленно, "без усилий. Укреплялись ли они в Торе, занимаясь ею денно и нощно, или же, не прилагая старания в ней", все же "удостоились всего этого. Малочислен он или многочислен"[75] – многочисленны ли те, кто занимается работой Моей и укрепляется в Торе, удостаиваясь всего этого, или нет"».

58) «"И какова земля эта, тучна она или тоща"[76], – с помощью Торы узнаете, какова эта земля, т.е. что это за мир, многочисленно ли в ней высшее благо для поселившихся в ней, или же недостает там чего-то. "Есть ли на ней дерево, или нет"[76] – есть ли на ней Древо жизни на веки вечные", Зеир Анпин, "есть ли в ней средоточие жизни", Есод, "или нет"».

---

[75] Тора, Бемидбар, 13:17-18. «И послал их Моше высмотреть страну Кнаан, и сказал им: "Поднимайтесь здесь, на юге, и взойдите на гору, и осмотрите землю, какова она, и народ, что живет на ней, силен он или слаб, малочислен он или многочислен"».
[76] Тора, Бемидбар, 13:20. «"И какова земля, тучна она или тоща, есть ли на ней дерево или нет; крепитесь (духом) и возьмите от плодов земли". И дни эти – дни первинок винограда».

ГЛАВА ШЛАХ ЛЕХА

Разведчики

59) «"И поднялись они на юге (ва-негев בַּנֶּגֶב)"⁷⁷ – т.е. люди восходят в нее", в Тору, "иссохшими (ва-негев בַּנֶּגֶב), с нерадивым сердцем, подобно старающемуся напрасно и тщетно, ибо думает, что нет в ней награды. Он видит, что богатство этого мира он потерял из-за нее, думает, что всё – он пропал. Иссохшими (ва-негев בַּנֶּגֶב), как сказано: "Иссякла вода"⁷⁸, и мы истолковываем – "высохла"».

60) «"Затем: "И дошел до Хеврона"⁷⁷ – т.е. он достигает соединения⁷⁹ с Торой, читает и изучает ее. "А там Ахиман, Шешай и Талмай, порожденные Анаком"⁷⁷, – т.е. он видит там многочисленные деления на оскверненное и чистое, позволенное и запрещенное, наказание и награду. И это пути Торы, законы Торы. "Порожденные Анаком"⁷⁷ – т.е. родившиеся со стороны Гвуры"». Объяснение. Потому что Ахиман (אֲחִימָן) состоит из букв «ахи (אֲחִי)» «ман (מָן)». «Ах (אָח)» – означает доказательство, «ман» – как «минаин (откуда)», т.е. он тщательно пытается найти доказательства всему. И это законы Торы. Шешай – от слова «сасон (радость)», как «радуйтесь (сису)», т.е. это награда за Тору. Талмай – как в выражении «борозды (талмей) поля» – деления Торы, на недозволенное, чистое и т.д., как в выражении «испещренный бороздами (тламим-тламим)»⁸⁰.

61) «"А Хеврон был построен за семь лет до Цоана египетского"⁷⁷. "А Хеврон был построен за семь лет"⁷⁷ – это семьдесят ликов Торы. Семьдесят ликов есть у нее", у Торы, и это Зеир Анпин, у которого есть шесть окончаний (ВАК), ХАГАТ НЕХИ, и Малхут, представляющие собой семь сфирот, "и у каждой стороны десять", то есть каждая состоит из десяти сфирот, всего семьдесят. "А Хеврон"⁷⁷ – это Тора, потому что тот, кто прилагает усилия в ней, называется "хавер (товарищ)". "До Цоана египетского"⁷⁷ – мы учили, что есть Тора, соответствующая Торе, т.е. письменная Тора", и это Зеир Анпин, "и устная Тора",

---

⁷⁷ Тора, Бемидбар, 13:22. «И поднялись они на юге, и дошел до Хеврона, а там Ахиман, Шешай и Талмай, порожденные Анаком. А Хеврон был построен за семь лет до Цоана египетского».

⁷⁸ Тора, Берешит, 8:13. «И было, в шестьсот первый год, в первый месяц, в первый день месяца иссякла вода на земле, и снял Ноах кровлю ковчега, и увидел, что вот, обсохла поверхность земли».

⁷⁹ Достичь соединения (леитхабер) и Хеврон – однокоренные слова в иврите.

⁸⁰ Вавилонский Талмуд, трактат Йома, лист 10:1.

Малхут. "И этот Хеврон", т.е. устная Тора, Малхут, "вышел из письменной Торы", Зеир Анпина, "как сказано: "Скажи мудрости (хохма) – ты сестра моя"[81]. И он "был построен за семь лет"[77], то есть это семь сфирот ХАГАТ НЕХИМ, "и поэтому называется семилетним, "до Цоана египетского"[77], как сказано: "И была больше мудрость Шломо"[82], т.е. Малхут, "чем мудрость всех сынов Востока и чем вся мудрость Египта"[82]».

Объяснение. И приводит доказательство того, что Малхут вышла из Зеир Анпина, из изречения: «Скажи мудрости (хохма) – ты сестра моя»[81]. Потому что эта мудрость (хохма) – это Малхут, называемая нижней Хохмой, и поскольку души Исраэля произошли от Зеир Анпина, и также Малхут произошла от Зеир Анпина, поэтому говорит Писание: «Скажи мудрости (хохма) – ты сестра моя»[81], – ведь Малхут вышла из Зеир Анпина. А то, что сказано: «А Хеврон был построен за семь лет до Цоана египетского»[77], – потому, что Египет противоположен мудрости (хохма), являясь мудростью (хохма) клипот. И говорит Писание, что Хеврон, т.е. Малхут, был построен на семи сфирот Зеир Анпина, соответственно этой ее противоположности. И это – Цоан египетский, который опустел и не может отстроиться. Ибо когда поднимается святость, повергается ситра ахра.

62) «"И дошли они до долины Эшколь"[83]. Это те слова Агады и истолкования, которые зависят от стороны веры", Малхут, поскольку истолкования и сказания зависят от Торы и окружают ее подобно винограду на грозди. "И срезали там ветвь с одной гроздью винограда"[83] – изучили оттуда основы разделов и основы речений. Те, кто являются сынами веры, радуются речениям, и речения благословляются в них, и они смотрят на них, как на являющихся единым корнем и единой основой, и нет разделения между ними. Те, кто не являются сынами веры, и не изучают Тору лишма (ради нее), делают веру", Малхут, "отделенной" от Зеир Анпина, потому что нарушают зивуг Зеир Анпина и Малхут, т.е. письменной и устной Торы, так как не верят, что у них единая основа и корень. "Это смысл сказанного: "И понесли ее на шесте вдвоем"[83] – т.е. они делали "разделение"

---

[81] Писания, Притчи, 7:4. «Скажи мудрости – ты сестра моя, и назови разум родным».
[82] Пророки, Мелахим 1, 5:10. «И была больше мудрость Шломо, чем мудрость всех сынов Востока, и чем вся мудрость Египта».
[83] Тора, Бемидбар, 13:23. «И дошли они до долины Эшколь, и срезали там ветвь с одной гроздью винограда, и понесли ее на шесте вдвоем, и (также взяли) от гранатов, и от смоковниц».

между письменной Торой и устной Торой, и считали их двумя. "Что значит: "На шесте (мот מוֹט)"⁸³? Это как сказано: "Он не даст пошатнуться (ламо́т לַמּוֹט) ноге твоей"⁸⁴. "И от гранатов, и от смоковниц"⁸³ – относили эти понятия полностью к ситре ахра, к стороне нечисти и к стороне разделения"». Потому что «гранаты (римоним רִמּוֹנִים)» связаны со словом «нечисть (миним מִינִים)», а «смоковницы (теини́м תְּאֵנִים)» – это как сказано: «А Всесильный подстроил (ина́ אִנָּה) это через него»⁸⁵, дескать, это случай, т.е. они не верят в управление, и говорят обо всем, что это случайно, отделяя (тем самым) Творца от мира.

63) «"Это смысл сказанного: "И возвратились они, разведав землю"⁸⁶. "И возвратились они"⁸⁶ – т.е. вернулись на сторону зла, отойдя от пути истины, ибо сказали: "Что мы получили? До сегодняшнего дня мы не видели ничего хорошего в мире – трудились над Торой, а дом пуст. И находились мы среди самых презренных в народе. Кто же способен удостоиться того мира, и кто может войти в него? Не стоило нам так усердствовать". "И рассказали ему, и сказали: "Пришли мы в землю, в которую ты послал нас"⁸⁷, – ведь мы старались и изучали для того, чтобы познать удел того мира, как ты посоветовал нам. "И также течет она молоком и медом"⁸⁷ – т.е. хорош он, высший мир, как мы и изучали в Торе, но кто же может удостоиться ее (этой земли)?"»

64) «"Что с того, ведь могуч народ, обитающий в этой земле"⁸⁸ – могуч он», народ, удостаивающийся того мира, "поскольку он вовсе не ценит мир, дабы заниматься им, чтобы было у него огромное богатство. Кто же тот", который может сделать так, "что удостоится ее? Конечно: "Что с того, ведь могуч народ, обитающий в этой земле"⁸⁸, – тот, кто хочет удостоиться ее, должен быть могучим в богатстве своем. Как сказано: "А богатый

---

⁸⁴ Писания, Псалмы, 121:3. «Он не даст пошатнуться ноге твоей, не будет дремать страж твой».

⁸⁵ Тора, Шмот, 21:13. «Но если не злоумышлял, а Всесильный подстроил это через него, то Я тебе назначу место, куда ему убежать».

⁸⁶ Тора, Бемидбар, 13:25. «И возвратились они, разведав землю, по истечении сорока дней».

⁸⁷ Тора, Бемидбар, 13:27. «И рассказали ему, и сказали: "Пришли мы в землю, в которую ты послал нас, и также течет она молоком и медом; и вот плод ее"».

⁸⁸ Тора, Бемидбар, 13:28. «Что с того, ведь могуч народ, обитающий в этой земле, и города укрепленные, очень большие, и также детей Анака мы видели там».

отвечает мощью"⁸⁹. Нужно, чтобы были у него: "И города укрепленные, очень большие"⁸⁸, т.е. дома, полные всех благ, чтобы он в них не испытывал недостатка ни в чем. И, кроме всего этого: "И также детей Анака (великана) мы видели там"⁸⁸ – т.е. необходимо тело сильное и мощное, как у льва, потому что Тора ослабляет силы человека, когда он занимается запрещенным и разрешенным, недозволенным и чистым, годным и непригодным. Кто может удостоиться ее?"»

65) «"И еще сказано: "Амалек обитает на земле южной"⁹⁰ – т.е. если скажет человек, что даже всего этого удостоится" преодолеть, "Амалек обитает на земле южной"⁹⁰, – то есть злое начало, обвинитель, выступающий против человека, всегда находится в теле, "а хетт, и йевусей, и эморей обитает на горе, а кнааней обитает у моря и рядом с Ярденом"⁹⁰, – множество обвинителей находится там, чтобы человек вообще не мог войти в тот мир. Кто удостоится его, и кто войдет в него?" – Этими речами "и отвратили сердце сынов Исраэля"⁹¹, потому что распространили плохие слухи о ней, как сказано: "И разнесли худую молву о земле"⁹²».

66) «"Эти сыны веры, что сказали: "Если благоволит к нам Творец, то приведет Он нас на эту землю и даст ее нам"⁹³, – то есть, когда человек старается направить желание сердца к Творцу", он удостоится ее, "ибо Он не хочет от него ничего, но лишь сердце, и чтобы хранили святой знак", т.е. союз (брит) святости. "Как написано: "И народ твой – все праведники, навеки унаследуют землю"⁹⁴» – т.е. хранящие союз, называемые праведниками.

---

⁸⁹ Писания, Притчи, 18:23. «С мольбою говорит нищий, а богатый отвечает с дерзостью (досл. мощью)».

⁹⁰ Тора, Бемидбар, 13:29. «Амалек обитает на земле южной, а хетт, и йевусей, и эморей обитает на горе, а кнааней обитает у моря и рядом с Ярденом».

⁹¹ Тора, Бемидбар, 32:9. «И взошли они до долины Эшколь, и осмотрели землю, и отвратили сердце сынов Исраэля, чтобы не вступить на землю, которую дал им Творец».

⁹² Тора, Бемидбар, 13:32. «И разнесли худую молву о земле, которую высмотрели, среди сынов Исраэля, говоря: "Земля, по которой прошли мы, чтобы высмотреть ее, это земля, пожирающая своих обитателей, а весь народ, который мы видали на ней, люди великорослые"».

⁹³ Тора, Бемидбар, 14:8. «Если благоволит к нам Творец, то приведет Он нас на эту землю и даст ее нам, – землю, которая течет молоком и медом».

⁹⁴ Пророки, Йешаяу, 60:21. «И народ твой – все праведники, навеки унаследуют землю, ветвь насаждения Моего, дело рук Моих, чтобы прославиться».

67) «"Но "только против Творца не восставайте"⁹⁵ – но нужно (прийти к тому), чтобы не восставать против Торы. Ведь Тора не нуждается ни в богатстве, ни в сосудах из серебра и золота. "И вы не страшитесь народа этой земли"⁹⁵ – ибо если сокрушенное тело будет заниматься Торой, то найдет исцеление во всем. Как сказано: "Исцелением будет это для тела твоего и освежением для костей твоих"⁹⁶. И сказано также: "И исцеление для всей его плоти"⁹⁷. И тогда все обвинители", которые есть над человеком, превращаются для него в помощников, и "они провозглашают: "Освободите место такому-то, рабу Царя"», – чтобы никто не препятствовал ему войти к Царю и служить Ему.

68) «"И вы не страшитесь народа той земли, ибо они хлеб для нас!"⁹⁵ –"они"⁹⁵, обвинители, "сами заказывают пищу каждый день тем, кто занимается Торой. Как сказано: "А воронам повелел Я кормить тебя там"⁹⁸. И написано: "И вороны приносили ему хлеб и мясо"⁹⁹. И несмотря на то, что вороны являются нечистыми птицами, от ситры ахра, они кормили его. "Отступила их сень от них"⁹⁵, – что такое "сень"? Это сила сурового суда", что в них, которая отступила и исчезла. "В чем причина того, что отступила? Потому что "Творец с нами, не страшитесь их"⁹⁵, вся их сила исчезла из-за Торы. Счастлива участь тех, кто занимается Торой "лишма (ради нее)", потому что они соединяются с Творцом, на самом деле. И называются братьями и ближними, как сказано: "Ради братьев моих и ближних моих прошу мира тебе"¹⁰⁰».

69) «"И дошли они до долины Эшколь, и срезали там ветвь с одной гроздью винограда"⁸³. Рабби Аба сказал: "Срезали эту гроздь и собирались поднять ее" на себя, "но не смогли. Попытались ее перенести" с места ее, "и не смогли. Подошли Йеошуа

---

⁹⁵ Тора, Бемидбар, 14:9. «Только против Творца не восставайте! И вы не страшитесь народа той земли, ибо они хлеб для нас! Отступила их сень от них, а Творец с нами, не страшитесь их!»

⁹⁶ Писания, Притчи, 3:8. «Исцелением будет это для тела твоего и освежением для костей твоих».

⁹⁷ Писания, Притчи, 4:22. «Потому что они – жизнь для того, кто нашел их, и исцеление для всей его плоти».

⁹⁸ Пророки, Мелахим 1, 17:4. «И будет, из этого потока ты пить будешь, а воронам повелел Я кормить тебя там».

⁹⁹ Пророки, Мелахим 1, 17:6. «И вороны приносили ему хлеб и мясо утром, и хлеб и мясо вечером, а из потока он пил».

¹⁰⁰ Писания, Псалмы, 122:8. «Ради братьев моих и ближних моих прошу мира тебе».

и Калев, взяли и подняли ее, и она распрямилась в их руках. Это смысл сказанного: "И понесли ее на шесте вдвоем"[83]. "Вдвоем"[83] означает – "те двое, единственные", которые не грешили, т.е. Йеошуа и Калев. Спрашивает: "Ветвь зачем понадобилась им?" И отвечает: "Однако гроздь висела на ней, и пока та соединена со своим местом, называется ветвью, затем", когда срезали ее, "называется шестом. Как написано: "И понесли ее на шесте"[83], что означает – "тот самый, который известен, то есть тот, который срезали"» с дерева.

70) «"Отсюда", после того как они смогли взять гроздь, а другие нет, "узнали Йеошуа и Калев, что они достойны вступить на землю, и что будет у них удел в ней и наследование ее. Еще в пути" разведчики "держали совет между собой насчет них", насчет Йеошуа и Калева, так как завидовали им за то, что те смогли взять эту гроздь, и приняли решение убить их. "Встал Калев, возвысившись над плодом, сказал: "Плод, плод! Если мы из-за тебя будем убиты, то какова наша доля в тебе?" Сразу же" гроздь "сделалась легче", чтобы все могли нести ее, "и отдали им"» гроздь.

71) «Рабби Эльазар сказал: "Они не давали" гроздь "другим, ведь написано: "И понесли ее на шесте"[83], и написано: "Вдвоем"[83], что означает – двое, которые отличились, "и среди всех них не было двоих, подобных им. И отсюда научился Йеошуа затем", и послал только двоих разведчиков, "как написано: "И послал Йеошуа бин Нун из Шиттима двух человек-разведчиков"[101]. И в отношении этих двоих, уже объясняли первые мудрецы,[102] и когда пришли" Йеошуа и Калев "в Исраэль, дали" эту гроздь "им, но сами остались"», и вначале ничего не сказали Исраэлю, потому что только разведчики сказали: «И вот плод ее»[87], «"так как сами они держались в стороне"».

72) «Рабби Ицхак сказал: "Когда разведчики подходили к этим великанам, то ставили посох Моше перед собой, и так спасались. И откуда нам известно, что он им дал этот посох? Это

---

[101] Пророки, Йеошуа, 2:1. «И послал Йеошуа бин Нун из Шиттима двух человек-разведчиков тайно, сказав: "Идите, осмотрите землю и Йерихо". И пошли они, и пришли в дом женщины-блудницы, чье имя Рахав, и остались ночевать там».
[102] См. Зоар, Сифра ди-цниута, п. 54.

как написано: "И сказал им: "Поднимайтесь здесь, на юге"¹⁰³. Тут написано: "Поднимайтесь здесь (зэ)"¹⁰³ и там написано: "И посох этот (зэ)"¹⁰⁴, и согласно принципу аналогии,¹⁰⁵ зэ – зэ. "И благодаря этому посоху спасались. Ибо если скажешь, что великаны оставили их", это не так, "но хотели как раз схватить их, а те ставили перед собой посох и спасались от них". Рабби Йегуда сказал: "Тайну раскрытия святого имени передал им Моше, и благодаря ему спаслись от них"».

73) «Рабби Хия сказал: "Они назывались тремя именами: нефилим (исполины), анаким (великаны), рефаим (призраки). И все они жили долгие дни. Нефилим (исполинами) они назывались вначале, когда их низвергли (ипилу) с небес. А после того как они соединились с дочерьми человеческими, и произвели потомство от них, называются" их сыновья "анаким (великанами). А затем, когда они стали странствовать по этому миру и лишились сил высшего" мира, "называются рефаим (призраками)"».

74) «Сказал рабби Йегуда: "Но ведь написано: "Содрогаются призраки (рефаим)"¹⁰⁶. "Рефаим тоже считались великанами"¹⁰⁷», а ты говоришь, что рефаим (призраки) – от слова «слабость (рифьон)». «Сказал ему рабби Хия: "Это так. Потому что анаким исходят от этой стороны и от этой стороны", т.е. со стороны ангелов и стороны дочерей человеческих, "и испытали еще большее отчаяние, находясь на земле. И подобно этому рефаим, которые происходили и рождались" от анаким, и испытывали еще большее отчаяние, пока окончательно не лишились высших сил. "И все они жили долгие дни, но когда они ослабли, то ослабла" и умерла "половина их тела, а половина тела осталась" при жизни, потому что они были наполовину от ангелов, которые не умирают, а наполовину – от людей, которые

---

¹⁰³ Тора, Бемидбар, 13:17-18. «И послал их Моше высмотреть страну Кнаан, и сказал им: "Поднимайтесь здесь, на юге, и взойдите на гору, и осмотрите землю, какова она, и народ, что живет на ней, силен он или слаб, малочислен он или многочислен"».

¹⁰⁴ Тора, Шмот, 4:17. «И посох этот возьми в руку свою, ибо им ты будешь творить все эти знамения».

¹⁰⁵ Если в двух местах Торы встречаются одинаковые слова или выражения, то сказанное в одном месте имеет отношение и ко второму в том случае, если так считают мудрецы.

¹⁰⁶ Писания, Иов, 26:5. «Содрогаются призраки под водами и покоящиеся в них».

¹⁰⁷ Тора, Дварим, 2:11. «Рефаим тоже считались великанами, а моавитяне называют их эймим».

смертны. "Поскольку половина их тела умерла, они брали траву из полевых трав", т.е. смертельное зелье, "и, отправляя его к себе в рот, умирали. И поскольку желали покончить с собой, они назывались рефаим (призраками)"», так как лишали себя жизни. «Сказал рабби Ицхак: "Они бросались в великое море, тонули и умирали. Это смысл сказанного: "Содрогаются призраки под водами и покоящиеся в них"[106]».

75) «Рабби Шимон сказал: "Если бы Исраэль вступили в землю под знаком злоязычия" разведчиков, "то мир не мог бы устоять даже одного мгновения. Кто является мастером злоязычия", то есть корнем его? – "Змей. Скрытый смысл этого в том, что когда вошел змей к Хаве", т.е. грех Древа познания, "он привнес в нее скверну"», т.е. свою нечистоту, и все людские грехи исходят от этой скверны. «Сказал рабби Шимон: "И за все их простил Творец, кроме злоязычия. Ибо написано: "Которые сказали: "Языком нашим сильны будем, уста наши с нами – кто нам господин?!"[108]»

76) «"Смотри, к чему привело это злоязычие" разведчиков, – "что Он вынес приговор нашим отцам, что они не вступят в землю. И те, кто говорили" плохое, "умерли. И было установлено оплакивание из поколения в поколение", ибо в этот день были разрушены оба Храма. "Якобы, поскольку распространяли" дурные слухи "о святой земле, они словно распространяли их о Нем, поэтому возревновал Творец из-за этого. И Исраэль должны были быть истреблены из мира, если бы не молитва Моше"».

77) «"И рассказали ему, и сказали: "Пришли мы в землю, в которую ты посылал нас"[87]. Сказал рабби Хия: "В чем отличие здесь, что написано: "И рассказали ему", а не написано: "И поведали", "и сказали"?" И отвечает: "Однако каждый истолковывал это сам. В любом месте, где написано: "И поведали", это является указанием на Хохму. И мы уже учили, что там, где написано: "И сказали" – это только высказывание. "И сказали" означает – помыслы сердца"». Как написано: «И сказал Аман в сердце своем»[109]. «"И сказали"[87] означает – "отдача указа-

---

[108] Писания, Псалмы, 12:4-5. «Истребит Творец все уста льстивые, язык, говорящий надменное, которые сказали: "Языком нашим сильны будем, уста наши с нами – кто нам господин?!"»

[109] Писания, Мегилат Эстер, 6:6. «И вошел Аман, и сказал ему царь: "Что бы сделать для того человека, которому царь хочет оказать почет?" И сказал Аман в сердце своем: "Кому, кроме меня, захочет царь оказать почет!"»

ния. И мы уже объясняли это в разных местах. "И рассказали"[87] означает "в любом месте – "истолкование сказанного"», когда каждый дает свое истолкование.

78) «"Пришли мы в землю"[87]. Спрашивает: "Пошли (мы в землю)", – следовало сказать?" И отвечает: "Однако "пришли"[87] означает – "мы вошли там в эту землю, которую ты бы восхвалял каждый день, и говорил бы, что нет подобной ей". "И также течет она молоком и медом"[87]. Рабби Ицхак сказал: "Тот, кто хочет сказать ложь, говорит вначале вещи истинные, с тем чтобы поверили его обману"». И поэтому сказали вначале: «И также течет она молоком и медом» [87].

79) «Рабби Хия сказал: "Сказали они: "Пришли мы в землю"[87], которую ты бы восхвалял каждый день, и говорил бы, что нет подобной ей, "и также течет она молоком и медом"[87], и хвалил бы ее превыше всех" земель. "Но это не так, ибо "вот плод ее"[87], ведь срезали одну из самых малых гроздей", и показали им. "Сказали: "Если эту землю Творец дает в наследие Исраэлю, и они выстрадали из-за нее так много бед и тягот, – то ведь в стране египетской есть гроздья и плоды земли вдвойне важнее этих?"»

80) «"Что с того, ведь могуч народ, обитающий в этой земле"[110], – сказали, что принято в мире, чтобы доблестные воины, готовящие войну, селились вне городов, чтобы охранять пути. А здесь даже жители города – могучие, доблестные воины. "И города укрепленные"[110], т.е. даже если все цари мира соберутся против них, то не смогут причинить им никакого вреда". Сказал рабби Йоси: "Всё, что они сказали, было злоязычием, и самым тяжелым было, как написано: "Амалек обитает на земле южной"[90]. Это можно сравнить с человеком, которого ужалил змей, и если хотят навести на него ужас, говорят ему: "Вот змей здесь"».

81) «Рабби Аба сказал: "Конечно, это было самым тяжелым из всего, что сказали. Другими словами", сказали: "Тот, кто ведет войну со всеми, – вот он, находится здесь. И в каком месте? "На земле южной"[90] – поскольку это место", через

---

[110] Тора, Бемидбар, 13:28. «Что с того, ведь могуч народ, обитающий в этой земле, и города укрепленные, очень большие, и также детей Анака мы видели там».

которое "входят в страну. Сразу же: "И вознесла вся община голос свой и возопила, и плакал народ в ту ночь"¹¹¹. И установили плач поколениям навеки в эту ночь"». Это была ночь Девятого ава, в которую были разрушены оба Храма.

82) «Сказал рабби Йоси: "Они держали совет между собой, как разнести дурную славу обо всем. Что значит – обо всем? О земле и о Творце". Сказал рабби Ицхак: "О земле – понятно, но откуда известно, что о Творце?" Сказал ему: "Поскольку сказано: "Что с того, ведь могуч народ"¹¹⁰. Иными словами: "Кто сможет одолеть их? "Ведь могуч народ"¹¹⁰ – т.е. даже Творец не сможет одолеть их, и так разнесли дурную славу о Творце. И написано: "Амалек обитает на земле южной"⁹⁰, вызвав тем самым всё это, как нам уже известно. И Творец хотел истребить их из мира, как сказано: "И постановил уничтожить их, если бы Моше, избранник Его, не вступился пред Ним"¹¹²».

---

[111] Тора, Бемидбар, 14:1. «И вознесла вся община голос свой и возопила, и плакал народ в ту ночь».
[112] Писания, Псалмы, 106:23. «И постановил уничтожить их, если бы Моше, избранник Его, не вступился пред Ним, чтобы отвести гнев Его и не дать погубить».

ГЛАВА ШЛАХ ЛЕХА

Человек в мире подобен высшему

83) «"Пусть же возвеличится теперь сила моего Господина"[113]. Рабби Аха и рабби Йоси говорят: "Счастливы Исраэль более всех народов мира, ибо Творец благоволил к ним и назвал имя Свое среди них, и был превознесен ими, потому что мир создан только ради Исраэля, чтобы они занимались Торой. Потому что Единый соединяется с единым", т.е. Зеир Анпин с Малхут. "А Исраэль внизу, в этом мире, являются поддержкой его (мира)", так как с помощью своих хороших деяний они поднимают МАН для их зивуга. "И они являются поддержкой для всех остальных народов", то есть потому, что те существуют благодаря Исраэлю. "Когда это? – В то время, когда они выполняют волю Господина своего"».

84) «"Смотри, когда Творец создал человека в мире, Он установил его по высшему подобию, и поместил силу и мощь его в центре тела его, где находится сердце, являющее собой силу всего тела, и оттуда питается всё тело, а само сердце относится и получает силу сверху, в месте возвышенном – в мозге головы, находящемся наверху, и одно связано с другим"».

---

[113] Тора, Бемидбар, 14:17. «Пусть же возвеличится теперь сила моего Господина, как Ты сказал, говоря».

ГЛАВА ШЛАХ ЛЕХА

Этот мир подобен высшему

85) «"И таким же образом Творец установил мир и сделал его единым телом. И сделал органы этого тела окружающими сердце, а само сердце находится в центре всего тела. И все органы питаются от сердца, поскольку оно является силой их всех, и всё зависит от него. А само сердце связано и принадлежит высшему моаху (разуму), находящемуся наверху"», как нам предстоит выяснить.

86) «"Смотри, когда Творец создал мир, Он разместил море-океан вокруг населенной части мира. А населенная часть всех семидесяти народов окружает Йерушалаим. А Йерушалаим находится посреди всего заселенного места и окружает Храмовую гору. А Храмовая гора окружает дворы (азарот) Исраэля. А дворы (азарот) окружают палату тесаного камня", то есть по степени важности, "ибо там пребывает большой Синедрион. И мы учили, что в дворах Исраэля не может сидеть никто, кроме лишь царей дома Давидова"». И вместе с тем, они окружают палату тесаного камня, где заседает Синедрион. И учитывает здесь семь свойств, одно важнее другого, соответствующие семи сфирот.

87) «"А палата тесаного камня окружает жертвенник. Жертвенник является внешним по отношению к Храмовой зале, зала – по отношению к чертогу, чертог – к святая святых, где пребывает Шхина, крышка ковчега, херувимы, ковчег, и здесь находится сердце всей земли и мира. И отсюда получают пищу все места поселения, являющиеся органами этого тела", т.е. мира. И это сердце", т.е. Шхина, "получает питание от мозга, который в голове", т.е. Малхут мира Ацилут. "И они соединяются друг с другом, и это смысл сказанного: "В месте, которое для пребывания Своего сделал Ты, Творец"[114]. И подобно этому в мире высоко наверху", в мире Ацилут, "и оно", сердце, – оно "в свойстве "высший Царь", Зеир Анпин. А мозг (моах), находящийся наверху, – он "в свойстве величественный скрытый"» моах, т.е. моха стимаа Арих Анпина, и Зеир Анпин, называемый сердцем, получает от него через Абу ве-Иму.

---

[114] Тора, Шмот, 15:17. «Введешь их и расселишь в горах удела Твоего, в месте, которое для пребывания Своего сделал Ты, Творец, Святилище, Господин мой, которое устроили руки Твои».

88) «"Высшее море", и это Малхут мира Ацилут, оно "соответственно этому", – т.е. у нее в ее строении (меркава) тоже есть эти три вышеназванных свойства: органы тела, сердце в центре их, от которого получают эти органы тела, и мозг головы, от которого получает сердце. "Ибо есть море, которое выше моря" этого мира. Иначе говоря, так же как есть море в этом мире, так же наверху в Ацилуте есть море, т.е. Малхут. "И море от моря" – и есть еще море наверху, которое над высшим морем, т.е. Малхут, потому что Бина тоже называется морем. И теперь объясняет Зоар строение (меркава) Малхут в трех ее свойствах, и в каждом свойстве есть много свойств, и говорит: "Смотри, река Динур охватывает множество станов" ангелов, "и соответственно ей выходят семьдесят свойств" ангелов, "установившихся от семи огнищ", т.е. семи сфирот ХАГАТ НЕХИМ, огня Гвуры, каждая из которых состоит из десяти, и они охраняют Шхину. "И они окружают тех служителей, которые являются более внутренними, чем они, а те окружают четыре строения (меркавы)", т.е. четырех ангелов Михаэля-Гавриэля-Уриэля-Рефаэля, каждый из которых состоит из трех, как мы уже объясняли в (главе) Беаалотха,[115] и они несут эту Малхут. И до сих пор – это гуф и внешние свойства Малхут. "И они окружают тот святой город, который покоится на них"», т.е. Малхут Ацилута, являющуюся сердцем, что в них. Однако и она тоже делится на множество свойств, как он продолжает объяснять.

89) Сейчас выясняет, что сама Малхут делится на множество свойств, и только внутреннее (свойство) в ней – это сердце, получающее от мозга (моах), т.е. Зеир Анпина. И говорит: «"Мы учили, что там", в Малхут, "есть дворы внутри дворов", и это семь нижних сфирот Малхут, "и заседать во дворах там могут только лишь цари дома Давида, которые пребывают и заседают там", т.е. цари дома Давида связаны с ним. "А большой Синедрион пребывают там, в палате тесаного камня", то есть в свойстве ВАК де-ГАР Малхут. "А та палата суда, что находится над ними", т.е. ГАР де-ГАР, "служит тому месту, которому служит", иначе говоря, которые служат только самой Малхут, и от них ничего не передается нижним. "И суд нисходит оттуда к высшим святым"», иначе говоря, суды, что в них, изливающиеся на головы грешников, только они постигаются высшими святыми. Как сказано: «И выйдут и увидят трупы людей,

---

[115] См. Зоар, главу Беаалотха, п. 111.

отступивших от Меня»¹¹⁶. «"Пока не достигает места, называемого "святая святых", самого сокровенного места Малхут, т.е. Есода ее гадлута, "в котором – всё, и там находится сердце, и оно питается от высшего мозга (моах)", Зеир Анпина, "и они соединяются друг с другом"».

90) Повторяет то, что сказал выше,¹¹⁷ и досконально объясняет это. «И подобно этому в мире высоко наверху", в Ацилуте, "и оно", сердце – оно "в свойстве "высший Царь", Зеир Анпин. "А мозг (моах) в свойстве величественный скрытый" моах Арих Анпина, и Зеир Анпин получает от него через Абу ве-Иму. "Пока не раскрывается, что всё получает питание от высшего разума (моах) Арих Анпина, скрытого от всего. И когда смотрят на эти слова", видят, что "всё связано это с этим, а это с этим"». Объяснение. Ибо сердце этого мира, представляющее собой святая святых, получает от высшей Малхут Ацилута.¹¹⁷ А строение (мерkaba) Малхут Ацилута получает от святая святых, что в самой Малхут. А святая святых, что в Малхут, получает от Зеир Анпина.¹¹⁷ А Зеир Анпин получает через Абу ве-Иму от моха стимаа Арих Анпина. Таким образом, все получают от моха стимаа Арих Анпина, и все они связаны друг с другом.

91) «"Смотри, когда светит скрытый Атик", моха стимаа (скрытый моах) Арих Анпина, "мозгу (моах)", т.е. Абе, "а мозг (моах) светит сердцу", т.е. Зеир Анпину, "путем услады Творцу". То есть через Бину, называемую усладой, "и мы объясняли, что это сила Творца, то есть та сила, что приходит от святого Атика, самого скрытого из всех скрытых, как сказано: "Пусть же возвеличится"¹¹³, что означает – чтобы возвеличилась и умножилась высоко-высоко, и излилась, и стала нисходить вниз. «Как Ты сказал"¹¹³ – т.е. как объяснялось", что Он долготерпелив как к праведникам, так и к грешникам.¹¹⁸ "Говоря"¹¹³ – т.е. чтобы научились отсюда все последующие поколения навсегда и на веки вечные, "говоря"¹¹³ – то есть говорить это в час беды и

---

¹¹⁶ Пророки, Йешаяу, 66:24. «И выйдут и увидят трупы людей, отступивших от Меня, ибо червь их не изведется и огонь их не погаснет, и будут они мерзостью для всякой плоти».
¹¹⁷ См. выше, п. 87.
¹¹⁸ См. Вавилонский Талмуд, трактат Эрувин, лист 22:1.

говорить это в час благоденствия, то есть: "Творец долготерпеливый"¹¹⁹. И мы уже это объясняли"».

92) «Сказал рабби Ицхак: "Почему недостает здесь "истины"», т.е. не сказано здесь: «И великий милостью и истиной»¹¹⁹, как сказано в тринадцати свойствах в главе Ки тиса. «Сказал рабби Хия: "Они", разведчики, "привели к тому, что удалилось отсюда"», это имя «И истина», «"потому что действовали ложью. И в той мере, в какой человек отмеряет, отмеряют ему" свыше. "И также остальные свойства удалились, и Моше не может их произнести", потому что здесь есть только девять свойств милосердия, а не тринадцать, "ибо они", разведчики, "привели к этому. "Простил Я по слову твоему" – то есть, именно "по слову твоему".¹²⁰ И уже поясняли товарищи, и мы это учили"».

---

[119] Тора, Шмот, 34:6-7. «И прошел Творец пред лицом его, и возгласил: "Творец – Творец Сильный, Милосердный и Милостивый, Долготерпеливый и великий милостью и истиной, Он хранит милость для тысяч, снимает вину и преступление и прегрешение, но без кары не оставляет; Он поминает вину отцов сыновьям и сынам сыновей до третьего и четвертого поколения"».

[120] См. Вавилонский Талмуд, трактат Брахот, лист 32:1.

ГЛАВА ШЛАХ ЛЕХА

Глава собрания

93) Здесь не хватает начала статьи. «"И они говорили о том, о чем раньше не могли говорить. Они вышли из этого входа, и сели в саду под деревьями. Сказали друг другу: "Раз уж мы здесь и видели всё это, если мы умрем здесь, то, конечно же, войдем в мир будущий". Сели. Напал на них сон, и они заснули. Тем временем пришел тот самый правитель и разбудил их. Сказал им: "Поднимайтесь! Мы выйдем в пардес, что снаружи", – т.е. на внешнюю ступень. "Вышли. Увидели тех мудрецов Торы, которые сказали в этом изречении: "В пустыне этой угаснут"[121], однако в другом месте – нет", т.е. удостоятся будущего мира. "И там умрут"[121], однако в другом месте – нет", т.е. будет у них жизнь мира будущего. "И это – в телах", т.е. даже в этом мире они умрут только относительно тела, "но не души" – то есть будут "подобно обитателям этого сада"». Иначе говоря, эти души удостоятся Эденского сада.

94) «Сказал им этот правитель: "Отправляйтесь, ступайте вместе с ним". Сказал им: "Вы слышали что-нибудь на этой ступени?" Сказали: "Мы слышали один голос, произнесший: "Тот, кто прерывает, прервется. Тот, кто сокращает, сократится. Тот, кто сокращает, продлится". Сказал им: "Знаете ли вы, что это значит?" Сказали: "Нет". Сказал им: "Видите ли вы того большого орла, и того ребенка, который собирает траву? Рабби Илаи из Нецивин был здесь, он и сын его, и пришли сюда, и увидели, он и тот самый ребенок, его сын, эту пещеру. После того, как вошли внутрь тьмы, они не смогли выдержать и умерли"».

95) «"И этот ребенок, сын его, предстает каждый день перед Бецалелем в час, когда тот спускается из высшего собрания, и говорит ему три речения, прежде чем Бецалель начинает раскрывать скрытые тайны мудрости. Поскольку все его речения несут в себе скрытый смысл, ведь: "Глаз, который не видел иных божеств, но лишь Тебя, даст Он уповающему на Него"[122]. И это то, что говорит: "Тот, кто прерывает, прервется" – тот, кто прерывает слова Торы ради того, чтобы говорить о вещах

---

[121] Тора, Бемидбар, 14:35. «Я, Творец, сказал: "Вот так сделаю Я со всем этим злым обществом, собравшимся против Меня, – в пустыне этой угаснут и там умрут"».
[122] Пророки, Йешаяу, 64:3. «И никогда не слышали, не внимали; глаз, который не видел иных божеств, но лишь Тебя, даст Он уповающему на Него».

никчемных, будет прервана жизнь его в этом мире, и предстоит ему суд в том мире. "Тот, кто сокращает, сократится" – тот, кто сокращает произнесение "амен" и не продлевает его в спокойствии, т.е. говорит "амен" поспешно, сократится жизнь его в этом мире. "Тот, кто сокращает, продлится" – тот, кто произносит "один (эхад אחד)", должен быстро произнести букву алеф (א) слова "один (эхад אחד)", и сократить произношение ее, и не задерживаться на этой букве вообще. И тот, кто поступает так, – продлится жизнь его"».

96) «Сказали ему: "Еще сказал: "Двое их, и один включается в них, и их трое. И когда их трое, они – один. Это два имени АВАЯ АВАЯ (Творец Творец), которые в "Шма Исраэль"[123], Элокейну (Всесильный наш) соединяется с ними, и это – печать перстня, истина. И когда соединяются вместе, они – одно целое в полном единстве"».

Объяснение. Три имени, которые в «Шма Исраэль»[123], – это ХАБАД. АВАЯ Элокейну (Творец Всесильный наш) – это Хохма и Бина. АВАЯ (Творец), которое следует после них, – это Даат. И известно, что Зеир Анпин, являющийся свойством Даат, получает хасадим от Абы, Хохмы, как уже объяснялось,[124] и всё то время, пока Има, называемая усладой Творца, не соединяется с Абой, будут хасадим, которые получает от Абы, в свойстве ВАК без рош. Однако если Има соединяется с Абой и передает мохин Зеир Анпину, они – ГАР. И это смысл сказанного: «Это два имени АВАЯ АВАЯ (Творец Творец), которые в "Шма Исраэль"» – т.е. Аба, Хохма, и Зеир Анпин, Даат. И Зеир Анпин получает хасадим от Абы. «Элокейну (Всесильный наш) соединяется с ними» – Има соединяется с Абой и с Зеир Анпином, и тогда хасадим становятся свойством ГАР. «И это – печать перстня, истина», – когда Зеир Анпин получает печать перстня от Имы, являющуюся истиной, то есть мохин де-ГАР от Имы, называемые истиной. Как сказано: «Ты дашь истину Яакову»[125], и это – печать перстня от Имы. А до присоединения Имы его мохин не называются истиной. «И когда соединяются вместе, они – одно целое в полном единстве», так как они соединяются в три линии, где Аба и Има – это правая и левая линии, а Даат –

---
[123] Тора, Дварим, 6:4. «Слушай, Исраэль, Творец – Всесильный наш, Творец един!»
[124] См выше, п. 91.
[125] Пророки, Миха, 7:20. «Ты дашь истину Яакову, милость Аврааму, о которой клялся Ты отцам нашим с давних времен».

согласующая между ними. И тогда они становятся одним целым, потому что Даат соединяет их.

97) «"Еще сказал: "Их двое, и снова становится одним". Когда вступает в силу, Он воспаряет на крыльях ветра и проходит в двести тысяч, и скрывается". Сказал им: "Это два херувима, на которых восседал Творец, и с того дня, когда Йосеф укрылся от братьев своих, один скрылся, и один остался у Биньямина, как сказано: "И воссел на херувима, и полетел, и вознесся на крыльях ветра"[126]. А то, что сказал: "И скрылся в двухстах тысячах и исчез" – то есть тот, кто восседает на нем", Он скрывается в двухстах тысячах, что эти скрытые двести тысяч – они Его, благословен Он"».

Объяснение. Два херувима – это Матат и Сандал, являющиеся строением (мерква) для зивуга ЗОН мира Ацилут. И об этом сказано: «Восседает на херувимах», что указывает на то, что есть зивуг ЗОН, и тогда Он восседает на херувимах. Однако, если нет зивуга ЗОН, Он не восседает на двух херувимах, Матате и Сандале, являющихся захаром и нуквой, но только на одном Сандале. И тогда сказано: «И воссел на херувима»[126] – т.е. только на одного, как это выяснилось ранее.[127] И это смысл сказанного: «Это – два херувима, на которых восседал Творец», то есть в свойстве «восседает на херувимах», и это в то время, когда Зеир Анпин находится в зивуге с Малхут. «И с того дня, когда Йосеф укрылся от братьев своих», – т.е. в час, когда нет зивуга наверху, потому что Есод, называемый Йосеф, укрылся от братьев своих, и ничего не передает им. «И один остался у Биньямина» – т.е. Сандал. Поскольку Йосеф является свойством Есод захара, а Биньямин – это свойство нуквы, что в Есоде. А относительно херувимов это Сандал. И тогда Зеир Анпину недостает ГАР. Но в час, когда есть зивуг Зеир Анпина с Малхут, и он облачается и восседает на двух херувимах, есть тогда в нем ГАР. И это означает: «"И скрылся в двухстах тысячах и исчез" – то есть тот, кто восседает на нем», ибо в то время, когда Зеир Анпин восседает на одном херувиме, он укрыт в Хохме и Бине, которые составляют число двести тысяч, потому что со стороны

---

[126] Писания, Псалмы, 18:11. «И воссел на херувима, и полетел, и вознесся на крыльях ветра».

[127] См. Зоар, главу Трума, п. 922. «Сказал рабби Ицхак: Написано: "И поставлю юнцов (досл. отроков) предводителями их, и глумящиеся будут властвовать над ними". То есть, как написано: "И сделай двух херувимов из золота", и это Матат и Сандал, называемые отроками...»

Бины – это двести, а со стороны Хохмы – тысяча. И Зеир Анпин укрыт в них, поскольку они исчезают в нем, и нет у него ГАР, потому что ГАР у него есть только когда он восседает на обоих, во время зивуга. И это означает: «Эти скрытые двести тысяч – они его», то есть во время зивуга. И это означает: «И проходит в двести тысяч, и скрывается», то есть во время зивуга «проходит в двести тысяч», – т.е. когда есть у него ГАР. А когда нет зивуга, тогда «скрывается», – т.е. ГАР исчезают.

98) «Сказал им (правитель): "Выйдите отсюда, праведники вы"» и достойны более высокой ступени. «Вышли. Дал им этот правитель одну розу» – Малхут в свойстве нижней Хохмы. «И они вышли. Когда они вышли, закрылся вход в пещеру и стал совершенно невидимым. Увидели они того орла» – т.е. лик орла, «который опустился с дерева и вошел в другую пещеру. Вдохнули они запах этой розы» – так как свечение Хохмы называется «реах (запах)», «и вошли туда. И увидели орла возле входа в пещеру. Сказал он им: "Входите, друзья, истинные праведники, ибо не видел я еще радости объединения с того дня, когда я здесь, но только лишь в вас"».

99) «Вошли они в другой пардес» – т.е. (взошли) на другую ступень, «и вместе с ними этот орел» – т.е. свойство «лик орла». «Когда они пришли к мудрецам Мишны, орел снова принял образ человека» – т.е. свойство «лик человека», «в величественном сияющем одеянии, как и они, и сел вместе с ними. Сказал тем» мудрецам Мишны, «что сидят: "Окажите уважение тем мудрецам Мишны, которые пришли сюда, потому что Господин их показывает им здесь великие чудеса". Сказал им один из них: "Есть ли у вас знак?"» – что вы достойны войти сюда. «Ответили: "Да". Достали две розы и понюхали их» – т.е. намекнули тем самым на Малхут и Бину, соединенные вместе в состоянии «две розы». «Сказали: "Садитесь, главы собрания, садитесь, истинные праведники". Держась за них, они сели. В этот час научились они у них тридцати законам, которых не знали до сих пор, и другим тайнам Торы».

100) «Вернулись они к мудрецам ТАНАХа, застали их произносящими: "Я сказал: "Ангелы вы и сыновья Всевышнего все вы. Однако, как человек, умрете"[128]. То есть: "Я сказал"[128] – в

---

[128] Писания, Псалмы, 82:6-7. «Я сказал: "Ангелы вы и сыновья Всевышнего все вы. Однако, как человек, умрете и, как любой сановник, упадете"».

час, когда вы предварили действие услышанию, что "ангелы вы"[128], когда вы потянулись за злым началом, "однако, как человек, умрете"[128]. Подобно тому, как смерть человека повергает его в прах, чтобы уничтожить злое начало, имеющееся в теле, и умирает именно это злое начало, и оно разлагается внутри него"».

101) «Сказал старец, который над ними: "А ваши трупы падут в этой пустыне"[129]. И если умирает только злое начало, "что означает "ваши трупы"[129], во множественном числе, – ведь злое начало одно на всех? И отвечает: "Это злое начало состоит из мужского и женского свойств (захар и некева)"», а «ваши трупы»[128] означает – «"недостатки, которые есть в них, потому что злое начало называется недостатком, так как всегда нисходит в место недостатка", что в человеке, "и не поднимается. В святости поднимают, а не опускают. В нечистоте всегда опускают и не поднимают. И поэтому называется" злое начало "ваши трупы"[128], т.е. недостатками, что в вас. Как сказано: "Те, что отстали и не могли перейти поток Бесор"[130]. И конец этого изречения подтверждает, что указывает на злое начало, ведь написано: "Падут"[128], но не написано "Падете". И поэтому "в пустыне этой скончаются"[121] эти трупы", т.е. злое начало, "и там умрут"[121], потому что желание Творца – истребить эти трупы из мира навсегда"».

102) «Сказал им рабби Илаи: "Истинные праведники, войдите и смотрите, ибо передано вам право дойти до того места, где протянута завеса. Счастлива ваша участь". Встали товарищи и вошли в одно место, и пребывали там мудрецы Агады (сказания), и лица их сияли подобно свету солнца. Спросили: "Кто это?" Сказал им: "Они – мудрецы Агады и видят каждый день свет Торы как подобает. Встали и услышали много новых речений в Торе, и не дано было им право войти к ним"».

103) «Сказал им рабби Илаи: "Войдите в другое место и посмотрите". Вошли они в другой сад, и увидели также", т.е. помимо всего увиденного ими, "что копают могилы и сразу же умирают, а затем жизнь возвращается в святые озаренные

---

[129] Тора, Бемидбар, 14:32. «А ваши трупы падут в этой пустыне».
[130] Пророки, Шмуэль 1, 30:10. «И погнался Давид, сам и четыреста человек; а двести человек остановились: те, что отстали и не могли перейти поток Бесор».

тела", и это были умершие в пустыне.¹³¹ Спросили у него: "Что это?" Сказал им: "Они проделывают это каждый день, и когда умирают, сразу же разлагается дурная скверна, полученная ими вначале, и они тотчас встают в новых озаренных телах – в тех святых телах, которые были у них во время стояния у горы Синай, как вы и видите" их. "Потому что все они предстали у горы Синай в телах без всякой нечистоты, когда же притянули к себе злое начало, вернулись в иные тела, как и тела, которые были у них прежде, чуждые тела", т.е. снова вернулась к ним скверна змея. "И это смысл сказанного: "И сняли сыны Исраэля свои украшения, (полученные) с горы Хорев"¹³²».¹³³

104) «Пробудился голос и произнес: "Начинайте собираться. Вот Оалиа́в стоит на месте своем, и все эти престолы – перед ним". Но в тот же момент все они воспарили, и не увидели ничего. И они остались одни под деревьями сада. Увидели другой вход, вошли туда. Увидели один чертог, вошли и сели там. Там находились двое юношей. Подняли они глаза свои и увидели одну Скинию, украшенную всевозможными рисунками и красками, какие только есть в мире. А над нею распростерто покрывало света, сверкающего так, что глаза смотрели на него, не в силах оторваться. Отсюда и далее они ничего не видели».

105) «Прислушались и услышали один голос, произносящий: "Бецалель был четвертым к высшим светам. Йосеф – он четвертый в светах Адама Ришона". Это – "подъем, что наверху, самый приятный из всех. О нем написано: "И возлияние его – четверть ина... на святом месте"¹³⁴. Тот, кто созерцает и видит, – ослепнут глаза его. Тот, кто не созерцает, – прозреет и будет видеть. Дерево восемнадцати, если склоняется – то выпрямится и поднимется, если не склоняется – то нечестивый змей поглотит его. Тот, кто входит в направлении двух херувимов внутрь, – его желание исполняется. Тот, кто интересуется, – далек от Его желания. Жертвоприношение отрока совершенно для того, чтобы быть принятым". И прекратился этот голос».¹³⁵

---

¹³¹ См. далее, п.111.
¹³² Тора, Шмот, 33:6. «И сняли сыны Исраэля свои украшения с горы Хорев».
¹³³ См. далее, п.127.
¹³⁴ Тора, Бемидбар, 28:7. «И возлияние его – четверть ина на одного ягненка; на святом месте совершай возлияние хмельное Творцу».
¹³⁵ Все это выясняется в самом Зоаре далее, в пп. 127-232.

106) «Сказали эти двое юношей: "Есть ли у вас знак?" Ответили: "Да". Достали эти две розы и понюхали их. Сказали: "Сидите до тех пор, пока не услышите два речения о древних тайнах от главы собрания, и будут они всегда держаться вами в тайне". Ответили: "Хорошо"».

107) «Сказал рабби Шимон: "Все эти речения и всё, что видели они, записали. И когда пришли сюда", и сказали им, что эти речения должны храниться у них в тайне, "было написано", т.е. они написали о них, "следующее: "Буду оберегать пути мои от прегрешения языком своим"[136]. Спросил я своего отца: "Отец, о чем были эти два речения?" И сказал он мне: "Уверяю тебя, сын мой, что эти два речения построили миры и разрушили миры для тех, кто пользуется ими"».

108) «Когда только услышали эти два речения, сказали эти юноши: "Выходите-выходите, вам не позволено слышать больше". Достал один из юношей яблоко и дал им, сказав: "Понюхайте это". Понюхали его и вышли. И из всего увиденного ими они не забыли ничего. Вышли».

109) «И вот подошел один правитель, сказал им: "Друзья, рабби Илаи послал меня к вам. Обождите его здесь, у входа в пещеру, и он явится и сообщит вам высшие речения, о которых вы не знали. Ибо просил у собрания, чтобы дали ему право раскрыть вам эти речения". Вышли с ним и ждали у входа в пещеру, и снова они рассказывали обо всех этих вещах друг другу, из всего, что видели и научились там».

110) «Тем временем пришел рабби Илаи, он светился подобно солнцу. Сказали ему: "Ты слышал новое учение (тору)?" Сказал им: "Конечно. И мне позволено передать вам эти речения". Соединились вместе у входа в пещеру и сели. Сказал им: "Счастливы вы, ибо показал вам Господин ваш подобие будущего мира, и не охватил вас страх и ужас". Сказали ему: "Конечно, уже забыт нами путь людей, и удивительно всё, что мы видели на этой горе"».

---

[136] Писания, Псалмы, 39:2. «Сказал я: "Буду оберегать пути мои от прегрешения языком своим, обуздаю уста свои, пока нечестивый предо мною"».

111) «Сказал им: "Видели вы эти горы? Все они – главы собраний этого народа" умерших "в пустыне. И удостоились они теперь того, чего не удостоились при жизни. И эти главы собраний собираются все в новомесячья, субботы и праздники у горы Аарона-коэна, и взывают к нему, и входят в его собрание, и они возрождаются там с помощью очищения святой росой, которая стекает на голову Аарона, и елея помазания, нисходящего к нему, и вместе с ним возрождаются все они в возрождениях любви святого Царя, пока не провозглашается здесь собрание любви"».

112) «"И он", Аарон, "выступает со всем собранием. Они незаметно и изящно воспаряют, словно орлы, к собранию света, и это собрание Моше. Все остаются снаружи и не входят, кроме одного Аарона", – но лишь "когда называются именем в положенный час"», т.е. в субботы и новомесячья.

113) «"И никто не видит Моше, поскольку тот самый покров, что на лице его, простерт над ним, и семь облаков величия вокруг него. Аарон стоит с внутренней стороны завесы", т.е. перегородки, "которая ниже Моше, и завеса разделяет их и не разделяет их", – т.е. это не окончательное разделение. "А все главы собраний находятся с внешней стороны завесы, т.е. этого занавеса", то есть он, по сути, разделяет полностью. "А все остальные" мудрецы "находятся за пределами этих семи облаков", окружающих его. "И соответственно обновлениям светов Торы, которыми она светила, так светят эти облака"».

114) «"И они очистились благодаря утонченности света, пока не стал виден им покров" Моше, "и из-под этого покрова они видели свет, сияющий ярче всех светов в мире. И это", т.е. этот покров, – "лик Моше, ибо лик его вообще не виден, и нет того, кто мог бы увидеть его, но только лишь свет, исходящий от этого покрова, за всеми этими облаками"».

115) «"Моше сказал Аарону речение в простом виде", не истолковав его, "и Аарон истолковал его главам собраний. С помощью чего истолковал" речения? "То есть с помощью всех тех истоков", т.е. ступеней, "которые закрылись" для Йеошуа и всего Исраэля, "когда пришло время Йеошуа" управлять поколением, т.е. стали скрыты от него триста законов и семьсот

противоречий.[137] "А сейчас Моше вернул им их, с помощью многочисленных чудес и источников, истоков и рек, исходящих из каждого речения"».

116) «"Все женщины-праведницы этого поколения", т.е. поколения пустыни, "тоже приходят к Мириам в это время, и тогда все они восходят" к ней, "как столпы дыма из этой пустыни, и этот день называется днем радости. В субботние ночи и праздники все эти женщины приходят к Мириам и усердно занимаются постижением Владыки мира. Благословенно это поколение", т.е. поколение, пустыни, "больше всех поколений в мире. Выходят они из собрания Моше и воспаряют к собранию небосвода", т.е. собранию Матата, "а те, кто достоин, возносятся к высшему собранию", т.е. собранию Творца. "Об этом поколении написано: "Счастлив народ, которому это дано; счастлив народ, у которого Творец – Всесильный его!"[138]»

---

[137] См. Вавилонский Талмуд, трактат Тмура, лист 16:1.
[138] Писания, Псалмы, 144:15. «Счастлив народ, которому это дано, счастлив народ, у которого Творец – Всесильный его».

ГЛАВА ШЛАХ ЛЕХА

Чем отличается непорочный от смирного

117) «Провозгласил рабби Илаи и сказал: "Непорочен будь с Творцом Всесильным твоим"[139]. Спрашивает: "Что отличает непорочного от смирного?" И отвечает: "Об Аврааме написано: "Ходи предо Мною и будь непорочен"[140]. О Яакове, достигшем большего совершенства, написано: "А Яаков – человеком смирным"[141]. Почему называется человеком смирным? Потому что не осталось в нем никакой нечистоты, ибо у него уже было произведено подворачивание (прия)"».

118) Спрашивает: «"Каким образом он сделал подворачивание и очистился от всей этой нечистоты?" И отвечает: "Ведь то место, которое атакует отбросы, имеющиеся внутри", находящиеся "в месте, где есть подворачивание (прия), – это бык", и это "образ левой линии Его престола", потому что в строении (меркава) этого престола есть лик льва – справа, а лик быка – слева. "И этот бык называется быком смирным, поскольку в строении (меркава) престола есть знак союза (брит), и поэтому этот бык называется смирным. А Яаков включен в него внутри себя, и в свойстве этого быка он произвел подворачивание (прия), и окончательно устранил скверну этих отбросов"».

Объяснение. В окончании парцуфа святости, т.е. в Есоде, являющемся окончанием гуф (тела), прилеплены клипот. И это четыре клипы: ураганный ветер (руах сеара́), большое облако (ана́н гадо́ль), разгорающийся огонь (эш митлака́хат) и сияние (но́га).[142] И первые три клипы являются полностью нечистыми, и они включаются в первую кожу, называемую крайней плотью, которая обрезается и предается праху. А четвертая клипа, сияние (но́га), является нечистой, пока три

---

[139] Тора, Дварим, 18:13. «Непорочен будь с Творцом Всесильным твоим».

[140] Тора, Берешит, 17:1. «И было Авраму девяносто лет и девять лет, и явил Себя Творец Авраму, и сказал Он ему: "Я Творец Всемогущий. Ходи предо Мною и будь непорочен"».

[141] Тора, Берешит, 25:27. «И выросли отроки, и стал Эсав человеком, сведущим в охоте, человеком поля; а Яаков – человеком смирным, живущим в шатрах».

[142] См. Пророки, Йехезкель, 1:4. «И увидел я: вот ураганный ветер пришел с севера, и большое облако и огонь разгорающийся, и сияние вокруг него, и изнутри него словно сверкание (хашмаль) – изнутри огня».

эти клипы соединены с ней. Но после того, как устраняют от нее три этих клипы, она возвращается к святости. И это вторая кожа, называемая кожей подворачивания, которая после того, как отрезают от нее крайнюю плоть, и это три нечистые клипы, возвращается к святости, то есть к гуф (телу) парцуфа. Однако остаются в нем скверна и нечистота со времени, когда крайняя плоть была соединена с ней, и чтобы устранить от него эти скверну и нечистоту, необходимо надрезать кожу и развести ее в стороны, и благодаря этим надрезанию и подворачиванию устраняется от него вся нечистота. И теперь он совершенен в святости. И поэтому необходимо обрезание, т.е. полное удалении всей ситры ахра, и подворачивание, то есть очищении от нечистоты и скверны, оставшейся в коже подворачивания. И тогда мохин раскрываются в совершенстве. И это смысл сказанного: «"А Яаков – человеком смирным"[141]. Почему называется человеком смирным? Потому что не осталось в нем никакой нечистоты, ибо у него уже было произведено подворачивание (прия)"», потому что подворачивание очищает и устраняет нечистоту, оставшуюся в коже подворачивания от скверны трех нечистых клипот и проникшую в нее еще до их обрезания. И тогда он называется человеком смирным.

И надо понять. Здесь он говорит, что «смирный бык» – это бык, относящийся к святому строению (меркава), а «бодливый бык» – это ситра ахра, соединяющаяся со свойством «осел».[143] И далее говорит,[144] что «смирный бык» – это нижняя Гвура, т.е. Малхут, а «бодливый бык» – это верхняя Гвура, т.е. Гвура Зеир Анпина. Однако все это сводится к одному месту. И дело в том, что в месте от хазе Зеир Анпина и выше, являющемся свойством ГАР, нельзя притягивать Хохму от левой линии, т.е. высшей Гвуры, потому что всё, что притягивается оттуда, является светом захара и светит сверху вниз, и это ГАР Хохмы, которая была скрыта, и всякий, кто притягивает оттуда, падает во власть клипот, т.е. в свойство «бодливый бык». Однако тот, кто притягивает от Малхут, от света некевы, является притягивающим только снизу вверх, т.е. ВАК Хохмы, и это Хохма, принадлежащая святости, и это свойство «смирный бык» – бык, принадлежащий к строению (меркава), светящему снизу вверх, и он подобен свечению Малхут, т.е. свойству ВАК Хохмы. Таким образом, «бодливый бык» – это притяжение Хохмы сверху вниз в виде света

---

[143] См. далее, п. 120.
[144] См. Зоар, главу Хукат, п. 19.

захара, исходящего от высшей Гвуры, расположенной выше хазе Зеир Анпина, и это совокупность ситры ахра, все вожделение которой притягивать ГАР Хохмы от высшей Гвуры Зеир Анпина. А «смирный бык» исходит от нижней Гвуры, иначе говоря, он светит в свойстве света некевы, так же как и Малхут ниже хазе Зеир Анпина, т.е. представляет собой совокупность мохин Хохмы левой линии святости, и называется быком строения (меркава) святости.

И знай, что эти два быка всегда бодаются друг с другом. Ибо удостаивающийся и притягивающий Хохму от свойства «бык святости», т.е. от Малхут, как мы уже объясняли, и это «смирный бык», ведь известно, что Хохма раскрывается только с судами, и эти суды выпадают на голову грешников, притягивающих Хохму сверху вниз в свойстве «бодливый бык».[145] Таким образом, смирный бык забивает своими судами бодливого быка и убивает его – т.е. бодливого быка, который со стороны корня того человека, что притянул свойство «смирный бык». И также, если не удостаивается и желает притянуть Хохму от высшей Гвуры, т.е. сверху вниз, что называется притяжением свойства «бодливый бык», то тогда: «У входа грех лежит»[146], и раскрывается манула, а мохин смирного быка уходят. И поэтому говорится, что «бодливый бык» забодал и убил смирного быка. И таким образом эти два быка бодают и убивают друг друга.

И отсюда становится понятным внутренний смысл сказанного: «Если чей-нибудь бык забодает быка, принадлежащего другому, и тот умрет»[147]. И здесь говорит Писание о смирном быке, и таким образом «бык, принадлежащий другому», – это бодливый бык. И в то время, когда властвует смирный бык, т.е. бык святого строения (меркава), то суды его убивают бодливого быка, как мы уже сказали. И известно, что если даже притягивает от Малхут, т.е. ВАК Хохмы, невозможно, чтобы раскрылись ВАК без ГАР. Таким образом, и в смирном быке раскрывается ГАР вместе с притяжением его, но поскольку он притягивается от Малхут, к нему относится: «Пусть продадут быка живого»[147], – т.е. его уменьшают благодаря

---

[145] См. Зоар, главу Насо, Идра раба, п. 219.
[146] Тора, Берешит, 4:7. «Ведь если будешь делать добро, простится (тебе), а если не будешь делать добро, у входа грех лежит, и к тебе его влечение, – ты же властвуй над ним!»
[147] Тора, Шмот, 21:35. «И если чей-нибудь бык забодает быка, принадлежащего другому, и тот умрет, пусть продадут живого быка и разделят пополам деньги за него, и также мертвого разделят пополам».

силе экрана де-хирик средней линии.[148] И тогда с помощью этого «и разделят пополам деньги за него»[147], при этом верхняя его половина, т.е. ГАР Хохмы, исчезают, а нижняя его половина, ВАК Хохмы, остаются для притягивающего ее.[149] И это означает: «И также мертвого пусть разделят пополам»[147] – так как после того, как раскрылось исправление этого разделения с помощью средней линии, то же самое совершается и с бодливым быком, который мертв, и от него тоже берется нижняя его половина и отдается притягивающему, поскольку является чистой. Однако о бодливом быке говорит Писание: «Пусть заплатит быка за быка»[150] – ибо тот, кто привел к тому, что бодливый бык убьет быка смирного, т.е. из-за того, что притянул Хохму от высшей Гвуры, как мы уже сказали, он теряет всё. И нет у него иной возможности исправить это, кроме как восполнить быка смирного. И тогда сказано: «А мертвый будет ему»[150] – т.е. убитый смирный бык будет принадлежать ему с тем, чтобы он исправил его.

И это смысл сказанного: «Каким образом он сделал подворачивание и очистился от всей этой нечистоты?», – то есть спрашивает: кто совершает очищение и устраняет ту самую нечистоту кожи подворачивания, называемой «нóга», которую она впитала от трех нечистых клипот еще до того, как отрезали от нее крайнюю плоть? Как уже приводилось в начале выяснения. И отвечает: «Ведь то место, которое атакует отбросы, имеющиеся внутри, в месте, где есть подворачивание (прия), – это бык». Ибо выяснилось, что быки святости и клипы бодаются и убивают друг друга. И получается, что власть смирного быка, который бодает и умерщвляет бодливого быка, т.е. три нечистые клипы, убивает также ту нечистоту, которая находится в коже подворачивания, и раскрывает с помощью нее его мохин ВАК Хохмы. И это смысл сказанного: «И этот бык называется быком смирным, поскольку в строении (меркава) престола есть знак союза (брит)», – потому что обязательно в строении (меркава) святости запечатлен знак союза, т.е. свойство обрезания и подворачивания, который отдаляет и умерщвляет три нечистые клипы, являющиеся свойством «бодливый бык». И поэтому он является смирным быком. «И в свойстве этого быка

---

[148] См. Зоар, главу Лех леха, п. 22, со слов: «Экран де-хирик, на который выходит средняя линия, происходит от свойства суда, имеющегося в Малхут...»

[149] См. Зоар, главу Берешит, часть 1, п. 50. «Разногласие, которое было исправлено согласно высшему подобию...»

[150] Тора, Шмот, 21:36. «Но если было известно, что бык бодлив со вчерашнего и третьего дня, а хозяин его не стережет, пусть заплатит быка за быка, а мертвый будет ему».

он произвел подворачивание (прия)», так как он умерщвляет ту нечистоту, что в коже подворачивания. И это смысл сказанного: «И окончательно устранил нечистоту скверны».

119) «"В Брайте Бецалеля написано: "И помнил Всесильный о Рахели"[151]. Спрашивает: "О Саре написано, что вспомнил"», «И Творец вспомнил о Саре»[152], «а о Рахели сказано, что помнил, – почему?" И отвечает: "Потому что указание "помни", являющееся свойством Есод, "написано о Яакове, который является совершенным союзом в час, когда родился Йосеф. И благодаря чему" этот союз стал совершенным? "То есть, когда он взял с собой быка, нападающего на ситру ахра", потому что он нападает и умерщвляет нечистоту скверны свойства бодливого быка, имеющегося в коже подворачивания, как мы уже объясняли в предыдущем пункте. "И поэтому называется Йосеф первенцем быка, т.е. первенцем того быка, которого взял Яаков первенцем своего быка, и отстранил того быка"» ситры ахра, называемого «бодливый бык».

120) «"Бык смирный", то есть: "А Яаков – человеком (досл. мужем) смирным"[141], что означает – господин и властвующий, т.е. господин дома, в котором находится бык смирный"», т.е. Малхут, от которой исходит свойство «смирный бык», как объясняется в предыдущем пункте, и далее[153]. «"Так как есть "бык бодливый" со стороны крайней плоти и подворачивания", то есть вся крайняя плоть и нечистота скверны, которая впиталась в кожу подворачивания, как объяснялось в предыдущем пункте. "И множество обвинителей выходят из нее, до самой нижней ступени, называемой "разрушение", – того самого" вредителя, "рушащего дома, опустошенные от людей. И все они исходят от этого бодливого быка, т.е. в соединении с диким ослом"», т.е. суровым судом манулы, соединяющимся с бодливым быком, о котором сказано: «У входа грех лежит»[146] – т.е. раскрывается суд манулы, называемый ослом. И тогда соединяются бык и осел, чтобы уничтожить всё.[154] «"И поэтому: "Не паши на быке и осле вместе"[155], чтобы не пробуждать их"».

---

[151] Тора, Берешит, 30:22. «И помнил Всесильный о Рахели, и услышал ее Всесильный, и отверз Он утробу ее».
[152] Тора, Берешит, 21:1. «И Творец вспомнил о Саре, как сказал, и сделал Творец для Сары, как обещал».
[153] См. Зоар, главу Хукат, п. 19.
[154] См. Зоар, главу Шмот, п. 73, со слов: «Объяснение. Есть два вида суда...»
[155] Тора, Дварим, 22:10. «Не паши на быке и осле вместе».

121) «"В этом собрании Бецалеля, а также в двух собраниях", т.е. в собрании Матата и в собрании Творца сказали: "А Яаков – человеком (досл. мужем) смирным"[141], что означает – "муж свойства "смирный", т.е. Малхут.[156] "И кто он"», муж свойства «смирный»? – «"Это алеф (א), что в тайне" наполнения "вав-алеф-вав (ואו)"». И Яаков – это алеф (א), а Малхут – это свойство «смирный», «"и когда они представляют собой совокупность захара и нуквы, соединенных вместе, тогда Яаков берет все эти буквы" – алеф (א) тав-мем (תם смирный), и это слово "אתם (атэ́м, вы)", и это" буквы "אמת (эмэ́т, истина)", и это смысл сказанного: "Ты дашь истину Яакову"[157]. Потому что истина включает "захара и нукву вместе", и тогда они – "совершенство всего"».

Объяснение. Яаков – это свойство Зеир Анпин, представляющее собой полностью укрытые хасадим. Малхут – это свойство «смирный бык», т.е. свечение Хохмы, что в левой линии. Когда Зеир Анпин и Малхут соединяются вместе и производят зивуг, Зеир Анпин является мужем (обладателем) этого свойства «смирный», таким образом Зеир Анпин состоит из хасадим и Хохмы вместе, и тогда есть у него своя алеф (א), т.е. свойство хасадим, а от Малхут есть у него тав-мем (תם смирный), т.е. свечение Хохмы, составляющие слово «истина (эмет אמת)». Потому что мохин де-ГАР называются истиной. И это означает: «Ты дашь истину Яакову»[157]. И всё это потому, что соединился с Малхут, являющейся свойством «смирный бык», и стал обладателем свойства «смирный», поскольку тогда он состоит из Хохмы и хасадим вместе, что является всем совершенством.

122) «"Аврааму не было заповедано действие подворачивания. И когда он вошел", то есть когда сделал себе обрезание, "вошел в это свойство "смирный" и на свои ступени, которые вместе называются "море (ям ים)", и это "непорочный (тамим תמים)"», т.е. буквы слов «смирный (там תם)» и «море (ям ים)». «"А затем возвысился Авраам и вошел во внутреннее свойство, и связал себя с высшей правой линией"».

Объяснение. Ты уже узнал, что три нечистые клипы относятся к коже крайней плоти, и они являются свойствами

---

[156] См. выше, п. 118, комментарий Сулам.
[157] Пророки, Миха, 7:20. «Ты дашь истину Яакову, милость Аврааму, о которой клялся Ты отцам нашим с давних времен».

«бодливый бык», а «нóга» – это кожа подворачивания (прия), которая после отделения от нее крайней плоти, т.е. свойства нечистоты, становится свойством «смирный бык». И с помощью подворачивания притягивается свойство «смирный бык» от Малхут, чтобы забодал и умертвил нечистоту скверны в нем. И тогда превращается «нóга» в свойство «смирный бык» по-настоящему, и вся она – святость. И Аврааму не было заповедано подворачивание, а только лишь обрезание, и тогда с помощью обрезания, т.е. удаления крайней плоти, называемой «бодливый бык», Авраам достигает свойства «смирный бык», т.е. кожи подворачивания. И это смысл сказанного: «Аврааму не было заповедано действие подворачивания. И когда он вошел, вошел в это свойство "смирный" и на свои ступени, которые вместе называются "море (ям ים)"». Иными словами, он не притянул свойство «смирный бык» от Малхут для того, чтобы очистить кожу подворачивания, т.е. свойство «нóга», когда раскрывается Хохма, как у Яакова, однако он притянул ступени хасадим от Малхут, называемой «смирный бык». И эти хасадим содержат свойство «смирный», но не являются самим свойством «смирный бык», так как он – свойство левой линии. И это смысл сказанного: «И на свои ступени, которые вместе называются "море (ям ים)"», т.е. ступени хасадим, которые включены в них и выходят из свойства «смирный (там תם)», и они называются «море (ям ים)». «И это "непорочный (тамим תמים)"», что означает свойство «море (ям ים)», включающее в себя свойство «смирный (там תם)», но не являющееся самим свойством «смирный (там תם)». И это потому, что он не сделал подворачивания, и пока еще остается нечистота в коже свойства «нóга». И это смысл сказанного: «А затем возвысился Авраам и вошел во внутреннее свойство» – т.е. поднялся наверх, к Зеир Анпину, «и связал себя с высшей правой линией» – т.е. Хеседом Зеир Анпина, и оставил исправление кожи подворачивания Яакову.

123) «"Непорочен будь с Творцом Всесильным твоим"[139] – конечно. Так же как Он непорочен (тамим תמים), единое целое"», так как «море (ям ים)» содержит свойство «смирный (там תם)», как мы уже объясняли, «"так же и ты будь с Ним непорочен, – с Ним, разумеется"». То есть с Зеир Анпином, который всецело является свойством «укрытые хасадим», и Хохма, что в левой линии, т.е. свойство «смирный (там תם)», не раскрывается в нем прежде, чем он соединится с Малхут,

став мужем (обладателем) свойства «смирный (там תם)».¹⁵⁸ «"В результате чего человек становится непорочным – то есть, чтобы был "смирный (там תם)" "море (ям ים)" единым целым? "Смирный (там תם)", как мы уже сказали", когда "море (ям ים)" – все эти "ступени святости"» Малхут, называемой «смирный (там תם)», «"называются "море (ям ים)", и не отделяются от нее никогда, также и ты, подобно этому, устрани у себя все эти чуждые ступени", т.е. три нечистые клипы, "и соединись в "непорочном (тамим תמים)", чтобы были у тебя ступени святости, свойство "море (ям ים)", и ступень святости, "смирный (там תם)", чтобы была достойна получить" затем "алеф (א), свойство Яаков"», и образуется сочетание букв «истина (эмет אמת)», как мы уже говорили. «"И каждый день человек должен быть в свойстве "смирный (там תם)" "море (ям ים)", в полном подобии этому"».

124/1) «"Теперь выяснил в собрании тот, кто выяснил, что святая луна", т.е. Малхут, "она белого цвета", т.е. свет Хесед, "и все цвета сверкают в ней, и формируются", то есть также и свет Хохма. "И он в точности подобен красоте и белизне солнца", т.е. Зеир Анпина. "И в этом море" Малхут, "в течение семидесяти лет появляется одна рыба, и извлекает из себя синий цвет, и она берет этот цвет и исправляет его, и покрывается снаружи этим цветом"».

Объяснение. Малхут получает три линии от свойства солнца, Зеир Анпина, и это три цвета – белый, красный, зеленый. Поэтому есть у нее двенадцать свойств, т.е. ХУГ ТУМ, в каждом из которых есть три линии, т.е. три этих цвета. Однако ее собственного цвета, черного или синего,¹⁵⁹ нет там, так как он является в ней свойством манула, и это черный-красный, но только с ущербом.¹⁶⁰ И этот цвет считается свойством Малхут де-Малхут ее. И это смысл сказанного: «И в этом море в течение семидесяти лет», и это семь сфирот ХАГАТ НЕХИМ, каждая из которых состоит из десяти, «появляется одна рыба» – Малхут де-Малхут. «И извлекает из себя синий цвет» – т.е. свойство суда, содержащее манулу,¹⁶⁰ «и покрывается снаружи этим цветом» – т.е.

---
¹⁵⁸ См. выше, п. 121.
¹⁵⁹ См. Зоар, главу Берешит, часть 2, п. 259. «Это является тайной мудрости, заключенной в святом единстве, ведь также и последняя хэй (ה) святого имени, т.е. Нуква, является синим и черным светом...»
¹⁶⁰ См. Зоар, главу Насо, Идра раба, пп. 212-214.

только снаружи, чтобы она была защищена от внешних свойств, как объясняется далее, однако изнутри у нее есть только три цвета – белый, красный, зеленый, как мы уже сказали.

124/2) «"И не потому, что синий цвет является ее одеянием", поэтому она покрывается им снаружи, ведь написано: "Виссон и пурпур – одеяние ее"[161], однако в синий цвет она недостойна облачиться, "и этот цвет" – это лишь "внешний покров" Малхут. "Наподобие этого было в Скинии, и вся она изнутри отличается красотой и отделана узором, а затем: "И развернут облачение, все из синеты"[162] – снаружи. "В чем причина? Это потому, что под этим морем", т.е. Малхут, "есть пучины моря", т.е. клипот, "состоящие из захара и нуквы. И есть у них дурной глаз, чтобы смотреть. И когда они смотрят" на Малхут, т.е. хотят притянуть свечение Хохмы от нее сверху вниз, как свойственно клипот, "тогда уготован для глаз их цвет синеты", т.е. суды, включающие свойство манулы, и под воздействием его удаляется свет Хохмы, "и их глаза становятся не властны" над Малхут. И это – только снаружи. "Однако внутри она очищается с помощью всех этих формирующихся цветов", т.е. белого-красного-зеленого, "как подобает" для притяжения Хохмы, "и они распространяются в четыре стороны мира"». Другими словами, эти три цвета, т.е. три линии, включаются в каждое из свойств ХУГ ТУМ, что в ней, представляющие собой четыре стороны мира, всего – двенадцать свойств. И то, что сказано: «Распространяются (миттахма́н מִתְּחֲמָן)», указывает на двенадцать границ (тхуми́н תְּחוּמִין), распространяющихся в четырех сторонах.

125) «"Подобно этому человек, облачающий цицит, становится каждый день непорочным (тамим תמים)". Свойство "смирный (там תם), Малхут, он получает "в четырех краях" одежды, "исправленных как подобает". Свойство "море (ям ים)" он получает от Малхут, – "в этой синете" цицит, и это "рыба семидесяти ступеней, имеющихся в море", как объяснялось в предыдущем пункте. "И сторона зла, наблюдая за этим человеком, не сможет нанести ему вред сглазом"», иными словами, не сможет притянуть его к власти свойства «бодливый бык», как мы уже объясняли, потому что синета препятствует им (клипот), как

---

[161] Писания, Притчи, 31:22. «Она делает себе ковры, виссон и пурпур – одеяние ее».
[162] Тора, Бемидбар, 4:6. «И возложат на него покров из кож тахашевых, и развернут облачение, все из синеты, сверху, и вложат его шесты».

мы уже объясняли в предыдущем пункте. «"И тогда он действительно "смирный (там תם)" "море (ям ים)" "непорочен (тамим תמים) с Творцом Всесильным твоим"¹³⁹ в едином исправлении". Ибо Малхут тоже исправляется и покрывается снаружи цветом синеты, "она – наверху, а он – внизу"».

126) «"Затем поднимается она", Малхут, "на высшие ступени", т.е. на ступени Зеир Анпина, "и также человек возвышается затем с помощью тфилина к высшим ступеням" Зеир Анпина. И об этом сказано: "Непорочен будь с Творцом Всесильным твоим"¹³⁹ – с Ним, разумеется. Разумеется, в тот же час и в то же мгновение" Малхут "исправляется наверху"», вначале в свойствах – «смирный (там תם)» «море (ям ים)», а затем – в зивуге с Зеир Анпином. «"Так и человек исправляется внизу"», вначале – с помощью свойства «цицит», являющегося ступенью «смирный (там תם)» «море (ям ים)», а затем – с помощью свойства «тфилин», являющегося ступенью Зеир Анпина.

127) «Сказал рабби Илаи: "Все те, что здесь", т.е. поколение пустыни, "исправляются подобно этому, чтобы стать каждому в свойствах "смирный (там תם)" "море (ям ים)" с Творцом. И об этой тайне" сказано: "В пустыне этой угаснут (итáму יתמו)"¹⁶³» – т.е. получат свойство «смирный (там תם)». «"И если скажете, что когда это говорится, говорится в качестве хулы", а не хвалы им, "это так, безусловно", что не в качестве хвалы им, "потому что каждый из них должен был стать непорочным с Творцом в земле святости, – в месте, где Творец пребывает в состоянии "паним бе-паним" в единстве" с Малхут. А теперь вот – каждый непорочен в этой пустыне, в месте внешнем, далеком оттуда", от земли святости, "когда" Малхут "не смотрит "паним бе-паним (досл. лицом к лицу)", чтобы быть с Творцом как подобает. "И там умрут"¹⁶³ – то есть, так же как вы видели их, что проделывают это каждый день"», т.е. умирают и снова возрождаются к жизни.

128) «"Счастлива участь ваша, друзья, пребывающие в святости, ибо удостоились вы всего этого. В других двух пещерах ваших вы не найдете никого, потому что все находятся в собрании Моше. Собираются они издалека, и поэтому сказано

---

¹⁶³ Тора, Бемидбар, 14:35. «Я, Творец, сказал: "Вот так сделаю Я со всем этим злым обществом, собравшимся против Меня, – в пустыне этой угаснут и там умрут"».

о Моше: "Скромнейший из всех людей"[164], потому что высший пророк принял их в свое собрание. И вот, с того дня, когда эти праведники начали видеть всё это, до этого самого часа уже прошло семь дней, и они не смотрели на этот мир вовсе"», т.е. полностью отстранились от всего материального.

129) «Сказал им рабби Илаи: "Святые праведники! Скажу я вам речения, которые вы слышали", то есть речения, что наверху.[165] "И первое речение" из тех речений, которые там, "это – когда вы научитесь определять свойство с помощью начертанного проявленного имени йуд-хэй (י"ה) вав-хэй (ו"ה), то узнаете, что Бецалель – четвертый по отношению к высшим светам. Как написано: "И исполнил Я его духом Всесильного, мудростью (хохма) и разумением (твуна), и знанием (даат)"[166]».

Объяснение. Поскольку рабби Илаи начинает здесь выяснять все, что приведено выше.[165] И известно, что мерой тела являются четыре вида союза, как это объясняется далее.[167] Ибо всё, что есть в гуф (теле), относящемся к свойству Зеир Анпина, включает в себя Есод. И поскольку в гуф содержится двенадцать сочетаний АВАЯ (הויה), т.е. ХУБ ТУМ, в каждом из которых есть три линии, – получается, что Есод включает эти ХУБ ТУМ гуф (тела), которые называются в Есоде четырьмя союзами, и каждый союз (брит) содержит в себе три линии. И это смысл сказанного: «И исполнил Я его духом (руах)»[166] – это Тиферет, вав (ו) де-АВАЯ (הויה), «Всесильного»[166] – это Малхут, хэй (ה) де-АВАЯ (הויה). «Мудростью (хохма) и разумением (твуна), и знанием (даат)»[166] – т.е. йуд-хэй (י"ה) де-АВАЯ (הויה). И все их содержит в себе Бецалель, потому что Есод содержит в себе всё, что имеется в гуф. И поэтому написано: «И исполнил Я его»[166] йуд-хэй (י"ה) вав-хэй (ו"ה), и это – «духом Всесильного, мудростью (хохма), разумением (твуна) и знанием (даат)[166]», и у Бецалеля они называются четырьмя союзами. И это смысл «меры (рóва[168]) Исраэля»,[167] ибо это – мера (рова), включающая три линии, и она является четвертой (ревий) по отношению к трем линиям Хохмы, и четвертой –

---

[164] Тора, Бемидбар, 12:3. «А муж этот Моше – скромнейший из всех людей, что на земле».

[165] См. п.105.

[166] Тора, Шмот, 31:3. «И исполнил Я его духом Всесильного, мудростью и разумением, и знанием, – и в любом ремесле».

[167] См. Зоар, главу Балак, п. 349. «"И считает долю Исраэля". Доля (рова) Исраэля – это четверть (ревиит) от меры Исраэля...»

[168] Рова, мера – однокоренное слово с «ревии, четвертый».

по отношению к трем линиям Бины, и четвертой – по отношению к трем линиям Тиферет, и четвертой – по отношению к трем линиям Малхут. И поэтому называется мерой (рова) Исраэля, так как Исраэль – это Зеир Анпин, в котором имеются четыре буквы имени АВАЯ (הויה), в каждой из которых три линии. А Есод является мерой по отношению к ним, т.е. включает их. И это смысл сказанного: «Когда вы научитесь определять свойство с помощью начертанного проявленного имени» – т.е. определять меру двенадцати диагональных границ, являющихся двенадцатью сочетаниями в проявленном имени йуд-хэй (י"ה) вав-хэй (ו"ה), где каждая буква состоит из трех линий, как мы уже сказали, «то узнаете, что Бецалель» – т.е. Есод, «четвертый по отношению к высшим светам» – т.е. в каждой из четырех букв имени АВАЯ (הויה) он является четвертым по отношению к трем линиям, имеющимся там, так как является их включением. Таким образом, выяснилось также и то, что было сказано раньше: «Йосеф – он четвертый в светах Адама Ришона»[165], потому что Адам Ришон – это Зеир Анпин, а Йосеф – это Есод, являющийся четвертым светом по отношению к трем светам, включенным в каждое из его четырех свойств ХУБ ТУМ, как уже объяснялось. И поскольку он включает четыре этих союза, то Есод поднимается до ХАБАД, так как является четвертым светом по отношению к ХАБАД. И это означает сказанное там: «Подъем, что наверху, самый приятный из всех»[165] – т.е. подъем Есода наверх, в мохин, и этот подъем приятнее всех, так как происходит во время зивуга.

130) Сейчас выясняет второе речение: «"Тот, кто не созерцает, – прозреет и будет видеть"[165], изучи там. Это значит, "тот, кто не созерцает следующие три скрытые сущности, – что наверху, и что внизу, что впереди и что позади (кажется, что то, что впереди, и то, что позади, считает одним целым), – ему предстоит продвижение в Торе и прозрение в ней". Третье речение: "Дерево восемнадцати, если склоняется, то выпрямится и поднимется", означает, что "позвоночник человека", в котором имеется восемнадцать звеньев, – "если человек склоняет его пред Господином своим"», т.е. когда склоняется при произнесении благословения «Модим (благодарны)», «"то он выпрямится и поднимется для возрождения из мертвых. А если он не склоняется при произнесении "Модим (благодарны)", превращается в змея, и нет у него возрождения в грядущем будущем"». Поэтому сказано там: «Если не склоняется, то нечестивый змей поглотит его».

131) Четвертое речение: «"Тот, кто входит в направлении между двумя херувимами внутрь", означает – "тот, кто входит в дом собраний на расстояние двух входов внутрь,[169] прилепляется к Господину своему, и желание его сбывается". Пятое речение: "Тот, кто интересуется, далек от своего желания", означает – "тот, кто углубляется в молитву и следит за ней", т.е. просит в сердце своем, чтобы просьба его была выполнена в соответствии с намерением его молитвы,[170] "он далек от выполнения желания, о котором просит". Шестое речение: "Жертвоприношение отрока совершенно, чтобы быть принятым", означает – "когда человек отдает сына своего для обучения или обрезания, это является совершенной жертвой, чтобы быть принятой". Отсюда и далее, любимые, идите"».

---

[169] Вавилонский Талмуд, трактат Брахот, лист 8:1. «"Блажен человек, слушающий меня, бодрствуя каждый день у ворот моих и стоя на страже у косяков дверей моих" (Притчи, 8:34). Сказал рав Хасда: "Всегда должен входить человек два входа в дом собраний, – разве придет такое в голову, два входа, но на расстояние двух входов, – а затем будет молиться"».

[170] Вавилонский Талмуд, трактат Брахот, лист 55:1. Комментарий Раши.

ГЛАВА ШЛАХ ЛЕХА

Пещера Махпела

132) (Здесь недостает начала) «"Эльазар, сын мой, ты правильно говоришь, согласно тому, что ты учил, но хотя Рахель и была бездетна в это время, Яаков был мудрым человеком, ведь если бы он не знал, что Лея – жена его, то не хоронил бы ее в пещере" Махпела, "чтобы соединиться с ней в полном единстве, а похоронил бы ее за пределами пещеры. Но Лею он похоронил в святой земле", т.е. в пещере Махпела, "а Рахель поместил за пределами" пещеры Махпела. "Умер Яаков, был похоронен в ней", в пещере Махпела, "в полном единстве"» с Леей.

133) «"Так же, как поступили все остальные праотцы, сделал и Адам Ришон. Вначале умерла Хава и была погребена там", в пещере Махпела. "И там узнал Адам, что это место, предназначенное ему. Умер Адам, был похоронен в ней в полном единстве" с Хавой. "Умерла Сара, была погребена там, и Хава увидела ее и обрадовалась ей, и встала, и приняла ее. Мера" отдаления "Хавы от Сары – это мера в два локтя, и не более. Умер Авраам, и был похоронен возле Сары в полном единстве" с ней. "Умерла Ривка, была похоронена там. И Сара увидела и поднялась, и приняла ее. Умер Ицхак и был похоронен вместе с ней в полном единстве. Умерла Лея и была погребена там. И Ривка увидела и поднялась, и приняла ее. Умер Яаков и соединился с ней в полном единстве. И все они являлись мужским и женским свойством (захар и нуква) в полном единстве"».

134) Спрашивает: «"В каком порядке они там лежат?" И отвечает: "Женщины рядом с женщинами, а мужчины рядом с мужчинами. Адам – в начале, Хава – напротив него. Сара рядом с Хавой, Авраам напротив Сары. Ицхак рядом с Авраамом, Ривка напротив Ицхака. Лея рядом с Ривкой, Яаков напротив Леи. Таким образом, Адам с одной стороны, Яаков с другой стороны. Один – в начале, другой – в конце"».

135) «"В книге царя Шломо это" приведено "как полагается. И это так: Адам и Хава – в начале, и Сара и Авраам рядом с ним, Ицхак и Ривка расположены под другим углом" напротив них, "прямо в одном ряду. Яаков и Лея – посередине. И они (расположены) – женщины рядом с женщинами, а мужчины рядом с мужчинами. Адам и Хава, Сара и Авраам, Яаков и Лея, Ривка и Ицхак. Таким образом, Адам с одной стороны, Ицхак с другой,

Яаков посередине. Ицхак рядом с отцом его не могут находиться в мире, и поэтому Яаков должен был быть посередине"».

136) «"И все эти пары так же, как были погребены, так же и поднимутся" для возрождения из мертвых, "и в таком же порядке будут находиться. Лея возрадуется вместе с Машиахом бен Давидом, который произошел от нее, внутри" пещеры Махпела. "Рахель будет радоваться с Машиахом бен Йосефом, который произошел от нее, за пределами Йерушалаима", т.е. в месте, где она была захоронена по пути в Эфрат. "И каждый – на своем месте"».

ГЛАВА ШЛАХ ЛЕХА

Чтение Торы

137) (Недостает начала статьи) «"Эти – здесь, а эти – здесь. И все они – башни драгоценного камня. Между всеми башнями есть одна башня драгоценного камня посередине, и она возносится в высоты небесные и не видна сейчас, до тех пор, пока не раскроется. Глава собрания увидел ее и написал на ней вверху это изречение: "Могучая башня – имя Творца, в нее устремится праведник, и укрепится"[171]. И это изречение глава собрания объяснил так: "Могучая башня"[171] – это Кнессет Исраэль", т.е. Малхут, "в нее устремится (яруц) праведник"[171] – ибо "желание (рацон) праведника", свойства Есод, – "в ней всегда, "устремится (яруц)"[171] – от слова "желание (рацон)". И потому: "И укрепится"[171] эта могучая башня, чтобы никогда больше не упасть, как это было прежде"».

138) «"И рабби Круспедай, милый сердцу, объяснил это изречение перед своим уходом, и объяснил правильно. "Могучая башня"[171] – это ковчег для помещения в него книги Торы, являющейся могуществом, и извлечения ее изнутри этого чертога, представляющего собой форму внутреннего чертога", свойство Имы, "из которого выходит Тора", свойство Зеир Анпина. "И эта башня", т.е. ковчег, "является именем Творца и образом Его", т.е. Малхут, "и она должна находиться на шести ступенях"», соответствующих ХАГАТ НЕХИ, что в Малхут.

139) «"В нее устремится (яруц) праведник"[171]. Спрашивает: "Во что устремится – в башню или к книге Торы?" И отвечает: "Однако, он объяснял это изречение – и в одно, и в другое", – в башню, и к книге Торы. "Когда объяснял: "В башню" – должен быть праведник посланником собрания, и" должен быть "истинным праведником и подобием высшего праведника", т.е. Есода. "Когда объяснял: "К книге Торы" – тот, кто поднимается к книге Торы, чтобы читать Тору, должен быть праведником. И называется праведником, – кто называется праведником из всех" семи читающих книгу Торы? – "Поднимающийся шестым из этих семи"», – потому что шестой отрывок косвенно указывает на Есод, называемый праведником. «Сказал рабби Шимон: "Конечно", это так, "потому что он", рабби Круспедай, "не поднимался во все свои дни иначе, как к шестому восхождению, из

---

[171] Писания, Притчи, 18:10. «Могучая башня – имя Творца, в нее устремится праведник, и укрепится».

этих восходящих" к Торе, которое указывает на Есод праведника. И "в нее устремится (яруц) праведник"[171] будет объяснением – "к книге Торы устремятся речения этого праведника". Спрашивает: "И укрепится"[171] – от кого?" И отвечает: "От страха перед ангелом смерти, ибо продлит дни свои. "И укрепится"[171] – чтобы никогда не был причинен ему вред"».

140) «"В этой башне, которая возносится среди всех башен, устанавливается один свет в виде книги Торы. Когда является та самая птица, она берет эту башню с места ее и ставит ее в центре двора меж крыльями херувимов. И то, что возвышалось до небесных высот, нисходит и входит под этих херувимов. А стены" этой башни – "меж головами херувимов"».

Пояснение сказанного. Чтением Торы является раскрытие свечения Хохмы, что в средней линии, называемой Торой. И поэтому есть здесь три свойства:
Первое – это чертог, т.е. святой ковчег, откуда извлекают книгу Торы.
Второе – это книга Торы, которую читают.
Третье – это башня, т.е. возвышение, на которое кладут книгу Торы.

И вот чертог – это Бина, в которой создается книга Торы и получает от нее все мохин. А книга Торы – это Зеир Анпин, происходящий и создаваемый от Бины. А башня – это Малхут, и там место раскрытия для чтения Торы, т.е. раскрытия свечения Хохмы. Таким образом, Тора, т.е. Зеир Анпин, получает свечение Хохмы от Бины, т.е. чертога, и раскрывает ее в башне, т.е. в Малхут. И не надо эту Хохму сравнивать со свечением Хохмы, раскрывающимся в полночь, потому что там свечение Хохмы раскрывается от свойства левой линии, как сказано: «Его левая рука под моей головой»[172], и поэтому там нет света дня. Однако здесь свечение Хохмы раскрывается из средней линии в единстве, включающем Хохму и хасадим вместе. И, кроме этого, всё находится под властью хасадим, т.е. света дня.

И это смысл сказанного: «Между всеми башнями есть одна башня драгоценного камня посередине»[173]. Вся Малхут в це-

---
[172] Писания, Песнь песней, 2:6. «Его левая рука под моей головой, а правая обнимает меня»
[173] См. выше, п. 137.

лом называется башней и называется драгоценным камнем, и поэтому ее частные ступени тоже называются башнями. И уточняет: «Одна башня драгоценного камня посередине» – то есть это средняя линия Малхут, получающая от средней линии Зеир Анпина. «И она возносится в высоты небесные» – т.е. производит зивуг со свойством ГАР Зеир Анпина, называемым небесными высотами. «И не видна сейчас» – поскольку в то время, когда она в зивуге со свойством ГАР Зеир Анпина, у нее есть только хасадим Зеир Анпина, т.е. свойство Зеир Анпина, а ее собственное свойство, Хохма, не заметно тогда в ней. «До тех пор, пока не раскроется», – т.е. во время чтения Торы, ибо тогда раскрывается в ней свечение Хохмы благодаря чтению Торы, как мы уже сказали. «Глава собрания увидел ее и написал на ней вверху это изречение: "Могучая башня – имя Творца, в нее устремится праведник, и укрепится"[171]», то есть написал, что его видение было в свойстве «праведник и Кнессет Исраэль», на что указывается в изречении: «Могучая башня»[171].

И это смысл сказанного: «"Могучая башня"[171] – это ковчег»[174], т.е. Малхут, и книга Торы, которая является могуществом, – т.е. свечением Хохмы, называемым могуществом, «для помещения в него» – для помещения свечения Хохмы в башню, т.е. в Малхут, «и извлечения ее изнутри этого чертога, представляющего собой форму внутреннего чертога, из которого выходит Тора», – то есть Зеир Анпин, называемый Торой, выходит и получает свои света от чертога, т.е. Бины. И это смысл сказанного: «И эта башня является именем Творца» – это Малхут, называемая «имя Творца». «И она должна находиться на шести ступенях» – т.е. в свойстве ВАК Малхут, потому что Хохма не раскрывается в ГАР Малхут, а только в ее ВАК. «В нее устремится (яруц) праведник»[175] – т.е. наполнение свечением Хохмы осуществляется через Есод Зеир Анпина, и это может быть в книге Торы, в качестве отдачи, когда он поднимается шестым, и может быть в башне, в качестве получения, когда получает от Есода Зеир Анпина.

И далее объясняет это более подробно: «В этой башне, которая возносится среди всех башен», – т.е. в центральной башне,[176] «устанавливается один свет в виде книги Торы» – т.е. свечение

---

[174] См. выше, п. 138.
[175] См. выше, п. 139.
[176] См. выше, п. 140.

Хохмы в виде средней линии, но оно незаметно там из-за свечения зивуга Зеир Анпина, как уже объяснялось, поскольку там нет места для раскрытия свечения Хохмы. И свойство Хохмы, раскрывающееся в Малхут, называется птицей. И это означает сказанное: «Когда является та самая птица» – когда приходит время свечения этой птицы, т.е. Хохмы в Малхут, «она берет эту башню с места ее» – т.е. берет полностью всю Малхут, называемую башней, «с места ее» – т.е. с места зивуга ГАР Зеир Анпина, называемого высотами небесными, «и ставит ее в центре двора» – устанавливает эту башню в центре двора. Потому что ВАК де-Малхут называется двором, а внутренний чертог и святая святых – это ГАР де-Малхут. И поскольку Хохма раскрывается только в месте ВАК, поэтому она переносит эту башню во двор, т.е. в место ВАК, и в качестве средней линии в нем. «Меж крыльями херувимов» – херувимы относятся к свойству «малый лик», т.е. к ЗОН с мохин де-ахораим,[177] и у них имеются крылья, чтобы скрывать ГАР Хохмы, поэтому ставит башню под эти крылья, чтобы не раскрылись ГАР Хохмы.

И это называется нисхождением относительно Малхут, потому что прежде она находилась в зивуге с ГАР Зеир Анпина, называемым небесными высотами, а теперь низошла в свойство «двор», т.е. ВАК, под крылья свойства «малый лик», т.е. херувимов, являющихся свойством ГАР де-ВАК. И это означает сказанное: «И то, что возвышалось до небесных высот», – когда она находилась в зивуге с ГАР Зеир Анпина, называемым небесами, «нисходит и входит под этих херувимов» – т.е. она нисходит под «малый лик», считающийся свойством ВАК де-мохин и обратной стороной (ахораим), потому что Хохма в Малхут раскрывается только в келим ее ахораим. «А стены – меж головами херувимов». «Стены» – это суды, раскрывающиеся вместе с Хохмой, оберегающие от того, чтобы внешние не приблизились к ГАР Хохмы,[178] и они считаются как стены у этой башни, защищающие от приближения внешних (свойств).

---

[177] См. «Предисловие книги Зоар», статью «Ростки», п. 5, со слов: «И сказано: "А если бы они не показались к этому времени, то не могли бы остаться в мире". Дело в том, что Нуква вначале была создана в свойстве "два великих светила", и находилась на равной ступени с Зеир Анпином, однако пребывала в ахораим (обратной стороне) Зеир Анпина...»

[178] См. Зоар, главу Насо, Идра раба, п. 219, со слов: «Объяснение. В тот момент, когда Хохма раскрывается для праведников, в тот же самый момент раскрываются вместе с ней суровые и горькие суды над грешниками, желающими притягивать ее сверху вниз...»

И эти суды находятся меж головами херувимов, чтобы оттолкнуть оттуда этих внешних.

141) «"Триста входов там", в этой башне. "На входе, расположенном посередине, находится тот самый свет в виде книги Торы, из которой предстоит царю Исраэля прочитать главу "Акель (собери)"[179]. И это будет царь Машиах, а не другой"».

Объяснение. «Триста входов» – указывают на три первые сфиры (ГАР), каждая из которых включает сто. И «вход, расположенный посередине», указывает на среднюю линию. А чтение главы «Акель (собери)» означает раскрытие ГАР Хохмы, которое произойдет лишь в конце исправления, и тогда прочитает ее царь Машиах, но не раньше окончательного исправления. И это означает сказанное: «И это будет царь Машиах, а не другой».

142) «"И с помощью этой книги Торы того самого света", – т.е. с помощью свечения ВАК Хохмы, содержащегося в этой книге Торы, произносящий текст обращается к слушателю, и говорит: "О, святой праведник! Счастлив тот, кто услышит из уст его", Машиаха, "приятный голос его речений, из тех сокровенных речений, которые он истолковывает в Торе", – т.е. с помощью света этой книги Торы, о которой говорилось выше, "во все новомесячья и субботы, праздники и назначенные времена". И когда все члены собрания желают подняться наверх в небесное собрание", – собрание Матата, "все они собираются у царя Машиаха, и он истолковывает им речения" Торы. "И благодаря упоительной сладости его речений и стремлению, они поднимаются" в небесное собрание. И произносящий текст снова обращается к слушателю, и говорит: "Все десять речений из тех речений, которые" царь Машиах "истолковал, скрыты для тебя ко дню твоих просьб"», то есть ко дню, когда ты будешь молиться об этом.

143) «"Когда эта башня стоит в центре двора,[180] и этот вход открыт", – т.е. вход, имеющийся в средней линии этой башни, "эти херувимы открывают уста свои и простирают свои крылья", – чтобы скрыть ГАР Хохмы, как уже говорилось, "и освещают этот вход высшим светом. И эта книга Торы открыта, и

---

[179] Глава Ваякель.
[180] См. выше, п. 140.

херувимы провозглашают: "Как велико благо Твое, которое укрыл Ты для боящихся Тебя"[181]. Затем входы закрывают, и книга (свиток) Торы сворачивается"».

144) «"Кто видел свет, излучаемый этой книгой Торы, весь он – сияющий свет, буквы ее – пламя огня четырех цветов, и они – от высшего мира. Все они выделяются и искрятся. Нет того, кто мог бы устоять рядом с ними, кроме Машиаха"».

Объяснение. Свечение Хохмы, раскрывающееся в Малхут, нисходит в трех цветах, белый-красный-зеленый, т.е. в трех линиях, но ее собственный цвет, черный или синий, незаметен в ней, потому что она полностью подслащена в Бине, в свойстве точки мифтеха, а ее собственная точка, являющаяся свойством манулы, скрыта и незаметна. Однако в Зеир Анпине действует также и точка манулы,[182] и поэтому в Зеир Анпине нет места раскрытия Хохмы, а только в Малхут. И это смысл сказанного: «Буквы ее – пламя огня четырех цветов», – т.е. белого, красного, зеленого, а также черного. И поэтому: «Нет того, кто мог бы устоять рядом с ними, кроме Машиаха», – потому что есть у него свет ехида, но другому они непостижимы из-за черного цвета.

145) «"Закрывается этот вход", который в этой башне, "притихают херувимы, и эта башня воспаряет и встает на свое место среди остальных башен"», – т.е. возвращается к своему зивугу ГАР с Зеир Анпином, и свойство Малхут снова исчезает, так как включается в Зеир Анпина.[183]

---

[181] Писания, Псалмы, 31:20. «Как велико благо Твое, которое укрыл Ты для боящихся Тебя, сделал для уповающих на Тебя, пред сынами человеческими».

[182] См. Зоар, главу Ваикра, п. 100/2, со слов: «Но благодаря этому было сделано удивительное исправление, когда эти суды Нуквы, которые Зеир Анпин пробудил своим экраном де-хирик, из-за которых уменьшилась левая линия, прилепились не к Малхут, а к Зеир Анпину...»

[183] См. выше, п. 140, в комментарии Сулам.

ГЛАВА ШЛАХ ЛЕХА

Корона Машиаха

146) «"На том входе, что посередине" входов в башню, "есть золотая корона, высшая и величественная, скрытая, которая не видна сейчас, отделанная и украшенная всевозможными драгоценными камнями, и ей предстоит находиться на голове царя Машиаха в час, когда он поднимется в ту башню. И два орла, один – с одной стороны, и один – с другой, берут эту корону в свои руки"».

147) «"Когда поднимается царь Машиах" в башню, "исправляются орлы и берут эту корону. В час, когда он начнет читать" Тору, "откроется другой вход, и из него выйдет та голубка, которую посылал Ноах в дни потопа, как написано: "И выпустил голубку (а-йона הַיּוֹנָה)"[184]. "Голубку (а-йона הַיּוֹנָה)"[184] – с указывающей хэй (ה), т.е. "та известная" голубка, "о которой не говорили первые мудрецы и не знали, что она собой представляет. Но отсюда она выходит и выполняет свое предназначение"».

148) «"И в час, когда написано: "И она уже больше к нему не вернулась"[185], – и никто не знал, куда она отправилась. А она вернулась на свое место и спряталась на этом входе. И она возьмет корону в свой клюв, и возложит на голову царя Машиаха. Она появляется и не появляется. И тогда написано: "Ты возложишь на голову его корону из чистого золота"[186]».

149) «"И когда прочтет царь Машиах книгу Торы, поднимутся два орла, один – с одной стороны и один – с другой, и голубка принизит" себя, чтобы спуститься. "И царь Машиах нисходит с короной на голове его до самой нижней ступени, и два орла воспаряют вверх над его головой, и голубка возвращается, и корона в клюве ее, и эти два орла принимают ее"».

150) «"Царь Давид называется цветущей маслиной у Творца, как написано: "А я, как маслина, цветущая в доме

---

[184] Тора, Берешит, 8:8. «И выпустил голубку от себя, чтобы увидеть, сошла ли вода с поверхности земли».
[185] Тора, Берешит, 8:12. «Он подождал еще другие семь дней и выпустил голубку, и она уже больше к нему не вернулась».
[186] Писания, Псалмы, 21:4. «Ибо Ты встретишь его благословениями добра, Ты возложишь на голову его корону из чистого золота».

Всесильного"[187]. "Лист маслины" – это царь Машиах, сын Давида. И это то, на что косвенно указывала голубка в дни Ноаха, как написано: "И вот лист маслины сорвал клювом своим"[188]. Этот "лист маслины", указывающий на Машиаха, "сорвал" этот голубь "и похитил славу его", т.е. корону. "Чем? Клювом своим". То есть эта корона "находится на голове его и получает славу от этой голубки. И поэтому написано: "Сорвал"[188] – в мужском роде, а не "сорвала", потому что она как мужчина (захар), который ведет битву и побеждает. В небесном собрании" сказали: "Эта голубка является свойством захар (мужским), потому что" имя "йона (голубь)", когда читается, написано иногда как нуква", т.е. в женском роде, "и" иногда "как захар", в мужском роде. "И в то время, когда она приобретает эту славу"», она читается в мужском роде (недостает текста).

Пояснение статьи. Известно, что во время разбиения в мире Некудим келим разбились на триста двадцать искр, потому что разбились восемь мелахим (царей), и в каждом мелехе было четыре свойства ХУБ ТУМ, в каждом из которых есть десять сфирот, и это – сорок свойств в каждом царе, и восемь раз по сорок – это триста двадцать свойств, называемых тремястами двадцатью искрами. И они были исправлены самим Создателем в мире исправления, и после этого, вследствие прегрешения Адама Ришона, снова упали в клипот. И все наши действия в течение шести тысяч лет являются только лишь исправлениями этих трехсот двадцати искр, и когда завершится их исправление, наступит конец исправления, как сказано: «И уничтожит Он смерть навеки»[189].

Однако у нас нет возможности исправить все эти триста двадцать искр, так как свойства Малхут, имеющиеся в десяти сфирот каждого свойства, являются свойством манулы, которая не получает исправления, и нет у нас силы исправить, но лишь девять первых сфирот, имеющихся в каждом свойстве, ибо там есть Малхут мифтехи, подслащенная в Бине, и она включается в

---

[187] Писания, Псалмы, 52:10. «А я, как маслина, цветущая в доме Всесильного, полагаюсь на милость Всесильного во веки веков».

[188] Тора, Берешит, 8:11. «И прилетела к нему голубка под вечер, и вот лист маслины сорвала (досл. сорвал) клювом своим. И узнал Ноах, что убыли воды с земли».

[189] Пророки, Йешаю, 25:8. «И уничтожит Он смерть навеки, и утрет Творец Всемогущий слезы со всех лиц, и позор народа Своего устранит Он на всей земле, – ибо (так) сказал Творец».

Есод. Однако сами эти Малхут, являющиеся свойством манулы, у нас нет силы исправить. Таким образом, это восемь царей, в каждом из которых есть четыре свойства, всего – тридцать два свойства, и в этих свойствах мы можем исправить девять первых сфирот, и это – девять раз по тридцать два, всего – двести восемьдесят восемь (РАПАХ) свойств, а последнее свойство в этих десяти сфирот, т.е. последние тридцать два, мы не можем исправить. Но на самом деле мы и не должны исправлять более чем эти двести восемьдесят восемь (РАПАХ) свойств, которые установились в Малхут мифтехи, называемой центральной точкой места поселения. И последние тридцать два, т.е. тридцать две сфиры Малхут, принадлежащие свойству суда, называемому манула, вообще не нуждаются в исправлении с нашей стороны, и только в результате полного завершения исправления всех двухсот восьмидесяти восьми (РАПАХ) свойств, все света, которые вышли от этих РАПАХ, собираются в одном месте, и тогда последние тридцать два исправляются сами собой. И об этом действии сказано: «И удалю из плоти вашей сердце каменное»[190] – т.е. последние тридцать два, исправление которых наступает вследствие собрания этих двухсот восьмидесяти восьми (РАПАХ).

И все указанное исправление получает царь Машиах, и он избавляет Исраэль и исправляет весь мир до самой последней ступени. И поэтому окончательное исправление называется царством (малхут) царя Машиаха, когда возлагают золотую корону на голову его. И поскольку это исправление делится на два свойства, – на РАПАХ (288), с которыми связана вся наша работа, и на лев а-эвен (32), где мы не должны работать и даже запрещена работа в этом свойстве, так как оно исправляется само собой вследствие завершения РАПАХ (288), как уже говорилось, – поэтому в короне Машиаха тоже различаются эти два свойства:

1. Свойство самой короны, т.е. выяснение РАПАХ (288), постоянно производимое с помощью нашей работы в течение шести тысяч лет.

2. Возложение короны на голову Машиаха, являющееся свойством окончательного исправления, то есть собирание всех светов, вышедших вследствие выяснения РАПАХ (288)

---

[190] Пророки, Йехезкель, 36:26. «И дам вам сердце новое и дух новый вложу в вас. И удалю из плоти вашей сердце каменное, и дам вам сердце из плоти».

искр, и с помощью их собирания в одно место исправляется лев а-эвен (32, досл. каменное сердце), что является завершением исправления. И называется оно возложением короны на голову Машиаха.

И об этом сказано: «На том входе, что посередине, есть золотая корона»[191] – т.е. в центральной точке, получающей от средней линии, являющейся свойством мифтеха, там находится корона Машиаха, то есть там она постоянно довершается вследствие нашей работы с помощью выяснения РАПАХ (288) искр. Потому что света всех шести тысяч лет принимаются только в Малхут мифтехи, и это Есод свойства Малхут, но не сама Малхут,[192] и поэтому она считается средней линией, как и Есод. «Которая не видна сейчас» – т.е. прежде чем завершится полностью, она вовсе не заметна, но только в окончательном исправлении. И это смысл сказанного: «Когда он поднимется в ту башню» – т.е. в грядущем будущем, после завершения исправления, когда царь Машиах поднимется в ту башню к чтению книги Торы в главе «Акель (собери)».[193] И чтение книги Торы означает – раскрытие свечения Хохмы. И глава «Акель (собери)» косвенно указывает на собрание всех светов, имеющихся в книге Торы, в единое место, и это называется возложением короны на голову Машиаха. Однако здесь имеются два свойства:

1. Суть короны – света книги Торы, раскрывающиеся в ней в течение шести тысяч лет, и это приходит только от средней линии, как мы уже сказали, и это называется восхождением царя Машиаха к башне, когда он еще не читал главу «Акель (собери)». И об этом говорит: «И два орла». Лик орла – это средняя линия, включающая в себя две линии, правую и левую, т.е. хасадим и Хохму, и поэтому это два орла: «один – с одной стороны» – с правой, свойство хасадим, «и один – с другой» – с левой стороны, свойство Хохмы. И это смысл сказанного: «Исправляются орлы и берут эту корону»[194] – т.е. эта корона собирается вследствие исправления орлов, т.е. двух сторон средней линии, и они берут эту корону, так как они собирают ее часть за частью посредством выяснения РАПАХ (288) искр. И это первое свойство.

---

[191] См. выше, п. 146.

[192] См. «Предисловие книги Зоар», п. 45, со слов: «Этот ключ как запирает, так и открывает...»

[193] См. выше, п. 141.

[194] См. выше, п. 147.

2. А затем выясняет второе свойство, и это – возложении короны на голову Машиаха. И сказано, что «В час, когда он начнет читать»[194], – т.е в час, когда начинает читать главу «Акель (собери)»,[193] что указывает на собрание в единое место всех относящихся к РАПАХ (288) искр светов, раскрывающих исправление лев а-эвен (32), и это действие называется возложением короны на голову Машиаха, «откроется другой вход» – т.е. вход, являющийся не средней линией, а свойством Малхут манулы, и это Малхут самой меры суда, исправление которой наступает вследствие прочтения главы «Акель (собери)». «И из него выйдет та голубка, которую посылал Ноах в дни потопа», – т.е. Малхут манулы, «как написано: "И выпустил голубку (а-йона היונה)". "Голубку (а-йона היונה)" – та известная», – отличаемая, т.е. манула, «о которой не говорили первые мудрецы и не знали о ней». Поскольку она является свойством: «Тропа, неведомая ястребу»[195]. И «ястреб» – это Моше, который не знал ее, как объясняют мудрецы. «Но отсюда она выходит» – т.е. выходит из вышеуказанного бокового входа, «и выполняет свое предназначение». «А она вернулась на свое место и спряталась на этом входе»[196] – потому что точка мифтеха, представляющая собой вход, расположенный посередине, властвует при выяснении светов, а точка манула скрывается и незаметна.[197] «И она возьмет корону в свой клюв, и возложит на голову царя Машиаха» – т.е. во время чтения главы «Акель (собери)», когда собираются все света в одно место, и исправляется «лев а-эвен (каменное сердце)», тогда она «возложит корону на голову царя Машиаха», как уже говорилось. «Она появляется и не появляется» – т.е. корона эта не сразу устанавливается на его голове, но в начале в виде «появляется и не появляется», однако затем устанавливается полностью, навечно.

И это означает сказанное им: «И когда прочтет царь Машиах книгу Торы»[198], – т.е. главу «Акель (собери)», «поднимутся два орла, один – с одной стороны и один – с другой», – т.е. они несут корону, исходящую от средней линии, как мы уже сказали. «И голубка принизит себя» – «и голубка», являющаяся свойством манулы, принижает себя и опускается на свою ступень, т.е. в последнее свойство из всех трехсот двадцати искр

---

[195] Писания, Иов, 28:7. «Тропа, неведомая ястребу, и коршуна глаз не видал ее».
[196] См. п. 148.
[197] См. «Предисловие книги Зоар», п. 123. «Начало мудрости – страх Творца...»
[198] См. выше, п. 149.

(ШАХ), называемое «лев а-эвен (32, досл. каменное сердце)», как уже было сказано, и нет ступени более низкой, чем она, и она возлагает оттуда корону на голову Машиаха, и поэтому: «И царь Машиах нисходит с короной на голове его до самой нижней ступени» – ибо после того, как исправилась последняя ступень, царь Машиах нисходит с этой короной, чтобы властвовать, до окончания всех ступеней. И выяснилось выше, что вначале корона еще не устанавливается на его голове, но «появляется и не появляется», и поэтому «два орла воспаряют вверх над его головой» – те два орла, которые взяли корону и передали ее голубке, «и голубка возвращается, и корона в клюве ее» – т.е. она снова получает корону Машиаха, «и эти два орла принимают ее» – и два орла снова принимают ее, потому что эта корона принадлежит им, как уже было сказано. А затем, по прошествии времени, корона установится на голове Машиаха навечно, как выяснится в другом месте.

И объясняет еще больше, говоря: «Царь Давид называется цветущей маслиной у Творца»[199] – т.е. Малхут свойства мифтеха, называемая «цветущей», и все света притягиваются с помощью нее. «"Лист маслины" – это царь Машиах, сын Давида» – т.е. Малхут свойства манула. И поскольку она является корнем свойства мифтеха, то называется листом (עָלֶה) маслины, который возвышает (מעלה маалé) цветущую маслину, т.е. свойство мифтеха. «И это то, на что косвенно указывала голубка в дни Ноаха, как написано: "И вот лист маслины сорвал клювом своим"[188]». «Лист маслины» означает – «лист маслины», указывающий на Машиаха, «сорвал» – то есть «и похитил славу его», что голубка похитила славу его, т.е. похитила эту корону у орлов. «Чем? Клювом своим» – то есть свойством манула, которая в клюве ее. «Находится на голове его», что корона находится на его голове, и также «и получает славу», что эта корона получает славу, и всё – «от этой голубки». И «похищение», о котором говорит, указывает на то, что будто забирает себе не принадлежащее ему, ибо вся корона вышла из свойства средней линии и из Малхут свойства мифтеха, в которой производится выяснение всех двухсот восьмидесяти восьми (РАПАХ) искр, из которых образовалась эта корона. А в конце является эта голубка, Малхут свойства манула, и забирает себе всю эту славу, которая принадлежала орлам и Малхут свойства мифтеха, и возлагает ее на голову Машиаха,

---

[199] См. выше, п. 150.

происходящего от ее Малхут, и поэтому он называется листом маслины, как мы уже сказали. И поэтому говорится в Писании языком похищения. Недостает завершения темы.

151) «"Эта башня, когда возвращается на свое место", – т.е. после чтения Торы,[200] когда Малхут снова соединяется с ГАР Зеир Анпина, "она светит подобно свету солнца", – т.е. как свет Зеир Анпина, называемого солнцем, и это укрытые хасадим. "Как написано: "Престол Его как солнце предо мной"[201], – т.е. Малхут, называемая престолом, подобна солнцу, Зеир Анпину. "И хотя есть у Него другой престол, благодаря великим чудесам и знамениям"», – другими словами, хотя и до возвращения башни к свойству ГАР Зеир Анпина, она тоже называется престолом и это благодаря великим знамениям, т.е. благодаря Хохме, всё же не об этом сказано: «Престол Его как солнце»[201], но лишь после своего возвращения к Зеир Анпину она так называется. «"На вершине этой башни" – т.е. когда находится внизу, прежде чем она вернулась к свойству ГАР Зеир Анпина, "есть огненные птицы, которые щебечут в то время, когда поднимается эта птица", – другими словами, в тот момент, когда раскрывается Хохма Малхут, называемая птицей, появляются огненные птицы, то есть имеется у них огонь, и это суды, чтобы отдалить внешних. И щебечут "щебетанием благозвучным – так, что нет благозвучия и мелодии подобных этому"».

152) «"Выше всех" – т.е. в Бине, "есть другие виды и другие горлицы, парящие в воздухе", – в тайне подъема Малхут в Бину, когда йуд (י) входит в свет (ор אור) Бины, и этот свет становится воздухом (авир אויר). "Они поднимаются и опускаются, опускаются и поднимаются", – когда йуд (י) входит в воздух (авир אויר), они опускаются на нижнюю ступень, а когда йуд (י) выходит из воздуха (авир אויר), и он опять становится светом (ор אור), они снова поднимаются,[202] "и никогда не успокаиваются". И он объясняет, почему это так. И это происходит потому, что "большие буквы" – свойство Бины, "и малые буквы" – свойство Малхут, "воспаряют меж ними"». Иногда малые

---

[200] См. выше, п. 140.
[201] Писания, Псалмы, 89:37. «Потомство его вовек пребудет, и престол его как солнце предо Мной».
[202] См. Зоар, главу Берешит, часть 1, со слов: «Вначале разделила десять сфирот Абы ве-Имы и извлекла из утаенного в ней одну скрытую точку. Ведь Бесконечность разделила десять сфирот Абы ве-Имы из своего собственного свойства "воздух" и раскрыла эту точку йуд (י)...»

буквы поднимаются в большие буквы, т.е. Малхут поднимается в Бину, а иногда малые буквы снова выходят из больших букв, т.е. Малхут снова выходит из Бины. И это означает, что йуд (י) входит в свет, и выходит из света, как мы уже объяснили.

ГЛАВА ШЛАХ ЛЕХА

Парящие буквы

153) «"О, святой праведник! В час, когда буквы воспаряют, человек видит написанное большими буквами", являющимися свойством Бины, "в воздухе соответственно этому часу: "Вначале сотворил Всесильный небо и землю"²⁰³, и эти слова – они от Бины. А затем "ударяют в них малые буквы", т.е. Малхут поднимается и ударяет в Бину, сокращая ее из-за йуд (י), которая вошла в свет (ор אור), и он стал воздухом (авир אויר). "И они воспаряют, и видно написанное ими: "И сказал Всесильный: "Да будет свет!"²⁰⁴ "И увидел Всесильный свет, что он хорош"²⁰⁵. Затем малые буквы снова ударяют по большим", т.е. снова поднимается Малхут в Бину и сокращает ее. "И видно написанное ими: "И сказал Всесильный (Элоким): "Да будет небосвод"²⁰⁶. И так – всё действие начала творения (берешит). Действие этих букв – это большое чудо, радующее взор. Счастлив народ, который ждет всего этого"».

Объяснение. Все действия начала творения вышли в тайне вхождения йуд (י) в свет (אור) Бины, и она становится воздухом (авир אויר), и тогда вышел катнут. А затем, при выходе йуд (י) из воздуха (авир אויר), вышел гадлут.²⁰⁷ И это тайна слова «будет», упоминаемого в каждом из речений действия начала творения. И это тайна сказанного там: «Да будет свет!» – всё выходящее и создаваемое в мирах выходит в этом речении, смотри там в комментарии Сулам.²⁰⁷ И это смысл сказанного здесь: «Человек видит написанное большими буквами», являющимися свойством Бины, «в воздухе, соответственно этому часу: "Вначале сотворил Всесильный"²⁰³». И это – соответственно этому часу. Однако, когда приходит речение: «Да будет свет!», «ударяют в них малые буквы», т.е. Малхут ударяет в Бину, что и означает слово: «Да будет», и также: «Затем малые буквы снова ударяют по большим... И видно написанное

---

²⁰³ Тора, Берешит, 1:1-2. «Вначале сотворил Всесильный небо и землю. Земля же была пуста и хаотична, и тьма над бездною, и дух Всесильного витал над водою».
²⁰⁴ Тора, Берешит, 1:3. «И сказал Всесильный: "Да будет свет!" И был свет».
²⁰⁵ Тора, Берешит, 1:4. «И увидел Всесильный свет, что он хорош, и разделил Всесильный между светом и тьмой».
²⁰⁶ Тора, Берешит, 1:6-7. «И сказал Всесильный: "Да будет небосвод посреди вод, и будет он отделять воды от вод". И создал Всесильный небосвод, и отделил воды под небосводом от вод, которые над ним. И было так».
²⁰⁷ См. Зоар, главу Берешит, часть 1, п. 31. «"Да будет свет". Все выходящее и создаваемое в мирах, выходит в речении "да будет свет"...»

ими: "И сказал Всесильный (Элоким): "Да будет небосвод"²⁰⁶. И так – всё действие начала творения (берешит)», то есть так было в каждом из речений.²⁰⁷ «Все выходящее выходит в этом речении»²⁰⁷, посмотри там внимательно, и нет необходимости объяснять дальше.

154) «"О, святой праведник! Тот, кто оберегает союз, ставит себя после" Шхины, "и" Шхина "находится перед ним. И если скажешь: кто же охраняет его сзади?" И отвечает: "Однако самое большое и высшее из всех хранений оберегает его. И что оно собой представляет? Это высший праведник", Есод Зеир Анпина, который оберегает его "с большой любовью". И получается, что "входит между праведником", Есодом, "и праведностью", Малхут, "и оказывается оберегаемым со всех сторон", Есод – позади него, а Малхут – перед ним. "Счастлив тот, кто хранит этот союз, и поэтому в Исраэле представали все мужчины, хранящие знак этого союза, пред Творцом"», т.е. как сказано: «Три раза в году должен предстать каждый мужчина»²⁰⁸. «"Кто может нанести вред сыну, когда отец его находится с одной стороны, а мать – с другой, а он – посередине между ними? И это – когда он находится позади Творца"», т.е. именно позади Малхут.

Объяснение. Союзом называется действие обрезания и подворачивания, когда благодаря подворачиванию раскрывается свечение Хохмы,²⁰⁹ и поэтому хранящий свой союз удостаивается раскрытия свечения Хохмы. И известно, что свечение Хохмы приходит от Малхут, и благодаря подворачиванию оно принимается только снизу вверх, а не сверху вниз, как сказано: «И разделят пополам деньги за него»¹⁴⁷.²⁰⁹ Таким образом, когда хранит союз, он ставит Малхут перед собой. Иначе говоря, свечение Хохмы принимается у него только от Малхут и выше. И Хохма не приходит к нему от Малхут, так как не передается от Малхут обратной ее стороне. И поэтому сказано: «Тот, кто оберегает союз, ставит себя после» – ибо вследствие того, что хранит союз, чтобы не притягивать от Малхут сверху вниз, получается, что он позади Малхут, т.е. не притягивает лика ее к себе, и это означает, что не получает от нее. Поэтому сказано: «И если скажешь: кто же охраняет его сзади?» – т.е. если

---

²⁰⁸ Тора, Шмот, 23:17. «Три раза в году должен предстать каждый мужчина из вас пред лицом Владыки, Творца».
²⁰⁹ См. выше, п. 118.

он не притягивает к себе Хохму от Малхут, кто же охраняет его? Ведь свет Хохмы охраняет человека от всех вредителей? И поэтому сказано: «Однако самое большое и высшее из всех хранений оберегает его», – так как Есод Зеир Анпина передает ему открытые хасадим, и тогда лицевая сторона Есода Зеир Анпина обращена к нему так, что лицевая сторона Есода находится по отношению к нему сзади, а обратная сторона Малхут находится перед лицом его, а сам он – между ними. И поэтому сказано: «Входит между праведником и праведностью» – т.е. между Есодом Зеир Анпина и Малхут. И это смысл сказанного: «Кто может нанести вред сыну, когда отец его находится с одной стороны, а мать – с другой?» Потому что Есод Зеир Анпина – его отец, а Малхут – мать, так как души Исраэля рождаются от Есода и Малхут.

Источник воды

155) «"Смотри, этот небосвод", Зеир Анпин, "когда совершает свой кругооборот", т.е. когда кругообращает три свои линии в трех местах, в результате чего раскрывается Хохма,[210] "он издает мелодию", т.е. Хохма раскрывается в тайне мелодии. "Но из-за шума воды, которая изливается", т.е. вследствие большого изобилия хасадим, властвующих в Зеир Анпине, "эта мелодия неизвестна", т.е. нижние не могут получить от нее, поскольку Хохма не раскрывается в месте Зеир Анпина, а только в месте Малхут, называемой нижней Хохмой.[211] "Все эти водоемы, находящиеся в четырех сторонах"» Зеир Анпина, т.е. четыре Малхут в четырех сторонах ХУГ ТУМ Зеир Анпина, называемые водоемами, в тайне сказанного: «Пупок твой – круглый водоем»[212], «"наполнены родниковой водой", т.е. они наполнены хасадим, получаемыми от четырех источников Зеир Анпина, и они укрыты от Хохмы, так как находятся в месте Зеир Анпина. "Тот, кто внутри", т.е. удостаивается принимать от него, "находится там в двух сторонах: в одной – в радости, и нет в мире радости, подобной этой, чтобы выполнить: "Служите Творцу в радости"[213]; в другой – в страхе, и нет в мире страха, подобного этому, чтобы выполнить сказанное: "Служите Творцу в страхе"[214]».

156) «"Один источник воды, который исходит со стороны востока", и это Тиферет, средняя линия Зеир Анпина, включающая правую и левую, "это тот, который упоминал пророк

---

[210] См. Зоар, главу Бешалах, п. 137. «И три эти линии не раскрывают Хохму иначе, как с помощью своих движений, т.е. когда свечение каждой из них раскрывается специально одно вслед за другим...»

[211] См. Зоар, главу Берешит, часть 1, п. 340, со слов: «И, кроме того, так же как высшая Хохма является началом (решит ראשית), так же и нижняя Хохма считается началом (решит ראשית). Потому что от высшей Хохмы до Малхут, являющейся нижней Хохмой, нет во всех сфирот того, кто бы взял себе свечение Хохмы...»

[212] Писания, Песнь песней, 7:3. «Пупок твой – круглый водоем, в котором не иссякает ароматное вино; живот твой – ворох пшеницы, окаймленный лилиями».

[213] Писания, Псалмы, 100:2. «Служите Творцу в радости, предстаньте пред Ним с пением».

[214] Писания, Псалмы, 2:11. «Служите Творцу в страхе и радуйтесь в трепете».

Йехезкель.²¹⁵ Этот источник – все жители мира не перестают восхвалять его", поскольку он объединяет правую и левую линии и раскрывает света, имеющиеся в Бине, хасадим и Хохму вместе, и простирает их нижним. "В месте, где он рождается, в восточной стороне, мера глубины и высоты его всего лишь пядь, и не более"». Иными словами, источником средней линии в начале ее зарождения является лишь сила экрана де-хирик в ней, называемая пядью, (как уже объяснялось).²¹⁶ И с помощью нее он подчиняет левую линию и соединяет ее с правой, и все мохин исходят от этого единства, как объясняется там.

157) «"Когда воды исходят и поднимаются, поднимаются все виды жемчужин в мире". Иными словами, когда воды восточной стороны, т.е. средней линии Зеир Анпина, передают свечение Хохмы Малхут, ступени которой называются жемчужинами, они поднимаются наверх, так как свечение Хохмы в них светит только снизу вверх. "И не падают наружу", т.е. не светят сверху вниз, когда считались бы упавшими наружу, в клипот. И свечение Хохмы, принимаемое ими, происходит в трех линиях, одна за другой, и это – три цвета белый-красный-зеленый, каждый из которых содержит все три. "Теперь они видятся в одном цвете, и когда приходит время, они падают", т.е. этот цвет устраняется от них, когда приходит время, "и тогда поднимаются другие" жемчужины "в другом цвете", и так – "во всем разнообразии цветов, имеющихся в мире", т.е. во всех цветах Малхут, называемой миром, корень которых – белый-черный-красный. "Падают эти жемчужины" одна за другой так, что одна погружается, а другая поднимается, "и не выпадают наружу"», т.е. не передают наполнение сверху вниз внешним свойствам.

158) «"Вокруг этого источника располагаются "завязь и цветок"²¹⁷ – т.е. ГАР Хохмы, которые располагаются в виде окружающего света вокруг, и не светят во внутренних свойствах источника. "И все жители мира не могут устоять перед теми

---

²¹⁵ Пророки, Йехезкель, 47:1. «И возвратил он меня ко входу Храма, и вот вода вытекает из-под порога Храма, к востоку, потому что Храм обращен на восток, и вода стекает из-под правой стороны Храма к южной стороне жертвенника».

²¹⁶ См. Зоар, главу Лех леха, п. 22, со слов: «Экран де-хирик, на который выходит средняя линия, происходит от свойства суда, имеющегося в Малхут…»

²¹⁷ Тора, Шмот, 25:33. «Три миндальных венчика на одной ветви, завязь и цветок; и три миндальных венчика на одной ветви, завязь и цветок: так на шести ветвях, выходящих из светильника».

красками, что в них", – так как они являются свойством ГАР. Ведь "все они – пламя огненное, и они не могут смотреть на них". И поэтому "неизвестна важность их действия. Листья" у этого цветка "сверкают многочисленными красками"».

159) «"Узорчатая работа"²¹⁸, являющаяся искусством Владыки мира, они (узоры) укрывают триста семьдесят пять херувимов, находящихся под ними, за другими узорами, расположенными изнутри. Потому что эти узоры расположены по кругу двора, изнутри"».

Объяснение. «Узорчатая работа» – это переплетение трех видов цветов, белого-красного-зеленого, являющихся тремя линиями, и исправление их в четырех образах лев-бык-орел-человек. И с помощью этой «узорчатой работы», свечение Хохмы исправляется благодаря хасадим, и оба они (свойства) светят наивысшей красотой и совершенством. «Херувимы» – это свойство «малый лик», т.е. мохин обратной стороны (ахораим). И они в состоянии «не благоволил», как сказано о Каине: «А к Каину и к дару его не благоволил, и очень досадно стало Каину, и поникло лицо его»²¹⁹, – т.е. он упал в ахораим. Однако свечение паним – это состояние «благоволил»²¹⁹. И для того, чтобы вернуть херувимам свечение паним, они должны получить покрытие «узорчатой работы»²¹⁸, скрывающее их ГАР так, чтобы они не светили. И тогда они возвращаются к свойству «благоволил (шаá שַׁע, 375)» и к свойству «мохин де-паним». И это смысл сказанного: «"Узорчатая работа"²¹⁸, являющаяся искусством Владыки мира, они (узоры) укрывают триста семьдесят пять (шин-аин-хэй שׁעה) херувимов», – т.е. из-за укрытия ими херувимов, они – триста семьдесят пять херувимов, и это свойство паним. «Находящихся под ними» – т.е. находящихся в свойстве «под», что является состоянием «ахораим». И с помощью покрытия «узорчатой работы»²¹⁸ они вернулись к свойству паним, то есть к состоянию «благоволил». И эти херувимы питаются от левой линии Бины, и поэтому сказано: «За другими узорами, расположенными изнутри», – так как они стоят за этими узорами, являющимися

---

²¹⁸ Тора, Шмот, 27:16. «А для ворот двора завеса в двадцать локтей из синеты, багряницы и червленицы, и виссона крученого узорчатой работы; столбов для них четыре и подножий к ним четыре».

²¹⁹ Тора, Берешит, 4:4-5. «И Эвель также принес из первородных овец своих и из тучных. И благоволил Творец к Эвелю и к дару его. А к Каину и к дару его не благоволил, и очень досадно стало Каину, и поникло лицо его».

свойством Бины. Поскольку узор образуется вследствие переплетения нитей между собой, и также Бина – для того, чтобы быть способной передавать наполнение миру, подняла к себе Малхут и смешалась с ней подобно переплетению нитей узора, когда невозможно различить, где Бина, а где Малхут. И эта Бина облачается во внутреннюю часть двора, т.е. в свойство Малхут. Поэтому сказано: «Эти узоры расположены по кругу двора, изнутри», – т.е. расположены по внутреннему кругу, поскольку являются Биной, облаченной во внутреннюю суть Малхут.

160) «"И над херувимами простираются эти гроздья винограда, и под гроздьями винограда находятся херувимы, все они – с распростертыми крыльями. Они переплетены между собой. Здесь сказал глава собрания: "У каждого, кто смотрит на эти виноградные гроздья, лицо светится словно свет солнца"».

Объяснение. Виноградные гроздья являются свойством мохин де-паним, и их ахораим называются херувимами. И поэтому сказано: «И над херувимами простираются эти гроздья винограда» – т.е. мохин де-паним. «И под гроздьями винограда находятся херувимы», «под» означает – свойство ахораим, и говорит, что свойством ахораим виноградных гроздьев являются херувимы. «Все они – с распростертыми крыльями» – т.е. крылья их скрывают свечение ГАР. «Они переплетены между собой» – т.е. херувимы и виноградные гроздья переплетены между собой, и также херувимы возвращаются к свойству паним вместе, в соединении с виноградными гроздьями. «У каждого, кто смотрит на эти виноградные гроздья, лицо светится» – поскольку они являются мохин де-паним, «словно свет солнца», – как свет Зеир Анпина, называемого солнцем.

161) «"Эти узоры" – т.е. света Бины, облачающиеся в Малхут, "которые простираются по кругу двора" изнутри, "все они вышиты нитями, светящимися множеством цветов", – т.е. нити Бины и нити Малхут образуют узоры и переплетаются друг с другом, и светятся вместе, и нити означают – свечения хасадим. "И они пламенеют четырьмя видами сияния огня" – то есть это свечения левой линии, являющиеся свечениями Хохмы, которые светят вместе с судами, называемыми огнем. "Языки пламени" – т.е. свечения Хохмы, "поднимаются" – светят снизу вверх, "и цвета искрятся. А иногда", т.е. во время катнута, эти языки пламени "утихают, и света и цвета поднимаются" –

то есть светят только снизу вверх, т.е. во время катнута они светят только лишь снизу вверх. "И тогда они ударяют одни по другим"» – т.е. света Малхут ударяют по светам Бины, и уменьшают их.

162) «"Шесть тысяч озер есть в этих узорах" – то есть (свойства) Малхут, которые получают ВАК Хохмы от узоров, и их шесть, соответственно ХАГАТ НЕХИ, и их тысяча, потому что Хохма называется тысячей. "Их четыре цвета в четырех сторонах двора" – т.е. ХУГ ТУМ. "И они – большие", – т.е. они являются свойством ВАК гадлута, "и источник живой воды – в каждой стороне"», – т.е. хасадим и Хохма вместе, «воды́» – указывает на хасадим, «живой» – указывает на Хохму. «"И они падают в эти озера и поглощаются на своем месте" – т.е. не передаются сверху вниз, вне своих мест. "И эти воды не знают, куда они текут"», – и поскольку они с Хохмой, которая не передается сверху вниз, нет у них знания того, куда они текут.

163) «"В середине двора", т.е. в средней линии Малхут, "встанут весь Исраэль и явятся пред святым Царем", ибо от нее получают весь Исраэль Хохму, называемую видением. "В южной стороне этого двора", и это правая линия Малхут и Хесед, "рождается один источник воды, и кажется, что эта вода смоет весь мир. Тот, кто войдет в нее, войдет по колено, войдет великий герой – войдет по колено, и если однодневный младенец" – войдет в нее "по колено. Тот, кто испивает ее, становится мудрым, и прозреет в мудрости"».

Известно, что корень трех линий – в тайне трех точек холам-шурук-хирик, которые выяснены выше,[220] а источник воды – это свет Хесед, и она исходит от правой линии, которой является южная сторона двора, и рождение этого света Хесед происходит вследствие подъема Малхут в Бину, когда она уменьшилась с ГАР до ВАК, и это – точка холам, как выяснилось там.[220] И это смысл сказанного: «В южной стороне этого двора», т.е. в правой линии, и это точка холам, «рождается один источник воды», когда вследствие подъема Малхут в Бину рождается источник воды, который является корнем Хеседа, и тогда кажется, что Малхут больше не выйдет из Бины, и Бина не вернется к ГАР, чтобы не отменились хасадим. И это смысл

---

[220] См. Зоар, главу Берешит, часть 1, п. 9. «Высшая точка, Арих Анпин, посеяла внутри чертога ИШСУТ три точки: холам, шурук, хирик...»

сказанного: «И кажется, что эта вода смоет весь мир», т.е. кажется, что вода, являющаяся свойством хасадим, которые родились вследствие подъема Малхут, смоют весь мир, то есть разрушат мир в строении ГАР, и ГАР больше не вернутся в мир, и это считается разрушением мира. Однако было не так, но с помощью левой линии и средней линии ГАР вернулись в Бину, как известно. Но в свое время, при выходе правой линии, тот, кто входит в них, пропадает его ГАР, и это смысл сказанного: «Тот, кто войдет в нее, войдет по колено», т.е. воды скроют НЕХИ его, называемые коленями, а когда исчезли НЕХИ келим, исчезают ГАР светов. И исчезновение этих ГАР происходит как сразу во время рождения правой линии, вследствие подъема Малхут в Бину, и тогда она называется однодневным младенцем, и также даже затем, когда выходит точка шурук, и тогда выходит Малхут из Бины в свойстве левой линии, и Бина возвращается к ГАР, даже и тогда Малхут не выходит из Бины в правой линии, и поэтому возникает разногласие между правой и левой.[221] И преобладание правой над левой определяется тем, что левая линия, называемая великим героем, входит в воду, что в правой, и теряет свои НЕХИ келим и ГАР светов. И это смысл сказанного: «Войдет великий герой – войдет по колено», т.е. если левая линия войдет в него, вследствие того что правая пересиливает ее, исчезнут колени его, т.е. НЕХИ. «Если однодневный младенец – по колено», т.е. сразу в момент рождения правой линии, всякий кто принимает их, исчезают колени его, и ГАР, как мы уже объясняли. И известно, что все мохин, раскрывающиеся нижним, – это по причине подъема Малхут в Бину.[222] И это смысл сказанного: «Тот, кто испивает ее, становится мудрым, и прозреет в мудрости», потому что благодаря ей, становится способным получить все высшие мохин.

164) "Этот источник выходит из одной малой жемчужины в южной стене. Эти воды поглощаются на своем месте, и оттуда выходят за пределы Святилища, пока не поднимутся в реку Шиттим, и они смоют то распутство, которое породили эти воды" реки "Шиттим. И поэтому эти воды во дворе, потому что те мужчины, которые приходят, чтобы предстать там, когда пили эту воду, не опасались женщин, когда те приходили,

---

[221] См. Зоар, главу Насо, Идра раба, п. 214, комментарий Сулам.
[222] См. Зоар, главу Берешит, часть 1, п. 3, со слов: «В свойстве суда, т.е. в свойстве Малхут мира АК, прежде чем она подсластилась в Бине, в свойстве милосердия, мир не мог существовать...»

Источник воды   ГЛАВА ШЛАХ ЛЕХА

чтобы предстать пред святым Царем. И еще", что благодаря этой воде "они прозревали, с тем чтобы знать скрытые речения высшего Царя. В этом Святилище все помыслы забудутся, кроме помыслов радости святого Царя"».

Объяснение. Ибо выяснилось в предыдущем пункте, что хотя в левой линии Малхут выходит из Бины, и Бина вернулась к свету ГАР, и это состояние, когда йуд (י) выходит из воздуха (авир אויר) Бины, и Бина вернулась к свету (ор אור). Вместе с тем, правая линия не выводит йуд (י) из своего воздуха (авир אויר), «ибо желает милости (хесед) Он»[223], а не света Хохмы. И это смысл сказанного: «Эти воды поглощаются на своем месте», – то есть в тот момент, когда правая соединяется с левой и Хесед включается в Хохму, и хасадим, включающие Хохму, передаются вниз, тогда сила йуд (י), что в воздухе, приводящая к задержке Хохмы, не притягивается с хасадим, а «поглощается на своем месте», и это для того, чтобы хасадим соединились со светом Хохмы для нижних. Однако, если Исраэль совершают грехи и прилепляются к левой линии, как это было у реки Шиттим, представляющую собой левую линию, которую они притянули своим прегрешением с дочерьми Моава, то пробуждается сила йуд (י), имеющаяся в воздухе (авир אויר) правой линии, смешанная с водой, что в южной стороне, и выходит за пределы своего места, чтобы уменьшить левую линию и прекратить скверну. И это смысл сказанного: «И оттуда выходят за пределы Святилища», – т.е. только в час греха, «пока не поднимутся в реку Шиттим», являющейся властью левой линии без правой, т.е. прилепились к дочерям Моава и к Баал Пеору. «И они смоют то распутство, которое породили воды Шиттим», т.е. с помощью силы йуд (י), имеющейся в их воздухе (авир אויר), они уменьшают левую линию, и тогда прекращается скверна, так как прекращаются все, исходящие с ее стороны.

И было заповедано Исраэлю: «Три раза в году должен являться всякий мужчина твой»[224] – т.е. с помощью трех линий, называемых «три раза», они должны притянуть Хохму,

---

[223] Пророки, Миха, 7:18. «Кто Творец, как Ты, который прощает грех и проявляет снисходительность к вине остатка наследия Своего, не держит вечно гнева Своего, ибо желает милости Он».

[224] Тора, Шмот, 34:23. «Три раза в году должен являться всякий мужчина твой пред лицо Владыки, Творца Всесильного Исраэля».

называемую видением, в свойство «зхарим (мужчины)», т.е. хасадим. Иными словами, чтобы Хохма не притягивалась от левой линии, в которой находится свойство «некевот (женщины)», потому что запрещено притягивать Хохму левой линии сверху вниз, а только хасадим, являющиеся свойством «зхарим (мужчины)», разрешено притягивать вниз, несмотря на то что «видение», т.е. свойство Хохмы, включено в них. И это означает: «Должен являться всякий мужчина твой»[224] – т.е., чтобы это видение было у мужчин. И чтобы быть уверенными, что не притянут что-либо от левой линии, т.е. свойства «некевот (женщины)», они пили из этого источника, находящегося в южной стороне, в котором йуд (י) находится в воздухе (авир אויר), и сила ее отталкивает Хохму, как мы уже сказали. И это смысл сказанного: «И поэтому эти воды во дворе», – т.е. с йуд (י), находящейся в их воздухе (авир אויר), «потому что те мужчины, которые приходят, чтобы предстать там», то есть зхарим (мужчины), являющиеся хасадим, «когда пили эту воду», – и получали силу йуд (י), находящуюся в ее воздухе (авир אויר), и тогда «не опасались женщин (некевот), когда те приходили, чтобы предстать пред святым Царем». Иными словами, когда «представали, чтобы показаться», т.е. притянуть хасадим, в которые включена Хохма, они не были побуждаемы женщинами, т.е. не пробуждались, чтобы притягивать от их двора, являющегося свойством левой линии, потому что Хохму, имеющуюся в левой линии, запрещено притягивать сверху вниз. «И еще они прозревали, с тем чтобы знать скрытые речения высшего Царя», так как благодаря этому исправлению, йуд (י) в воздухе (авир אויר), простираются и выходят все мохин Зеир Анпина.

165) "Одна ветвь выходит посреди этого источника. Сказал глава собрания: "Когда я приблизился к этой ветви, что внутри источника, удалялась эта ветвь все выше и выше, и чем ближе я подходил к ней, так она и удалялась" все больше. "Основа и корень этой ветви – лишь только в воде. Эта ветвь скрывает миры. Все краски, имеющиеся в мире", видны "на листьях ее. Плод ее неизвестно что собой представляет, и не могут познать (его)". И сказал" глава собрания, "что когда он спросил Машиаха об этом плоде, то сказал он: "Плод этот спрятан

для "каждого с посохом в руке его – от долгих лет"[225]. Тот, кто удостаивается познать это, позна́ет"».

Объяснение. Хотя мы и сказали, что этот источник является правой линией, вместе с тем он включает три линии, так как каждая из трех линий включает все три. И нечего спрашивать, что в таком случае каждая линия из трех равна одна другой, ведь в каждой из них есть правая и левая, и средняя линия, включающая их обе. И это то, что он объясняет здесь, что есть большое отличие между общей средней линией и средней линией, включенной в правую. И это означает сказанное: «Одна ветвь выходит посреди этого источника» – т.е. свойство средней линии, включенной в этот источник, являющийся правой линией. «Сказал глава собрания: "Когда я приблизился к этой ветви, что внутри источника, удалялась эта ветвь все выше и выше, и чем ближе я подходил к ней, так она и удалялась"» – то есть не как свойственно общей средней линии, в которой правая и левая линии постигаются так, что одна нисходит сверху вниз, а другая восходит снизу вверх,[226] но средняя линия, включенная в правую, – чем больше приближаешься к ней, тем больше она удаляется наверх. И это как выясняется в том, что говорится после этого в отношении небосвода, являющегося свойством, противостоящим этой ветви. Смотри там. И все это по той причине, что «основа и корень этой ветви – лишь только в воде», – поскольку в любой линии властвует ее основа (есод). Если основой и корнем является Хесед, то все три линии находятся во власти Хеседа. А если корнем и основой является Гвура, то все три линии находятся во власти Гвуры. И поскольку основа и корень этой ветви относятся к воде, к свойству Хесед, то даже средняя линия в ней тоже относится к свойству Хесед, и свойство левой линии незаметно в ней. И поэтому сказано: «Эта ветвь скрывает миры» – то есть скрывает миры, чтобы они не получали от свечения Хохмы, и вместе с тем: «Все краски, имеющиеся в мире, на листьях ее», – т.е. в свойстве ее листьев, не употребляемых в пищу, а служащих лишь самой ветви, есть все три цвета, белый-красный-зеленый. То есть, у нее самой по себе есть там свечение Хохмы.

---

[225] Пророки, Зехария, 8:4. «Так сказал Повелитель воинств: "Еще сидеть будут старики и старухи на площадях Йерушалаима, каждый с посохом своим в руке его – от долгих лет"».

[226] См. Зоар, главу Берешит, часть 1, п. 50. «Разногласие, которое было исправлено согласно высшему подобию...»

Однако «плод ее», который употребляется в пищу, т.е. чтобы от него нисходило (питание) к нижним, «неизвестно что собой представляет, и не могут познать», – т.е. невозможно никакое постижение его, так как он является свойством хасадим без всякой Хохмы. И это смысл сказанного: «И сказал, что когда он спросил Машиаха об этом плоде, то сказал он: "Плод этот спрятан для "каждого с посохом в руке его – от долгих лет"», т.е. на грядущее будущее, после того как удостоятся всех ступеней и получат свойство хасадим от святого Атика, которые намного важнее Хохмы, и они будут простираться вниз к нижним. И эти столь важные хасадим являются плодом этой ветви, т.е. с помощью нее они получаемы.

166) «"Есть один небосвод над этой ветвью" – средний в свойстве правой, "простертый над ней сверху. От этого небосвода нисходит роса к этому источнику, но не более. Когда человек смотрит на этот небосвод издали, он словно синий. Приближается еще – словно красный, еще приближается – он словно зеленый. Приближается еще – словно белый, и нет белого цвета в мире, подобного ему. Роса, исходящая от него, впитывается этой ветвью и формирует этот плод, и он растет. Кругообращение на этом небосводе совершается быстрее, чем глаза способны уследить за ним"».

Объяснение. Зеир Анпин называется небосводом, т.е. небесами. И свойство, соответствующее этой ветви посреди воды, что в Зеир Анпине, это смысл сказанного: «Есть один небосвод над этой ветвью, простертый над ней сверху», – т.е. этот небосвод тоже является свойством средней линии правой стороны. И поэтому сказано: «От этого небосвода нисходит роса к этому источнику, но не более», – так как он является свойством, соответствующим этой ветви, находящейся посреди этого источника, и поэтому он передает только ему одному, но не другому. И тот, кто удостаивается получать наполнение от этого небосвода, он получает и продвигается снизу вверх по четырем ступеням его. И это смысл сказанного: «Когда человек смотрит на этот небосвод издали», – т.е. в то время, когда он далек и желает получить первую ступень, то «он словно синий», и это цвет Малхут. «Приближается еще – словно красный», – тот, кто удостаивается большего, видит в нем свойство левой линии, т.е. красный цвет. «Еще приближается – он словно зеленый», – тот, кто удостаивается большего, видит в нем зеленый цвет, т.е.

свойство средней линии, сфиру Тиферет, включающую Хесед и Гвуру. «Приближается еще – словно белый, и нет белого цвета в мире, подобного ему», – и это Хесед. И этот Хесед дает наполнение ветви, и она несет плоды. Поэтому сказано: «Роса, исходящая от него, впитывается этой ветвью и формирует этот плод, и он растет», – т.е. благодаря этому Хеседу растет плод, о котором говорится, на этой ветви, что посреди источника. И хотя есть на небосводе все эти четыре вышеуказанных цвета, всё же их свойства не простираются вниз, как в средней общей линии, как мы выяснили выше, относительно средней линии, что в воде, смотри там. И это смысл сказанного: «Кругообращение на этом небосводе совершается быстрее, чем глаза способны уследить за ним», – т.е. эти цвета кругообращаются настолько быстро, что глаза не справляются с ними. И все четыре цвета, о которых мы говорили выше, что он видит, т.е. во власти сфиры Хесед, это как мы выяснили в этой ветви.

ГЛАВА ШЛАХ ЛЕХА

Должен являться всякий мужчина

167) «"Все эти хранящие святой союз должны предстать пред святым Царем, ибо они предстают лишь для того, чтобы показать, что они являются соблюдающими святой союз. Поэтому сказано: "Должен являться всякий мужчина твой"[224] – т.е. соблюдающий святой союз". И добавляет глава собрания: "Здесь слово "мужчина" написано "зхурха́ (זְכוּרְךָ)", а не "зихреха́ (זִכְרְךָ)", где буква заин (ז) с огласовкой хирик, "потому что захар (זָכָר) написано", то есть мужчины (захарим זְכָרִים), "а не "поминаемый (захур זָכוּר)", т.е. не означает – память (зикарон זִכָּרוֹן) твоя. "Что значит "мужчина твой (зхурха́)"[224] – почему именно мужчины? "Но все эти хранящие святой союз и не грешащие в нем – это сыны Царя, которыми Он восславляется каждый день, и Он помнит их всегда. И поэтому" говорит Писание: "Мужчина твой (зхурха́)"[224], что означает – "тот, в ком есть союз святости, и помнит их Царь каждый день, и нет иной славы пред высшим Царем, но лишь подобно славе того, кто хранит этот союз"».

168) «"Поэтому они должны представать пред Ним три раза в году. Три раза – почему? Но это благодаря праотцам, которые приняли этот союз прежде всех заповедей Торы. И поэтому – их три в году. Авраам принял союз. Ицхак принял союз. Яаков был совершеннее всех". Потому что Авраам и Ицхак соответствуют правой и левой линиям, а Яаков соответствует средней линии, включающей их обе. "И поэтому сказано о нем: "А Яаков – человек смирный"[227], что означает – "совершенный во всех отношениях"».

169) «"Авраам называется непорочным, и он не был настолько совершенен, однако «смирный» – совершеннее всех. Что сказано о Ноахе: "Муж праведный, непорочным он был в поколениях своих"[228] – т.е. он был отмечен знаком святости среди них". И сказал глава собрания: "В любом месте, где сказано "непорочный", это означает, что "отмечен знаком святости, знаком союза обрезания. И поскольку он хранил союз, то называется

---

[227] Тора, Берешит, 25:27. «И выросли отроки, и стал Эсав человеком, сведущим в охоте, человеком поля; а Яаков – человеком смирным, живущим в шатрах».

[228] Тора, Берешит, 6:9. «Вот родословие Ноаха. Ноах, муж праведный, непорочным он был в поколениях своих, пред Всесильным ходил Ноах».

непорочным в поколениях своих. Тогда как все остальные не были такими", т.е. не хранили союз, "ибо извращали они пути свои"».

170) «"И поэтому написано: "Пред Всесильным ходил Ноах"[228]. А кто может ходить с Ним", – со Всесильным? И отвечает: "Однако с каждым, кто хранит союз, соединяется Шхина и пребывает над ним. И поэтому написано: "Непорочен будь с Творцом Всесильным твоим"[229]. То есть это означает: "Непорочен будь"[229], а затем "с Творцом Всесильным твоим"[229] – в полном единстве. Поскольку хранит этот союз, будет с Творцом и не разлучится с Ним"».

171) «"Об Аврааме сказано: "Ходи предо Мной и будь непорочен"[230], т.е. установление (досл. обрезание) знака союза", который называется непорочным. "Ходи предо Мной"[230] – отсюда следует, что мужчина не должен идти за женщиной, а перед ней, так как это называется прямым путем". Спрашивает: "Но ведь написано: "Вот Я посылаю ангела пред тобой"[231], что означает – Шхину, называемую ангелом? "И также: "И пошлю Я перед тобою ангела"[232], – в таком случае, Шхина шла перед ними, а они за ней? И отвечает: "Авраама, когда еще не был обрезан, она подталкивала его идти перед собой", и не позволяла ему идти за ней. "И поэтому не написано: "Будь непорочен и ходи предо Мной", а "ходи предо Мной"[230] пока ты еще не обрезан, "потому что ты недостоин" ходить за Мной "пока не станешь непорочен", т.е. пока не совершишь обрезание. "И так у всех" – то есть так у всех людей. "Если человек непорочен и хранит его (союз), сразу же Шхина находится перед ним, а он – за ней, ибо готов он для этого"».

Объяснение. Хохма получаема не от Малхут, а от келим ее ахораим.[233] И если человек не удостоился этого, т.е. не совершил обрезания и может притянуть Хохму сверху вниз, ему

---

[229] Тора, Дварим, 18:13. «Непорочен будь с Творцом Всесильным твоим».

[230] Тора, Берешит, 17:1. «И было Авраму девяносто лет и девять лет, и явил Себя Творец Авраму, и сказал Он ему: "Я Творец Всемогущий. Ходи предо Мной и будь непорочен"».

[231] Тора, Шмот, 23:20. «Вот Я посылаю ангела пред тобой, чтобы хранить тебя в пути и привести тебя в то место, которое Я приготовил».

[232] Тора, Шмот, 33:2. «И пошлю Я перед тобою ангела, и прогоню кнаанеев, эмореев, и хеттов, и призеев, хивеев и йевусеев».

[233] См. Зоар, главу Ваякель, п. 53.

запрещено идти за Шхиной, то есть чтобы не притягивал от нее Хохму, от ахораим ее. И на это указывали мудрецы, что запрещается мужчине идти за женщиной. Тогда как после обрезания и соблюдения союза, когда он уже уверен, что не притянет Хохму сверху вниз, он достоин идти за Шхиной, достоин получать свечение Хохмы от ее ахораим. И это смысл сказанного: «"Ходи предо Мной"[230], потому что ты недостоин, пока не станешь непорочен», то есть пока он еще не обрезан, сказано ему: «Ходи предо Мной»[230], а не за Мной, по вышеуказанной причине. Но «если человек непорочен и хранит его», то есть хранит свой союз, «сразу же Шхина находится перед ним, а он – за ней», т.е. получает от ахораим Шхины, поскольку он хранит союз, как уже выяснилось. В порицание, что сказано: «Ибо он отвратился от Меня»[234], – то есть не достоин питаться от ахораим Шхины.

172) «"Ноах был обрезан и непорочен. Подворачивания у него не было, и поскольку не было у него подворачивания, что написано: "Пред Всесильным (ходил Ноах)"[228], а не "за Всесильным". Пред Шхиной он не находился, поскольку был обрезан, за Шхиной не находился, поскольку не сделал подворачивания. Но где находился: "Пред Всесильным"[228], – т.е. рядом с Ним, однако он не может смотреть" на Его обратную сторону (ахораим), "потому что не подготовлен достаточно"», так как не делал подворачивания.

173) «"Об Исраэле написано: "И Творец шел перед ними днем в столпе облачном ... и ночью – в столпе огненном"[235], – т.е. они шли за Творцом. После того как сказали Исраэль: "Разве недостаточно могил в Египте, что ты взял нас умирать в пустыне? Что это ты сделал с нами, выведя нас из Египта? ... Уж лучше нам служить египтянам"[236], – они словно потеряли твердость духа". Поэтому "написано: "И двинулся ангел Всесильного,

---

[234] Пророки, Шмуэль 1, 15:11. «Сожалею Я, что поставил Шауля царем, ибо он отвратился от Меня и слов Моих не исполнил". И прискорбно было Шмуэлю, и взывал он к Творцу всю ночь».

[235] Тора, Шмот, 13:21. «И Творец шел перед ними днем в столпе облачном, чтобы указывать им дорогу, и ночью – в столпе огненном, чтобы светить им, и чтобы шли они днем и ночью».

[236] Тора, Шмот, 14:11-12. «И сказали Моше: "Разве недостаточно могил в Египте, что ты взял нас умирать в пустыне? Что это ты сделал с нами, выведя нас из Египта? Не это ли мы говорили тебе в Египте, сказав: "Отстань от нас, и будем мы работать на египтян?" Уж лучше нам служить египтянам, чем умереть в пустыне"».

шедший перед станом Исраэля, и пошел позади них"²³⁷ – т.е. они были подталкиваемы перед ним. "И двинулся"²³⁷ – чтобы совершить над ними возмездие"». (Недостает продолжения).

174) (Недостает начала) «"И поэтому радовался Машиах, и обрадовался глава собрания, когда ему сообщили об этом. И сказал глава собрания, что уточнил бы и спросил Машиаха, сказав: "Откуда знал Даниэль, говоря: "Поделено на части царство твое и отдано Мадаю и Парасу"²³⁸. Он знал это из букв: "И поделено"²³⁹, как было написано. "А здесь – что это?" Другими словами, что следует из этого в отношении царя Машиаха? "Сказал ему: "Это так, разумеется", что тут содержится намек на царя Машиаха. "Поделено на части царство твое"²³⁸ нечестивое другим Машиахом", т.е. Машиахом бен Йосефом. "И затем будет властвовать персидский царь и завоюет много царств, и властвовать будет он над землей святой двенадцать месяцев. И будет властвовать и погубит многих, и" среди них "этого Машиаха", Машиаха бен Йосефа. "А затем будет низвергнут" персидский царь, "и высшие праведники получат царство. Поэтому также и здесь слово "уфарсин (и поделено)"²³⁹ указывает на персидского царя"».

175) «"Ах, святой праведник! Сколько одной радости за другой в этом источнике. Возле этого источника растут все виды деревьев, посаженные Творцом в Эденском саду. И все они предназначены для исцеления, листья и плоды, и ветви, и всегда они радуют сердце. И никогда не бывает среди них ни голода, ни тревоги, ни стенания. Счастлив народ, которому всё это уготовано. И всё это утаено ради них"».

176) «Сказал рабби Шимон: "На земле Храма есть все эти чудеса". Сказал ему: "Ах, рабби! Ах, рабби! Счастлива доля твоя в этом (здесь недостает текста) На этом источнике это вышито, но нет того, кто мог бы смотреть на него, и иногда свет его – это свет, а иногда – это тьма, а иногда он – пурпурного цвета. И они сверкают настолько, что глаза не могут смотреть

---

[237] Тора, Шмот, 14:19. «И двинулся ангел Всесильного, шедший перед станом Исраэля, и пошел позади них. И двинулся облачный столп, (шедший) перед ними, и встал позади них».
[238] Писания, Даниэль, 5:28. «Поделено на части царство твое и отдано Мадаю и Парасу».
[239] Писания, Даниэль, 5:25. «И вот надпись, которая была начертана: "Отмерено, отмерено, взвешено и поделено"».

наверх. А тот, о котором ты спросил, – святой праведник, с той святой земли, – глава собрания не выяснил у него, потому что он скрылся в Ярдене. Я ведь сказал тебе то, что сказал, – но это спрошено, и ты узнаешь то, что узнаешь"».

177) «"Этот Ярден", являющийся Есодом Малхут, "входит и протягивается один раз в год", то есть один раз, который является одной линией, из трех раз в году, т.е. трех линий, то есть в свойстве левой линии, "в ту реку, которая вытекает из Эдена", и это Есод Зеир Анпина, когда начало зивуга, оно в свойстве левой линии, "и не из тех четырех рек, которые распространяются от нее, а именно в ней", в реке, вытекающей из самого Эдена. "Когда она подходит к ней, она протягивается и распространяется, и входит в Ярден", вначале в свойстве левой линии, в тайне примирения.[240] И когда "достигает земли Святилища", т.е. свойства Малхут де-Малхут, "находится там три дня", т.е. в тайне трех линий, "и не распространяется и не простирается в другое место". И сказал глава собрания: "Когда возвращается эта река, вытекающая из Эдена на свое место, оставляет там", на земле Скинии, "всевозможные узоры, которые делает Творец в Эденском саду, и это узоры, скрытые под их местом"» (недостает окончания).

---

[240] См. Зоар, главу Берешит, часть 2, п. 215, со слов: «Внутренний смысл. Всё, что имеет место в порядке построения ступени...»

ГЛАВА ШЛАХ ЛЕХА

Столбы и орлы

178) (Недостает начала) «"Одни – здесь, другие – здесь, и поднимаются и опускаются они, как и вначале. С той южной стороны", являющейся правой линией, которая полностью Хесед, "есть триста пятьдесят столбов из всех видов жемчуга. И это те, которые всегда светятся и истекают скрытыми бальзамами, никогда не раскрывающимися. Четыре водоема находятся в каждом из столбов, и когда с этих столбов стекают бальзамы, то падают в них", в водоемы, "и все водоемы наполняются, и эти бальзамы не переливаются наружу"».

179) «"Из этих бальзамов в грядущем будущем должны будут каждый день воскурять благовония пред святым Царем, которые не будут используемы людьми для растираний. И неизвестна основа этих бальзамов, из чего они были сделаны, но они стекали там с этих столбов"».

180) «"Два орла на каждом столбе искрятся и светятся всеми красками – их семьсот орлов" на всех трехстах пятидесяти столбах. "Они воспаряют, одни – здесь, другие – здесь, с кругообращением столбов. Когда они кружатся, глаза не успевают уследить, в каком месте они (находятся)"».

181) «"Три буквы отчетливо выделяются и перелетают из уст одного в уста другого при кругообращении этих столбов и орлов. Все эти буквы образуются из белого огня и зеленого золота. Две тысячи сто светильников висят между этими столбами, и две тысячи сто свечей имеются в каждом из светильников. Они горят днем и гаснут ночью из-за страданий Исраэля. А когда наступает утро, они зажигаются сами собой"».

Пояснение сказанного. От хазе Зеир Анпина и ниже имеются в нем четыре сфиры Тиферет-Нецах-Ход-Есод (ТАНХИ). И каждая из них включает в себя все, и в каждой из них есть Тиферет-Нецах-Ход-Есод (ТАНХИ). И они представляют собой только три с половиной сфиры, ибо только Нецах-Ход-Есод (НЕХИ) являются полными, а от Тиферет есть только полсферы, от хазе и ниже. И они исчисляются сотнями, поэтому есть триста свойств, соответствующих НЕХИ, и пятьдесят свойств, соответствующих Тиферет. Таким образом, есть триста пятьдесят свойств в сфире Есод, и также триста пятьдесят свойств в

Ход, и т.д., потому что каждая из них состоит из всех. И триста пятьдесят (свойств) Есода, называются тремястами пятидесятью столбами, а триста пятьдесят свойств сфиры Нецах и триста пятьдесят свойств сфиры Ход называются тремястами пятидесятью орлами. И есть у них свойства Малхут, содержащиеся в их теле (гуф), т.е. каждая из сфирот ТАНХИ состоит из десяти сфирот, и есть одна Малхут в каждом из трехсот пятидесяти свойств, имеющихся в четырех сфирот. И они называются водоемами, и кроме них, есть общая Малхут, получаемая от всех сфирот ТАНХИ Зеир Анпина, т.е. Малхут, получающая от трех линий НЕХИ Зеир Анпина, и она называется светильником. И поскольку она получает наполнение трех букв, перелетающих от одного орла к другому, у нее есть две тысячи сто свойств. Ведь есть по два орла, и дважды триста пятьдесят – это семьсот. И из каждого свойства, имеющегося в этих семистах, выходят три буквы, и это трижды семьсот – всего две тысячи сто. Поэтому есть две тысячи сто светильников. А света, имеющиеся в них, называются свечами. И поскольку все они состоят друг из друга, есть в каждом из двух тысяч ста светильников две тысячи сто свечей.

И об этом сказано: «С той южной стороны»[241] – т.е. с правой стороны, в Хеседе Зеир Анпина, «есть триста пятьдесят столбов» – т.е. триста пятьдесят свойств, что в Есоде Зеир Анпина, называемые столбами, как мы уже сказали, «из всех видов жемчуга». «И это те, которые всегда светятся», – т.е. они светят всем свойствам Малхут, называемым жемчужинами, и свечение их не прекращается, «и истекают скрытыми бальзамами» – свечения Хохмы называются бальзамами, возносящими аромат снизу вверх. И говорит, что эти бальзамы стекают с них, так как они состоят из всех трех линий, однако эти бальзамы находятся в скрытии и неизвестны, поэтому сказано: «Никогда не раскрывающимися». И это – по той причине, что здесь говорится о южной стороне, являющейся властью свойства Хесед, и поэтому свечение Хохмы в левой линии, т.е. в северной стороне, не может раскрыться в нем.

И это означает сказанное им: «Четыре водоема находятся в каждом из столбов» – т.е. сфирот Малхут, имеющихся в свойстве гуф (тело) столбов, и их – четыре в каждом из столбов, соответствующих ТАНХИ. «И когда с этих столбов стекают

---
[241] См. п. 178.

бальзамы, то падают в них» – то есть когда эти бальзамы, т.е. свечения Хохмы, которые не могут раскрыться здесь, падают в эти водоемы, «и эти бальзамы не переливаются наружу» – т.е. не передаются от них наружу, а остаются в этих водоемах, по указанной выше причине. И поэтому сказано: «Из этих бальзамов в грядущем будущем должны будут каждый день воскурять благовония пред святым Царем»[242] – т.е. в грядущем будущем раскроются свечения Хохмы в них, «которые не будут используемы для растираний людьми» – т.е. не будет в них никакого пробуждения снизу, исходящего от людей, но это будет полностью пробуждением свыше без всякого пробуждения снизу. «И неизвестна основа этих бальзамов, из чего они были сделаны» – т.е. нет никакой возможности их постичь, поскольку они находятся во власти левой линии, «но они стекали там с этих столбов» – и ни один нижний не причастен к этому.

И это смысл сказанного им: «Два орла на каждом столбе искрятся и светятся всеми красками»[243], – потому что эти столбы являются свойствами Есода, а Нецах и Ход называются двумя орлами, стоящими на нем, т.е. на каждое свойство Есода есть два свойства – Нецаха и Хода. «Их семьсот орлов», – так как есть триста пятьдесят свойств в орле Нецаха, и также триста пятьдесят свойств – в орле Хода. «Они воспаряют, одни – здесь, другие – здесь, с кругообращением столбов», – то есть во время свечения трех линий, которые совершают кругообращение в трех местах,[244] и тогда орлы перелетают из одного места в другое, а столбы совершают кругообращение. «Когда они кружатся, глаза не успевают уследить, в каком месте они (находятся)». Иными словами, хотя раскрытие Хохмы в любом месте называется созерцанием глаз посредством кругообращения линий, здесь это не так, но глаза не способны созерцать, поскольку здесь власть Хеседа.

И поэтому сказано: «Три буквы отчетливо выделяются и перелетают из уст одного в уста другого при кругообращении этих столбов и орлов»[245]. Наполнение состоит из трех линий, называемых «три буквы», и после того как это наполнение

---

[242] См. п. 179.
[243] См. п. 180.
[244] См. Зоар, главу Ваехи, п. 507. «Звучание вращающегося снизу вверх колеса...»
[245] См. п.181.

полностью исправлено в Нецахе и Ходе, и это два орла, оно приходит в Есод, и поэтому три буквы, являющиеся наполнением, перелетают от одного орла к другому, от Нецаха к Ходу, и от Хода к Нецаху, во время кругообращения этих столбов и орлов. «Все эти буквы образуются из белого огня» – т.е. левая линия, называемая огнем, включена в белый цвет, Хесед, «и зеленого золота» – т.е. левая линия, называемая золотом, включена в среднюю линию, зеленый цвет. И это смысл сказанного: «Две тысячи сто светильников висят между этими столбами» – потому что Малхут, получающая наполнение, называется светильником. И поскольку наполнение приходит от каждого орла в трех буквах, и у каждой буквы есть один светильник для получения ее, то это – трижды семьсот букв, всего – две тысячи сто букв, получаемых в две тысячи сто светильников. И они висят между столбами для того, чтобы получать это наполнение. А света в этих светильниках называются свечами. И это смысл сказанного: «И две тысячи сто свечей имеются в каждом из светильников» – потому что каждая из двух тысяч ста состоит из всех, и поэтому есть две тысячи сто в каждом из светильников. И поскольку все они находятся под властью южной стороны, т.е. Хеседа, властвующего днем, а не ночью, поэтому «они горят днем и гаснут ночью», – так как ночью властвует суд, и тьма. И это смысл сказанного: «Из-за страданий Исраэля» – т.е. из-за власти суда и тьмы, от которой исходят страдания Исраэля. «А когда наступает утро, они зажигаются сами собой» – т.е. когда наступает время власти Хеседа, «они зажигаются сами собой», и нет необходимости поднимать МАН со стороны нижних.

182) «Пока они сидели, сказали: "Вот стемнела ночь". Сказал ему, рабби Шимону: "Ты – святой праведник, свет мира! Возьми книгу из этой папки", являющейся местом, в которое складывают рукописи, "и возьми свечу, и запиши эти слова. Ибо пришло наше время, чтобы каждый вспомнил свою могилу до полуночи, и" тогда "входит Творец в Эденский сад, чтобы радоваться с праведниками, и тогда каждый из них воспаряет туда, и назавтра мы будем у тебя, потому что нам дано право восполнить подарок, который послали тебе"», т.е. восполнить раскрытие тайн. «Воспарили. Заплакал рабби Шимон и зарыдал».

Любимая лань

183) «Провозгласил и сказал: "Любимая лань и прекрасная серна! От груди ее получишь упоение во всякое время! В любви ее возвышайся всегда!"[246] Тора, Тора! Свет всех миров! Сколько морей, рек, родников и источников исходят от тебя во все стороны?! Всё от тебя – благодаря тебе существуют высшие и нижние, от тебя исходит высший свет! Тора, Тора! Что я скажу тебе?! Ты любимая лань и прекрасная серна! Наверху и внизу пребывают те, кто любят тебя, кто удостоится вскармливаться от тебя, как подобает. Тора, Тора! Отрада Господина твоего! Кто может раскрыть и рассказать скрытое и сокровенное в тебе?!" Заплакал (рабби Шимон) и, склоня голову к коленям, поцеловал прах».

184) «Тем временем увидел (рабби Шимон) несколько образов товарищей вокруг себя. Сказали они ему: "Не бойся, сын Йохая. Не бойся, светоч праведности. Записывай и испытай радость Господина своего". Записал он все те слова, которые слышал этой ночью, выучил их, произнес их, не забыв ни одного слова. И свеча эта светила ему всю эту ночь, пока не наступило утро. Когда настало утро, поднял он взор свой и увидел один свет, освещающий небосвод, потупил глаза вниз. Снова поднял, как и вначале, и увидел свет, освещающий весь небосвод. И взошло в этом свете очертание Храма», святого Храма. То есть, произошел зивуг Малхут с Зеир Анпином «во множестве образов. Обрадовался рабби Шимон. И тут же этот свет скрылся».

---

[246] Писания, Притчи, 5:18,19. «Да будет источник твой благословен! Всегда будет наполнять тебя радостью жена юности твоей – любимая лань и прекрасная серна! От груди ее получишь упоение во всякое время! В любви ее возвышайся всегда!»

ГЛАВА ШЛАХ ЛЕХА

Тот, кто не удостоился в этом месте

185) «Тем временем пришли два посланца, застали его, склонившего голову к коленям. Сказали ему: "Мир тебе, господин наш, мир тому, кому высшие и нижние спешат пожелать мира. Вставай!" Встал рабби Шимон, обрадовавшись им. Спросили у него: "Разве не заметил ты, какую душевную радость доставил тебе Господин твой? Ты видел свет Храма на небосводе?" – т.е. свечение зивуга Малхут с Зеир Анпином, который называется небосводом. Сказал им: "Видел". Сказали ему: "В этот час раскрыл Творец бездонную глубину" – т.е. экран, "Храма" – т.е. Малхут, "и перенес его в великое море" – Бину. "И от его света" – от света подслащения экрана Малхут в Бине, "светил на небосводе"» образ Храма – что означает зивуг.

186) «Сказали ему: "Глава собрания спрашивает о здравии твоем, ведь он знал, что мы посланы к тебе. И много речений от Атика (старца) были открыты в Торе в эту ночь". Сказал им: "Прошу я вас, скажите мне одно из этих речений". Ответили ему: "У нас нет права" раскрывать их тебе "по той причине, что мы пришли к тебе, но одну новую вещь мы можем сказать тебе сейчас"».

187) «Провозгласил глава собрания и сказал: "И сказал Творец Авраму: "Ступай же из земли своей"[247], – это потому, что светил в нем свет таким образом", иначе говоря, Творец потому и сказал ему: "Ступай же"[247], что свет по-иному не может светить в нем, но только так. "Поскольку тот, кто не удостаивается в одном месте, должен пойти и укрепиться в другом месте, и там он удостоится. Дерево горящее, а свет не восходит и не светит ему, встряхнут его и поднимется свет в нем, и светит. И сказали" посланцы: "Мы готовы были выслушать" продолжение этих слов от главы собрания, "но поскольку мы хотели прийти к тебе, то не хотели задерживаться". Возрадовался рабби Шимон».

188) «Сказали ему: "Итак, верный праведник! Все, сказанное нами о Торе, было лишь кратким пояснением каждого речения", т.е. была высказана кратко лишь сама суть вещей. "Но как значительны и возвышенны эти краткие пояснения –

---

[247] Тора, Берешит, 12:1. «И сказал Творец Авраму: "Ступай же из земли своей, от родни своей, и из дома отца твоего в землю, которую Я укажу тебе"».

настолько, что нет им меры. Потому что нет у нас сомнений, а лишь точное выяснение Торы. А сейчас пояснил глава собрания скрытый смысл слов об основе души, – почему не светит она в этом месте, и удостаивается светить в другом месте. И до сих пор не удостоились мы узнать об этом, так как вынуждены были прийти к тебе"».

189) «"И другое речение удостоились мы услышать от него. Дух, который уходит в тот мир ни с чем, без сыновей, – жена его становится для него кли, в котором он будет отстроен", т.е. с помощью левиратного брака. "В чем причина? В том, что жена его – это свеча, зажженная от него, и оба они были одной свечой. Свет одного вышел из света другого. Если погас один", т.е. умер без сыновей, "то буквально зажигается он от света" жены его, "потому что были они одним светом"».

ГЛАВА ШЛАХ ЛЕХА

Суд одного человека в Эденском саду

190) «"Теперь, рабби, вернемся к" нашим "первым речениям, и когда вернемся на свое место, получим разрешение от главы собрания на те речения, которые получим от него, и скажем пред тобой. Счастлива участь твоя, ибо удостоился ты светов, скрытых со всех сторон, – сверху и снизу, от этого мира и от иного мира". Сказал рабби Шимон: "Хотел бы я узнать одну вещь – можете ли вы рассказать мне: удостаиваются ли женщины в том мире подняться наверх, или как с ними это происходит там?" Ответил ему: "Ой, рабби! Ой, рабби! Есть у нас в этом сокровенная тайна, только не можем мы раскрывать тайны, касающиеся этого. Но пусть он пойдет и попросит позволения сказать тебе, и тогда будет сообщено тебе". Тем временем воспарил один из них и исчез, удалившись».

191) «И тут же он вернулся к ним и сказал: "Готов я был войти, но все" были "в одном кругу", т.е. сидели в кругу, "и обсуждали дело одного человека, который стоял у входа в Эденский сад, и херувимы держали его, не давая ему войти туда. А он, будучи между ними, был безутешен в горе своем и криком кричал у входа. И слышали это все праведники, находившиеся там. А теперь собрались все члены собрания, чтобы войти к царю Машиаху и рассмотреть его дело. И явился я, чтобы сообщить вам. И этот мой товарищ тоже должен пойти туда. Ибо вестник сообщил всем членам собрания, что они собираются навстречу Машиаху". Взял он одну рукопись и дал рабби Шимону, сказав: "Возьми это и изучи внимательно, что" написано "там, пока мы не явимся к тебе". Воспарили оба».

192) «А рабби Шимон взял рукопись, и увидел то, что увидел в тайнах, что там, за весь этот день. Ночью увидел свечу, и напал на него сон, и спал он до утра. Когда наступил день, встал он, и эта рукопись улетела от него. И вот явились эти двое. Сказали ему: "Вставай, рабби, счастлива участь твоя, вставай. Благодаря тебе, мы видели и удостоились множества высших тайн. Какую же радость выразили они, давая нам разрешение раскрыть тебе всё, что ты пожелаешь. Глава высшего собрания вышел к нам и сказал: "Спросите о здравии рабби

Шимона, место рабби Шимона свободно для него уже долгие дни, и нет того, кто приблизится к нему. Благословен он"».

193) «"Рабби, рабби, когда мы воспарили от тебя, то войдя, увидели всех членов собрания, которые собрались в одном чертоге, там, где находится Машиах, и обсуждали дело того человека, который стоял на входе. Нам не позволено сообщать его имя". И сожалел об этом рабби Шимон. Сказал ему: "Не сожалей, рабби, ты узнаешь это ночью, в сновидении своем. Однако рассмотрели его дело в суде, и Машиах постановил, что этот человек будет находиться снаружи в этом горе сорок дней. По завершении сорока дней подвергнут его страданиям суда скорби преисподней – в течение полутора часов"».

194) «"И все это потому, что однажды один из товарищей истолковывал речения Торы. Когда он достиг одного речения, то знал тот человек, что он ошибется в нем, и сказал товарищам: "Молчите! Ничего не говорите!" И поскольку товарищи молчали, тот ошибся в этом речении и опозорился. И из-за того позора, который причинил этот человек, осудили его суровым судом, потому что Творец не желает оставлять безнаказанными прегрешения в Торе даже в самом малом (досл. на величину волоса)"».

195) «"После вынесения решения вышли все члены собрания, и я попросил разрешения, так как сын Йохая задал этот вопрос. И поэтому показали мне то, чего не знал я до сих пор. Ой, рабби, показали мне шесть чертогов со множеством благ и наслаждений, в том месте, где распростерта завеса в саду. Потому что, начиная от этой завесы и далее, мужчинам вообще запрещается входить туда"».

ГЛАВА ШЛАХ ЛЕХА

Чертог женских душ

196) «"В одном чертоге находится Батья, дочь Фараона, и множество десятков тысяч и тысяч женщин-праведниц вместе с ней. И у каждой из них есть места света и наслаждений, и не ощущается никакой тесноты вообще. Всякий день вестники трижды провозглашают: "Вот, приближается образ верного пророка Моше". Батья выходит к месту перегородки, которая имеется у нее, и видя образ Моше, кланяется ему, говоря: "Счастлива доля моя, что взрастила я этот свет". И это приносит ей" особое "удовольствие, больше, чем всё остальное"».

197) «"Батья возвращается к женщинам и занимается заповедями Торы. Все они находятся в образах, в которых были в этом мире, в облачении света, подобном облачениям мужчин, за исключением того, что свечение их не настолько сильное", как у мужчин. "Заповеди Торы, выполнения которых они не удостоились в этом мире, – они занимаются ими и раскрывают их тайный смысл в том мире. И все эти женщины, сидящие вместе с Батьей, дочерью Фараона", в одном чертоге, "называются женщинами беззаботными, которые вовсе не переживали страдания преисподней"».

198) «"В другом чертоге находится Серах, дочь Ашера, и множество десятков тысяч и тысяч женщин вместе с ней. Трижды в день провозглашают перед ней: "Вот, приближается образ праведника Йосефа", и она радуется и выходит к перегородке, которая есть у нее, и видит свет образа Йосефа. И она радуется и, кланяясь ему, говорит: "Благословен тот день, когда принесла я радостную весть о тебе деду моему". Затем она возвращается к остальным женщинам и воздает благословения Владыке мира и благодарность имени Его. И много мест и радости есть у каждой из них. А затем она снова возвращается к занятиям заповедями Торы и раскрытию их тайного смысла"».

199) «"В другом чертоге находится Йохевед, мать верного пророка Моше, и множество тысяч и десятков тысяч вместе с ней. В этом чертоге ничего не возглашают, но она трижды в день благодарит и восславляет Владыку мира – она и все те женщины, которые с ней. И они воспевают Песнь моря каждый день. И она одна начинает с отрывка: "И взяла пророчица Мирьям, сестра Аарона, тимпан в руку свою, и вышли все

женщины вслед за нею с тимпанами и в танцах"²⁴⁸. И все те праведники, что в Эденском саду, слушают мелодичное звучание ее голоса. И множество святых ангелов возносят вместе с ней благодарность и восхваления святому имени"».

200) «"В другом чертоге находится Двора-пророчица. И все женщины, которые с ней, тоже благодарят и возносят песнь, которую она воспела в этом мире. Ой, рабби! Ой, рабби! Кто видел ту радость, с которой служат Творцу праведники и женщины-праведницы. В самой внутренней части этих чертогов есть четыре скрытых чертога, принадлежащих праматерям, которые не были переданы для раскрытия. И нет того, кто бы видел их. Каждый день они пребывают одни, как я тебе сказал, и мужчины тоже"» одни.

201) «"И каждую ночь все они соединяются вместе, потому что час зивуга – он в полночь, как в этом мире, так и в том мире. Зивуг в том мире – это слияние души с душой, света со светом. Зивуг этого мира – это те́ла с телом. И все как подобает, – вид за видом, зивуг за зивугом, тело за телом", – это в этом мире, "а зивуг того мира – это свет за светом. Чертоги четырех праматерей называются чертогами дочерей верных. И не удостоился я увидеть их. Счастлива доля праведников, мужчин и женщин, идущих прямыми путями в этом мире, и удостаивающихся всех наслаждений того мира"».

202) «"Ой, рабби! Ой, рабби! Если бы ты не был сыном Йохая, то не был бы отправлен в изгнание. Соединение (зивуг) в том мире приносит бо́льшие плоды, чем соединение (зивуг), происходящее в этом мире. В своем соединении, соединении того мира, в своем едином устремлении, когда души сливаются друг с другом, они приносят плоды. И выходят из них света, и образуются светильники. И это души пришельцев, обретших веру. И все эти" души, которые рождаются от всех этих соединений (зивугов), "входят в единый чертог"».

203) «"И когда возвращается к вере один гер, воспаряет душа из этого чертога, и входит под крылья Шхины, и" Шхина "целует ее, так как она является порождением" душ "праведников, и

---

²⁴⁸ Тора, Шмот, 15:20. «И взяла пророчица Мирьям, сестра Аарона, тимпан в руку свою, и вышли все женщины вслед за нею с тимпанами и в танцах».

посылает ее в этого гера, и поселяется в нем. И с этого времени он называется праведным гером. И это смысл сказанного: "Плод праведника – Древо жизни"[249], т.е. Зеир Анпин, "порождает души, также и праведник, таков плод его, – что создает души"».

204) «Глава собрания сказал: "Написано: "И была Сарай бесплодна, не было у нее ребенка"[250]. Спрашивает: "Из того, что сказал: "И была Сарай бесплодна"[250], я знаю, что нет у нее ребенка, почему написано: "Не было у нее ребенка"[250]?" Но так сказал глава собрания: "Сыновей не порождала, а порождала души, в слиянии стремления двух этих праведников, – они порождали души для геров все то время, пока пребывали в Харане, так же как это делают праведники в Эденском саду. Как написано: "И души, которые они приобрели в Харане"[251]. Душу приобрели, разумеется"».

205) «Обрадовался рабби Шимон, сказал ему этот человек: "Ой, рабби, что я скажу тебе?! Во все новомесячья и субботы, и праздники, и времена, мужчины восходят, чтобы предстать пред святым Царем, – мужчины, а не женщины. Как ты говоришь: "Должен являться всякий мужчина твой"[252]. И когда возвращаются, возвращаются со множеством новых речений, и повторяют эти речения перед главой собрания"».

206) «"В этот день повторили перед главой собрания эти речения о древних тайнах – "праведник и хорошо ему", "праведник и плохо ему". Когда все" души "восходят внутрь весов Древа", т.е. Малхут, "прежде чем придут в мир, и согласно весу, что на весах, так есть у них в этом мире. Глава собрания спустился и раскрыл из того, что услышал наверху, – одно речение раскрыл, но не более. Дерево, которое не возносит свой свет, колотят его, и оно светит. Тело, по которому не восходит свет души, бьют его, и оно поднимает свет души, и соединяются друг с другом", тело и душа, "чтобы светить"».

---

[249] Писания, Притчи, 11:30. «Плод праведника – Древо жизни, и обретает души мудрец».

[250] Тора, Берешит, 11:30. «И была Сарай бесплодна, не было у нее ребенка».

[251] Тора, Берешит, 12:5. «И взял Аврам Сарай, жену свою, и Лота, сына брата своего, и все достояние, которое они приобрели, и души, которые они приобрели в Харане; и вышли, направляясь в землю Кнаан; и пришли в землю Кнаан».

[252] Тора, Шмот, 34:23. «Три раза в году должен являться всякий мужчина твой пред лицо Владыки, Творца Всесильного Исраэля».

207) «"Потому что есть тело, в котором свет души не светит, пока не бьют его, – тогда светит свет души, и она соединяется с телом. А тело соединяется с ней, и тогда тело, когда поднимается свет его из души, он украшает и возвышает, и прославляет, и возносит свою молитву и просьбу, и благословляет Господина своего. Вот тогда всё светит"». И поэтому есть праведник и плохо ему.

208) «"Ситра ахра хочет это делать, и она ударяет по грешникам, и все, что ударяет, – это: "А свеча нечестивых погаснет"[253], потому что поносит и позорит все стороны, и не может светить вообще. И тогда написано: "Ибо что представляет собой человек, чтобы идти за царем?"[254] – Когда хочет уподобиться ему и не может. И поэтому: "Творец испытывает праведника"[255] и наказывает его, и тогда светит, и он укрепляется в этом свете. "Испытывает"[255] – как сказано: "Камень надежный"[256]. Склонился рабби Шимон и поцеловал прах. Сказал: "Слово, слово, я гонялся за тобой с того дня, как стал" мужем, "а теперь стало мне это известно от корня и основы всего"».

209) «Сказал ему: "Ой, рабби! Когда все эти души (рухот) мужчин и женщин поднимаются наверх", ночью, во время сна, "в это время они слышат новые речения и старые, они нисходят и входят внутрь собрания, и повторяют эти речения перед главой собрания, и он обучает их этому речению как положено. Когда поднимаются, распространяются их облачения", что в этом мире, "и возносятся. Когда опускаются", снова "облачаются в облачения этого тела"».

---

[253] Писания, Притчи, 13:9. «Свет праведных воссияет, а свеча нечестивых погаснет».

[254] Писания, Коэлет, 2:12. «И обернулся я, чтобы взглянуть на мудрость, на безумие и глупость, ибо что представляет собой человек, чтобы идти за царем?»

[255] Писания, Псалмы, 11:5. «Творец испытывает праведника, а нечестивого и любящего насилие ненавидит душа Его».

[256] Пророки, Йешаяу, 28:16. «Посему так сказал Владыка Творец: "Вот, в основание положил Я на Ционе камень, камень надежный, краеугольный, драгоценный, основание крепкое; верующий не поспешит"».

ГЛАВА ШЛАХ ЛЕХА

Тот, кто меньше, тот больше

210) «"Ой, рабби! Ой, рабби! Сколько нового в речениях, произнесенных главой собрания. Счастлив тот, кто принижает себя в этом мире, – насколько же он велик и возвышен в том мире". Глава собрания начал свою речь так: "Тот, кто мал, тот велик. А тот, кто велик, тот мал. Как сказано: "И было жизни Сары сто лет (мéа шанá) и двадцать лет (эсри́м шанá) и семь лет (шéва шани́м)"[257]. О "ста (мéа)", являющихся самым большим числом, сказано "год (шанá)", как о самом малом количестве лет, т.е. уменьшено значение их до одного года. "Семь", являющиеся самым малым числом, увеличены и умножены, поскольку сказано: "Семь лет (шéва шани́м)" – во множественном числе. "Обрати внимание, что Творец возвеличивает лишь того, кто принижает себя, а принижает Творец лишь того, кто возвышает себя. Счастлив тот, кто принижает себя в этом мире, – насколько же он велик, возвышаясь в том мире"».

211) «Тем временем услышали они песнь моря, (воспеваемую) приятным голосом, и никто со дня создания голоса песнопения не слышал голоса более приятного, чем этот. И после того, как закончили: "Творец будет царствовать во веки веков"[258], они увидели четыре образа людей на небосводе, один из которых был больше и возвышеннее всех. И тот, который был больше и возвышеннее всех, подал голос и сказал: "Так сказал Творец: "Вспомню Я тебе милость юности твоей, любовь твою, когда была ты невестой, как шла ты за Мной по пустыне, по земле незасеянной"[259]. Вознесся он на небосвод и скрылся. Встал другой после него и сказал: "И поведу слепых дорогой, которой не знали они, по путям, им неведомым"[260]. Завершил, вознесся на небосвод и скрылся».

---

[257] Тора, Берешит, 23:1. «И было жизни Сары сто двадцать семь лет (досл. сто лет и двадцать лет, и семь лет) – это годы жизни Сары».
[258] Тора, Шмот, 15:18. «Творец будет царствовать во веки веков».
[259] Пророки, Йермияу, 2:2. «Иди и возгласи во всеуслышание Йерушалаиму, говоря, что так сказал Творец: "Вспомню Я тебе милость юности твоей, любовь твою, когда была ты невестой, как шла ты за Мной по пустыне, по земле незасеянной"».
[260] Пророки, Йешаяу, 42:16. «И поведу слепых дорогой, которой не знали они; по путям, им неведомым, вести буду их; обращу мрак перед ними в свет и кривые дороги – в равнину. Эти дела – сделаю Я их и не оставлю их».

ГЛАВА ШЛАХ ЛЕХА

Умершие в пустыне

212) «Провозгласил другой и сказал: "Возрадуются пустыня и безводная земля, возвеселится степь и расцветет, как лилия"[261]. И взлетев в небосвод, скрылся. Провозгласил другой и сказал: "Так говорит Творец, сотворивший тебя, Яаков"[262], "так говорит Творец, дающий в море путь и в водах могучих дорогу"[263], – "будет почитать Меня зверь полевой, шакалы и страусы"[264]. И завершив, вознесся в небосвод и скрылся. И тогда напал на них великий страх и ужас».

213) «Когда наступил день, раздался голос, как и вначале, и сказал: "Народ могучий, как лев, воины бесстрашные, словно тигры, воздайте славу Господину вашему, как сказано: "Поэтому будет прославлять Тебя народ сильный"[265]. Услышали голос воинств и станов, произносящих: "Тебе, Творец, величие (гдула) и могущество (гвура), и великолепие (тиферет), и вечность (нецах), и красота (ход)"[266], до: "И превыше всех благословений и восхвалений"[267]. Поразились они и двинулись дальше. Тем временем наступил день, повернули голову и увидели всю пустыню, покрытую облаками величия, светящими и сверкающими многочисленными красками"».

214) «Сказали друг другу: "Конечно же, Творец желает быть превозносимым восхвалениями поколения пустыни. Ибо не было в мире поколения, настолько возвышенного как это, и не будет, пока не явится царь Машиах. Разумеется, всё, что явил

---

[261] Пророки, Йешаяу, 35:1. «Возрадуются пустыня и безводная земля, возвеселится степь и расцветет, как лилия».
[262] Пророки, Йешаяу, 43:1. «И ныне так говорит Творец, сотворивший тебя, Яаков, и создавший тебя, Исраэль: "Не бойся, ибо Я спас тебя"».
[263] Пророки, Йешаяу, 43:16. «Так говорит Творец, дающий в море путь и в водах могучих дорогу».
[264] Пророки, Йешаяу, 43:20. «Будет почитать Меня зверь полевой, шакалы и страусы, ибо дал Я в пустыне воды, реки в пустыне, чтобы напоить народ Мой, избранный Мой».
[265] Пророки, Йешаяу, 25:3. «Поэтому будет прославлять Тебя народ сильный, города могучих народов будут бояться Тебя».
[266] Писания, Диврей а-ямим 1, 29:11. «Тебе, Творец, величие и могущество, и великолепие, и вечность, и красота, ибо всё, на небе и на земле, – Тебе! Тебе царство, и превознесен Ты над всеми!»
[267] Писания, Нехемия, 9:5. «И сказали Левиты – Йешуа и Кадмиэль, Бани, Хашавнэя, Шеревья, Одия, Шванья, Птахья: "Встаньте, благословите Творца Всесильного вашего извечно и вовеки! И пусть благословляют имя славы Твоей, что превыше всех благословений и восхвалений"».

нам Творец, было лишь для того, чтобы сообщить нам любовь их Господина к ним, сообщить нам, что счастлива их участь, и они – обладатели мира будущего. А в грядущем будущем, когда поднимет Творец мертвых для возрождения к жизни, предстоит им", поколению пустыни, "первыми встать к возрождению. Как сказано: "Оживут Твои умершие"[268], и это – поколение пустыни"».

---

[268] Пророки, Йешаяу, 26:19. «Оживут Твои умершие, восстанут мертвые тела! Пробудитесь и ликуйте, покоящиеся во прахе, ибо роса рассветная – роса Твоя, и земля изрыгнет мертвых».

ГЛАВА ШЛАХ ЛЕХА

Три голоса, которые никогда не пропадают

215) «Сказал ему: "Знаешь ли ты новое речение, относительно которого я необлачен?" Сказал ему: "Скажи". Сказал ему: "Я хочу знать повторяющийся голос. Человек возносит голос в поле или в другом месте, и вторит" ему "другой голос, и неизвестно"» откуда он приходит. «Сказал ему: "Ой, святой праведник! Об этом пытались сказать многочисленные голоса, и множество уточнений было высказано перед главой собрания". И когда спустился глава собрания, сказал: "Так объяснили это в небесном собрании. И это величественная тайна"».

216) «"Смотри, их три голоса, которые никогда не пропадают. Кроме голосов Торы и молитвы, которые возносятся наверх, пересекая небосводы,[269] есть ведь другие голоса, которые не возносятся и не пропадают"».

217) «"И это три голоса:
1. Голос животного в час, когда оно на камнях. Этот голос разносится в воздухе от края мира и до края его.
2. Голос человека в час, когда душа покидает тело его. Этот голос разносится в воздухе от края мира и до края его.
3. Голос змея в час, когда тот меняет кожу.[270] Этот голос разносится в воздухе от края мира и до края его"».

218) «"Ой, святой праведник! Насколько же это возвышено и величественно. Эти голоса – что с ними делается, и в какое место они входят и пребывают? Это голоса, относящиеся к страданию. И они непрерывно разносятся в воздухе, распространяясь от края мира и до края его, и входят в расщелины и подземелья, и скрываются там. И когда человек возносит голос, они пробуждаются навстречу этому голосу. И только голос змея не пробуждается от голоса человека. А как он пробуждается? От удара. Когда человек наносит удар по чему-либо, от звука этого удара пробуждается голос змея, кроющийся там", в пустом месте или в поле, "но не от голоса человека. Голос

---

[269] См. Зоар, главу Ваякель, п. 130. «Тогда воспаряют буквы, находящиеся в воздухе...»
[270] См. Зоар, главу Пкудей, п. 879. «И когда змеи внизу сбрасывают эту кожу, тогда каждая из них издает звук, пробуждающий многих змей...»

пробуждается вслед за голосом, но каждый вид следует за своим видом. И два первых голоса, принадлежащих человеку, пробуждаются, следуя за голосом человека, а третий голос, голос змея, пробуждается после звука удара"».

219) «"И поэтому в день Начала года звук шофара пробуждает звук другого шофара", т.е. голос Бины.[271] Каждый вид следует за видом своим. Путь змея – он ко злу, чтобы убивать и поражать, и поэтому самим голосом" человека "не пробуждает голос змея, а только за его же видом. И происходит это, когда человек наносит удар палкой по земле, и звук этот вызывает тот же вид. Тогда пробуждается голос змея, чтобы ответить виду своему. И тайна эта является скрытой"».

220) «Сказал рабби Шимон: "Конечно, это является скрытой вещью. И удивляюсь я, как же царь Шломо не знал этого?"» То есть сказал Шломо: «Три вещи сокрыты от меня, а о четырех я не знаю: путь орла на небе, путь змея на скале...»[272]. «Сказал ему: "Однако царь Шломо знал, но не настолько. Но то, что он не знал, это – какая польза от этого голоса, и как он вселяется"».

221) «"А глава собрания сказал так: "Царь Шломо не знал той детали, что этот голос состоит из духа, души и ропота костей вследствие тягот плоти. И" этот голос "разносится в воздухе, и каждый" из этих трех "отделен друг от друга. И когда" этот голос "достигает места, в которое он входит, он пребывает там словно мертвый. И все эти колдуны и чародеи знают эти места благодаря колдовствам своим. И они пригибаются к земле и слушают этот голос, в котором соединяются дух, душа и ропот костей, и соединяются с ним. И они сообщают вещь", о которой спрашивали. "И это – вызывание мертвых. И поэтому Шломо стремился знать, что стало с этим голосом, но не знал. Счастлив твой удел, рабби, ибо прояснилась тебе истинная вещь"».

222) «"Когда человек пробуждает голос, сразу же пробуждается тот голос", животного или голос выхода души, "и нет у

---

[271] См. Зоар, главу Ваикра, п. 304, со слов: «Объяснение. В Рош а-шана возвращаются миры к первоначальному состоянию, то есть к тому, какой была Малхут в четвертый день действия начала творения...»
[272] Писания, Притчи, 30:18-19. «Три вещи сокрыты для меня, а о четырех я не знаю: путь орла на небе, путь змея на скале, путь корабля среди моря и путь мужчины к отроковице».

него права быть более долгим, но должен быть" таким же "как тот голос, который пробуждает человек, и не более. И если человек издает более продолжительный голос, он не слишком продолжает с ним, но пробуждается в конце голос" человека, "поскольку не может продолжать более, – ведь когда тот вышел вначале, то простирался от края мира и до края, однако теперь, когда вошел туда, он не может сделать этот голос более долгим, так как нет у него места, в котором тот мог бы распространиться, как вначале"».

223) «Возрадовался рабби Шимон и сказал: "Если бы я удостоился услышать только это, мне было бы достаточно, чтобы быть в радости, ибо удостоился я услышать истинные речения того мира". Сказал ему: "Ой, святой праведник, если бы ты знал радость этих речений в том мире перед главой собрания, ты бы порадовался больше"».

Пояснение сказанного. Есть три вида светов, которые светят, а затем отменяются. Необходимо понять их (значение): если им свойственно отменяться, зачем они вообще светили? И именно они являются темой всей этой статьи – выяснить, что они не пропадают, несмотря на то что отменяются. И эти три света – это три голоса, разносящиеся от края мира и до края мира, т.е. ступень их полностью совершенна, как сказали (мудрецы): «Видит от края мира и до края его»[273]. А здесь он не говорит, что видит, так как это света левой линии без правой, и они светят только в качестве ГАР де-ВАК, и это (свет) нефеш-руах, и называется также голосом. Но поскольку они являются полными (светами) в ГАР Хохмы левой линии, поэтому говорит о них: «От края мира и до края мира».

Поэтому сказано: «Смотри, их три голоса, которые никогда не пропадают. Кроме голосов Торы и молитвы, которые возносятся наверх, пересекая небосводы, есть ведь другие голоса, которые не возносятся и не пропадают»[274], – поскольку, являясь свечением левой линии без правой, они не могут подняться наверх из-за суда, что в них. И хотя затем они уменьшаются, все же они не пропадают, как нам предстоит объяснить. И об этом

---

[273] См. Вавилонский Талмуд, трактат Хагига, лист 12:1. «Сказал рабби Эльазар: "В свете, который создал Творец в первый день, Адам Ришон видит от края мира и до края его..."»

[274] См. выше, п. 216.

сказано: «Голос животного в час, когда оно на камнях»[275], – т.е. когда оно издает семьдесят голосов, находясь на камнях. И оно указывает на высшее создание, т.е. Малхут, в час порождения ею душ. И проход ее матки узок, и она не может родить по той причине, что раскрывается в ней в это время свечение Хохмы левой линии без правой.[276] И это смысл сказанного: «Этот голос разносится в воздухе от края мира и до края его» – то есть в этом голосе есть свечение ГАР Хохмы, что и означает: «От края мира и до края его». Потому что мир – это Малхут, и когда Хохма получаема от средней линии, где правая и левая соединены друг с другом, эта Хохма не наполняет ее полностью, от края и до края, а только лишь ее ВАК, как известно. Однако, когда светит левая линия без правой, эта Хохма наполняет ее полностью, даже ее ГАР, и это означает: «От края мира и до края его».

Второй голос – это «голос человека в час, когда душа покидает тело его». Ибо тогда раскрывается в нем также свечение левой линии без правой в свойстве ГАР Хохмы. И поэтому называется тогда днем большого суда, поскольку «большой» указывает на ГАР. И об этом сказано, что человек не уходит из мира до тех пор, пока видит Шхину. И голос этот «разносится в воздухе от края мира и до края его» – т.е. это свечение ГАР, как мы уже сказали.

Третий голос – это «голос змея в час, когда тот меняет кожу», поскольку в час, когда меняет кожу, т.е. Малхут, вначале он поднимается и включается в левую линию Бины без правой, а затем поднимают Малхут в Бину, и он снова сокращается, что называется ловушкой, которую ставят этому змею.[277] Таким образом, в тот момент, когда он включается в левую линию Бины без правой, голос этот «разносится в воздухе от края мира и до края его», поскольку представляет собой ГАР Хохмы, наполняющие весь мир, как мы уже сказали.

---

[275] См. выше, п. 217.
[276] См. Зоар, главу Мишпатим, п. 322, со слов: «Внутренний смысл сказанного. Это то, что было сказано рабби Шимоном раньше. И он говорит: "Есть одна лань на земле...", т.е. Нуква Зеир Анпина, "и когда должна родить, она закрыта со всех сторон"...»
[277] См. Зоар, главу Ваэра, п. 109. «"Пока не поднимется в северной стороне одно огненное пламя", – т.е. пока не раскроются суды Бины посредством подъема Малхут к ней...»

Однако все эти три света левой линии – они только в свой час, поскольку затем они снова уменьшаются. Ибо животное на камнях не может родить из-за свечения левой линии. И поэтому является змей и жалит ее в наготу ее, и уходит свечение левой линии.[276] Таким образом все эти три голоса, которые были вначале от края мира и до края мира, снова уходят.

И это смысл сказанного: «Эти голоса – что с ними делается и в какое место они входят и пребывают?»[278] Если они сразу исчезают, почему вышли вначале, и обязательно что-то должно было с ними произойти? И спрашивает: «Что произошло с ними?» И это смысл сказанного: «Это голоса, относящиеся к страданию. И они непрерывно разносятся в воздухе, распространяясь от края мира и до края его, и входят в расщелины и подземелья», – т.е. после того, как ушло от них свечение левой линии, они входят в расщелины и в подземелья, ибо там словно место их захоронения, т.е. они уменьшились до нуля. «И скрываются там» – то есть там они в скрытии и уменьшении.

А человек (адам), издающий голос, косвенно указывает на высшего Адама, Зеир Анпина, который свойством своего голоса соединяет правую и левую линии, и тогда есть исправление также и у трех голосов, о которых мы говорим, вместе с властью левой линии, однако не полное, как это было вначале, как мы еще выясним. И это смысл сказанного: «И когда человек возносит голос, они пробуждаются навстречу этому голосу», – т.е. пробуждаются, чтобы слиться с голосом человека, и с помощью этого они получают исправление от него, как мы уже сказали. И в этом есть два свойства:

1. Голос человека, указывающий на Зеир Анпина, и хотя он объединяет их оба, все же только правая властвует в нем, но не левая.

2. Звук удара палки об землю, когда земля, Малхут, издает звук. И объединяются в ней с помощью этого звука правая и левая линии. И поскольку указывает на Малхут, то получается, что есть в ней раскрытие левой линии, так как Малхут строится от левой линии. Поэтому голоса человека достаточно для исправления двух первых голосов, голоса животного и голоса человека перед выходом его души, но не для исправления голоса змея, представляющего собой полностью левую линию. И для исправления голоса змея, т.е.

---

[278] См. выше, п. 218.

левой линии, необходим голос, исходящий от земли, Малхут, строение которой – от левой линии. И это смысл сказанного: «Голос змея не пробуждается навстречу голосу человека», так как тот не относится к его виду. И это смысл сказанного: «И происходит это, когда человек наносит удар палкой по земле, и звук этот вызывает тот же вид. Тогда пробуждается голос змея, чтобы ответить виду своему»[279], – ибо поскольку голос, который слышен от земли, относится к виду змея, тот получает исправление от этого голоса.

И это смысл сказанного: «И удивляюсь я, как же царь Шломо не знал этого?»[280] То есть сказал: «Три вещи сокрыты от меня, а о четырех я не знаю: путь орла на небе, путь змея на скале...» – т.е. голос змея, скрывающийся в расщелинах скалы. И почему было сокрыто от него. И отвечает: «Но то, что он не знал, это – какая польза от этого голоса, и как он вселяется», – т.е. не знал, какое исправление он получает, и как он ведет себя в расщелинах скалы. Ведь если он получает исправление, то почему не выходит оттуда? А если не может выйти оттуда, он ведь не получает исправление? И снова встает тот же вопрос: «Что с ними (с голосами) делается?»[278]

Это смысл сказанного: «Этот голос состоит из духа, души и ропота костей»[281] – т.е. прежде, чем он сокращается, эти три ступени связаны в нем друг с другом, так как величина его ступени достигала ГАР де-руах, как мы уже говорили. «И каждый отделен друг от друга» – т.е. после того, как он уменьшился, ушли из него света нефеш-руах, и он остался с ропотом (эвель) костей, и таким образом они отделились друг от друга, и это смысл сказанного: «Он пребывает там словно мертвый» – т.е. ропот костей, который остался, он словно мертвый, поскольку у мертвого тоже остается ропот костей, так как он не уходит из его могилы. И поэтому в час, когда он пробуждается и получает исправление от звука удара, эти три ступени снова соединяются, однако не в свойстве ГАР де-руах, как до этого, а только в ВАК де-руах, как нам еще предстоит выяснить. И это смысл сказанного: «И все эти колдуны и чародеи знают эти места благодаря колдовствам своим. И они пригибаются к земле и слушают этот голос, в котором соединяются дух, душа и ропот костей», – то есть потому, что получили исправление

---

[279] См. выше, п. 219.
[280] См. выше, п. 220.
[281] См. выше, п. 221.

от звука удара по земле, как мы уже объясняли. И тогда змей сообщает им всё необходимое для их колдовства. И это означает: «И они сообщают вещь». И это смысл сказанного: «Поэтому царь Шломо стремился знать, что стало с этим голосом, но не знал», – т.е. не знал, что представляет собой исправление, произошедшее вследствие удара по земле.

И это смысл сказанного: «И нет у него права быть более долгим, но должен быть как тот голос, который пробуждает человек, и не более»[282]. После того, как три эти голоса получают исправление от голоса человека и от звука удара человека по земле, нет у них продолжительности, т.е. свечения Хохмы, называемого продолжительным, больше, чем у голоса человека. Иными словами, поскольку голос человека исправляет с единством правой и левой линий только лишь ВАК Хохмы левой линии, поэтому также и три эти голоса не получают полного своего исправления, в котором находились вначале, «от края мира и до края его», а только ВАК, так же, как и голос человека. «И если человек издает более продолжительный голос» – т.е. в то время, когда притягивает от правой линии, он продлевает его и притягивает сверху вниз, «он не слишком продолжает с ним, но пробуждается в конце голос» – ибо поскольку они относятся только к левой линии, и нет у них доли в правой, они не могут продолжаться, т.е. притягивать Хохму сверху вниз. Ведь и в голосе человека нет этого. Это смысл сказанного: «Ведь когда тот вышел вначале, то простирался от края мира и до края», – т.е. притягивалось свойство ГАР левой линии, наполняющее весь мир, как мы уже говорили. «Однако теперь, когда вошел туда», – т.е. когда они уменьшились и вошли в подземелье, «нет у него места, в котором тот мог бы распространяться», – так как уменьшение в подземелье пребывает на них, поскольку голос человека не исправляет этого уменьшения. И поэтому они не возвращаются к свойству «от края мира и до края его» и остаются в подземелье, и не могут распространиться.

---

[282] См. выше, п. 222.

ГЛАВА ШЛАХ ЛЕХА

И Йосеф положит руку на глаза твои

224) «Сказал ему: "Что нового было сейчас, когда ты пришел ко мне?" Сказал: "Глава собрания провозгласил и сказал: "И Йосеф положит руку на глаза твои"[283], – это "радостное" известие. Спрашивает: "Зачем надо закрывать глаза мертвому?" Отвечает: "Потому что глаза – это цвета этого мира, и облик и форма этого мира находятся в них, и" поэтому, закрывая глаза, "он закрывает от него этот мир и облик этого мира". Ведь "когда закрылись глаза его, весь облик этого мира стал мраком для него. И если омрачают ему облик глаз его, то отныне и далее нет у него больше облика этого мира". Сказал рабби Шимон: "Прекрасны исправления первых мудрецов, и мудростью своей они превосходят святых ангелов"».

225) «Сказал ему: "Почему положит руку Йосеф – из всех сыновей его? И если скажешь", что Он сказал так ему, "желая сообщить ему", что Йосеф еще жив, то в таком случае "должен был сказать: "И Йосефа увидишь при жизни"», почему же Он сказал: «И Йосеф положит руку на глаза твои»[283]? «Сказал ему: "Положит руку" – поскольку он был любимцем его, и поэтому именно он скрыл от него свет этого мира, и он взял его. У того, кто закрывает глаза любимому человеку, облик будет таким: твой облик от этого мира исчезает, и я принимаю твой облик вместо тебя, – отсюда и далее установят тебе другой облик, того мира"». И потому это было дано Йосефу, так как он был любим Яаковом более всех его сыновей.

---

[283] Тора, Берешит, 46:4. «Я сойду с тобой в Египет, и Я также выведу тебя, и Йосеф положит руку на глаза твои».

ГЛАВА ШЛАХ ЛЕХА

Облачения того мира

226) «Сказал рабби Шимон: "Что это даст мертвому? Какая польза ему от этого? Если кто-то захочет так спросить, то нужно сказать ему, что" мертвому "надо открыть глаза, чтобы показать, что он еще готов вернуться к облику этого мира, как и вначале"», т.е. когда он встанет при возрождении из мертвых.

227) «Сказал ему: "Ой, святой праведник! Конечно, если не скроется от него весь облик этого мира, и если не будет потеряно им всё, то не будет у него облика и удела в том мире, потому что этот мир противоположен тому миру, в котором (находимся) мы. А во время возрождения из мертвых не будет ничего от деяний этого мира, даже на величину волоса, ибо всё исчезнет сначала в той самой росе", т.е. в росе возрождения.[284] "И будет устранена от него вся скверна, а затем он станет подобен тесту, из которого будет создано тело как новое создание. Так это (происходит) здесь"», в высшем мире, даже и до возрождения.

228) «Сказал ему рабби Шимон: "Я знал, конечно же, что вы облачены там в величественное одеяние чистого и святого тела". И спрашивает: "Но есть ли что-то подобное в этом мире?" Есть ли "человек, которого можно увидеть здесь в таком же теле, как вы предстаете в том мире?"»

229) «Сказал ему: "Это спросили двое юношей", т.е. отроков, "перед главой собрания, которые облачились после того, как перенесли страдания за грех, который не надлежит раскрывать, и спросили это перед главой собрания. И он сказал, что в этом мире было так. Откуда нам это известно? Так как написано: "И было на третий день, и оделась Эстер по-царски"[285] – т.е. "она облачается в тот самый образ того мира. "По-царски"[285] – означает "дух святости, так как небесное царство (малхут)", т.е. Малхут Зеир Анпина, называемого небесами, "веет духом (руах), – тем духом, который относится к воздуху того мира"», и в него облачается Эстер.

---

[284] Пророки, Йешаяу, 26:19. «Оживут мертвые Твои, восстанут умершие, проснутся и запоют лежащие во прахе, ибо роса Твоя – роса животворная».

[285] Писания, Мегилат Эстер, 5:1. «И было на третий день, и оделась Эстер по-царски и стала во внутреннем дворе царского дома против дома царя; а царь сидел на царском престоле своем в царском доме против входа в дом».

230) «"И когда она вошла к царю Ахашверошу, и он увидел это облачение света, ее образ показался ему ангелом Всесильного, и душа его на мгновение оставила его. Мордехай тоже" облачился в одеяние того мира, "как написано: "Мордехай вышел от царя в царском одеянии"[286]. Конечно, "царское одеяние", т.е. образ того мира. И поэтому сказано: "Ибо напал на них страх перед Мордехаем"[287] – "страх перед Мордехаем"[287], а не страх перед Ахашверошем"». Иными словами, не потому, что возвысил его Ахашверош, а (страх) перед его облачением из того мира. «Сказал рабби Шимон: "Сколько сладости в этих словах, благословен мой удел. И я же знаю, что праведники в этом мире облачаются в одеяние, называемое одеянием Малхут (царским). И это, безусловно, так"».

231) «Сказал ему: "Воздух Эденского сада представляет собой веяние духа святости, и в него облачаются праведники, подобно тому, как они находились в этом мире. А затем этот дух святости пребывает над головой каждого из них, и украшается им, и он становится венцом для него. И так же было у Мордехая, как написано: "В царском одеянии"[286], что означает – "в образе того мира. А затем: "И в большом золотом венце"[286] – т.е. венце, пребывающем на голове праведников в том мире. При получении Исраэлем Торы у них тоже было по подобию этого", т.е. одеяние того мира, "пока не прегрешили, как написано о них: "И сняли сыны Исраэля украшения, (полученные) с горы Хорэв"[288], – т.е. сняли это одеяние"».

232) «"И так же написано о Йеошуа, великом коэне: "Снимите с него испачканные одежды"[289], и сказано: "И облекли его в одежды"[289] – это одеяния того мира. Отсюда" следует

---

[286] Писания, Мегилат Эстер, 8:15. «А Мордехай вышел от царя в царском одеянии из синеты и белой ткани, и в большом золотом венце, и в мантии из белого льна и багряницы. И город Шушан веселится и радуется».

[287] Писания, Мегилат Эстер, 9:3. «И все правители областей, и сатрапы, и начальники областей, и исполнители дел царских поддерживали иудеев, ибо напал на них страх перед Мордехаем».

[288] Тора, Шмот, 33:6. «И сняли сыны Исраэля украшения, (полученные) с горы Хорэв».

[289] Пророки, Зехария, 3:3-5. «А Йеошуа был одет в испачканные одежды и стоял пред ангелом. И отвечал он и сказал стоящим пред ним так: "Снимите с него испачканные одежды". И сказал он ему: "Смотри, я снял с тебя грех твой и (приказал) облечь тебя в одежды нарядные". И сказал он: "Пусть возложат головной убор чистый на голову его". И возложили головной убор чистый на голову его, и облекли его в одежды. А ангел Творца стоит».

"сказанное нами в начале", что необходимо прежде закрыть глаза от всякого облика этого мира, сравниваемого с испачканными одеждами, а затем он может удостоиться облика того мира, считающегося новыми одеяниями, в которые облачили Йеошуа. "И отсюда следует, что всё время, пока тело этого мира", называемое испачканными одеждами, "находится в могиле, в существовании своем, дух (руах) не может облачиться в одеяние того мира. Как написано: "И сняли с него испачканные одежды" вначале, а затем: "И облекли его в одежды"[289]. И сказано: "А ангел Творца стоит"[289]. Спрашивает: "Что значит "стоит"[289]?" И отвечает: "Но это венец, который называется ангелом Творца, и он находится над головой праведника, т.е. стоит сверху, над его головой, после того как он облачился в это одеяние величия"».

233) «"Два тела не могут находиться вместе. Всё время, пока есть это", тело этого мира, "дух не получает другое" одеяние, того мира. "Ушло то", этого мира, – "сразу же уготовано другое. Конечно, одно выходит, другое входит. Это подобно злому и доброму началам в этом мире, когда Творец не желает, чтобы оба они поднимались в одном"» теле, но если властвует злое начало, доброе начало убегает, а если властвует доброе начало, то убегает злое начало.

234) «Сказал ему: "Удивляюсь я тому, что написано: "И сата́на, стоящего справа от него, чтобы обвинять его"[290]. И если Йеошуа бен Йеоцадак так, остальные жители мира тем более". Сказал ему: "Святой праведник, насколько же скрыты и недоступны эти речения, хотя товарищи и знают речения того мира, они не могут знать этих тайн"».

235) «Сказал ему: "Если человек находится в том мире, какой смысл сата́ну обвинять его? Разве недостаточно ему того, что он отнял душу его и убил его?" Сказал ему: "О, святой праведник! Благословенна доля твоя! Смотри, всё стремление сата́на направлено лишь на то, чтобы не облачился этот праведник", Йеошуа бен Йеоцадак, "в чистое святое одеяние. После того, как увидел сатан, что одеяние его отвергнуто и не берется в расчет", т.е. испачканные одежды, "за это он обвинил

---

[290] Пророки, Зехария, 3:1. «И показал Он мне Йеошуу, священника великого, стоящего пред ангелом Творца, и сатана, стоящего справа от него, чтобы обвинять его».

его. Какова причина? Это потому, что если он облачится в одеяние величия, то сразу же нечистое одеяние и действие сата́на отменятся и устранятся из мира. И поэтому сатан не желал этого"».

236) «"И еще, все то время, пока он не облачился" в одеяние того мира, "дух навещает свое нечистое тело", и Сата́н желает этого. "А когда он облачился в одеяние величия" того мира, "уже отменяются все оттенки злого начала и его тело, и он уже не вспоминает о нем никогда"».

237) «"И если скажешь, что ведь мы", духи, "навещаем кладбище с наступлением каждой ночи", а если тело ушло из мира, зачем мы навещаем могилу? И отвечает: "Это не из-за тела, а из-за души (нефеш). Потому что всё то время, пока есть" телесная "плоть, этот дух навещает душу (нефеш), а душа навещает тело. Однако теперь", когда телесная плоть уходит из мира, "мы навещаем душу (нефеш), которая утихомирилась и пребывает в покое внутри костей" тела, и от него навсегда остается в могиле одна кость, из которой тело восстанавливается для возрождения из мертвых. "И поэтому в начале каждой ночи происходит посещение духом души (нефеш), а не плоти"».

ГЛАВА ШЛАХ ЛЕХА

Строение тела человека

238) «"О, святой праведник! Встань, и я открою тебе скрытое. Строение духа человека – оно следующее. Дух (руах)" его происходит "от духа святости", т.е. Малхут. "Душа (нешама)" его происходит "от Древа жизни. И когда дух святости", Малхут, "дает свою силу, сразу же системы его (меркавот) дают свою силу. И сила их – это кости и органы, все они – со стороны" систем (меркавот) Малхут. "И их исправления производятся одно за другим" – кость за костью, орган за органом. "Ситра ахра дает плоть, и от ее стороны происходит только плоть, и ничто другое. Системы (меркавот) ее", ситры ахра, "дают все жилы и кровеносные сосуды для поступления крови к плоти, и после того как они дают свою силу, небеса", т.е. Зеир Анпин, "дают свою силу. И что она собой представляет? Это кожа, которая протягивается над всем, как и они"», – то есть подобно небесам, которые окружают всё.

239) «"Затем соединяются небо и земля", Зеир Анпин и Малхут, "и производят четыре следующие основы – огонь, воду, воздух и землю, чтобы защитить их и покрыть всё. А затем", когда умирает, "каждый берет свою долю, которую дал" телу, "и оно исчезает. Доля духа святости и его систем (меркавот)", которую они давали человеку, "продолжает существовать. Этот дух святости, и дух (руах) его существует, и душа (нешама), они поднимаются наверх. Кости, относящиеся к системам (меркавот) духа святости, продолжают существовать. И поэтому кости представляют собой особую важность для тела. И поэтому написано: "И кости твои укрепит"[291], а о плоти так не написано"».

240) «"И всё то время, пока плоть ситры ахра продолжает свое существование, этот сатан встает для обвинения. А когда исчезает плоть, у него нет права обвинять, так как ему не на что опереться", поскольку нет у него доли в нем. "И поэтому написано: "Исчезает плоть его из виду, и дробятся кости его, которые не видны"[292]. "Из виду"[292] означает – из поля зрения

---

[291] Пророки, Йешаяу, 58:11. «И Творец будет вести тебя всегда, и насыщать в чистоте душу твою, и кости твои укрепит, и будешь ты, как сад орошенный и как источник, воды которого не иссякают».

[292] Писания, Иов, 33:21. «Исчезает плоть его из виду, и дробятся кости его, которые не видны».

сата́на, который собирается обвинить, ибо не может, потому что "исчезает плоть его"[292]. "И дробятся кости его, которые не видны"[292], – т.е. не видны сатану, чтобы приблизиться к нему, так как нет у него доли в нем, поскольку оторвалась каждая из них", т.е. каждая кость, "от своего места, и он не выступает против них, и не собирается обвинять их. Ибо после того, как плоть разлагается, не может быть возбужден суд, и он не встает с обвинением, потому что ему не на что опереться. И он не упоминает этого человека в отношении хоть чего-либо в мире". Сказал рабби Шимон: "Теперь я знаю эти речения как полагается"». То есть то, что написано: «И сата́на, стоящего справа от него, чтобы обвинять его»[290]. «"Конечно, хорошо ему обвинять"», – пока тот не снял с себя «испачканные одежды».

ГЛАВА ШЛАХ ЛЕХА

Женский разум легок

241) «Сказал ему: "Рабби, препояшься оружием и исправь себя, если ты желаешь знать те речения, которые начал, и, если захочешь спросить об этих вещах, скажи мне". Сказал ему: "Конечно, ведь я знаю, что жена моя умерла, потому что я ничего о ней не знаю. А товарищи знают" о ней. "Почему говорят, что женский разум легок?"»

Объяснение. Он спросил о высшей женщине, т.е. Малхут, и намекнул ему на суть Малхут меры суда, называемой манула, которая скрылась, и нет у нее зивуга в течение всех шести тысяч лет, и она словно мертва. И на это он намекнул ему: «Жена моя умерла, потому что я не знаю о ней ничего», – т.е. нет у меня никакого постижения ее. «А товарищи знают» – т.е. они думают, что сутью Малхут является Малхут свойства мифтеха, и они могут постигать ее. «Почему говорят, что женский разум легок?» – потому что в Даат (разуме) Нуквы нет вообще присутствия свечения манулы, как в Даат Зеир Анпина, но только от Малхут свойства мифтеха. Поэтому волосы Зеир Анпина черные, а волосы Нуквы красные. И потому суды Нуквы более легкие, чем суды захара. И он спрашивает, почему это?

242) «Сказал ему: "Разум (даат)" Зеир Анпина "приходит по шести ступеням, и каждый берет часть его. То, что остается, является легким. Но почитаема эта", т.е. Малхут де-манула, "если бы не женщина безрассудная, которая соединилась с ней. И об этом не спрашивай", так как запрещено это выяснять. "Ибо знал я" о сказанном тобой, что жена твоя умерла и ты не знаешь о ней ничего, – "не о своей жене ты спрашивал", а о Малхут манулы, как мы уже сказали. "Но" можно спрашивать "о том, что написано: "Вот Творец восседает на облаке легком"[293]. И этим легким облаком называется разум (даат) той невесты, страх пред Творцом", т.е. Малхут, "и она находится посередине, подобно высшему знанию (даат), но называется легкой. И таким образом узнал я, в чем заключается твой вопрос"».

Объяснение. Даат приходит по шести ступеням, так как притягивает только ВАК Хохмы во время согласования своего

---

[293] Пророки, Йешаяу, 19:1. «Пророчество о Египте. Вот Творец восседает на облаке легком и приходит в Египет. И отпрянут пред Ним идолы Египта, и сердце Египта обмякнет в нем».

между правой и левой линиями. И это смысл сказанного: «Почему говорят, что женский разум легок?» – что есть в них лишь свойство легкого суда мифтехи, и это потому, что «разум приходит по шести ступеням» – т.е. вследствие силы судов, что в нем, от манулы и от мифтехи, он притягивает только ВАК (шесть окончаний) Хохмы, но не ГАР. «И каждый берет часть его» – и каждая из линий берет свою долю, так как манула светит в правой линии, а суды захара – в левой. «То, что остается, является легким», – и то, что осталось от тех судов, которые не подсластились свойством Даат Зеир Анпина, называется легким. Ибо это свойство мифтехи, суды которой легки, и она пригодна для получения Хохмы.[294] И это смысл сказанного: «И этим легким облаком называется разум (даат) той невесты, страх пред Творцом, и она находится посередине», – т.е. она действует в ее средней линии как Даат Зеир Анпина.

---

[294] См. «Предисловие книги Зоар», п. 42, со слов: «Сказано: "И этот ключ надежно спрятан в одном из чертогов" – потому что Арих Анпин создал высшие Абу ве-Иму и также в Абе ве-Име утвердил недостаток ГАР светов и АХАП де-келим...»

Столбы и колеса

243) «"Но ты начни и препояшься оружием, и укрепи связи свои, ибо настало время раскрытия, что ты и начал уже делать. Ибо на территории Храма есть помещение двора внутри. И в этом дворе есть двенадцать входов, по числу колен Исраэля. На первом входе написано "Реувен", на втором входе – "Шимон". И так – все остальные колена Исраэля записаны на этих входах в час, когда восходят, чтобы предстать пред Владыкой мира. Если входящий во врата, на которых написано "Реувен", относится к колену Реувена, то принимают его эти входы, а если нет, то" эти входы "выставляют его наружу. И так – со всеми", т.е. эти входы принимают лишь того, кто относится к колену, записанному на них. "И таким образом установится и предстанет каждый"».

244/1) «"Триста шестьдесят пять столбов пылающего света есть в каждой из этих четырех сторон двора. Все эти столбы называются живыми столбами, потому что их свет не может спокойно пребывать в одном месте. И все эти" столбы, – "одни поднимаются, а другие опускаются, предоставляют друг другу место. Те, что поднимаются, соударяются друг с другом и издают мелодию. И также те, что опускаются"», издают мелодию.

244/2) «"Те" столбы, "что поднимаются, издают мелодию. Какую мелодию они издают? Это песнь неизвестного автора", т.е. не упоминается имя произносящего ее. "Псалом. Пойте Творцу песнь новую, ибо чудеса сотворил Он"[295]. Спрашивает: "Песнь новую"[295], – но разве бывает песнь старая? Однако это песнь, посредством которой ангелы до сих пор еще не восславляли Его, поскольку она новая. Что означает "новая"? Это потому, что тот, кто возобновляет юношество свое", т.е. юноша Матат, "возносит славу Ему и говорит Ему, и так сказал глава собрания". Матат "этот называется новым, и он новый" потому, что он возобновляет свое юношество всегда, и это "благодаря тому, что он слит с солнцем", Зеир Анпином, "и не расстается с ним. Исключая ситру ахра, у которой нет обновления, и написано о ней: "И нет ничего нового"[296]. Ибо "стара и ветха она, и не обновляется"».

---

[295] Писания, Псалмы, 98:1. «Псалом. Пойте Творцу песнь новую, ибо чудеса сотворил Он, помогла Ему десница Его и мышца святости Его».
[296] Писания, Коэлет, 1:9. «Что было, то будет, и что делалось, то делаться будет, и нет ничего нового под солнцем».

245) «Еще провозгласил глава собрания: "Сара вновь стала молодой, потому что ее ступень", т.е. некева, "привела к этому, как сказано: "После того, как ушла моя молодость? И господин мой стар"[297]. Что такое "молодость (эдна עֶדְנָה)"? Это привлечение высшего наслаждения (эден עֶדֶן)", т.е. Хохмы, "и поскольку она нисходит к ней от свойства некева, написано "молодость (эдна עֶדְנָה)" с хэй (ה). И поэтому сказано: "Ушла (аита הָיְתָה)"[297], а не "ушло (айа הָיָה)"».[298]

246) «"И господин мой стар"[297]. Спрашивает: "Разве из-за того, что он стар, он не способен порождать?" Ведь и старые порождают. И отвечает: "Но она не добавила к этому одной малой детали", сказав, "что из-за этого старика", т.е. ситры ахра, как мы уже сказали, у которой нет возобновления и порождений, Авраам "не возобновляется и не производит потомство. Ведь если бы" ситра ахра "производила порождения, мир пришел бы в смятение. И на это ответил Творец: "Отчего это смеялась Сара, сказав: "Неужели я действительно рожу, ведь я состарилась?"[299] – указывая, что старость ситры ахра властвует в Аврааме. Спрашивает: "А если скажешь, что ведь написано: "А Авраам был стар и достиг преклонных дней"[300], – ведь Писание тоже называет Авраама старым? И отвечает: "Однако" Писание говорит: "И достиг преклонных дней"[300], что означает – "достиг тех высших дней" Зеир Анпина, "которые возобновляют силы молодости подобно орлу. И об этом", об этих высших днях, "эта мелодия"»: «Псалом. Пойте Творцу песнь новую»[295]. «Это песнь того нового", т.е. Матата, который слит с высшими днями Зеир Анпина. "Помогла ему (десница Его и мышца святости Его)"[295]. Кому? То есть помогла тому новому, который" включает "правую (сторону) высшего Царя", Зеир Анпина, "и мышцу Его"», т.е. также левую. И поэтому сказано: «Десница Его и мышца святости Его»[295].

---

[297] Тора, Берешит, 18:12. «И засмеялась Сара про себя, говоря: "После того, как ушла моя молодость? И господин мой стар"».
[298] См. далее Зоар, главу Хукат, п. 59. «"В чем разница между нижним Эденом и высшим Эденом? Это как преимущество света из тьмы. Нижний Эден называется Эдна, т.е. некева. Высший Эден называется Эден, т.е. захар"...»
[299] Тора, Берешит, 18:13. «И сказал Творец Аврааму: "Отчего это смеялась Сара, сказав: "Неужели я действительно рожу, ведь я состарилась?"»
[300] Тора, Берешит, 24:1. «А Авраам был стар и достиг преклонных дней, и Творец благословил Авраама во всем».

247) До этого места объяснялась песнь столбов, поднимающихся наверх. А теперь объясняет «"те" столбы, "что опускаются" сверху вниз, "тоже издают мелодию и произносят другую песнь неизвестного автора", т.е. исполнитель ее не упоминается. "И что она собой представляет? Это – псалом благодарения, который тоже от неизвестного автора"».

248) «"Свет их", столбов, "кажется единым светом, но когда они совершают кругообращения, то в каждом столбе видны пять видов света. Все эти столбы полые изнутри, и когда они поднимаются и опускаются, то выходят из них языки пламени, подобные "завязи и цветку"[301]. Сверху над каждым столбом есть три яблока, с которыми соединяются три цвета, красный-зеленый-белый. И в каждом цвете пламенеют выступающие буквы из огненных языков зеленого цвета, и никогда не угасают. И нет того, кто бы мог устоять рядом с ними"» и постичь их.

Пояснение статьи. Ты уже узнал, что совершенство приходит посредством двенадцати свойств, и это ХУГ ТУМ, в каждом из которых есть три линии. И двор, т.е. Малхут, получает эти двенадцать свойств от ТАНХИ Зеир Анпина, и они называются у нее двенадцатью коленами. И таким же образом весь Исраэль поделен на двенадцать колен так, что каждое колено получает от соответствующего ему свойства из двенадцати свойств двора, т.е. Малхут. А понятие «входы» уже выяснилось раньше.[302] И ты увидишь там, что экран, который производит разделение между Кетером и Хохмой ступени и ее Биной, Тиферет и Малхут, – этот экран опускает Бину, Тиферет и Малхут ступени на ступень под ней во время катнута, и снова поднимает Бину, Тиферет и Малхут этой ступени вместе с нижней ступенью, соединенной с этими Биной, Тиферет и Малхут, во время гадлута. И вот этот экран считается входом по отношению к нижней ступени, так как без этого экрана не было бы никакой возможности, чтобы нижний мог взойти к высшему и получить от нее его света. Как объясняется там, изучи там внимательно. И вот души (нешамот) Исраэля исходят от мира Брия, и являются нижней ступенью Малхут. Таким образом, экран, находящийся под Кетером и Хохмой двенадцати свойств двора, т.е. Малхут, опускает Бину и ТУМ двенадцати свойств Малхут к

---

[301] См. Тора, Шмот, 25:31-36.
[302] См. Зоар, главу Ваякель, п. 131, комментарий Сулам.

двенадцати коленам Исраэля во время катнута, и тот же экран снова поднимает Бину и ТУМ вместе с двенадцатью коленами Исраэля на ступень двора, т.е. Малхут, во время гадлута. Таким образом, экран, находящийся под Хохмой и Биной каждого свойства двора, является входом для подъема того колена Исраэля, в которое были облачены Бина и ТУМ этого свойства во время катнута. И это то, что было сказано: «И в этом дворе есть двенадцать входов, по числу колен Исраэля»[303], – т.е. двенадцать экранов, находящихся под Кетером и Хохмой двенадцати свойств Малхут, называемой «двор», где Бина и ТУМ каждого из свойств облачены в свойство, соответствующее ему в душах двенадцати колен Исраэля. И это смысл сказанного: «На первом входе написано "Реувен", на втором входе – "Шимон". И так – все остальные колена Исраэля» – потому что в экране каждого свойства определяется соответствующее ему свойство в двенадцати коленах Исраэля. «Если входящий во врата, на которых написано "Реувен", относится к колену Реувена» – т.е. Бина и ТУМ этого свойства, облаченные в него в состоянии катнут, «то принимают его эти входы», – иначе говоря, при наступлении гадлута, во время «видения», когда экран поднимает Бину и ТУМ его, он поднимает также колено тех, кто был связан во время катнута с этими Биной и ТУМ. «А если нет, то эти входы выставляют его наружу», – а если он не соединен с Биной и ТУМ этого свойства, то он (экран) не сможет поднять его, так как нет у него никакого контакта с ним. «И так – со всеми. И таким образом установится и предстанет каждый». «Установится» – означает катнут, потому что каждый из них устанавливается во время катнута от Бины, Тиферет и Малхут соответствующего ему свойства входа двора, т.е. экрана, так как этот экран опускает Бину и ТУМ своего свойства в Малхут к себе во время катнута. И таким же образом: «И предстанет», что означает – гадлут, ибо тогда этот экран поднимает его, потому что Бина и ТУМ его свойства находятся в нем.

И известно, что четыре сфиры Тиферет-Нецах-Ход-Есод (ТАНХИ) Зеир Анпина от его хазе и ниже облачаются в Малхут,[304] т.е. двор. И они включают друг друга таким образом,

---

[303] См. выше, п.243.

[304] См. Зоар, главу Ваякель, п. 310, со слов: «И необходимо, чтобы ты понял, почему мы называем "реку, вытекающую из Эдена", иногда Биной и ТУМ, а иногда Тиферет, а иногда Есодом. Дело в том, что всё сходится в одном месте...»

что каждая из сфирот ТАНХИ состоит из всех четырех сфирот ТАНХИ, потому что Есод состоит из ТАНХИ и также Ход состоит из ТАНХИ. И поскольку в них мохин от Бины, каждая сфира считается как сто сфирот, подобно сфирот Бины. Таким образом, три сфиры НЕХИ представляют собой триста, а сфира Тиферет, которая берется не полностью, а только ниже ее хазе, иногда считается половиной сфиры, т.е. пятьюдесятью. И в таком случае четыре сфиры ТАНХИ представляют собой триста пятьдесят.[305] А иногда мы делим Тиферет на три трети, где верхняя треть простирается до хазе, а от хазе и ниже находятся две трети Тиферет. И когда она делится на эти сто, тридцать пять из них оказываются в высшей трети Тиферет, до хазе, а шестьдесят пять – в двух третях Тиферет от хазе и ниже. И в этом случае числом четырех сфирот ТАНХИ является триста шестьдесят пять, триста – от НЕХИ, и шестьдесят пять – от двух третей Тиферет. И причина того, что у высшей трети есть на одну часть и две трети больше, чем у нижней части Тиферет, заключена в том, что Кетер двух нижних третей Тиферет, т.е. хазе, считается свойством «раглаим (ноги)» высшей трети.

И это смысл сказанного: «Триста шестьдесят пять столбов пылающего света есть в каждой из этих четырех сторон двора»[306], – потому что Есод Зеир Анпина называется столбом, и так как он состоит из ТАНХИ, есть в нем триста шестьдесят пять столбов. «В каждой из этих четырех сторон» – это четыре стороны двора, т.е. ХУГ ТУМ в Малхут, и каждая из них состоит из трехсот шестидесяти пяти столбов, являющихся свойствами Есода Зеир Анпина. И Есод Зеир Анпина называется живым. И это смысл сказанного: «Все эти столбы называются живыми столбами» – и это триста шестьдесят пять живых столбов, «потому что их свет не может спокойно пребывать в одном месте. И все эти – одни поднимаются, а другие опускаются». Объяснение, – что они всегда находятся в состоянии зивуга с Малхут, но один раз – поднимаются, другой раз – опускаются. Поскольку зивуг происходит только в свойстве Даат, и поэтому перед каждым зивугом Есод поднимается до Даат. И объясняется это тем, что все мохин Зеир Анпина являются результатом согласования двух линий Бины между собой, и тогда, поскольку

---

[305] См. выше, п. 181, со слов: «Пояснение сказанного. От хазе Зеир Анпина и ниже имеются в нем четыре сфиры Тиферет-Нецах-Ход-Есод (ТАНХИ)...»
[306] См. п. 244/1.

«трое выходят благодаря одному»[307] – поскольку ХАБАД Бины выходят благодаря Зеир Анпину, ставшему средней линией, т.е. Даат, чтобы соединить в Бине свойства Хохмы и Бины, «один находится в трех»[307] – то и Зеир Анпин удостаивается этих трех мохин ХАБАД, которые он вызвал в Бине. И основной силой согласования в Зеир Анпине, соединяющей две линии Бины, является сила его Есода, т.е. экран де-хирик в нем.[308] И в судах левой линии Даат Зеир Анпина есть свойство отдачи и свойство получения, и свойство отдачи в них называется Есодом, а свойство получения – Малхут. И получается, что Есод вызвал мохин ХАБАД Зеир Анпина, а всей величины света, которую нижний вызывает в высшем, удостаивается также и нижний. И поэтому после того, как Зеир Анпин получил ХАБАД от Бины, происходит следующее: поскольку силой согласования в Даат Зеир Анпина является Есод, то Есод и стал причиной выхода ХАБАД в Зеир Анпине, и поэтому их удостаивается также и Есод. Ибо всего, что нижний вызывает в высшем, удостаивается также и нижний. И так же в средней линии, имеющейся в ХАГАТ Зеир Анпина, силой согласования является Есод, и поэтому их удостаивается также и Есод. И тем более – на его собственном месте, т.е. в ТАНХИ Зеир Анпина. Поэтому Есод Зеир Анпина включает в себя наполнение от мохин ХАБАД Зеир Анпина, и наполнение от мохин ХАГАТ Зеир Анпина, а также – от Нецах и Ход Зеир Анпина, и простирают их на его место, в свойство Есода Зеир Анпина, а оттуда он передает их Малхут.

И перед каждым наполнением, которое Есод передает Малхут, ему необходимо обновление, т.е. он должен заново подняться в Даат Зеир Анпина и, произведя согласование между Хохмой и Биной Зеир Анпина, получить от наполнения ГАР. И затем он опускается в ХАГАТ, затем – на свое место, в НЕХИ, а затем передает наполнение Малхут. И это смысл сказанного: «И все эти – одни поднимаются, а другие опускаются», т.е. поднимаются до Даат, чтобы получить наполнение ГАР, а затем опускаются и передают наполнение Малхут. И хотя есть различие между подъемом и нисхождением, – так как те, что поднимаются, они поднимаются в силу власти правой линии, так

---

[307] См. Зоар, главу Берешит, часть 1, п. 363. «Трое выходят благодаря одному, один находится в трех, входит между двумя, двое питают одного, и один питает многие стороны ...»

[308] См. Зоар, главу Лех леха, п. 22, со слов: «Экран де-хирик, на который выходит средняя линия, происходит от свойства суда, имеющегося в Малхут...»

как желают уменьшить левую и включить ее в правую, а те, что опускаются, чтобы передать наполнение Малхут, они передают его главным образом от свойства левой линии, поскольку Малхут нуждается в наполнении Хохмы левой линии, – всё же они не препятствуют друг другу, и каждый делает то, что необходимо. И это означает: «Предоставляют друг другу место» – то есть ни в чем не препятствуют друг другу.

А раскрытие высших светов происходит в виде нисхождения мелодии. И это смысл сказанного: «Те, что поднимаются, соударяются друг с другом»[306], – то есть поднимающиеся соединяют две линии, Хохму и Бину, и соударение означает соединение и слияние (зивуг), приходящие благодаря силе снизу, т.е. Есоду, «и издают мелодию» – т.е. раскрывается наполнение трех линий ХАБАД. «И также те, что опускаются», – как нам предстоит еще выяснить. И это смысл сказанного: «Какую мелодию они издают? Это песня неизвестного автора. "Псалом. Пойте Творцу песнь новую, ибо чудеса сотворил Он"[295]. "Песнь новую"[295], – но разве бывает песнь старая? Однако это песнь, посредством которой ангелы до сих пор еще не восславляли Его, поскольку она новая»[309]. Иначе говоря, раскрытие светов, нисходящих вследствие нового подъема Есода в Даат, является новым раскрытием, о котором ангелы еще не знают, чтобы восславлять Его. Поскольку с каждым подъемом нисходит новое наполнение, которого еще не было в мирах. И это смысл сказанного: «Что означает "новая"? Это потому, что тот, кто возобновляет юношество свое, возносит славу Ему и говорит Ему», – то есть это Матат, являющийся строением (меркава) для зивуга Есода Зеир Анпина и Малхут, и он первым получает это новое свечение, так как он привлек Есод свыше, а от него получают все ангелы. И это означает: «Этот называется новым, и он новый благодаря тому, что он слит с солнцем и не расстается с ним», – потому что он слит с Зеир Анпином, называемым солнцем, и не отделяется от него, и поэтому он первый, кто получает новое наполнение от Есода Зеир Анпина. «Исключая ситру ахра, у которой нет обновления», – так как у ситры ахра, нет у них моаха Даат, куда поднимается Есод, каждый раз обновляя их зивуг, и благодаря этому зивугу всегда приходят новые света и новые порождения, но у них есть только два вида мохин – Хохмы и Бины, и поскольку им недостает Даат, из их Хохмы и Бины не выходит ничего нового, кроме той меры свечения,

---

[309] См. выше, п. 244/2.

которая принимается их Хохмой и Биной в начале их появления, они все время повторяются и возвращаются каждый раз, как и вначале, без всякого добавления, до тех пор, пока не считаются, что (это свечение) истощается и становится ветхим от частого его использования, и это смысл сказанного: «Ибо стара и ветха она, и не обновляется» – т.е. оно все время ветшает, подобно старцу, силы которого постепенно оставляют его, пока не состарится окончательно и не придет к концу. И это смысл сказанного: «И об этом эта мелодия»[310], которую издают эти столбы во время подъема в ХАБАД, «это мелодия того нового», т.е. Матата, как мы уже сказали, и также столбы играют ее, потому что они получают новое наполнение в момент своего подъема в ХАБАД, как мы уже сказали. И за этим следуют слова Писания: «"Помогла ему (десница Его и мышца святости Его)"[295]. Кому? То есть помогла тому новому, который (включает) правую (сторону) высшего Царя и мышцу Его». Иначе говоря, это вторая причина, почему эти столбы, являющиеся Есодом Зеир Анпина, исполняют эту песнь во время подъема, – потому что Писание говорит о согласовании средней линии, которым «новый», т.е. Есод, соединяет десницу (правую) высшего Царя и мышцу святости Его, т.е. левую, во время этого своего подъема. И это смысл сказанного: «Те, что опускаются, тоже издают мелодию и произносят другую песнь неизвестного автора. И что она собой представляет? Это – псалом благодарения»[311]. И это причина, почему написано в нем: «Приветствуйте Творца, вся земля»[312], т.е. Малхут, называемая землей. И поскольку эти столбы опускаются, чтобы наполнить Малхут, они произносят это.

И то, что говорит: «Свет их кажется единым светом»[313], – что свет всех трехсот шестидесяти пяти столбов является единым светом, так как все они являются свойством Есод. «Но когда они совершают кругообращения» – т.е. когда они светят в свечении линий, называемом кругообращением,[314] тогда Есод включает все свойства КАХАБ ТУМ, которые со стороны хасадим

---

[310] См. выше, п. 246.
[311] См. выше, п. 247.
[312] Писания, Псалмы, 100:1. «Псалом благодарения. Приветствуйте Творца, вся земля!»
[313] См. выше, п. 248.
[314] См. Зоар, главу Ваехи, п. 507, со слов: «Звучание колеса, вращающегося снизу вверх...»

называются ХАГАТ Нецах Ход.[315] И это смысл сказанного: «В каждом столбе видны пять видов света» – потому что каждый из трехсот шестидесяти пяти столбов включает в это время ХАГАТ Нецах Ход, однако сам Есод не является шестым свойством, так как нет более чем пять свойств, которые со стороны Хохмы называются КАХАБ ТУМ, а со стороны хасадим называются ХАГАТ Нецах Ход, но Есод по отношению к ним не является дополнительным свойством, а только лишь общим свойством, включающим эти пять свойств. И сказано: «Все эти столбы полые изнутри» – т.е. нет в них свойства «внутреннее (тох)» и «содержимое (тохен)», так как кроме этих пяти свойств, нет больше никакого свойства света, и поэтому нет в них никакого содержимого. И считается, что они полые, без содержимого в виде света. Однако есть в них два вида судов, судов правой (линии) и судов левой, которые несет в себе Есод. Ведь поэтому он и считается левой линией Даат, как объяснялось выше, в предыдущем пункте. Потому что согласующая (линия) включает правую и левую, и так же как правая линия Даат включает два вида света, правой и левой линии, так же и левая линия Даат включает два суда, правой и левой линии. И они называются «завязь и цветок». Потому что суды правой линии, – т.е. йуд (י), которая вошла в воздух (авир אויר), точка холам, – называются завязью (кафтор כפתור), от слов «связь света (кéфет ор כפת אור)», так как свет связан с правой линией силой этих судов. А суды левой линии, из которых исчезает (пореах פורח) свет хасадим, и они остаются с Хохмой без хасадим, которая не может светить, называется поэтому цветком (перах פרח), от слова «исчезание (приха פריחה)», так как света исчезают оттуда, поскольку даже Хохма не светит. И еще одна причина: потому что вся сила левой линии приходит вследствие выхода йуд (י) из воздуха (авир אויר), когда возвращается свет (ор אור), т.е. точка шурук. И поэтому считается, что йуд (י) воспаряет в воздухе (авир אויר) и выходит оттуда. И это смысл сказанного: «И когда они поднимаются и опускаются, то выходят из них языки пламени» – т.е. два вида судов, «подобные "завязи и цветку"[301]», где суды правой линии – это возвращение (хизур), т.е. завязь, а суды левой – это лилия (шошан), т.е. цветок.

И вот, после того как он достоверно выяснил, что столбы, стоящие во дворе, – это Есод Зеир Анпина, выясняет теперь

---

[315] См. «Предисловие книги Зоар», Обозрение Сулам, п. 1, со слов: «И то, что мы называем только в Тиферет ее частные свойства...»

форму постоянного наполнения в свойстве Есода, чтобы передавать его Малхут. Ведь, несмотря на то, что одно наполнение не похоже на другое, и любое наполнение является новой формой, которую Есод передает Малхут, как мы уже сказали, вместе с тем, есть одна форма, являющаяся постоянной и общей для всех наполнений в мире, обязательная для всех, и это полная форма двенадцати свойств, содержимым которых являются четыре сферы ХУБ ТУМ или ХУГ ТУМ, в каждой из которых три линии, и трижды четыре – это двенадцать. И это смысл сказанного: «Сверху над каждым столбом» – над Есодом, «есть три яблока» – три линии, «с которыми соединяются три цвета, красный-зеленый-белый» – т.е. Хесед Гвура Тиферет, которые производят соударение и соединяются с этими тремя яблоками, «и в каждом цвете пламенеют выступающие буквы» – и это Малхут, называемая «буквы», соединяющаяся с тремя этими цветами, т.е. ХАГАТ. А цвет этих букв – «из огненных языков зеленого цвета», т.е. от свойства Тиферет, которому присущ зеленый цвет, потому что Малхут всегда слита с Тиферет. «И никогда не угасают. И нет того, кто бы мог устоять рядом с ними», – ибо считается, что эта Малхут относится к свойству Есод, и свечение Хохмы раскрывается не там, а в отделенной Малхут, и это свойство «колеса». Поэтому «и нет того, кто мог бы устоять рядом с ними», т.е. невозможно их постичь там. Таким образом, есть здесь три яблока, т.е. три линии, и в каждом яблоке, в каждой линии, есть три цвета, белый-красный-зеленый, ХАГАТ, и зеленые буквы, Малхут. И трижды четыре – это двенадцать свойств, без которых наполнение не является полным. И так выяснилось, что свойства «столбы» – это Есод Зеир Анпина, а общее наполнение, находящееся над Есодом, – это форма трех яблок, и в каждом яблоке есть ХУГ ТУМ. А теперь выяснит далее форму отделенной Малхут, называемую «колёса», которые под столбами, и форму общего наполнения, что в них, для нижних, и два зивуга, утренний зивуг и зивуг в полночь.

249) "Четыре колеса узорчатой работы распространяются и крутятся на каждом столбе", из трехсот шестидесяти пяти вышеупомянутых столбов, что в каждой стороне двора. "В этих колёсах таятся великие чудеса. Когда они крутятся, из них извлекают золотые чешуйки и драгоценные камни. И сразу же те собираются внутри них и не падают на землю. В то время, когда выходят эти золотые чешуйки и драгоценные камни,

Столбы и колеса   ГЛАВА ШЛАХ ЛЕХА

доносится голос, исходящий от вращения этих колес, которые произносят: "Вот удел рабов Творца, и справедливость их от Меня, – слово Творца"[316]».

250) «"Два льва есть в каждом колесе, один лев – с одной стороны, второй – с другой. И все они – из зеленого огня. И в кругообращении, совершаемом колёсами", львы "заключают друг друга в объятия, и все совершают кругообращение, сливаясь друг с другом. Когда столбы поднимаются, львы рычат друг на друга, и яблоки воспаряют в воздух и поднимаются наверх. И" эти яблоки "соударяются друг с другом в воздухе. А затем возвращаются на свое место и падают оттуда. И львы протягивают лапы свои, чтобы заполучить их, и тогда яблоки поднимаются сами. О, святой праведник! Кто видел мудрость искусства, которую изобразил Творец на этих столбах?"»

251) «"В полдень выходят в каждом колесе два орла (и неизвестно место, откуда они выходят), и они пребывают над головами этих львов. И тогда затихают эти столбы и колеса, и остаются в этом положении. И яблоки падают в клювы орлов, и они принимают их, и сразу же перелетают" эти яблоки "из клюва в клюв (и возвращаются на свое место, и неизвестно откуда оно). Через полтора часа орлы возносят голос и издают приятную мелодию, и скрываются (и неизвестно в какое место)"».

Пояснение продолжения статьи. После того, как выяснил все свойства, что в Есоде, и наполнение, которое над ним, продолжает выяснять Малхут, получающую от него, сфирот которой называются колесами, а также понятие зивуга Есода и Малхут. И говорит: «Четыре колеса узорчатой работы распространяются и крутятся на каждом столбе»[317] – потому что наполнение, исходящее из каждого столба, состоит из ХУГ ТУМ, и необходимы четыре Малхут для ХУГ ТУМ, чтобы получали, и поэтому соответственно каждому столбу есть четыре колеса. И объясняет суть наполнения, получаемого в Малхут для нижних. И говорит: «Когда они крутятся» – потому что наполнение раскрывается лишь посредством кругообращения, как мы уже

---

[316] Пророки, Йешаяу, 54:17. «Всякое орудие, сделанное против тебя, не будет успешно, и всякий язык, который предстанет с тобою на суде, ты обвинишь. Вот удел рабов Творца, и справедливость их от Меня, – слово Творца».

[317] См. выше, п. 249.

объясняли, «из них извлекают золотые чешуйки и драгоценные камни». «Золотые чешуйки» означает – свечения Хохмы от левой линии, а «драгоценные камни» – это свечения хасадим. «В то время, когда выходят эти золотые чешуйки и драгоценные камни, доносится голос, исходящий от вращения этих колес, которые произносят: "Вот удел рабов Творца"[316]» – т.е. он сообщает о том, что это наполнение готово для получения рабами Творца, и это их удел.

Теперь выясняет порядок утреннего зивуга, когда властвует Хесед. И говорит: «Два льва есть в каждом колесе»[318] – что в каждом колесе, т.е. Малхут, есть два льва, получающие наполнение, «один лев – с одной стороны, второй – с другой», т.е. один – от свойства правой стороны Малхут, другой – от свойства левой стороны Малхут. И даже тот, что в левой, тоже называется «лев», так как это имя Хеседа, чтобы показать, что утром – власть правой линии, и также левая находится в образе правой, т.е. льва. Но, «и все они – из зеленого огня», и это цвет, называемый Тиферет, потому что вся Малхут в целом находится посередине, между правой и левой линиями, и это считается (свойством) Тиферет и зеленым цветом. «И в кругообращении, совершаемом колёсами», – т.е. во время раскрытия наполнения, которое приходит только посредством кругообращения, «львы заключают друг друга в объятия» – т.е. правая и левая линии совершают объятие, чтобы стать одним целым, «и все совершают кругообращение, сливаясь друг с другом», – т.е. включаются друг в друга. «Когда столбы поднимаются» – т.е. когда Есод поднимается в ХАБАД, чтобы получить наполнение и обновиться, как мы уже говорили,[319] «львы рычат друг на друга» – то есть те, что в правой, на тех, что в левой, так как до кругообращения они еще не являются одним свойством. «И яблоки» – то есть наполнение, находящееся над Есодом, как уже выяснилось, «воспаряют в воздух и поднимаются наверх» – т.е. они поднимаются вместе со столбами, с Есодом, чтобы воспарить в воздух, т.е. получить наполнение от ГАР, раскрывающееся при входе в свойство «воздух» и исчезающее при выходе из него. «И соударяются друг с другом в воздухе» – т.е. они включаются там друг в друга, «а затем возвращаются на свое место» – опускаются вместе со столбами на свое место, т.е. в Малхут, называемую местом, «и падают оттуда» – т.е.

---

[318] См. выше, п. 250.
[319] См. выше, п. 248.

вследствие своего соединения с Малхут падают эти яблоки из Есода в Малхут. «И львы» – т.е. получающие наполнение в Малхут, «протягивают лапы свои, чтобы заполучить их», – т.е. чтобы получить эти яблоки, «и тогда яблоки поднимаются сами» – т.е. свечение их поднимается снизу вверх от них самих, и львы получают их, и тогда они не опускаются и не падают ниже Малхут, то есть из-за наполнения Хохмы, содержащегося там, так как она светит лишь снизу вверх. Таким образом, выяснился утренний зивуг, совершаемый во власти правой линии, т.е. свойства Хесед.

А теперь выясняет зивуг, совершаемый в полдень. И говорит: «В полдень выходят в каждом колесе два орла»[320] – потому что первая половина дня является свойством Хесед, т.е. правой линией, а вторая половина дня является свойством суда, т.е. левой линией, а посередине, и это полдень, состоит из них обоих, из Хеседа (милости) и суда, и это образ лика орла, состоящий из ликов льва и быка, т.е. правой и левой линий. И поэтому выходят тогда получающие, что в Малхут, в правой и левой ее линиях, в виде двух орлов в каждом колесе, один справа, другой слева, как выше было описано с двумя львами. «И они пребывают над головами этих львов» – т.е. они властвуют в этот момент над львами. И тогда наступает время зивуга столбов и колес, т.е. Есода и Малхут. «И тогда затихают эти столбы и колеса» – т.е. отдыхают от кругообращений, «и остаются в этом положении» – т.е. они совершают зивуг друг с другом. И тогда «яблоки падают» – нисходит наполнение от этих столбов, т.е. от Есода, «в клювы орлов» – т.е. к получающим наполнение в Малхут, «и они принимают их» – и они получают яблоки с этих столбов, «и сразу же перелетают из клюва в клюв» – т.е. наполнение перелетает от клювов орлов, находящихся в правой линии, к клювам орлов, находящихся в левой, и наоборот, чтобы включить в себя как правую, так и левую линии. И вместе с тем, зивуг, производимый в полдень, тоже склоняется к правой линии, и поэтому продолжается лишь полтора часа, т.е. линия и половина линии правой стороны в это время, так как три линии называются тремя часами. И когда он заканчивается, начинает светить линия и половина линии от левой стороны, и тогда прекращается этот зивуг. «Через полтора часа» – т.е. после того как завершается свечение линии и половины линии правой стороны, представляющих собой

---

[320] См. выше, п. 251.

Хохму и правую половину Даат, и начинает светить линия и половина линии левой стороны, т.е. Бина и левая половина Даат, тогда «орлы возносят голос и издают приятную мелодию» – т.е. начинают получать от левой стороны, наполнение которой приходит посредством вознесения голоса и приятной мелодии. Но «и скрываются» – т.е. они сразу скрываются, и это свечение прекращается. Ибо из-за того, что являются ликом орла и включают правую и левую линии, они вначале могут получить свечение левой линии, однако из-за того, что правая линия начинает уменьшаться во время власти линии с половиной левой стороны, они скрываются и исчезают.

252) «"И вокруг этих столбов расположены решетки узорчатой работы", т.е. свечение Бины, облачающееся там, которое смешано и скручено, и сплетено вместе с Малхут. И поэтому оно называется решеткой узорчатой работы. И она сплетена "из красного огня", т.е. свечения левой линии, "и белого огня", свечения правой линии, "и золотых нитей", свечения левой линии в Бине, называемой золотом. "Ее обкладывают вокруг, со всех сторон. И" там есть "источник воды, как сказано: "И будет в день тот: выйдут воды живые из Йерушалаима, половина их – к морю восточному, и половина их – к морю западному"[321]».

---

[321] Пророки, Зехария, 14:8. «И будет в день тот: выйдут воды живые из Йерушалаима, половина их – к морю восточному, и половина их – к морю западному; летом и зимой будет (так)».

ГЛАВА ШЛАХ ЛЕХА

Половина их – к морю восточному

253) «Здесь глава собрания объяснял это изречение внутри, а голос его был слышен снаружи. И вследствие того, что объяснил это изречение, пробудился голос ребенка снаружи". И это был "тот самый ребенок, который истолковал учение его и изучал пред одним из столпов мира, сыном рабби Йегуды, из Рабит Ант", и это название места. "И схватили его" ангелы-обвинители, "чтобы судить его, и голос его пробудился снаружи", когда он услышал "это изречение" из уст главы собрания, "и сказал он: "Воды, которые снизу" в Йерушалаиме, "как поднимутся выше него, в место, на много ступеней выше него", т.е. к морю восточному, и это Бина? И еще, "зачем нужны они, эти воды, наверху", в Бине? И еще, "как место, из которого выходят все источники и реки, и нет прекращения у источников и рек" этих, исходящих из него, и это море восточное, т.е. Бина, "будет орошаемо от места засушливого", т.е. Йерушалаима? "Кто видел, чтобы вырытая яма давала воду бьющему источнику? Разве может Йерушалаим дать воду морю восточному, месту, из которого исходят и проистекают все воды мира? О, святой праведник", – сказал он рабби Шимону, – "перед этим голосом затихали и прислушивались к нему все голоса членов собрания, которые были там, и поэтому не смогли обвинители приблизиться к нему"», чтобы судить его.

254) «Заплакал рабби Шимон. Сказал ему: "Не плачь, святой праведник! Счастлив твой удел, ибо даже дети говорят от тебя", т.е. благодаря тебе, "скрытые тайны Торы. Давай я скажу тебе, что сделали члены собрания из-за голоса того ребенка, когда голос этого ребенка ворвался, подобно стреле, вовнутрь, и все слушали его. В этот час содрогнулся глава собрания и все те, кто был перед ним, и сказал: "Кто это там не дает войти порожденному Всесильным жизни?" Встали и поддержали его три столпа", т.е. свечение трех линий, "которые стояли перед главой собрания. И тогда вошел он, и все члены собрания подошли к нему. Сказал глава собрания: "Расскажи, что произошло с тобой, сын праведный"».

255) «Сказал (этот ребенок): "До этого момента боялся я, потому что я был из другого собрания. И сказали мне так, когда обвинители держали меня". Сказали ему: "Не бойся, сын праведный. Ты будешь находиться здесь, среди нас, семь дней, и омываться каждый день росой святости, а затем поднимут тебя в собрание остальных детей, которые здесь"».

256) «Провозгласил этот ребенок и сказал: "И будет в день тот"³²¹. Спрашивает: "Тот"³²¹ – неизвестно, что он собой представляет?" И отвечает: "Но в любом месте "в день тот" – это последний день. Почему называется "день тот"? Но это день, в котором конец связан с началом его. Начало его", а это Бина, "называется "тот". Как сказано: "А служение левита – тот"³²², потому что служение левита относится к ступени, называемой "тот", которая упрятана и сокрыта"», ибо из-за того, что она сокрыта, называется «тот (הוא)», поскольку «тот (הוא)» указывает на скрытие. «"А когда она называется "тот (ההוא)", с указывающей хэй (ה), т.е. с Малхут, "то призвана показать, что конец всех ступеней", т.е. Малхут, "является началом всех ступеней", т.е. Биной, – "что всё является одним целым. И поскольку слово "тот (ההוא)" – это конец", т.е. Малхут, "поэтому добавилась к нему хэй (ה)"», то есть добавилась Малхут к слову «тот», и это Бина, облаченная в Малхут. И получается, что слово «тот (ההוא)» – это Малхут, но в то время, когда Бина облачена в нее.

257) «"И в будущем предстоит Йерушалаиму вывести воды, и стать неиссякаемым источником. И здесь следует сказать, что конец всех ступеней", называемый «тот (ההוא)», "это не Йерушалаим, но, безусловно, Йерушалаим и "день тот"³²¹ – все это одно целое", т.е. оба они являются свойством Малхут. "И в чем различие между одним и другим? Но" отличие в том, что "Йерушалаим – это когда все ступени его святости окружают его, он называется Йерушалаимом. И так они раскрываются. А есть окружающие ступени, называемые "дворы", они являются внутренними, а есть" окружающие его "снаружи. И есть" более внутренние "ступени, называемые в то время, когда они окружают, палатами. А есть ступени, которые называются в то время, когда они окружают, чертогом и священным местом. Внутри всех ступеней есть одна точка: "Вся слава дочери царской – внутри"³²³, и это – точка манула, которая утаена и сокрыта в

---

³²² Тора, Бемидбар, 18:23. «А служение левита – тот должен совершать служение при Шатре собрания, и они понесут их вину. Закон вечный для поколений ваших, и среди сынов Исраэля не получат они удела».

³²³ Писания, Псалмы, 45:14. «Вся слава дочери царской – внутри, в золотых обрамлениях – одежда ее».

Малхут, в самых внутренних покоях.³²⁴ "Точка эта называется "день тот (הַהוּא)". И признак тебе: "Тот (הַהוּא) назовется землей"³²⁵» – т.е. Малхут, называемая землей, но только скрытая ее точка.

258) «"И когда взойдет "день тот", являющийся скрытой точкой манулы, т.е. в конце исправления, "от решеток двора", – т.е. от свечения Бины, облаченного в Малхут,³²⁶ "взойдет источник вод, и этот источник будет от моря восточного" – т.е. от Бины, от которой он простирается к Малхут. И это "подобно матери, держащей на руках сына, кормящегося от груди, – рот его полон молока, и сам он наполнился настолько, что возвращает молоко в материнские уста. Так "половина их – к морю восточному"³²¹». Объяснение. Поэтому написано: «И будет в день тот: выйдут воды живые из Йерушалаима, половина их – к морю восточному»³²¹, – т.е. из-за обильного наполнения, получаемого этой точкой от восточного моря, это изобилие переполняет его до краев, и половина возвращается в восточное море. Иными словами, Бина получит большой гадлут от Малхут. «И половина их – к морю западному»³²¹, – т.е. к самой точке манула, чтобы получила тогда все свои исправления от наполнения восточного моря.

259) «Взял его глава собрания и поцеловал. Сказал ему: "На самом деле, так и объяснили в небесном собрании, и это, безусловно, так. "Море западное (досл. последнее)" означает – "его последние ступени", т.е. точка манулы. "О, святой праведник", – сказала душа рабби Шимону, – "какая непрерывно растущая радость добавилась благодаря этому ребенку среди членов собрания, и двадцать семь толкований Торы поведал этот ребенок. И семьдесят венцов украсили отца его в этот день. Счастлива участь того, кто удостоился научить сына его". Сказал рабби Шимон: "Разве не удостоился его отец научить его?" Сказал ему: "Отец его умер"».

260) «"Тут кроется тайна, касающаяся этого ребенка, – за что он ушел из мира, и почему хотели совершить над ним суд,

---

³²⁴ См. «Предисловие книги Зоар», п. 44. «В этих воротах есть один замо́к и одно узкое место, чтобы вставить в него этот ключ...»

³²⁵ Тора, Дварим, 3:13. «А остаток Гилада и весь Башан, царство Ога, дал я половине колена Менаше. Весь край Аргов при всем Башане – тот назовется землей рефаим».

³²⁶ См. внимательно выше, п. 252.

и он спасся от него. Это произошло потому, что он открыто позорил перед всеми своего рава своими вопросами и затруднениями", которые тот не мог ему объяснить. "И он не побеспокоился пойти к другому" раву, "чтобы исправить учебу свою, и подрывал учение своего рава. И поэтому хотели подвергнуть его суровому суду. И хотя он спасся от обвинителей, здесь он не спасся. В течение семи дней не мог восполниться образ его, когда он отмывался (от обвинений) с огромной болью перед всеми в течение всех этих семи дней, пока не восполнился образ его. А о том, как он ушел из мира, лучше не спрашивай. О, рабби! О, рабби! Счастлива твоя участь!"»

261) Он опять объяснил изречение: «Половина их – к морю восточному»[321] другим путем, и другими словами. «"Смотри, под кругом, образуемым этими решетками,[326] которые там", во дворе, и это свечение Бины в Малхут, переплетенной с ней, как уже объяснялось, "в этих водах выходящего источника, который там, виден один источник, который распространяется и, выходя наружу, впадает в великое море", т.е. в Малхут в свойстве Хохмы, "и запечатлевает в нем путь к сердцу моря", где властвует Малхут, подслащенная в Бине, т.е. точка мифтеха, "и из него пьет левиатан.[327] И он утоляет жажду, и радуется, и размножается, и увеличивается в числе"». И это смысл сказанного: «Половина их – к морю восточному»[321] – т.е. к сердцу моря. «"И когда выходит другой источник, этот источник начинает распространяться в скрытии, под бездной", т.е. под Малхут мифтехи, которая называется бездной, "в море западное", и это Малхут манулы, которая скрыта. "И все эти губительные воды и тяжелые воды он опускает вниз и придавливает, чтобы не выходили на пагубу жителей мира. И признаком является: "Дающий в море путь"[328] – т.е. в сердце моря, "и в водах могучих дорогу"[328]» – т.е. в западном море.

262) «"И в центре двора есть два херувима работы мастера святого Царя", свойство малого лика,[329] "и высшие и нижние не могут стоять над ними", потому что их ГАР прикрыты крыльями. "А под ними", т.е. в их свойстве ВАК де-ГАР, "должны

---

[327] См. Зоар, главу Бо, п. 39, со слов: «Внутренняя суть сказанного. У левиатана и его пары очень высокий корень, потому что море – это Малхут в свойстве Хохмы...»

[328] Пророки, Йешаяу, 43:16. «Так говорит Творец, дающий в море путь и в водах могучих дорогу».

[329] См. выше, п. 140.

будут стоять весь Исраэль", то есть получать их свечение, "но не выходить из-под крыльев наружу", чтобы не поглядывать на ГАР, укрытые крыльями. "Счастливы будут все те, кто входит под крылья" херувимов. "Ведь тринадцать тысяч башен солнца", – Зеир Анпина, т.е. двенадцать сочетаний АВАЯ и взаимовключение их, т.е. сфирот ХУБ ТУМ, в каждой из которых три линии, – "светят в этих фигурках как подобает"», т.е. в херувимах. Ибо фигурки означают «малый лик», как сказано: «(Двух херувимов) фигурной работы»[330]. «"Глава собрания удостоился благодаря этому", благодаря тому что вошел под крылья херувимов, "всего этого величия"».

---

[330] Писания, Диврей а-ямим 2, 3:10. «И сделал он в обители святая-святых двух херувимов фигурной работы, и покрыли их золотом».

ГЛАВА ШЛАХ ЛЕХА

Души мужские и женские, поднимающиеся наверх

263) «"Кто может сказать из тех речений, обновляющихся каждый день перед главой собрания. О, рабби! Всё то время, пока души (рухот) мужчин поднимаются наверх, выходят все женщины и собираются там у чертога Батьи", дочери Фараона,[331] "и они радуются там множеству древних речений. И оттуда все они выходят и входят, и Батья с ними, в чертог Серах", дочери Ашера,[332] "и радуются множеству новых речений, а также старых. И выходят оттуда, и Серах с ними, и входят в чертог Йохевед.[333] И так – во все эти чертоги"».

264) «"Теперь, рабби, я открою тебе одну тайну. Смотри, во время каждой шмиты (седьмого года) выходит воззвание" в Эденском саду: "Собирайтесь, мужчины и женщины, и все, обладающие верой, и восходите!" Тогда все они направляются, мужчины и женщины, и поднимаются, и все дети, отнятые от молока, поднимаются к небесному собранию", т.е. собранию Матата, "испытывая радость от своего подъема, и там – радость за радостью. И тот самый юноша, в руках которого находятся ключи Господина его", Матат, "встает и произносит множество новых и старых речений, и все они становятся очевидцами радости, и нет радости подобной этой радости!"»

265) «"Затем все они поднимаются во внутренние покои. Сколько завес и сколько чертогов скрыто там, которые светят негой Творца, внутри чертога любви Творца. И это значение сказанного: "Созерцать негу Творца и посещать чертог Его"[334]. А затем возносятся дети", отнятые от молока, "наверх", в высшее собрание, поскольку там их место,[335] "а они", мужчины и женщины, "устремляются вниз и возвращаются на свое место", в нижнем Эденском саду, "и облачаются" там в одеяния, "как

---

[331] См. выше, п. 196.
[332] См. выше, п. 198.
[333] См. выше, п. 199.
[334] Писания, Псалмы, 27:4. «Об одном я спрашиваю у Творца и лишь того прошу, чтобы пребывать мне в доме Творца все дни жизни моей, созерцать негу Творца и посещать чертог Его».
[335] См. Зоар, главу Балак, п. 233. «"И паси козлят своих возле шатров пастушьих". "Козлят своих" – это те, которые отняты от груди, которые ушли из мира и вошли в высшее собрание...»

вначале. Счастлив этот народ, ибо ждет их всё благо того мира"».

266) «Сказал рабби Шимон: "Какую сладость несут в себе эти речения, которые я услышал. Благословен мой удел за то, что удостоился я услышать все это! Благословен тот день, когда я направился сюда!" Сказали ему: "Рабби, есть у нас позволение в течение трех дней приходить к тебе. И после одного дня, твоя радость"» (недостает продолжения).

ГЛАВА ШЛАХ ЛЕХА

Петушиный крик

267) (Недостает начала) "Он совершил притяжение со своей стороны и скрылся, и спрятался в месте, называемом комнатой скороходов, до полуночи. После полуночи выходит пламя от столба Ицхака", т.е. левой линии, "и ударяет по тому петуху, который называется Гевер", и это Гавриэль, "подобно высшему над ним Геверу", т.е. Гвуре Зеир Анпина, столбу Ицхака. "Когда" пламя левой линии "ударяет по этому Геверу", т.е. Гавриэлю, "он кричит и издает шесть голосов, и все они в Твуне"».[336]

268) «"В час, когда он кричит", т.е. Гавриэль, "кричат все петухи этого мира, и исходит от него", от Гавриэля, "другое пламя и настигает их под крыльями, и они кричат. Он", Гавриэль, "что кричит? То есть в первом часу возглашает, говоря: "Голос Творца – в силе, голос Творца – в величии!"[337] А во втором часу возглашает, говоря: "Голос Творца сокрушает кедры"[338]. В третьем часу возглашает, говоря: "Голос Творца высекает языки пламени"[339]. В четвертом часу возглашает, говоря: "Голос Творца сотрясает пустыню, сотрясает Творец пустыню Кадеш"[340]. В пятом часу возглашает, говоря: "Голос Творца – над водами"[341]. В шестом часу возглашает, говоря: "Голос Творца разрешает от бремени ланей и обнажает леса"[342]. Затем возглашает, говоря: "Голос говорит: "Возглашай!" И сказал: "Что возглашать мне?"[343] И этот", Гавриэль, – "он петух возглашающий и незамолкающий, а затем он снова начинает возглашать, как вначале"».

---

[336] См. Зоар, главу Ваякель, п. 21, со слов: «Объяснение. Уже выяснилось, что три ночные стражи – это три линии Малхут…»

[337] Писания, Псалмы, 29:4. «Голос Творца – в силе, голос Творца – в величии!»

[338] Писания, Псалмы, 29:5. «Голос Творца сокрушает кедры, сокрушает Творец кедры Леванона!»

[339] Писания, Псалмы, 29:7. «Голос Творца высекает языки пламени».

[340] Писания, Псалмы, 29:8. «Голос Творца сотрясает пустыню, сотрясает Творец пустыню Кадеш».

[341] Писания, Псалмы, 29:3. «Голос Творца – над водами, Бог славы возгремел, Творец – над водами многими!»

[342] Писания, Псалмы, 29:9. «Голос Творца разрешает от бремени ланей и обнажает леса; и в храме Его все гласит: "Слава!"»

[343] Пророки, Йешаяу, 40:6. «Голос говорит: "Возглашай!" И сказал: "Что возглашать мне? Всякая плоть – трава, и всякая милость ее – как цветок полевой"».

269) Спрашивает: «"Что возглашает он", Гавриэль, затем? И отвечает: "Он возглашает все деяния жителей мира. Поскольку он владелец папки", т.е. в его распоряжении есть кли, в котором находятся все записи и решения суда, и приговоры, "и "чернильница писца на чреслах его"³⁴⁴, и он записывает все деяния жителей мира каждый день. А ночью, после того как произнес все возглашения", приведенные выше, "он провозглашает все, что написал днем"».

270/1) «"И если бы не его пальцы ног, в которых есть две ступени: одна – это" палец, "расположенный посередине, и он большой, и одна – это" палец, "расположенный сзади, и он маленький". И если бы не два этих пальца, "сдерживающих его, он сжег бы мир своими языками пламени. И что делают: когда забрезжит утро, и нить милости протягивается с южной стороны, тогда все соединяются, то есть средний палец с задним пальцем, и образуется два копыта" на каждой из "двух ног, как у теленка, чтобы выполнить то, что написано: "И стопы ног их, как стопы ног тельца"³⁴⁵. И ты уже узнал эту тайну. Вопрос ответвления гумна"» (недостает продолжения).

Объяснение. Пальцы – это свечение Хохмы, как объяснялось выше.³⁴⁶ И поскольку в полночь средняя линия соединяется с Малхут,³⁴⁷ выходят в левой линии Малхут два свойства. Первое – свечение Хохмы, что в левой, соединенное со средней линией, и все ее исправления, то есть, главным образом, чтобы Хохма не светила сверху вниз, а только снизу вверх, как свойственно средней линии,³⁴⁸ и поэтому ее свечение является большим свечением. Второе – свойство ее левой линии до полуночи, то есть прежде, чем получила среднюю линию, она полна судов и не светит, и считается состоянием ахораим и катнутом.

---

[344] Пророки, Йехезкель, 9:3. «И слава Всесильного Исраэля поднялась с херувима, над которым она была, к порогу дома. И призвал Он мужа, одетого в лен, у которого чернильница писца на чреслах его».

[345] Пророки, Йехезкель, 1:7. «И ноги их – ноги прямые, и стопы ног их, как стопы ног тельца, и сверкают, словно блестящая медь».

[346] См. Зоар, главу Берешит, часть 1, п. 130. «"Ногти" видны, однако не позволяется видеть внутреннюю сторону "пальцев" в свете этой свечи, потому что внутренняя сторона "пальцев" – это келим де-паним...»

[347] См. Зоар, главу Ваякель, п. 15. «"Из-за трех сторон", правой, левой и средней, "поделилась ночь в двенадцати записанных в ней часах"...»

[348] См. Зоар, главу Берешит, часть 1, п. 50. «Разногласие, которое было исправлено согласно высшему подобию...»

И вот Гавриэль, он от левой линии Малхут, и поэтому выходят в нем две эти ступени Малхут, которые упомянуты и считаются в нем свойством двух пальцев ног. Тот палец, который от средней линии, это большой палец, свет которого большой, так как он установлен от средней линии, чтобы светить только снизу вверх. И тот палец, который от свойства обратной стороны и катнута левой линии, что в Малхут, называется задним пальцем, и он маленький.

И это то, что написано: «И если бы не его пальцы ног» – и это келим Хохмы, «в которых есть две ступени», – происходящие от двух ступеней, что в левой линии Малхут, «одна – это расположенный посередине» – то есть соединенный палец в средней линии, «и он большой» – поскольку он светит в свойстве гадлут, «и одна – это расположенный сзади» – то есть палец, получающий от ахораим левой линии, что в Малхут, которая не соединена со средней линией, и поэтому считается этот палец расположенным сзади, т.е. ахораим, «и он маленький» – и он маленький, так как не может светить. И две эти названные ступени, которые Гавриэль получает от левой линии, что в Малхут, препятствуют ему, чтобы не мог притянуть Хохму сверху вниз, ибо тем самым он бы предал мир огню. И это смысл сказанного: «И если бы не его пальцы ног, в которых есть две ступени... сдерживающих его», – которые сдерживают его, чтобы не мог притянуть Хохму сверху вниз, «он сжег бы мир своими языками пламени» – т.е. притянул бы Хохму сверху вниз, и предал бы мир огню.

А утром, когда начинается власть Хеседа, тогда выходит нить милости к Гавриэлю, и он получает благодаря этому также ступень правой линии Зеир Анпина, и тогда соединяются две ступени, что в его левой линии, т.е. ступень среднего и ступень заднего, и становятся одним целым, и Хесед, который получил, становится в нем второй ступенью для правой, и тогда становятся два его пальца свойством двух копыт, правым и левым, т.е. хасадим справа и Хохма слева. И это смысл сказанного: «Когда забрезжит утро, и нить милости протягивается с южной стороны, тогда все соединяются, то есть средний палец с задним пальцем, и образуется два копыта двух ног», – то есть эти три становятся двумя, правым и левым, а заднего нет у них.

ГЛАВА ШЛАХ ЛЕХА

Две слезы: одна – в Сагдон, а другая – в Гильба

270/2) «"Внутри этого двора", т.е. Малхут, "есть триста шестьдесят пять чертогов, по количеству дней в году. И на каждом из входов", имеющихся в каждом чертоге, "написано: "Да будет мир в стенах твоих, покой во дворцах твоих"[349]. Неизвестно, что находится в этих чертогах, однако все они искусно переплетены" между собой "работой вышивальщика"[350]. Семь рядов жемчужин переплетаются между собой в каждом из них"», т.е. в каждом из чертогов.

271) «"О, святой праведник! Как восхваляет глава собрания один чертог, стоящий в вершине западной стороны этого двора, потому что это четыре" свойства "во дворе, в четырех сторонах мира", и это ХУГ, справа и слева, т.е. в южной и северной сторонах, и ТУМ – в восточной и западной. "Но чертог, который с восточной стороны, возвеличивает свои света более всех"».

272) «"В один из дней в великое море выходит левиатан, и всё море содрогается, и все рыбы мечутся в разные стороны. Когда левиатан достигает проема входа этой пучины, он начинает радоваться, и пучины успокаиваются там (недостает продолжения). Но он сам подобен источнику, и света скрываются, и не видны все эти света, кроме света, который в чертоге, что в этой восточной стороне"».

273) Спрашивает: «"Жемчужина, которую левиатан извлекает из этой пучины, называемой Сагдон, – от чего она образуется?" И отвечает: "Но этот день, в который левиатан извлекает" жемчужину, "когда содрогается море, – был днем, в который был разрушен Храм, день девятого ава. А жемчужина эта – когда вспоминает Творец сыновей своих и роняет две слезы в великое море, одна" слеза "падает в ту пучину, которая называется Сагдон, а другая" слеза "падает в другую пучину, которая называется Гильба"».

---

[349] Писания, Псалмы, 122:7. «Да будет мир в стенах твоих, покой во дворцах твоих».
[350] Тора, Шмот, 26:36. «И сделай полог для входа в шатер из синеты и пурпура, и червленицы, и крученого (в шесть сложений) виссона, работы вышивальщика».

274) «"Ибо есть пять других пучин в великом море, но они не так важны, как эти, другие", Сагдон и Гильба, "и когда эти слезы падают, они застывают внутри одной из пучин, и одна" слеза "погружается в пучину, называемую Гильба"».

Пояснение статьи. Двор – это ВАК де-Малхут, и во внутреннюю часть двора облачены эти чертоги, являющиеся десятью полными сфирот. И поэтому это триста шестьдесят пять чертогов: потому что триста – это ГАР (три первые сфиры), каждая из который содержит сто, так как она от Бины, сфирот которой в свойстве сотен, и их должно было быть десять; шестьдесят – это ВАК (шесть окончаний), где каждая (сфира) включает десять, потому что они от свойства Зеир Анпина, сфирот которого в свойстве десятков; а Малхут, – ее сфирот в свойстве единиц, и их должно было быть десять, но поскольку Малхут недостает половины парцуфа, который от ее собственного свойства,[351] поэтому она считается только пятью, и их триста шестьдесят пять. И это смысл сказанного: «Внутри этого двора» – во внутренней части этого двора, «есть триста шестьдесят пять чертогов» – то есть десять полных сфирот, как мы уже объяснили, и чтобы мы не ошиблись, сказав, что они в счете от хазе и ниже, как объяснено в отношении трехсот шестидесяти пяти столбов,[352] поэтому говорит: «По количеству дней в году», что дни в году – это свойство десяти сфирот парцуфа Малхут. «И на каждом из входов написано: "Да будет мир в стенах твоих, покой во дворцах твоих"[349]» – что указывает на власть средней линии, устанавливающей мир между правой и левой линиями всех сфирот. «Неизвестно, что находится в этих чертогах», – потому что они ГАР, и то, что постигается от них, это «семь рядов жемчужин переплетаются между собой в каждом из них» – называются жемчужинами, потому что они являются свойствами от хазе и ниже, где находятся свойства раглин (רגלין ноги), а жемчужина (маргалит מרגלית), она от слова «разведчики (мераглин מרגלין)», и это семь порядков, так как есть в них семь сфирот ХАГАТ НЕХИМ, т.е. от хазе и ниже каждой из семи сфирот ХАГАТ НЕХИМ являются семью рядами жемчужин, и они в каждом чертоге, и в них есть постижение. И эти чертоги поделены на четыре стороны, юг север восток и запад, что во дворе, то есть ХАГАТ и Малхут, а восточная

---

[351] См. Зоар, главу Берешит, часть 2, п. 269. «Сорок пять (МА) цветов и разных светов различаются в мире…»
[352] См. выше, п. 244/1.

сторона – это Тиферет, представляющая собой среднюю линию, и это смысл сказанного: «Чертог, который с восточной стороны, возвеличивает свои света более всех» – поскольку он является свойством средней линии, включающей юг и север, т.е. ХУГ, и она передает их западу, т.е. Малхут.

И известно, что во время власти левой линии в великом море, возникает там разногласие между правой и левой линиями, в тайне сказанного: «Поднялись они в небо, опустились в бездны»[353],[354] и также Малхут, называемая Храмом, отделяется от Зеир Анпина и разрушается. И это продолжается, пока средняя линия, называемая левиатаном, не уменьшит левую линию и не соединит ее с правой, и тогда успокаивается море, и возвращается радость в миры. И это то, что написано: «В один из дней в великое море»[355], т.е. в день, когда была разрушена Малхут, являющаяся Храмом, из-за усиления левой линии, «выходит левиатан» – выходит средняя линия, называемая левиатаном, и это потому что «и всё море содрогается, и все рыбы мечутся в разные стороны», то есть из-за разногласия правой и левой линий, «когда левиатан достигает проема входа этой пучины» – то есть пришел установить мир между правой и левой, благодаря чему образовался вход в великую бездну, когда раскрылись света, «он начинает радоваться, и пучины успокаиваются там» – т.е. пучины успокаиваются от гнева и ярости, что в этом разногласии, потому что левиатан установил мир между ними.

И вот этот мир, который левиатан устанавливает между левой и правой линиями, что в этом море, и соединяет их друг с другом, – получается, что он раскрывает этим свечение Хохмы, что в левой, ибо после того как левая соединяется с правой, Хохма, что в левой, облачается в хасадим, что в правой, и тогда Хохма может раскрыться. Но прежде, чем он установил мир, Хохма была без хасадим и была полна судов, и не могла светить. И раскрытие этой Хохмы посредством левиатана называется жемчужиной, потому что она не раскрывается иначе, как в свойстве от хазе и ниже, называемом раглин (ноги), и жемчужины (маргелан מרגלאן), они как мераглин (מרגלין разведчики). И это то, что он спрашивает: «Жемчужина, которую левиатан

---

[353] Писания, Псалмы, 107:26. «Поднялись они в небо, опустились в бездны; в бедствии растаяла душа их».
[354] См. Зоар, главу Насо, Идра раба, п. 214, в комментарии Сулам.
[355] См. выше, п. 272.

извлекает из этой пучины, называемой Сагдон, – от чего она образуется?»[356] Спрашивает: каким образом происходит извлечение левиатаном жемчужины из пучины? И отвечает: «Но этот день, в который левиатан извлекает», – т.е. в тот день, когда левиатан является, чтобы извлечь жемчужину, «когда содрогается море» – и тогда море содрогается из-за этого разногласия между правой и левой линиями, как мы уже объясняли, «был днем, в который был разрушен Храм», – это день, в который Малхут, называемая Храмом, была разрушена, потому что отделилась от Зеир Анпина, «день девятого ава» – называется он днем девятого ава, ибо это день разрушения нижнего Храма. «А жемчужина эта» – та жемчужина, которую извлек в это время левиатан, она так, «когда вспоминает Творец сыновей своих» – когда Творец вспоминает о сыновьях своих, чтобы избавить их, иными словами, вернуть к Себе Малхут, т.е. отстроить Храм и спасти Исраэль. «И роняет две слезы в великое море» – т.е. две Малхут, «одну – красного цвета»[357] – вследствие соединения с Биной, «а другую – черного»[357] – т.е. Малхут свойства суда. И суды правой линии, имеющиеся в пучинах, называются Гильба, и там йуд (י) не выходит из воздуха (אויר), а суды левой линии, имеющиеся в пучинах, называются Сагдон, и там йуд (י) выходит из воздуха (אייר), и властвует левая линия, вследствие чего воды застывают.[358] И это то, что сказано: «Одна падает в ту пучину, которая называется Сагдон», – т.е. красная слеза, подслащенная и соединенная как следует с Биной, «а другая падает в другую пучину, которая называется Гильба», – т.е. черная слеза, в которой содержится Малхут свойства суда, не принимающая подслащение Бины, она падает в пучину, которая называется Гильба, и это суды правой линии, где йуд (י) не выходит из воздуха (אויר). И поэтому черная слеза включается в эти суды, и в этом всё ее исправление, не более.

И есть там в море семь пучин, соответственно семи сфирот, так как в каждой из них есть десять сфирот, и экран, который между Кетером и Хохмой каждой и Биной, Тиферет и Малхут каждой, он называется пучиной, и поэтому есть семь пучин, по одной в каждой сфире. А эти две пучины, Гильба и Сагдон,

---

[356] См. выше, п. 273.
[357] См. главу Насо, Идра раба, п.214.
[358] См. Зоар, главу Берешит, часть 1, п. 301. «Воды "застывшего моря", т.е. Малхут, вбирают все воды мира и собирают их в себе...»

находятся в Хеседе и Гвуре семи сфирот. И то, что говорит: «Ибо есть пять других пучин в великом море» – т.е. это пучины, имеющиеся в пяти сфирот ТАНХИМ, «но они не так важны, как эти, другие», – что они не так важны, как Гильба и Сагдон, потому что они находятся в двух высших сфирот, Хесед и Гвура. «И когда эти слезы падают, они застывают внутри одной из пучин», – т.е. в Сагдоне, и там йуд (י) выходит из воздуха (авир אויר), и властвует левая линия, вследствие чего воды застывают, как уже объяснялось. «И одна погружается в пучину, называемую Гильба», – и черная слеза, в которой видна сущность Малхут свойства суда, не сможет получить своего исправления в пучине, называемой Сагдон, но она выходит оттуда и погружается в Гильбу, представляющую собой суды правой линии, исходящие от точки холам. И это – всё ее исправление, так как она смешивается там с судами правой линии, являющимися свойством Бины. А затем, когда левиатан устанавливает мир между правой и левой линиями, и море раскрывается, и свечение Хохмы в левой линии получает свое исправление и светит, и оно называется жемчужиной, как мы уже сказали, он извлекает его из той красной слезы, которая упала в Сагдон и застыла. То есть левиатан, благодаря тому что соединяет правую и левую линии, – он раскрывает Сагдон из его застывания, и эта слеза получает свечение Хохмы. И выяснилось, как Левиатан извлекает жемчужину из бездны. И эта жемчужина включает семь сфирот, и это «семь рядов жемчужин», о которых он говорит.[359] Суды правой линии носят имя Гильба, состоящее из букв «гиль ба (досл. радость пришла)», так как являются точкой холам, притягивающие хасадим к правой линии, и поэтому приходит с ними радость. А суды левой линии называются Сагдон, что означает «склоняющийся», так как исправление ее происходит лишь благодаря склонению головы, т.е. уменьшению ГАР де-ГАР, ибо тогда она соединяется с правой линией, а не иначе.

---

[359] См. выше, п. 270/2.

ГЛАВА ШЛАХ ЛЕХА

Главный вредитель

275) «"Внизу, внутри осадков вина, пагубных осадков, выходит один жалобщик и обвинитель, главный вредитель" в мире. "И это образ человека, когда он приближается к святости. После того, как он отстранился оттуда", от святости, "и желает опуститься вниз, чтобы облачиться в одеяние вредителя мира, опускается он и его строения (меркавот). И первое облачение, которое он принимает, это облик быка, то есть образ быка. И первым вредителем из этих четырех" основных видов ущерба "является бык"», как сказано в начале Бава кама: «Бык, яма, потрава поля и пожар»³⁶⁰. «"И это четыре основных вида ущерба, наносимых в мире. И три остальных вида ущерба, кроме быка, все они относятся к этому"» быку.

Объяснение. Мохин левой линии Малхут, приходящие со свечением Хохмы, облаченной в хасадим, называются вином. И из-за судов, имеющихся в левой линии, есть в конце их, т.е. в конце Малхут, отбросы, называемые осадками вина. И из этих отбросов вышел главный вредитель (среди) клипот в мире. И это смысл сказанного: «Внизу, внутри осадков вина, пагубных осадков, выходит один жалобщик и обвинитель, главный вредитель». И пока этот вредитель включен в осадки вина, которые в месте Малхут, у него есть образ человека, подобно Малхут. И поэтому сказано: «И это образ человека, когда он приближается к святости», – т.е. пока он включен в «осадки вина», что в Малхут, являющейся свойством «лик человека». «После того, как он отстранился оттуда ... первое облачение, которое он принимает, это облик быка...» – так как он прилепляется к одной лишь левой линии, называемой ликом быка. И он является корнем всех вредителей, и это смысл сказанного: «И первым вредителем из этих четырех является бык».

276) «"И поэтому написано: "И променяли славу свою на облик тельца, жующего траву"³⁶¹. Спрашивает: "Что означает: "Жующего траву"³⁶¹?" И отвечает: "Мы уже объясняли это, но главное в этом то, что ни в сути хлеба и ни в семи видах злаков", относящихся к свойству Малхут, "нет у него доли, и не подобает ему находиться там"». Иными словами, недостоин он

---

³⁶⁰ Мишна, раздел Незикин, трактат Бава кама, часть 1, мишна (закон) 1.
³⁶¹ Писания, Псалмы, 106:20. «И променяли славу свою на облик тельца, жующего траву».

питаться человеческой пищей, т.е. Малхут, и поэтому сказано: «Жующего траву»³⁶¹.

277) (Отсутствует начало темы) «"с их места. А эти садятся на их место, еще прежде, чем вышли эти, готовы эти. За светом и искрением их не успевают уследить глаза. Они движутся" вокруг и "охватывают (всё), и никогда не пребывают в покое"».

278) «"Когда человек смотрит на этот чертог, он при первом же осмотре кажется ему то маленьким, то нет. Присмотрится внимательнее, кажется ему, что большой. Еще раз посмотрит, кажется ему еще больше. И чем больше он рассматривает его, настолько он кажется ему все более расширяющимся и возвышающимся. И при окончательном рассмотрении" этого чертога, "с точностью до толщины волоса, кажется ему" настолько огромным, "что нет у него меры"».

279) «"Множество внутренних работ, искусство которых неведомо, от него светится двор и всё, что находится в нем. Кроме херувимов, свет которых возносится в небесные выси, в многочисленных красках и искрящихся светах. И в этом дворе тысяча пятьсот семьдесят пять виноградных лоз несут свои плоды"» (поскольку не хватает начала и конца этого, я не могу это объяснить).

ГЛАВА ШЛАХ ЛЕХА

Сложил руки и ест свою плоть

280) (Недостает начала) «"больше". Глупец, то есть ситра ахра, "складывает руки, в горечи и страдании своем, а затем неизбежно ест свою плоть, потому что нет у него", у ситры ахра, "иной власти, кроме как над плотью. Насколько он наслаждается от всего, что обвинил и сделал, и старался", пока не убьет это так, что "затем уже нет у него права" этим наслаждаться, "но только своим", т.е. плотью, так как ситра ахра дает человеку плоть.[362] "А затем он пляшет и смеется, подобно глупцу, окончательно лишившемуся рассудка, и начинает бессмысленно поедать свою плоть, а на остальное нет у него права. И это огорчение наверху и внизу, когда Исраэль пребывают в беде, и их враги поедают их, и не дают им силы своими хорошими деяниями освободить себя от него"», от ситры ахра.

281) «"И даже от плоти, относящейся к этой стороне, считается злом пред святым Царем" давать ситре ахра, "ибо Он милостивый и милосердный. Но над тем, что принадлежит Ему", Творцу, "т.е. над духом святости и святой душой, вовсе не властны ни высшие, ни нижние. И поэтому все наговоры и все обвинения этого злодея", ситры ахра, "задумавшего властвовать над духом святости, – но в конце он оказывается несостоятельным и снова ест свою плоть. И какая польза была ему" от обвинений его? (здесь недостает каких-то слов). "И кроме того, все они покрывают, подобно сильному туману, и нет покоя высшим и нижним"».

---

[362] См. выше, п. 238.

ГЛАВА ШЛАХ ЛЕХА

Кипящие слёзы

282) «"Послушай, и я скажу тебе что-то. Если скажешь, что это радость ангелу смерти, когда он убивает людей, – нет. Но это потому, что он видит в этом желание Господина своего, он показывает, что рад выполнить волю Творца, как написано: "Ураганный ветер, исполняющий слово Его"[363]. Сказал рабби Шимон: "Но ведь он отправляется и пляшет с радостью перед женщинами?" Сказал ему: "О, святой праведник. Действительно, так оно и есть, – с тем, чтобы показать Царю, что ему доставляет наслаждение воля Царя. Однако радость его – от скорби женщин, и пляшет он, и слух его (обращен) к скорби"».

283) «Сказал ему: "Почему он отправляется наверх обвинять человека, и поминает грехи его"», если у него нет радости от того, что убивает человека? «Сказал ему: "Потому что он стар и глуп, и думает возобладать над духом, и всё его влечение к этому. Но в конце он обладает лишь тем, что принадлежит ему, – эта плоть принадлежит ему.[364] Поэтому сказано: "Возвратится беззаконие его на голову его"[365]». То есть он не наслаждается от своих стараний – от того, что уводит с пути внизу и обвиняет наверху.

284) (Недостаёт начала) «"И он собирается чинить беспорядки в мире. И тогда воды поднимаются из остальных пучин и желают накрыть мир. Те слёзы", т.е. две слезы, которые роняет Творец в великое море,[366] – "они кипят сильнее любого огня в мире. И силой своего кипения они остужают воды в застывшем море", потому что красная слеза, падающая в пучину, называемую Сагдон, остужает воды.[367] Ибо они пробуждают власть левой линии, а свечение левой линии без правой приводят к застыванию моря. "И если бы не указывал Творец" – средняя

---

[363] Писания, Псалмы, 148:7-8. «Восславьте Творца с земли, рыбы великие и все бездны, огонь и град, снег и пар, ураганный ветер, исполняющий слово Его».

[364] См. выше, п. 238.

[365] Писания, Псалмы, 7:17. «Возвратится беззаконие его на голову его, и на темя его насилие его опустится».

[366] См. выше, п. 273.

[367] См. выше, п. 274.

линия, с помощью экрана де-хирик,³⁶⁸ с помощью которого он указывает "на веяние одного духа со стороны Авраама" – т.е. свойства хасадим, "от столба своего" – т.е. от правой линии, соединившейся с левой, "и не показывал" свечение его "над миром, то мир не мог бы просуществовать даже одного мгновения"».

285) «"Когда эти слезы падают в море, слышен голос средь волн морских, (доносящийся) до самой пещеры Махпела. От их оглушительного рева, который слышен там, когда они падают в море, поднимаются праотцы, и они думают, что Творец собирается перевернуть мир, пока не выходит голос, говорящий им: "Не бойтесь, любимые праведники! Благодаря вам Творец помнит о сыновьях ваших, и хочет избавить их, и вы увидите это"».

Объяснение. Когда эти слезы падают в море, падают сначала в пучину, называемую Сагдон, и тогда выходит йуд (י) из воздуха (авир איר),³⁶⁹ и левая линия начинает властвовать, и тогда возникает разногласие между правой и левой, в тайне: «Поднялись они в небо, опустились в бездны»³⁷⁰.³⁷¹ И это смысл сказанного: «Когда эти слезы падают в море, слышен голос», – т.е. голос волн морских, поднимающихся в небо вследствие свечения левой линии.³⁷¹ И это смысл сказанного: «От их оглушительного рева, который слышен там, когда они падают в море, поднимаются праотцы», и это Авраам и Ицхак, поскольку они являются строением (меркава) для двух линий, правой и левой. «И они думают, что Творец собирается перевернуть мир», из-за разногласия правой и левой линий. «Пока не выходит голос» – т.е. средняя линия, называемая голосом, и это Яаков, «говорящий им: "Не бойтесь"», потому что этот голос устанавливает мир между ними и поддерживает свечение их обеих, и это означает сказанное: «Благодаря вам Творец помнит о сыновьях ваших» – ведь вследствие того, что она поддерживает свечение их обеих, все мохин и все избавления нисходят к Исраэлю от свечения двух этих линий, правой и левой.

---

³⁶⁸ См. Зоар, главу Лех леха, п. 22, со слов: «Экран де-хирик, на который выходит средняя линия, происходит от свойства суда, имеющегося в Малхут...»
³⁶⁹ См. выше, п. 274.
³⁷⁰ Писания, Псалмы, 107:26. «Поднялись они в небо, опустились в бездны; в бедствии растаяла душа их».
³⁷¹ См. Зоар, главу Насо, Идра раба, п. 214, в комментарии Сулам.

Алфавиты и имена

286) (Недостает начала) «"все алфавиты сочетаются и присоединяются одни к другим, и соединяются в сочетание святого имени. После того, как появились буквы в таком сочетании, эти" буквы "прячутся, а другие выходят" и соединяются в другое сочетание. "И так все – эти прячутся, а эти выходят, и все они внутри, в пространстве этих завязей"».

287) «"Еще воспаряют" буквы "трижды в день в воздух, и выходят наружу, а имя стоит в четырех буквах, висящих в воздухе, полтора часа. После этого скрывается это" имя, "и тотчас выходит из воздуха, из его пространства, двенадцатибуквенное имя. Оно воспаряет и висит в воздухе, – один час и не более. А после этого скрывается это" имя, "и сразу выходит сочетание других букв, двадцатидвухбуквенное имя, и они висят в воздухе другой час, и скрывается. И тотчас выходят буквы из другого пространства, двадцативосьмибуквенного имени, украшаются все они своими кетерами, и стоят полтора часа, и скрывается это" имя. "И сразу выходит висящим в воздухе двадцатипятибуквенное имя в их сочетаниях, и стоит час и три четверти, (здесь недостает текста) устанавливается навечно"». (Недостает продолжения)

288) (Недостает начальных слов) «"имена. Но все буквы не успокаиваются никогда, выпуклые и искрятся снаружи, и поднимаются, и опускаются. Нет того, кто мог бы устоять рядом с ними, кроме Машиаха, при больших усилиях. И это" имя "скрывается после того, как стоит два часа и двадцать две секунды. И это имя, высеченное в семидесяти двух буквах, выходит и стоит, и висит в воздухе полтора часа. Все эти имена выходят и появляются только один раз в день, но буквы алфавита видны воспаряющими в воздухе, и соединяются" одни буквы с другими "трижды в день"».

289) «"Когда воспаряют буквы алфавита, одни воспаряют отсюда, а другие" воспаряют "отсюда, и все они соединяются. Когда спустился туда глава собрания, начал: "Машиах видел в сочетаниях букв алфавита, как видел Даниэль, который видел буквы "мамтос ненкифей аальран (ממתוס ננקפי אאלרן)"» и знал, как составить из них «менэй менэй такел упар син

(מְנֵא מְנֵא תְּקֵל וּפַרְסִין)»[372], потому что три первые буквы этих трех сочетаний – это «менэй (מְנֵא)», и три вторые буквы в них тоже складываются в «менэй (מְנֵא)», и три третьи буквы составляют «такель (תְּקֵל)», а три четвертых буквы составляют «упар (וּפַר)», а три пятых буквы составляют «син (סִין)».[373] Я не могу объяснить эту важную статью из-за многого недостающего в ней.

---

[372] Писания, Даниэль, 5:25. «И вот надпись, которая была начертана: "Отмерено, отмерено, взвешено и поделено (менэй менэй такель упар син (מְנֵא מְנֵא תְּקֵל וּפַרְסִין)"».

[373] См. Вавилонский Талмуд, трактат Санедрин, лист 22:1.

ГЛАВА ШЛАХ ЛЕХА

Души поднимаются и опускаются

290) «"В каждый канун субботы, когда Исраэль освящают этот день внизу, выходит воззвание в четырех сторонах мира: "Собирайтесь святые станы, ставьте стулья. Кто видел радость", когда "в трехстах девяноста небосводах множество правителей, множество властителей собираются на свои места. Когда Исраэль внизу освящают" этот день, "тогда пробуждается Древо жизни", т.е. Зеир Анпин, "и другой дух веет из будущего мира", т.е. Бины, "ударяет по листьям его, и те ветви, что на дереве, качаются, и возносят аромат будущего мира"».

Дерево – это Зеир Анпин, его ветви – это его сфирот, листья – это души, которые порождает. Триста девяносто небосводов – это ХУБ ТУМ, каждый из которых содержит сто, только Малхут недостает десять последних, ведь поскольку они Малхут де-Малхут, являющиеся свойством суда, они скрываются, и поэтому они – четыреста без десяти.

291) «"Это Древо жизни пробудилось и выводит святые души, и простирает" их "над миром, и вместе с тем, души выходят и души входят", т.е. души выходят, чтобы облачиться в Исраэль в этом мире, а души праведников поднимаются из нижнего Эденского сада, и входят наверх, в высший Эденский сад. "И те", что выходят, "пробуждают тех", что войдут, "и потому эти выходят, а эти поднимаются, и Древо жизни", т.е. Зеир Анпин, – "оно в радости"».

292) «"И тогда весь Исраэль украшаются венцами этих святых душ", которые являются дополнительными душами, "и все они в радости и наслаждении. И каждую субботу есть у них эта радость и это наслаждение, и все праведники, что в саду, все они поднимаются и наслаждаются высшим наслаждением будущего мира", в высшем Эденском саду. "Когда выходит суббота, все души воспаряют" от Исраэля, "и поднимаются"» наверх.

293) «"Смотри, когда заходит суббота, нисходят души", то есть дополнительные души, "чтобы пребывать над святым народом, а души праведников" из нижнего Эденского сада

"поднимаются наверх", в высший Эденский сад.³⁷⁴ "А когда выходит суббота, поднимаются те души, которые пребывали над Исраэлем", т.е. дополнительные души, "и нисходят эти души праведников"», которые поднялись в высший Эденский сад, то есть возвращаются в нижний Эденский сад.

294) «"Когда поднялись все души, которые пребывали над Исраэлем, они поднимаются и стоят в образе пред святым Царем, и Творец спрашивает всех: "Какое обновление было у вас – в том мире, в Торе?" Счастлива та, которая произносит пред Ним обновления Торы, – сколько радости делает Творец, собирает Свое окружение", т.е. высшие души и ангелов, "и говорит: "Слушайте обновления Торы, которые произносит душа такого-то". И все представляют это слово в двух собраниях", т.е. в собрании Творца и в собрании Матата. "Они – внизу, а Творец наверху подписывается над этим словом"».

295) «"Смотри, когда обновилось слово Торы, и" дополнительная "душа, которая низошла в субботу, занималась этими обновлениями речений" Торы, "и поднимается наверх" после субботы, "все высшее окружение слушают это слово, и святые создания растут крыльями своими и облачаются в крылья свои. И когда спрашивает их", т.е. эти души, об обновлениях Торы, "и они не отвечают, и молчат, тогда святые создания, – что написано о них: "Когда они останавливались, опускали крылья свои"³⁷⁵». «Когда они останавливались»³⁷⁵ означает – когда они молчали, «"как сказано: "Стоят и не отвечают"³⁷⁶, и также: "А когда открыл он ее, встал весь народ"³⁷⁷», что означает – замолчали.

296) «"И если спросишь: почему молчание называет стоянием?" И отвечает: "Но в разговоре есть семь органов, которые

---

³⁷⁴ См. Зоар, главу Трума, п. 176. «Поскольку в будние дни все души праведников пребывают в земном Эденском саду, а когда освящается день при наступлении субботы, все эти станы святых ангелов, назначенные в нижнем Эденском саду, все они поднимают эти души...»

³⁷⁵ Пророки, Йехезкель, 1:24. «И слышал я, когда они шли, шум крыльев их, как бы шум многих вод, как голос Всемогущего, рев, подобный шуму стана; (а) когда они останавливались, опускали крылья свои».

³⁷⁶ Писания, Иов, 32:16. «Буду ли (дольше) ждать я, коль они перестали говорить, стоят и не отвечают?»

³⁷⁷ Писания, Нехемия, 8:5. «И открыл Эзра книгу на глазах у всего народа, потому что стоял он выше всего народа; а когда открыл он ее, встал весь народ».

двигаются с ним", во время разговора, "и это – сердце, легкое, трахея, язык, зубы, губы, плоть. А во время молчания они стоят на своем месте без движения, и поэтому называет молчание стоянием"».

297) (Недостает начала) «"потому что рав Амнуна, старец, сказал: "Он пошлет тебе помощь из Святилища"[378]. "Святилище" – это святость рук", т.е. первая вода перед трапезой. "И с Циона поддержит тебя"[378] – это "извлекающий", который поддерживает сердце человека. "Он вспомнит все твои приношения"[379] – тут "все" призвано включить другое, и это последнее омовение рук", т.е. последняя вода, "и всесожжение твое обратит в пепел. Сэла!"[379] – это благословение на пищу в собрании (трех и более человек). И если ты так поступаешь, "Он даст тебе согласно сердцу твоему, и любой совет твой исполнит"[380]. И в субботу" слово "Святилище" указывает на "большой кидуш (освящение)" утром, "и за это украшались праведники в Эденском саду от субботы до другой субботы"». (Недостает окончания)

---

[378] Писания, Псалмы, 20:3. «Он пошлет тебе помощь из святилища и с Циона поддержит тебя».

[379] Писания, Псалмы, 20:4. «Он вспомнит все приношения твои и всесожжение твое обратит в пепел (в знак благоволения). Сэла!»

[380] Писания, Псалмы, 20:5. «Он даст тебе согласно сердцу твоему, и любой совет твой исполнит».

ГЛАВА ШЛАХ ЛЕХА

Вот вознаграждение Его с Ним, и деяние Его пред Ним

298) «Еще провозгласил и сказал: "На гору высокую взойди, вестница Циона"[381]. "На гору высокую"[381] – то есть, разумеется, гора Эйварим, место, в котором захоронен Моше, но мы ведь объясняли, что Шхина поднимется туда и возвестит миру. Но всё это – она"», то есть все простые толкования включает это слово – «вестница Циона»[381]. «"Вестница Циона"[381] – это она, мое желание с ней, и это жена Натана бен Давида, и она – мать Машиаха, Менахема бен Амиэля", который вышел из чресел ее, "и она выйдет и возвестит" об избавлении, "и она в общности "вестница Циона"».

299) «"Голос разнесется по миру, и два царя встанут в мире, чтобы вести войну, и" тогда "выйдет святое имя", чтобы царствовать "над миром. Что возвестит она и скажет? То есть: "Вот Владыка Творец в силе придет, и мышца властная у Него. Вот вознаграждение Его с Ним, и деяние Его пред Ним"[381]. "Вот вознаграждение Его с Ним"[381] – то есть Творец провозгласит во всем высшем собрании, и скажет им: "Собирайтесь и проведите суд. Тот, кто отдал душу свою за святость имени Моего, – каково вознаграждение его?" И они скажут: "Такое-то и такое-то". "Тот, кто претерпевал множество оскорблений и унижений из-за Меня каждый день, – каково вознаграждение его?" И они скажут: "Такое-то". Это означает сказанное: "Вот вознаграждение Его с Ним, и деяние Его пред Ним"[381]».

300) Спрашивает: «"Что значит: "И деяние Его"[381]?" И отвечает: "Но это как написано: "Как велико благо Твое, которое укрыл Ты для боящихся Тебя, сделал для уповающих на Тебя"[382]. "Сделал для уповающих на Тебя"[382] – это "деяние Его"[381]. "Пред сынами человеческими"[382] – что означает?" И отвечает: "Однако это перед идолопоклонниками", чтобы все

---

[381] Пророки, Йешаяу, 40:9-10. «На гору высокую взойди, вестница Циона! Возвысь мощно голос твой, вестница Йерушалаима! Возвысь, не бойся, скажи городам Йеуды: "Вот Всесильный ваш! Вот Владыка Творец в силе придет, и мышца властная у Него. Вот вознаграждение Его с Ним, и деяние Его пред Ним"».

[382] Писания, Псалмы, 31:20. «Как велико благо Твое, которое укрыл Ты для боящихся Тебя, сделал для уповающих на Тебя, пред сынами человеческими».

они увидели хорошую награду праведникам. "Которое укрыл Ты для боящихся Тебя"[382], – что означает: "Которое укрыл Ты"[382]? Разве может кто-то украсть и взять из рук Его то, что Он хочет дать, что написано: "Укрыл Ты"[382]?"» И зачем Ему укрывать?

301) «"Но сам посмотри на деяние милосердия, совершаемое Творцом, ибо тем, чем Он поражает, в этом и дает исцеление. Чем Он поражает – левой линией, потому что правой Он приближает, а левой поражает. И тем, чем Он поражает, в этом дает исцеление навсегда. Ибо написано: "С севера начнется бедствие"[383], и это левая (сторона), – "что в северной стороне Он поражает, ибо оттуда выходят все суды и все суровые приговоры, и в ней находится вся добрая награда и вся милость (хесед), которую Творец в будущем даст Исраэлю. Ибо в грядущем будущем призовет Творец северную сторону", т.е. левую, "и скажет ей: "В тебя вложил Я всё благо и всю добрую награду для сыновей Моих, которые терпели много бед в этом мире во имя святости Моей. Дай всю добрую награду, которую Я вложил в тебя"».

302) «"Это смысл сказанного: "Скажу северу: "Отдай!", а югу: "Не удерживай"[384]. Разве свойственно югу", правой линии, "препятствовать благословению – ведь все благословения приходят с южной стороны, и все благо в мире выходит с юга? А он говорит: "А югу: "Не удерживай"[384]».

303) И отвечает: «"Однако в этот час пробудит Творец Авраама и скажет ему: "Поднимайся, ибо настало время, чтобы Я избавил сыновей твоих и дал им добрую награду за всё, что они терпели в изгнании". И поскольку Авраам участвовал в их продаже в изгнание, как сказано: "Если бы не продал их защитник их"[385], то это – Авраам. Поэтому это было словно нехорошо в глазах его, и он показал, что требует наказания за грехи их, и сказал: "Да будет возмездие за вину их, да будет возмездие

---

[383] Пророки, Йермияу, 1:14. «И сказал мне Творец: "С севера начнется бедствие для всех жителей земли этой"».

[384] Пророки, Йешаяу, 43:5-6. «Не бойся, ибо с тобой Я; от востока приведу семя твое, и от запада соберу тебя. Скажу северу: "Отдай!", а югу: "Не удерживай!" Приведи сыновей Моих издалека и дочерей Моих – от конца земли».

[385] Тора, Дварим, 32:30. «Как мог один преследовать тысячу, а двое обратить в бегство десять тысяч, если бы не продал их защитник их, и Творец не выдал бы их?!»

за прегрешения их". Сказал Творец Аврааму: "Я знаю, что всё, сказанное тобой, является лишь внешним", а не исходит от искреннего сердца. "И Я так же" буду вести себя "внешне", и скажу тебе: "Не удерживай"[384], Я хочу наградить тебя за сыновей твоих, не лишай их милости, не лишай их доброй награды, слишком много они страдали за грехи свои". И поэтому: "Скажу северу: "Отдай!"[384] – чтобы север дал добрую награду "и всё"», «а югу: "Не удерживай!"»[384] «"И это означает: "Которое укрыл Ты (цафанта)"[382] – так как северная сторона (цафон) дает всё. И это означает изреченное о вестнице"», то есть сказанное выше: «На гору высокую взойди, вестница Циона!»[381]

Пояснение статьи. Ты уже узнал, что не бывает ГАР иначе, как вследствие свечения Хохмы в левой линии, т.е. только вследствие соединения правой и левой вместе, когда Хохма облачается в хасадим, и светят ГАР. И вся награда, и всё благо в грядущем будущем приходят только посредством свечения ГАР. Однако, если из-за прегрешений нижних левая линия усиливается над правой и желает властвовать сама, тогда возникает разногласие между правой и левой линией, и правая линия убирает свои хасадим от левой линии, и тогда левая линия прекращает светить, потому что не может светить Хохма без хасадим, и раскрываются суровые суды, что в ней. И так же правая линия остается в ВАК без ГАР, так как не бывает ГАР иначе, как вследствие свечения Хохмы, что в левой линии. И из-за этого был разрушен Храм, и Исраэль были преданы изгнанию среди народов.

И известно, что сказали мудрецы на изречение «Я, Творец, в назначенное время ускорю это»[386]: «Если удостоились – "ускорю это (ахишена)"[386], если не удостоились – "в назначенное время (бе-ито)"[386]»[387]. И нужно понять: как может быть, чтобы Исраэль были избавлены, даже если не удостоились и еще пребывают в преступлениях своих? А дело в том, что изгнание было из-за того, что они своими грехами вызвали усиление левой линии над правой, и та властвовала сама. И тогда правая линия убирает от нее хасадим и т.д., как мы уже объясняли. И поэтому, когда Исраэль совершают возвращение и прилепляются к Творцу, к средней линии, средняя линия снова соединяет

---

[386] Пророки, Йешаяу, 60:22. «Меньший станет тысячей, и младший – народом сильным. Я, Творец, в назначенное время ускорю это».

[387] См. Вавилонский Талмуд, трактат Санедрин, лист 98:1.

правую с левой и поддерживает света их обеих, и тогда Хохма облачается в хасадим, и раскрываются ГАР, с помощью которых Исраэль получают избавление и всю добрую награду. И это означает: «Если удостоились – "ускорю это (ахишена)"[386]»[387], т.е. нет на это установленного времени, но когда они совершают возвращение, то получают избавление. Однако, если они не совершают возвращение, есть установленное время, несущее избавление, хотя они и не совершили возвращения. И это происходит после того, как можно собрать все суровые суды, которые перенесли Исраэль во время изгнания, в полную меру – так, что их будет достаточно, чтобы Исраэль испытывали страх и больше не грешили, увеличивая левую линию над правой, как они сделали во время разрушения (Храма), и тогда они будут достойны избавления даже без совершения возвращения. Ведь даже без совершения возвращения они будут уверены, что больше «не возвратятся они к глупости»[388] из-за множества суровых судов, которые перенесли. И это означает: «Если не удостоились – "в назначенное время (бе-ито)"[386]»[387] – т.е. это произошло само собой с раскрытием судов в изгнании в достаточной мере, и нет вообще необходимости пробуждения Исраэля к возвращению.

И это означает сказанное им: «В северной стороне Он поражает, ибо оттуда выходят все суды и все суровые приговоры»[389], – ибо всё изгнание и все суровые суды в изгнании приходят из-за власти левой линии без правой, что и называется северной стороной. «И в ней находится вся добрая награда и вся милость (хесед), которую Творец в будущем даст Исраэлю», – т.е. с помощью левой линии раскрываются ГАР, откуда придут вся награда и всё благо для Исраэля в будущем. И это смысл сказанного: «И в этот час»[390] – т.е. во время избавления, «пробудит Творец Авраама» – т.е. правую линию, южную сторону, «и скажет ему: "Поднимайся, ибо настало время, чтобы Я избавил сыновей твоих"», – т.е. несмотря на то, что не удостоились, т.е. не совершили возвращения, чтобы прилепиться к средней линии, уже «настало время, чтобы Я избавил», – пришло время избавить их даже без совершения возвращения. «И поскольку

---

[388] Писания, Псалмы, 85:9. «Услышу, что скажет Всевышний Творец, ибо мир обещает Он народу Своему и благочестивым Своим, и не возвратятся они к глупости».

[389] См. выше, п. 301.

[390] См. п. 303.

Авраам участвовал в их продаже в изгнание» – ибо всё изгнание было из-за того, что правая линия убрала свои хасадим от левой линии, и поэтому ушли ГАР и раскрылись суды изгнания, как мы уже объясняли. «Поэтому это было словно нехорошо в глазах его», – что известие об избавлении было нехорошим с его точки зрения, ведь они еще не совершили возвращения от грехов своих и склонны снова усилить левую линию над правой, и поэтому: «Да будет возмездие за вину их, да будет возмездие за прегрешения их» – т.е., что изгнание станет для них тягостным настолько, что совершат возвращение. И тогда соединятся правая линия с левой, как мы уже сказали. «Сказал Творец Аврааму: "Я знаю, что всё, сказанное тобой, является лишь внешним"», – то есть Творец указал ему на то, что говорит он всё это не от всего сердца, ведь также и правой линии недостает ГАР в дни изгнания, и она тоже жаждет соединиться с левой линией и раскрыть ГАР. «И Я так же внешне» – то есть Я буду отвечать на слова твои не сообразно с тем, что в сердце твоем. «Я хочу наградить тебя» – потому что Творец, средняя линия, приходит с тем, чтобы установить мир между правой и левой линиями и успокоить правую линию, чтобы не боялась больше усиления левой. «Не лишай их милости (хесед)» – т.е. не убирай больше Хесед от левой линии, и «не лишай их доброй награды» – т.е. не задерживай свечения ГАР лишением твоего Хеседа, потому что от ГАР приходит вся добрая награда, как мы уже говорили. И всё это потому, что уже настало время избавления их даже без возвращения, как уже объяснялось, и это смысл сказанного: «Слишком много они страдали за грехи свои» – т.е. они уже получили суровые наказания за грехи свои в достаточной мере, чтобы больше не возвращаться к глупости своей, и потому пришел конец им (прегрешениям). «И поэтому: "Скажу северу: "Отдай!"[384]» – чтобы дал свое свечение Хохмы, и тогда раскроются ГАР. «А югу: "Не удерживай"»[384] – а югу, Аврааму, правой линии, говорит, чтобы не удерживал это, т.е. чтобы не лишал ее хасадим, а соединился с ней, как уже говорилось. «"И это означает: "Которое укрыл Ты (цафанта)"[382]» – поскольку вся добрая награда, которую ждут, находится в северной стороне (цафон). И поэтому говорит: «Как велико благо Твое, которое укрыл Ты (цафанта)»[382], – т.е. которое скрыто в северной стороне (цафон).

И это смысл сказанного: «И это означает изреченное о вестнице», когда говорит: «На гору высокую взойди, вестница

Циона!.. Вот Владыка Творец в силе придет, и мышца властная у Него. Вот вознаграждение Его с Ним, и деяние Его пред Ним"[381]».[391] Иными словами, вследствие того, что «деяние Его пред ним»[381], т.е. все наказания, которые перенесли Исраэль в изгнании до тех пор, пока не собрались в достаточную меру, чтобы избавить их, как мы уже говорили, поэтому «вознаграждение Его с Ним»[381] – т.е. Он сможет соединить правую линию с левой и раскрыть ГАР, откуда приходит вся Его добрая награда и избавление Исраэля, ибо нет теперь больше страха, что вернутся они к глупости своей, как уже объяснялось. И это смысл сказанного: «То есть Творец провозгласит во всем высшем собрании, и скажет им: "Собирайтесь и проведите суд. Тот, кто отдал душу свою за святость имени Моего, – каково вознаграждение его?" И они скажут: "Такое-то и такое-то". "Тот, кто претерпевал множество оскорблений и унижений из-за Меня каждый день, – каково вознаграждение его?"», – то есть Он собрал все наказания и суровые суды, которые перенесли Исраэль в изгнании, и показал им, что они уже получили их в достаточной мере, чтобы спасти их. «Это означает сказанное: "Вот вознаграждение Его с Ним, и деяние Его пред Ним"[381]» – т.е. вследствие того, что «деяние Его пред Ним»[381], т.е. наказания, поэтому «вознаграждение Его с Ним»[381], так как они раскрываются одновременно, как уже выяснилось.

304) «"И еще возвестит" она "повторно, в час, когда Шхина взойдет на эту высокую гору, и отправится сообщить праотцам, и тотчас" Шхина "направится в Йерушалаим, и увидит его в разрушении, взойдет на Цион и разобьет там стену, как и вначале, за место обители своей и за величие свое", которое было у нее "в этом месте. И там дает клятву, что не сдвинется она с места и не уйдет оттуда, пока Творец не избавит сыновей ее. И "мое желание с ней"[392] – эта возвестит, как вначале,[392] и сказала: "Ликуй и пой, обитающая в Ционе, ибо величие в среде твоей"[393]. Что значит: "Величие в среде твоей"[393]? Это Творец, который является к ней, чтобы поднять ее из праха, и говорит ей: "Отряхнись от праха, встань, воссядь,

---

[391] См. выше, п. 299.
[392] См. выше, п. 298.
[393] Пророки, Йешаяу, 12:6. «Ликуй и пой, обитающая в Ционе, ибо величие в среде твоей».

Йерушалаим"[394]. Шхина – "это Йерушалаим, и Йерушалаим – это имя ее, разумеется"».

305)[395] «"И благодаря этому, сколько всё возрастающей радости есть у праведников в Эденском саду. И поэтому счастлив тот, чья душа свидетельствует в субботу пред Царем о новых открытиях в Торе, которые она произнесла, и Творец и всё Его собрание, и все души праведников в Эденском саду, – все они украшаются этим" новым "словом"».

306) «"Еще я слышал от великого светоча, каким всё возрастающим величием и славой венчают отца того человека", чья душа свидетельствует пред Царем о новых открытиях в Торе Его "в час, когда Творец говорит" собранию своему: "Собирайтесь послушать новые открытия и новые речения в Торе такого-то, сына такого-то". И тогда упоминает Творец отца того, кто открыл это новое. "Как много тех, кто осыпает поцелуями голову его", – отца того, кто совершил это открытие. "Сколько праведников венчают его, когда опускаются. Счастлив удел всех тех, кто занимается Торой, а в день субботний – еще более, чем в остальные дни"».

---

[394] Пророки, Йешаяу, 52:2. «Отряхнись от праха, встань, воссядь, Йерушалаим, развяжи узы на шее твоей, пленная дочь Циона».
[395] Это завершение статьи, которая выше, от п. 290 до п. 297.

ГЛАВА ШЛАХ ЛЕХА

От начатков теста вашего халу

(Раайа меэмана)

307) «"От начатков теста вашего халу возносите в возношение"[396]. Эта заповедь – выделять халу для коэна. "Халá (חלה)" – ее числовое значение сорок три (мем-гимель מ״ג)". И это указывает на то, что нет необходимости отделять от теста халу, но только если есть в нем "сорок три яйца и пятая часть яйца, т.е. одной из пяти", что в яйце. "И есть пятая часть от пятидесяти, т.е. от нун (ן), и признаком является мем-гимель-нун (מ״גן)", то есть мем-гимель (מ״ג) с распрямленной нун (ן), "и это начальные буквы Михаэль-Гавриэль-Нуриэль", соответствующие ХАГАТ Зеир Анпина. "Хала – это Шхина, ибо в месте, где находятся эти ангелы", Михаэль-Гавриэль-Нуриэль (мем-гимель-нун מ״גן), "там находятся праотцы", т.е. ХАГАТ, "а в месте, где находятся праотцы", ХАГАТ, "там находится Шхина". Потому что ХАГАТ – это три линии, а Малхут – получающая от них. "И о ней", об этой Малхут "и умолял"[397], ибо о ней молятся", так как она называется молитвой, "это смысл сказанного: "И умолял Моше пред Творцом Всесильным своим"[397], "Господин Мой, Творец! Ты начал являть рабу своему"[398]. И в ней начинается (хáла)", т.е. берет начало, "заслуга праотцев"», и это как в сказанном: «Ты начал (ахилóта הַחִלּוֹתָ)». «"И в ней завершается заслуга праотцев по отношению к грешникам", для которых не устанавливается заслуга праотцев, "так как они получают награду свою в этом мире"».

---

[396] Тора, Бемидбар, 15:20. «От начатков теста вашего халу (кусочек теста) возносите в возношение; как возношение с гумна, так возносите ее».

[397] Тора, Шмот, 32:11-13. «И умолял Моше пред Творцом Всесильным своим, и сказал: "Зачем, Творец, гневаться Тебе на народ Твой, который Ты вывел из земли египетской силою великой и рукою могучей? Зачем допускать, чтобы египтяне говорили: "На беду Он их вывел – чтобы убить их в горах и стереть их с лица земли!" Отступись от гнева Твоего и передумай – не губи народ Свой! Вспомни Авраама, Ицхака и Яакова, рабов Твоих, которым Ты поклялся самим Собою и говорил им: "Умножу потомство ваше, сделав его многочисленным, подобно звездам небесным, и всю ту землю, о которой Я говорил, отдам вашим потомкам, и будут они владеть ею вечно"».

[398] Тора, Дварим, 3:24. «Господин мой, Творец! Ты начал являть рабу своему Твое величие и крепкую руку Твою; ибо кто есть сильный на небесах и на земле, который сделал бы подобное Твоим делам и могучим деяниям Твоим!»

308) «"Ибо с правой стороны, где находится йуд (י), являющаяся Хохмой", потому что Хохма – с правой, а Бина – с левой, и они – йуд-хэй (יה). "И это – начало имени АВАЯ (הויה)", Шхина, "показывает заслугу над сыновьями своими" в час, когда получает "от правой линии, где находятся двести сорок восемь (РАМАХ) исполнительных заповедей", являющихся свойством хасадим. И "со стороны последней хэй (ה)" АВАЯ (הויה), "находящейся с левой стороны от Гвуры", так как Малхут строится от левой, и прежде чем получает от правой стороны, "где находятся запретительные заповеди, которых триста шестьдесят пять (ШАСА)", и они в левой стороне, "и там осуждаются законченные грешники, по отношению к которым закончилась заслуга праотцев", – т.е. нет у них хасадим от ХАГАТ, называемых праотцами. "И превращается для них имя АВАЯ (הויה) в хэй-вав-хэй-йуд (הוהי)", т.е. в обратном порядке, указывающем на суд. "И мы учили о злодее Амане", который сказал: "Но всё это ничего не значит для меня"[399]», где конечные буквы слов «это ничего не значит для меня (זֶה אֵינֶנּוּ שֹׁוֶה לִי)»[399] указывают на хэй-вав-хэй-йуд (הוהי). И отсюда следует, что это указывает на суд. (До сих пор Раайа меэмана)

---

[399] Писания, Мегилат Эстер, 5:13. «Но все это ничего не значит для меня, пока я вижу Мордехая иудея сидящим у ворот царских».

Рождение Моше

309) «"И сказал Творец Моше, говоря: "Говори сынам Исраэля и скажи им, чтобы они делали себе цицит (кисти) на краях одежд своих во всех поколениях своих и вставляли в цицит кра́я (одежды) синюю нить"[400]. Рабби Хизкия провозгласил: "И показал Он мне Йеошуу, великого коэна, стоящего пред ангелом Творца"[401]. Насколько счастливы Исраэль, ведь Творец желает величия их более, чем всех живущих в мире. И дал им святую Тору, и дал им верных пророков, ведущих их в Торе путем истины"».

310) «"Смотри, над всеми пророками, которых возвел Творец в Исраэле, над всеми ними раскрылся Творец на высших святых ступенях, и они созерцали сияние святого величия Царя из высшего места, но не так близко, как Моше, который был ближе всех к Царю, так как участь его была самой счастливой из всех живущих в мире, поскольку о нем написано: "Устами к устам говорю Я ему, и явственно, а не загадками"[402]. А остальные пророки созерцали из места далекого, как сказано: "Издалека Творец являлся мне"[403]».

311) «"Сказал рабби Хизкия: "Я так учил, написано: "И пошел муж из дома Леви, и взял дочь Леви"[404]. "И пошел муж"[404] – это Творец", Зеир Анпин, как сказано: "Творец – муж битвы"[405]. "Из дома Леви"[404] – это Творец, который" вышел "из места, где высшая мудрость (хохма) и то сияние", т.е. высшая Бина, "соединяются вместе и не расстаются никогда"». И объясняет, что Леви – от слова «слияние», от слова «сопровождение (левайот)». Другое объяснение. «"Из дома Леви"[404] – т.е.

---

[400] Тора, Бемидбар, 15:37-38. «И сказал Творец Моше, говоря: "Говори сынам Исраэля и скажи им, чтобы они делали себе цицит (кисти) на краях одежд своих во всех поколениях своих и вставляли в цицит края (одежды) синюю нить"».

[401] Пророки, Зехария, 3:1. «И показал Он мне Йеошуу, великого коэна, стоящего пред ангелом Творца, и сатана, стоящего справа от него, чтобы обвинять его».

[402] Тора, Бемидбар, 12:8. «Устами к устам говорю Я ему, и явственно, а не загадками, и облик Творца он зрит. Почему же не убоялись вы говорить против раба Моего, против Моше?»

[403] Пророки, Йермияу, 31:2. «Издалека Творец являлся мне: "Любовью вечной возлюбил Я тебя, и потому привлек Я тебя милостью!"»

[404] Тора, Шмот, 2:1. «И пошел муж из дома Леви, и взял дочь Леви».

[405] Тора, Шмот, 15:3. «Творец – муж битвы, Творец имя Его».

левиатан", представляющий собой Есод Зеир Анпина, "пробудил всю радость в мире"». И объясняет, что Леви – от слова «левиатан», «"как сказано: "Левиатана, которого сотворил Ты, чтобы резвился в нем"[406]. "И взял дочь Леви"[404] – это Творец, т.е. место, в котором светит свет луны"», Малхут. И смысл сказанного следующий: «И пошел муж»[404] – Зеир Анпин, «из дома Леви»[404] – т.е. из высших Абы ве-Имы, «и взял дочь Леви»[404] – Малхут. Иными словами, Зеир Анпин передал света высших Абы ве-Имы Малхут.

312) «"И зачала жена, и родила сына"[407]. Жена, конечно", т.е. Малхут, "как сказано: "Эта (зот) названа будет женой (иша)"[408]. И зот (זאת) – это имя Малхут, вначале" называл ее "дочерью Леви, и это, безусловно, так. И почему" назвал ее "сначала дочерью Леви, а теперь – женой?" И отвечает: "Но мы так учили: женщина перед тем, как выходит замуж, называется дочерью такого-то, а после того, как выходит замуж, называется женой. И" так же "здесь, – дочь и жена являются одной ступенью"», Малхут. Но прежде, чем он взял ее для зивуга (соития), она называется дочерью Леви, а затем – женой.

313) «"И скрывала его три месяца"[407] – это три месяца, в которые суровый суд пребывает в мире: таммуз, ав и тевет". И поэтому Шхина скрывала его. Спрашивает: "Чему это нас учит?" И отвечает, что это нас учит тому, "что прежде, чем Моше низошел в мир, он пребывал наверху, и поэтому соединилась с ним Шхина со дня, когда он родился", и оберегала его. "Отсюда (следует), – сказал рабби Шимон, – что дух праведников прежде, чем нисходит в мир, пребывает наверху"».

314) «"И не могла более скрывать его, и взяла для него папирусный короб, и обмазала его глиной и смолой"[409]. Что значит: "И взяла для него папирусный короб"[409]?" И отвечает:

---

[406] Писания, Псалмы, 104:25-26. «Вот море великое и необъятное, там существа, которым нет числа, животные малые и большие, там корабли плывут, левиатан, которого сотворил Ты, чтобы он резвился в нем».

[407] Тора, Шмот, 2:2. «И зачала жена, и родила сына, и увидела, что красив он, и скрывала его три месяца».

[408] Тора, Берешит, 2:23. «И сказал человек: "Эта на сей раз кость от моих костей и плоть от плоти моей! Эта названа будет женой (иша), ибо от мужа (иш) взята она"».

[409] Тора, Шмот, 2:3. «И не могла более скрывать его, и взяла для него папирусный короб, и обмазала его глиной и смолой, и положила в него дитя, и поставила в тростнике у берега реки».

"Что покрыла его знаками, которые оберегали его от рыб морских", т.е. высших ангелов, "плавающих в великом море, как написано: "Там существа, которым нет числа"[406]. И она покрыла его, чтобы он был защищен от них, покровом со стороны величественного йовеля", т.е. Бины, "двумя цветами, белым и черным", т.е. глиной и смолой, которые соответствуют двум линиям, правой и левой. Ибо смола – это левая линия, однако смешанная с Малхут меры суда, и поэтому красный цвет в левой линии становится черным.[410] То есть, этот черный цвет является красным, но ущербным. "И она положила Моше, чтобы плыл он между ними", между ангелами, "и чтобы стал известен им, потому что в будущем он должен взойти среди них в другое время, чтобы получить Тору"».

315) «"И спустилась дочь фараона искупаться в реке"[411]. "Это", дочь фараона, – "та, что исходит от левой линии сурового суда. Как сказано: "Искупаться в реке"[411] – именно "в реке"[411], а не в море", потому что море указывает на Малхут, но река (Нил) – это суровый суд, относящийся к левой стороне, и египтяне сделали ее своим божеством. "И если скажешь, что ведь написано: "И твой посох, которым ты поразил реку"[412], но Моше нанес удар только по морю, а Писание называет его рекой", ведь река – это не точно. И отвечает: "Но река – это потому, что Аарон поразил ее с помощью Моше, а Писание отмечает его, словно Моше поразил ее"».

316) «"Подобно этому: "И прошло семь дней после того, как Творец поразил реку"[413], несмотря на то, "что поразил ее Аарон, но поскольку он исходит со стороны Творца", который повелел ему, "Писание называет Его. А затем (Писание) относит это к Моше", по той же причине. "А служанки ее шли"[411] – это остальные станы, исходящие от этой" левой "стороны"».

---

[410] См. Зоар, главу Насо, Идра раба, п. 214. «"Второй цвет", что в глазу, – "это черный"...»

[411] Тора, Шмот, 2:5. «И спустилась дочь фараона искупаться в реке, а служанки ее шли вдоль реки. И увидела она короб в тростнике и послала свою служанку, и та взяла его».

[412] Тора, Шмот, 17:5. «И сказал Творец Моше: "Пройди перед народом и возьми с собой из старейшин Исраэля, и твой посох, которым ты поразил реку, возьми в руку свою и иди"».

[413] Тора, Шмот, 7:25. «И прошло семь дней после того, как Творец поразил реку».

317) «"И открыла, и увидела его, младенца"[414]. Разве не следовало сказать: "И увидела (младенца)"[414]? Но ведь сказал рабби Шимон, что нет ни одного слова и буквы в Торе, не содержащих в себе высшие величественные тайны". И отвечает: "Но мы так учили. Отметка Царя и Царицы", Зеир Анпина и Малхут, вав-хэй (וה) имени АВАЯ (הויה), "есть на нем, и это запись (букв) вав-хэй (וה)», дополнительных к буквам «и увидела (ватирэ́ וַתֵּרֶא)». И поэтому написано: «И увидела его (ватирэ́у ותראהו)». «"Сразу же: "И сжалилась над ним"[414]. До сих пор (говорит) о том, что наверху", в высших мирах. "Отсюда и далее" говорит "о том, что внизу", в этом мире. "Кроме того изречения, в котором сказано: "И стала сестра его поодаль"[415]. Спрашивает: "Чья сестра?" И отвечает: "Это сестра того", т.е. Зеир Анпина, "который называл Кнессет Исраэль "сестра моя", как сказано: "Открой мне, сестра моя"[416]. "Поодаль"[415] означает, "как сказано: "Издалека Творец являлся мне"[417]». И это изречение означает: «И стала сестра его»[415] – Зеир Анпина, т.е. Малхут, над Моше, «поодаль»[415], как сказано: «Издалека Творец являлся мне»[417], т.е. она является тогда Моше издалека.

318) Спрашивает: «"Что из этого следует", – из всей этой статьи? И отвечает: "Отсюда следует, что эти праведники, прежде чем опускаются в мир, они известны всем наверху", и так все праведники, "и тем более Моше.[418] И это значит, что" души "праведников нисходят из высшего места"», потому что «из дома Леви»[404] указывает на высшие Хохму и Бину, «"как мы объясняли.[419] И мы учили внутренний смысл этого, что у души есть отец и мать, так же, как есть отец и мать у тела на земле"».[419] Потому что «муж»[404] – это Зеир Анпин, а «дочь Леви»[404] – это Малхут, от зивуга которых рождается душа Моше.

---

[414] Тора, Шмот, 2:6. «И открыла, и увидела его, младенца. И вот, ребенок плачет. И сжалилась над ним, и сказала: "Этот из детей евреев"».

[415] Тора, Шмот, 2:4. «И стала сестра его поодаль, чтобы знать, что с ним случится».

[416] Писания, Песнь песней, 5:2. «Я сплю, но бодрствует сердце мое. Голос! Стучится друг мой: "Открой мне, сестра моя, подруга моя, голубка моя, чистая моя, ибо голова моя росою полна, кудри мои – каплями (росы) ночной"».

[417] Пророки, Йермияу, 31:2. «Издалека Творец являлся мне: "Любовью вечной возлюбил Я тебя, и потому привлек Я тебя милостью!"»

[418] См. выше, п. 313.

[419] См. выше, п. 311.

319) «"И это значит, что во всех сторонах, как наверху", то есть в ЗОН, "так и внизу", то есть в Абе ве-Име (досл. отце и матери) этого мира, "все исходит и образуется от захара и нуквы. И также объяснили смысл изречения: "И произведет земля существо живое"[420]. "Земля"[420] – это Кнессет Исраэль", Малхут. "Существо (нефеш) живое"[420] – это "нефеш Адама Ришона высшего, как мы учили"». Ибо Малхут является матерью нефеш Адама Ришона. «Подошел рабби Аба и поцеловал его. Сказал: "Конечно же, ты правильно сказал, и так это во всем"».

320) «"Счастлива участь Моше, верного пророка, более, чем участь всех пророков в мире. Поэтому, когда он ушел из мира, никто не занимался с ним, кроме Творца, поднявшего его на Свою половину. И поэтому взошел Моше в высшем пророчестве и на величественные ступени выше всех пророков мира. А остальные пророки видели за многочисленными стенами"».

---

[420] Тора, Берешит, 1:24. «И сказал Всесильный: "Да произведет земля существо живое по виду его: скот и пресмыкающееся, и зверя земного по виду его". И было так».

Цицит

321) «"И показал Он мне Йеошуу, великого коэна, стоящего пред ангелом Творца"[421]. Спрашивает: "И что он видел?" И отвечает: "Что он стоял перед ангелом и был облачен в испачканные одежды, пока не вышел вестник и не произнес: "Снимите с него испачканные одежды"[422]. Сказал рабби Ицхак: "Написано здесь: "И стоял пред ангелом"[423] – пред ангелом, который вершил над ним суд, (пред) тем, о котором сказано: "Не говори пред ангелом, что ошибка это"[424], – т.е. пред Малхут. "Чему это нас учит?" Это значит, что каждый человек, который не удостоился в этом мире окутаться покрывалом заповеди, и облачиться в облачение заповеди", т.е. в цицит, "когда входит в тот мир, он стоит в испачканном облачении", и не пристало ему являться в таком виде, "и стоит над ним в суде"».

322) «"Смотри, сколько одеяний встречается в том мире. И тот человек, который не удостоится в этом мире облачения заповеди", т.е. талит и цицит, "когда он входит в тот мир, облачают его в одно одеяние, известное владыке преисподней. И горе тому, кто облачается в это одеяние, ибо многочисленные судебные следователи будут цепляться к нему и отправят его в преисподнюю. И царь Шломо громко взывал, говоря: "Во всякую пору да будут белы одежды твои"[425]».

323) «"Мы учили в тайне Сифра ди-цниута:[426] четыре царя", т.е. Хесед-Гвура-Тиферет-Малхут (ХАГТАМ) Зеир Анпина, "выходят" и образовываются "перед четырьмя", т.е. Хохма, Бина, правая сторона Даат и левая сторона Даат. Хесед – от Хохмы, Гвура – от Бины, Тиферет – от правой стороны Даат,

---

[421] Пророки, Зехария, 3:1. «И показал Он мне Йеошуу, великого коэна, стоящего пред ангелом Творца, и сатана, стоящего справа от него, чтобы обвинять его».

[422] Пророки, Зехария, 3:4. «И отвечал он и сказал стоящим пред ним так: "Снимите с него испачканные одежды". И сказал он ему: "Смотри, я снял с тебя грех твой и (приказал) облечь тебя в одежды нарядные"».

[423] Пророки, Зехария, 3:3. «А Йешуа был одет в испачканные одежды и стоял пред ангелом».

[424] Писания, Коэлет, 5:5. «Не давай устам твоим вводить в грех плоть твою, и не говори пред ангелом, что ошибка это. Для чего гневаться Всесильному из-за голоса твоего и губить дело рук твоих!»

[425] Писания, Коэлет, 9:8. «Во всякую пору да будут белы одежды твои, и не прекратит изливаться елей на голову твою».

[426] См. Зоар, Сифра ди-цниута, пп. 66-67.

Малхут – от левой стороны Даат. "И" эти ХАГТАМ "висят" на ХАБАД "как виноград на ветке". Иными словами, они нисходят и питаются от них, каждый – от соответствующего ему свойства. "И включаются в них", в ХАГТАМ, "семь гонцов", т.е. в четырех сфирот ХАГТАМ есть семь сфирот ХАГАТ НЕХИМ. "И они свидетельствуют", т.е. раскрывают свечение Хохмы, называемое свидетельством, "и не находятся на своем месте"» в час, когда свидетельствуют, – т.е. в час, когда раскрывают свечение Хохмы, и они находятся не на своем месте, в Зеир Анпине, а на месте Малхут, так как Хохма раскрывается только лишь в Малхут.[427]

Объяснение. Четыре царя, т.е. ХАГТАМ Зеир Анпина, указывают на четыре цицит. И четыре стороны, в которых висят эти цицит, указывают на четыре вида мохин – Хохму и Бину, правую сторону Даат, и левую сторону Даат, и ХАГТАМ, представляющие собой четыре цицит, висят на них, подобно винограду на ветке. И семь узлов, которые мы делаем на каждом циците, указывают на семь сфирот, включенных в ХАГТАМ. И хотя эти четыре царя, ХАГТАМ, находятся в Зеир Анпине, а цицит являются свойством Малхут, а не Зеир Анпина, дело в том, что поскольку ХАГТАМ Зеир Анпина не светят свечением Хохмы на их собственном месте в Зеир Анпине, а только в месте Малхут, и поэтому это является указанием, что они в месте Малхут, и это цицит. И это означает сказанное: «И не находятся на своем месте», ибо как стороны одежды, так и цицит, и узлы, – всё это является свойством Малхут, так как нет у них раскрытия в месте Зеир Анпина.[428]

Раайа меэмана

324) «"Цицит – эта заповедь помогает вспомнить все заповеди Торы благодаря ей, как сказано: "И будете видеть ее и вспоминать все заповеди Творца и исполнять их"[429] – это является знаком Царя, чтобы помнить и исполнять"».

---

[427] См. Зоар, главу Берешит, часть 1, п. 340, со слов: «И, кроме того, так же как высшая Хохма является началом (решит ראשית), так же и нижняя Хохма считается началом (решит ראשית)...»

[428] См. далее, п. 333.

[429] Тора, Бемидбар, 15:39. «И будет она у вас для цицит, и будете видеть ее и вспоминать все заповеди Творца и исполнять их, и не будете следовать сердцу вашему и глазам вашим, ибо вы прелюбодействуете, следуя им».

325) «"Написано: "И сделай золотой начёлок"⁴³⁰. "Начёлок" – чтобы украсить им главного коэна. И это" то, что называется "начелок (циц)"», что означает видение, как в сказанном: «Взглянул (ициц) и пострадал»⁴³¹, «"когда его созерцают глаза. И это является признаком высшего мира", т.е. Зеир Анпина, и там есть наполнение свечением Хохмы, называемым созерцанием глаз, "которым украшается главный коэн"».

326) «"И поэтому созерцание его", этого начёлка, "несет искупление за дерзость (досл. дерзость лика), потому что перед ним не устоит никто, кроме лика истины. Ибо это все высшие лики", представляющие собой свечение Хохмы, облаченное в хасадим, называемое ликом, "которые являются ликом истины", т.е. "ликом истины, включенным в истину Яакова"», Зеир Анпина. Как сказано: «Ты дашь истину Яакову»⁴³².

327) «"Цицит – это некева, которая является нижним миром", т.е. Малхут. И это созерцание для того, чтобы помнить"», т.е. как сказано: «И будете видеть ее и вспоминать»⁴²⁹. «"Начёлок (циц) – это захар", Зеир Анпин. "Цицит – это некева", Малхут. "И это", цицит, – "для каждого человека. Начёлок (циц) – он только коэну"».

328) «"И мы учили, что запрещено смотреть на Шхину. И поэтому есть синяя нить" в цицит, "так как синета – это престол для дома Давидова", т.е. Малхут, "и исправление его. И это необходимо для того, чтобы испытывать страх пред Творцом и испытывать страх перед этим местом. И поэтому: "И будете видеть ее и вспоминать все заповеди Творца"⁴²⁹. И" синета – "это престол, с которого вершится суд душ, как объяснялось, что все цвета, увиденные во сне, считаются хорошими, кроме синего, так как это престол, поднимающийся в судах душ"».

Объяснение. Синета – это соединение с черным цветом, т.е. с силой экрана точки манула, свойством Малхут первого сокращения, не подслащенной в Бине. И поскольку есть это включение в синету, то называется престолом, на котором

---

⁴³⁰ Тора, Шмот, 28:36-37. «И сделай начелок из чистого золота, и вырежь на нем резьбою печатной: "Святыня Творцу". И положи его на шнур из синеты, и будет он на тюрбане; на лицевой стороне тюрбана будет он».
⁴³¹ См. Вавилонский Талмуд, трактат Хагига, лист 14:2.
⁴³² Пророки, Миха, 7:20. «Ты дашь истину Яакову, милость Аврааму, о которой клялся Ты отцам нашим с давних времен».

вершатся суды душ, и она оберегает Малхут, чтобы не притягивать Хохму от нее сверху вниз. И если кто-то притягивает Хохму сверху вниз, она пробуждается против него и забирает его душу. И это означает, что «запрещено смотреть на Шхину». Хохма называется созерцанием глаз, и запрещено притягивать ее сверху вниз, как уже объяснялось. И это означает сказанное: «И поэтому есть синяя нить в цицит, так как синета – это престол для дома Давидова», – т.е. престол суда для Малхут, называемой домом Давида, «и исправление его», т.е. синета – это исправление Малхут, оберегающее ее, чтобы не притягивали от нее Хохму сверху вниз. И поскольку цицит является свечением Хохмы, как уже объяснялось в свойствах начелок (циц) и цицит, поэтому нужно добавлять к ним синюю нить для сохранения, чтобы притягивали ее только снизу вверх. И это означает сказанное: «И поэтому: "И будете видеть ее и вспоминать все заповеди Творца"[429]». И испытывая страх, вызываемый синей нитью, вы вспомните о необходимости выполнять все заповеди как полагается.[433]

329) «"Написано: "И пусть добавляют к цицит кра́я (одежды) синюю нить"[434]. "И пусть добавляют к краю одежды", – не сказано, но: "И пусть добавляют к цицит"[434] – ибо это защищает остальные нити"». Иначе говоря, цицит указывает на свечение Хохмы, поэтому только эти нити нуждаются в укрытии и обережении от синей нити. Поэтому сказано: «И пусть добавляют к цицит».

330) «"И будете видеть ее и вспоминать"[429], и написано: "Помни, что сделал тебе Амалек"[435]. Что это означает? Но это" подобно "сыну, который перелез через забор, и его укусила собака. Каждый раз, когда отец желает дать наставление сыну, он говорит: "Ты ведь помнишь, как тебя укусила собака?!" Так же и здесь: "И будете видеть ее и вспоминать"[429], так как" синета – "это место, куда поднимаются души для совершения над ними суда"». И потому это подобно сказанному: «Помни, что сделал тебе Амалек»[435].

---

[433] См. внимательно выше, п. 124, в комментарии Сулам, где мы это объясняли.

[434] Тора, Бемидбар, 15:38. «Говори сынам Исраэля и скажи им: "Пусть делают себе цицит (кисти) на краях одежд своих во всех поколениях своих и пусть добавляют к цицит края (одежды) синюю нить"».

[435] Тора, Дварим, 25:17. «Помни, что сделал тебе Амалек на пути при вашем исходе из Египта».

331) «"Подобно этому: "И будет: всякий укушенный, увидев его, останется жив"[436]. Почему? Но когда он поднимался перед его глазами, и он видел образ того, кто ужалил его, то испытывал страх и молился пред Творцом, и знал, что это – наказание грешникам. Всё время, пока сын видит ремень отца, он боится отца. Спасся от ремня – спасся от всего. Что заставило его спастись? То, что он видел этот ремень". Таким образом, "этот ремень привел его к спасению. И поэтому: "Увидев его, останется жив"[436], – видит тот ремень, которым был бит, и тот приводит его к спасению. И так же здесь: "И будете видеть ее и вспоминать все заповеди Творца и исполнять их"[429]. А если нет, то ведь ремень", т.е. синета, "приведет вас к тому, что вы будете возвращаться к работе Моей всегда. И тогда будете "исполнять их"[429]».

332) «"И не будете следовать сердцу вашему"[429] – т.е. видение синей нити "избавит вас от других дурных путей, и тогда, конечно, не будете следовать им и делать зло. И поэтому видна" на цицит "синяя нить. Эта синяя нить подобна престолу величия – так же, как престол величия приводит к тому, чтобы человек шел прямым путем, с целью очистить его, так и эта синяя нить приводит к тому, чтобы человек шел прямым путем. Естественно, каждый" человек "должен испытывать страх перед этим местом, чтобы идти прямым путем"».

333) «"Написано: "От края земли мы слышали пение, восславляющее праведника, но сказал я: "Беда мне, беда! О, горе мне! Изменники изменяют!"[437] "От края земли"[437] – это край цицит, являющийся краем земли", т.е. край Малхут, называемой землей. "Мы слышали пение"[437] – это все нити, которые выходят и спускаются от высшего места, по тем высшим тропинкам, которые выходят от высшей Хохмы", потому что нити – это ХАГТАМ Зеир Анпина, исходящие от высших ХАБАД.[438] "Восславляющее праведника"[437] – это праведник, оживляющий миры", т.е. Есод Зеир Анпина, "а эти нити цицит", т.е. ХАГТАМ Зеир Анпина, "являют собой красоту его, потому что из него

---

[436] Тора, Бемидбар, 21:8. «И сказал Творец Моше: "Сделай себе ядовитого (змея) и посади его на шест, и будет: всякий укушенный, увидев его, останется жив"».

[437] Пророки, Йешаяу, 24:16. «От края земли мы слышали пение, восславляющее праведника, но сказал я: "Беда мне, беда! О, горе мне! Изменники изменяют, и облачились в одеяние измены!"»

[438] См. выше, п. 323.

они вышли" и были переданы Малхут. "И каждая нить состоит из двух сторон", т.е. из хасадим и Хохмы, правой и левой. "И смотря на это, "сказал я: "Беда мне, беда!"[437] – ибо они выходят из высшего свойства всей веры", поскольку они являются совокупностью всех светов Малхут, называемой верой. "И когда я смотрю на синюю нить, а вижу ремень, наносящий удары, т.е. он является местом страха для того, чтобы испытывать трепет, говорю я: "Беда мне"[437], оттого что люди не умеют наблюдать и видеть, как они наказываются ложью, ведь тем самым "изменники изменяют"[437]. Поскольку провозглашают воззвание "Шма" без цицит, совершают ложное свидетельство, и это они – "изменники изменяют"[437], то есть лгут самим себе"».

334) «"И облачились в одеяние измены!"[437] Одежда их, когда она без цицит, называется "одеяние измены"[437], т.е. одеяние тех изменников, которые нарушают верность, обманывают и дают ложное свидетельство каждый день. Горе им, горе их душе, потому что восходят к престолу синеты, чтобы судить" их. "И о них написано: "Изрекающий ложь не утвердится пред глазами моими"[439]. Это облачение их известно всем вершащим суд. Горе им, ибо нет у них доли в мире будущем. Счастливы праведники, облачения и исправления которых известны наверху, для того чтобы дать им благо в этом мире и в мире будущем"».

335) «"Заповедь эта – это заповедь цицит, которая содержит синий цвет и белый", т.е. четыре белых нити и одна синяя, "и это – суд и милосердие в огне. Белый" огонь "не уничтожает, синий – пожирает и уничтожает всё, как написано: "И уничтожил всесожжение и жертвы"[440]. То есть "белый" огонь "исходит от правой стороны, а синий" огонь – "от левой, средний столб", т.е. средняя линия, соединяющая правую и левую, "является единством их обоих, и это – зеленый" огонь. "И поэтому установили мудрецы Мишны: "С какого времени возглашают "Шма" в утренней молитве (шахарит)? Со времени, когда будет различать между синим и белым цветом"», т.е. будет различать между судом и милостью (хесед), ибо тогда прилепится к милости (хесед), что и является внутренним смыслом произнесения

---

[439] Писания, Псалмы, 101:7. «Не будет жить в доме моем поступающий лживо, изрекающий ложь не утвердится пред глазами моими».

[440] Писания, Диврей а-ямим 2, 7:1. «Когда закончил Шломо молиться, то огонь сошел с неба, и уничтожил всесожжение и жертвы, и слава Творца наполнила Храм».

«Шма». «"И поэтому установили отрывок (о) цицит, – что надо читать в единстве..."» (недостает завершения)

(До сих пор Раайа меэмана)

336) «Сказал рабби Йегуда: "Сколько свидетелей создал Творец для того, чтобы свидетельствовать о людях. И все они с советом и свидетельством предстают перед человеком. Встает он утром и опускает ноги свои, чтобы пойти, а свидетели стоят перед ним и провозглашают: "Стопы благочестивых Своих охраняет Он"[441]. "Береги ноги твои, когда пойдешь"[442]. "Проторяй стезю для ног твоих"[443]. Открывает он глаза, чтобы взглянуть на мир, говорят ему свидетели: "Пусть смотрят прямо глаза твои"[444]. Встает он, чтобы произнести речь, говорят ему свидетели: "Береги язык свой от зла"[445]. Простирает руки свои к делам мирским, говорят свидетели: "Уклоняйся от зла и делай добро"[446]».

337) «"Если он слушает их, то хорошо, а если нет, то сатан находится справа от него, чтобы обвинять его. И все они свидетельствуют о грехах его наверху. И если этот человек хочет заняться служением Творцу, то все свидетели становятся для него добрыми заступниками, и предстают, чтобы дать о нем доброе свидетельство, в час, когда он нуждается в нем"».

338) «"Он встает утром, произносит множество благословений, возлагает на голову тфилин меж глазами своими. Хочет поднять голову – видит святое высшее имя держится и записано над головой его, и ремешки спускаются с одной и с другой стороны на сердце его, и таким образом он смотрит на величие Господина своего. Простирает руки свои – видит, что вторая рука отмечена связью святого имени. Возвращает он руки свои

---

[441] Пророки, Шмуэль 1, 2:9. «Стопы благочестивых Своих охраняет Он, а нечестивые во тьме погибнут, ибо не силою крепок человек».

[442] Писания, Коэлет, 4:17. «Береги ноги твои, когда пойдешь в Храм Всесильного, и (будь) близок, чтобы внимать, а не воздавать глупцов жертву, ибо они не знают, (что) делают зло».

[443] Писания, Притчи, 4:26. «Проторяй стезю (для) ног твоих, и все пути твои будут тверды».

[444] Писания, Притчи, 4:25. «Пусть смотрят прямо глаза твои, и веки (взоры) твои да направлены будут вперед пред тобою».

[445] Писания, Псалмы, 34:14. «Береги язык свой от зла и уста свои – от лживых слов».

[446] Писания, Псалмы, 34:15. «Уклоняйся от зла и делай добро, ищи мира и стремись к нему».

и созерцает величие Господина своего. Облачается в одеяние заповеди облачения, в четыре края одежды его, – выходят четыре царя перед четырьмя, т.е. четыре свидетеля истины Царя", и это четыре цицит, "свисают с четырех краев, вися на них подобно винограду на ветке"».[447]

339) «"Так же, как виноградная гроздь является одним целым, и висит на ней множество винограда с одной стороны и с другой стороны, так же и это", цицит, "являются единой заповедью, и зависят от нее многочисленный виноград и виноградная кожура, и ветви", т.е. множество видов ступеней, как мы уже сказали. "Связаны с ней семь гонцов, т.е. семь узлов синей нити, которую нужно соединить с каждой,[447] или увеличить до тринадцати" узлов. "Тот, кто добавляет, – пусть не добавляет, превышая тринадцать. А тот, кто уменьшает, – пусть не уменьшает менее семи"».

340) «"И мы учили, что синяя нить – это царь Давид", т.е. Малхут. "И это нить Авраама", т.е. свойство экрана правой линии, исходящего от точки холам,[448] и там он подслащен в Бине, "и благодаря ей удостоился оставить после себя сыновей. И это синяя нить (тхелет), то есть цель (тахлит) всего", потому что исправление ее является целью всех миров. "Рабби Йегуда говорит: "Она называется престолом величия"», и это Малхут.

341) «Рабби Ицхак сказал: "Семь узлов", которые завязаны на цицит, – "это Шхина, являющаяся седьмой для всего, безусловно, потому что она благословляется от шести других" сфирот, ХАГАТ НЕХИ, "с помощью праведника", Есода, и поэтому она включает все семь. "А если делают тринадцать" узлов, – "тринадцать их, как объяснялось с тринадцатью свойствами милосердия, и" Малхут – "она является входом для них всех"», и поэтому содержит тринадцать.

342) «"Синета – это одна нить, и она отмечена цветом своим, и цвет ее добывается от одной рыбы", которая плавает "в море Кинерет. И называется Кинерет по имени" Малхут. "И поэтому кинор висел над кроватью Давида", потому что кинор – это Малхут. "И это кинор Давида, который играет сам святому

---

[447] Всё это уже выяснялось в п. 323.
[448] См. Зоар, главу Берешит, часть 1, п. 9. «Высшая точка, Ариx Анпин, посеяла внутри чертога ИШСУТ три точки: холам, шурук, хирик...»

высшему Царю", т.е. Зеир Анпину. "И поэтому окраска" синей нити "восходит до небосвода", Зеир Анпина, "а от небосвода – до престола"», Бины.

343) «"И здесь написана заповедь"», то есть: «И вспоминать все заповеди Творца»[429]. Потому что Малхут называется заповедью, «"как сказано: "Ибо таким было повеление царя (мелех)"[449] – что указывает на Малхут. "Зачем ты преступаешь повеление царское?"[450] "Ибо повеление царское"[451]. И все они указывают на Малхут, называемую заповедью Царя. "И мы учили: Есод", являющийся последней сфирой Зеир Анпина, "и корень", т.е. Кетер, являющийся корнем всего, "украшаются вместе в Малхут, и она", Малхут, "является напоминанием и вратами для всех остальных сфирот. Как написано: "Откройте мне врата праведности"[452]. Малхут называется праведностью. "И написано" после этого: "Это врата к Творцу"[453] – так как она является вратами для всех сфирот. "И потому написано: "И будете видеть ее и вспоминать все заповеди Творца"[429]. И это изречение приводится, чтобы включить этим", в Малхут, "все остальные сфирот, потому что в Малхут, называемой заповедью, называются все сфирот, включенные в нее, заповедями. "И поэтому" мы учили: "И они свидетельствуют и не находятся на своем месте"[447], – что сфирот Зеир Анпина несут свидетельство, т.е. раскрывают свечение Хохмы, называемое свидетельством, и не находятся на своем месте в Зеир Анпине, "потому что она является заповедью"», так как цицит – это Малхут, называемая заповедью, и сфирот Зеир Анпина, включенные в нее, называются заповедью. И поэтому они находятся не на своем месте в Зеир Анпине, а в Малхут.

344) «"И мы учили, что предметы заповеди", т.е. относящиеся к Малхут, "выбрасываются. Но ведь лулав и ивовая ветвь", где лулав указывает на Есод Зеир Анпина, а ивовые ветви – на

---

[449] Пророки, Мелахим 2, 18:36. «И молчал народ; и не отвечали ему ни слова, ибо таким было повеление царя, сказавшего: "Не отвечайте ему"».

[450] Писания, Мегилат Эстер, 3:3. «И говорили Мордехаю служители царские, что (были) у царских ворот: "Зачем ты преступаешь повеление царское?"»

[451] Писания, Нехемия, 11:23. «Ибо повеление царское о них и пропитание для певцов на каждый день».

[452] Писания, Псалмы, 118:19. «Откройте мне врата праведности, я войду в них, возблагодарю Творца».

[453] Писания, Псалмы, 118:20. «Это врата к Творцу, праведники войдут в них».

Нецах и Ход Зеир Анпина, они не предметы заповеди, а "предметы святости", т.е. относящиеся к Зеир Анпину, "так почему же они выбрасываются?" И отвечает: "Однако предметы святости – то есть потому, что содержатся в написании святого имени"». Однако лулав и ивовая ветвь, хотя и указывают на Зеир Анпин, все же они как предметы заповеди, и поэтому выбрасываются.

345) «Сказал рабби Ицхак: "Эти нити" цицит "нужны, чтобы показать, как они свисают отсюда и отсюда, в четырех сторонах мира, от этого места, и она", Малхут, "властвует над ними всеми в тайне сердца (ламед-бет, 32), так как она – сердце всего этого мира, и сердце высших", т.е. от трех миров БЕА, "и зависит от высшего сердца", относящегося к Зеир Анпину, "и всё это – в тайне сердца (ламед-бет, 32), исходящего от высшей Хохмы"». Иначе говоря, сердце указывает на тридцать два пути Хохмы, которые светят в нем. «Сказал рабби Ицхак: "Мера этого и длина этого", цицит, "мы учили в высеченных буквах рабби Эльазара"».

346) «Сказал рабби Йегуда: "Сказал Творец: "Тот, кто хочет следовать страху предо Мной, пойдет за этим сердцем", Малхут, "и за глазами, пребывающими над ним". Что представляют собой эти глаза? Это как сказано: "Очи Творца – к праведникам"[454], – т.е. эйнаим (глаза) Зеир Анпина. Однако вы: "И не будете следовать сердцу вашему и глазам вашим"[429]. В чем причина? Потому что "вы прелюбодействуете, следуя им"[429]».

347) «Сказал рабби Хия: "Какова причина" упоминания "здесь выхода из Египта, как написано: "Который вывел вас из земли египетской"[455]?" И отвечает: "Потому что, когда они вышли из Египта, то вошли в эту часть", т.е. Малхут. "И этим", Малхут, "поразил Творец погибших в Египте. И поэтому упоминается" выход из Египта "на своем месте. И на своем месте Он предупредил их об этом"», как написано: «Я – Творец Всесильный ваш, который вывел вас»[455]. «"Что значит – "на своем месте"? Это потому, что заповедь цицит является ее местом"», Малхут.

---

[454] Писания, Псалмы, 34:16. «Очи Творца – к праведникам, и уши Его – к воплю их».

[455] Тора, Бемидбар, 15:41. «Я – Творец Всесильный ваш, который вывел вас из земли египетской, чтобы быть вам Всесильным. Я – Творец Всесильный ваш».

348) «"Учил рабби Йеса: "Написано: "Как в дни исхода твоего из земли египетской, явлю ему чудеса"[456]. Спрашивает: "Как в дни"[456]? "Как в день", – следовало сказать. Ведь они вышли за один раз и не задерживались?" И отвечает: "Но" это означает: "Как эти высшие дни", – ХАГАТ НЕХИ Зеир Анпина, "которыми благословилась Кнессет Исраэль. Так в будущем Творец выведет Исраэль из изгнания" – с помощью дней Зеир Анпина. "И тогда написано: "И скажете в тот день: "Благодарите Творца, призывайте имя Его, возвестите в народах о деяниях Его, напоминайте, что возвышено имя Его. Славьте Творца, ибо великое сотворил Он, ведомо будет это по всей земле"[457]. Что значит – "ведомо будет это"[457]?" И отвечает: "Потому что теперь известна она", т.е. Малхут, "благодаря облачению" в талит "заповеди", т.е. в цицит. "В это время станет известна она на многих путях своих, ибо явит Творец чудеса и знамения в мире. Тогда написано: "В тот день будет Творец един, и имя Его – едино"[458]. Благословен Творец навеки! Амен и амен! Будет царствовать Творец вовеки! Амен и амен!"»

---

[456] Пророки, Миха, 7:15. «Как в дни исхода твоего из земли египетской, явлю ему чудеса».

[457] Пророки, Йешаяу, 12:4-5. «И скажете в тот день: "Благодарите Творца, призывайте имя Его, возвестите в народах о деяниях Его, напоминайте, что возвышено имя Его. Славьте Творца, ибо великое сотворил Он, ведомо будет это по всей земле "».

[458] Пророки, Зехария, 14:9. «И будет Творец Царем на всей земле, в тот день будет Творец един, и имя Его – едино».

Глава Корах

ГЛАВА КОРАХ

И взял Корах

1) «"И взял (на себя) Корах, сын Ицара, сына Кеата, сына Леви"[1]. Рабби Аба провозгласил: "Желанней золота они, множества лучшего золота, и слаще меда и сотового нектара"[2]. Как возвышенны слова Торы! Как дороги они, желанны они свыше, желанны они для всех. Ведь они – святое имя, и всякий, усердствующий в Торе, усердствует в святом имени и спасаем от всякого зла, спасаем в этом мире и спасаем в мире будущем. Смотри, каждый, занимающийся Торой, держится за Древо жизни. А раз он держится за Древо жизни, он держится за всё, как написано: "Древо жизни она для держащихся за нее"[3]».

2) «Сказал рабби Ицхак: "Всякий, кто занимается Торой, есть у него свобода от всего – свобода от смерти, поскольку свобода", т.е. Бина, "пребывает над ним и содержится в нем. Если бы Исраэль увенчались Торой, они спаслись бы от всего и не находились бы в изгнании. И это смысл сказанного: "Начертано (харýт חָרוּת) на скрижалях"[4], читай не "начертано (харýт חָרוּת)", с хэт (חָ), огласованной камацем, "а "свобода (херýт חֵירוּת)", с хэт (חֵ), огласованной цейре. "Ибо эта свобода пребывает в Торе. Тора – это сила правой (линии), как сказано: "От Его десницы пламя Закона им"[5]. И левая включается в правую. Тот, кто делает правую левой, а левую правой, – он как будто разрушает мир"».

3) «"Смотри, Аарон – это правая (линия)", т.е. Хесед, "левиты – это левая (линия)", т.е. Гвура, "Корах хотел совершить замену правой линии на левую", т.е. хотел священство, правую линию, для левитов, которые являются левой, "поэтому был наказан. И мало того, было в нем злословие", высказанное им против Моше, "и был наказан за всё". Рабби Йегуда сказал: "Левая всегда включается в правую", ибо это исправление левой. "Корах хотел

---

[1] Тора, Бемидбар, 16:1. «И взял (на себя) Корах, сын Ицара, сына Кеата, сына Леви, и Датан и Авирам, сыны Элиава, и Он, сын Пелета, – сыны Реувена».

[2] Писания, Псалмы, 19:10-11. «Страх Творца чист, пребывает вовек, законы Творца истинны, все справедливы. Желанней золота они, множества лучшего золота, и слаще меда и сотового нектара».

[3] Писания, Притчи, 3:18. «Древо жизни она для держащихся за нее, и опирающиеся на нее счастливы».

[4] Тора, Шмот, 32:16. «А скрижали, деяние Всесильного они; и письмо, письмо Всесильного оно, начертано на скрижалях».

[5] Тора, Дварим, 33:2. «И сказал он: "Творец от Синая выступил и воссиял от Сеира им, озарил от горы Паран, и пришел от мириадов святых; от Его десницы пламя Закона им"».

поменять исправление наверху и внизу", поскольку желал власти левитов, которые являются левой линией, чтобы они не включались в коэнов, правую линию. "Поэтому исчез сверху и снизу"».

4) «"И взял Корах"¹. Спрашивает: "Что значит "и взял"¹?" И отвечает: "Взял и воспользовался дурным советом. Каждый гоняющийся за тем, что не его, – ускользает оно от него, и мало того, то, что у него есть, исчезает у него. Корах погнался за чужим – свое потерял и другого не обрел"».

5) «"Корах шел путем раздора. Что представляет собой раздор? Отдаление и откладывание – отдаление и откладывание того, что наверху и внизу. А тот, кто желает отсрочить исправление мира, исчезает из всех миров. Раздор – это отдаление и откладывание мира (шалом). А тот, кто противостоит миру, противостоит Его святому имени, поскольку Его святое имя называется миром"».

6) «"Мир держится только на мире. Когда Творец создал мир, он не мог существовать, пока Он не явился и не установил над ними мир (шалом). И что он собой представляет? Это суббота, которая является миром высших и нижних. И тогда укрепился мир". И поэтому "тот, кто не согласен на это", на мир, "исчезнет из мира"».

7) «"Цлофхад отвергал субботу, так как собирал деревья. И что это за деревья? Это другие деревья" – семидесяти правителей, как мы уже говорили. И это вещи, относящиеся к будням, а будничное не пребывает в святости. И выходит, что отвергал мир в мире"», т.е. субботу, поскольку смешивал будни с субботой.

8) «Рабби Йоси сказал: "Написано: "Велико благополучие любящих Тору Твою"⁶. Тора – это мир, как написано: "И все стези ее – мир"⁷. А Корах хотел испортить мир наверху" – т.е. Тору, или среднюю линию, называемую Торой, которая устанавливает мир между правой и левой линиями, "и внизу", у Моше. "И поэтому он получил наказание от высших и нижних"» – от огня и от уст земли.⁸

---

⁶ Писания, Псалмы, 119:165. «Велико благополучие любящих Тору Твою, и нет у них препятствий».

⁷ Писания, Притчи, 3:17. «Пути ее – пути приятные, и все стези ее – мир».

⁸ Тора, Бемидбар, 26:10. «И открыла земля уста свои, и поглотила их и Кораха, когда погибла община, когда истребил огонь двести пятьдесят человек, и стали они знамением».

ГЛАВА КОРАХ

Созываемые на собрание

9) «"И восстали они пред Моше, и мужи из сынов Исраэля, двести пятьдесят, знатные общины, созываемые на собрание, мужи именитые"[9]. Это изречение объяснили товарищи. Рабби Шимон сказал: "Созываемые (криэ́й קְרָאֵי) на собрание"[9] написано без йуд (י). Почему написано: "Созываемые (криэ́й קְרָאֵי) на собрание"[9]? И отвечает: "Но так это. Царство земное подобно царству небесному", т.е. нижняя Малхут подобна высшей Малхут. "И это смысл того, что все эти высшие сфирот, в которые включено святое имя, призываются из места, называемого святостью", т.е. высших Абы ве-Имы, "как сказано: "Священными собраниями"[10]. И когда это? Это в час, когда назначенный срок пребывает в мире", – т.е. в праздники и в памятные даты (моэ́д).[11] "И подобно тому, как эти высшие сфирот называются высшим Храмом", чтобы освящать их, "так же и нижний Храм призывает свои воинства, чтобы украсить и поднять их"». И это три мира БЕА, являющиеся ее воинствами, поскольку Малхут украшает их и поднимает их в Ацилут.

10) «"Высшая святыня – известно", что это высшие Аба ве-Има, "нижняя святыня – это мудрость Шломо", т.е. Малхут, "которая тоже призвала все свои воинства", чтобы освятить их своей святостью. "И все эти воинства призываются, чтобы облачиться в эту нижнюю святыню, в то время, когда праздник (моэд) пребывает в мире. И подобно тому, как ее воинства стоят наверху", в Ацилуте, призванные из Малхут, "так же стоят правители народа", т.е. главы Исраэля, "по ее примеру внизу", в этом мире. "И поэтому они называются "Созываемые (криэ́й קְרָאֵי) на собрание"[9]. А поскольку они внизу, они называются "Созываемые (криэ́й קְרָאֵי) на собрание"[9] без йуд (י). Но они тогда в большем совершенстве"».

11) «"Мужи именитые"[9] – т.е. люди Малхут, которая называется именем, "а не люди Творца (АВАЯ)", т.е. Зеир Анпина. И

---

[9] Тора, Бемидбар, 16:2. «И восстали они пред Моше, и мужи из сынов Исраэля, двести пятьдесят, знатные общины, созываемые на собрание, мужи именитые».

[10] Тора, Ваикра, 23:1-2. «И сказал Творец Моше, говоря: "Обратись к сынам Исраэля и скажи им: "Праздники Творца, которые вы должны называть священными собраниями, – это Мои праздники"».

[11] См. Зоар, главу Эмор, п. 110. «"Трое призваны святостью, и не более", и это "праздник Мацот, праздник Шавуот, и праздник Суккот"...»

это смысл сказанного: "Проклинавший Имя, предан будет смерти"[12]. И мы объясняли", что это указывает на Малхут, называемую именем. "И поэтому они назывались здесь "мужи именитые"[9], безусловно, потому что исходили со стороны Гвуры", т.е. Малхут, называемой нижней Гвурой. "И это" сказано, "чтобы возвеличить их более всего, но они взяли" ее "для себя", т.е. отделили Малхут от Зеир Анпина, "и были вовлечены в спор"» с Моше, т.е. Зеир Анпином.

---

[12] Тора, Ваикра, 24:16. «И кто поносить будет имя Творца, смерти да будет предан, камнями пусть забросает его вся община: как пришелец, так и туземец, проклинавший Имя, предан будет смерти».

ГЛАВА КОРАХ

Свят и чист

12) «"Утром известит Творец, кто принадлежит Ему, и кто свят, и приблизит к Себе"[13]. Спрашивает: "Почему" именно "утром"[13]? И почему "свят"[13], а не чист?"» То есть: «И кто свят, и приблизит к Себе»[13], ему следовало сказать: «И кто чист». И отвечает: «"Но они", община Кораха, "исходят из чистого"», поскольку левиты – это свойство «чист», а не «свят».[14] «"А коэн – свят". Сказал Моше: "Утром"[13], ибо тогда сфира коэна", т.е. Хесед, "пробуждается в мире. "Если вы коэны, то утром исполните утреннюю службу", т.е. Хесед, "и тогда "известит Творец, кто принадлежит Ему, и кто свят"[13]. "Кто принадлежит Ему"[13], просто (без уточнения), – это левит, а "кто свят"[13] – это коэн. Тогда "и приблизит к Себе"[13] святого. И не того, кто различит это, кроме утра". И так сказал им: "Если обнаружите себя оставшимися на стороне суда, утро", т.е. Хесед, "не станет терпеть вас, ибо тогда это не время суда. А если обнаружите себя оставшимися на стороне Хеседа, поскольку это его время, останетесь вы у него, и примет вас"».

13) «"Чем" это будет проверяться? "Приношением воскурения. Ибо дружка (друг невесты) нужен, чтобы было воскурено им курение на всех" ступенях. "И соединится" с их помощью, ибо дух курения поднимается и связывает все ступени в одно. "Кто такой дружка? Это коэн", т.е. Хесед. "Поэтому: "И будет: муж, которого изберет Творец, он свят"[15], – а не чист. Ибо это две ступени – "свят" и "чист".[16] Коэн – свят, левит – чист. И поэтому сказано: "Свят"».

---

[13] Тора, Бемидбар, 16:5. «И говорил он Кораху и всей его общине, сказав: "Утром известит Творец, кто принадлежит Ему, и кто свят, и приблизит к Себе, и кого изберет, Он приблизит к Себе"».

[14] См. Зоар, главу Тазриа, п. 123. «Смотри, ведь левиты, исходящие со стороны суда, не очищаются, пока не устраняются у них сеарот...»

[15] Тора, Бемидбар, 16:6-7. «Такое делайте: возьмите себе угольницы, Корах и вся его община. И положите на них огонь, и возложите на них курение пред Творцом завтра. И будет: муж, которого изберет Творец, он свят. Полно вам, сыны Леви!»

[16] См. Зоар, главу Тазриа, п. 121, со слов: «Однако у самих Абы ве-Имы нет сеарот вообще, так как сеарот исходят вследствие нехватки Хохмы...»

ГЛАВА КОРАХ

Всевышний, Всесильный душ

14) «"Смотри, Моше и Аарон предали себя смерти, как сказано: "Они же пали на лица свои и сказали: "Всевышний (Эль), Всесильный (Элоким) душ (рухот)"[17]. "Душ (рухот רוחת)"[17] написано без вав (ו), и поэтому это Древо смерти", т.е. Малхут. "И всюду падение ниц – оно в эту сторону. И поэтому" написано: "Всевышний (Эль), Всесильный (Элоким)"[17]. "Всевышний"[17] – это как написано: "И Всевышний гневается каждый день"[18], и это Малхут. "Всесильный душ (рухот)"[17] – это место собрания душ мира, и все души поднимаются туда, и оттуда выходят"». И это Малхут.

15) «Рабби Йегуда провозгласил: "Слушайте, мудрые, мои слова и внимайте мне, знающие"[19]. Это изречение произнес Элиу́. Смотри, что написано: "И на троих друзей воспылал его гнев за то, что не нашли ответа и винили Иова"[20]. Ибо они произносили слова, но Иов не находил в них утешения. Отсюда мы учили, что желающий утешить скорбящего, должен сначала обосновать свои речи", чтобы они были пригодны для его утешения. "Ибо друзья Иова произносили речи истинные, но не для утешения его. Ибо нужны слова, с которыми" скорбящий "согласится, и тогда он примет на себя суд, и возблагодарит за него святого Царя. Что написано: "А мешкал Элиу возразить Иову, потому что они были старше его"[21], так как он возблагодарил затем Творца и принял на себя суд небесный"».

16) «"Смотри, написано: "Поэтому, люди отзывчивые, послушайте меня. Немыслимо для Всевышнего (Эль) беззаконие и для Всемогущего (Шадай) – несправедливость!"[22] "Поэтому, люди отзывчивые, послушайте меня"[22] – т.е. совершенные во

---

[17] Тора, Бемидбар, 16:22. «И пали они на лица свои, и сказали: "Всевышний, Всесильный душ (рухот) всякой плоти! Один человек согрешит, а на всю общину Ты прогневаешься?"»

[18] Писания, Псалмы, 7:12. «Всесильный (Элоким) – судья справедливый, и Всевышний (Эль) гневается (на нечестивых) каждый день».

[19] Писания, Иов, 34:2. «Слушайте, мудрые, мои слова и внимайте мне, (все) знающие».

[20] Писания, Иов 32:3. «И на троих друзей воспылал его гнев за то, что не нашли ответа и винили Иова».

[21] Писания, Иов, 32:4 «А мешкал Элиу возразить Иову, потому что они были старше его летами».

[22] Писания, Иов, 34:10. «Поэтому, люди отзывчивые, послушайте меня. Немыслимо для Всевышнего беззаконие и для Всемогущего – несправедливость!»

всем и способные понять эти речи. "Немыслимо для Всевышнего (Эль) беззаконие"²² – это как сказано: "И Всевышний (Эль) гневается каждый день"¹⁸, т.е. Малхут, называемая Эль. "И для Всемогущего (Шадай) – несправедливость"²² – соответственно одно рядом с другим", ибо Шадай – это Есод, и он рядом с Эль, т.е. Малхут. "И уже объяснялось "Эль Шадай", что Эль – это Малхут, а Шадай – это Есод. "Ибо по делам человека платит Он ему"²³. Если человек, пребывая в этом мире, совершает действия и грешит пред своим Господином, это действие висит на нем, чтобы отплатить ему судом. Это смысл сказанного: "Ибо по делам человека платит Он ему"²³ – за то дело, которое он совершил, отплатит Он ему"».

17) «"И вместе с тем: "Если обратит на Него сердце свое"²⁴, – когда человек обращает сердце и желание свое к раскаянию пред Господином своим, тогда "Всевышний (Эль), Всесильный (Элоким) душ (рухот)"¹⁷ "дух (руах) и душу (нешама) его возьмет к Себе"²⁴, чтобы присоединить к средоточию жизни, и не оставляет душу его снаружи, чтобы судили ее другим судом"».

18) «Рабби Йоси сказал: "Это тайна скрытых судов Творца. "Ибо по делам человека платит Он ему"²³, т.е. судя его Своим судом за те дела, которые человек совершил в этом мире, и возносит Он его, чтобы судить его по делам его, и тот исчезает из мира. Что написано после этого: "Кого поставил над ним на земле, и кто устанавливает всю вселенную?"²⁵ "Кого поставил над ним на земле"²⁵ – что поставил Он над ним брата его, который спасает его. "И кто устанавливает всю вселенную"²⁵ – что" брат его "строит дом", т.е. берет в жены его вдову "и строит здание мира, и исправление, и заселение" мира. "Что написано после этого: "Если обратит на него сердце свое"²⁴, – так как этот человек, которого поставил над ним" спасать его и "строить здание, должен направить сердце и желание на этого умершего", чтобы восстановить его имя. "Отсюда следует, что если человек берет в жены эту женщину", вдову брата, "из-за красоты и своей страсти, – то этим не строится здание мира, поскольку не направил сердце и желание свое на умершего"».

---

²³ Писания, Иов, 34:11. «Ибо по делам человека платит Он ему и по пути мужа ему воздает».

²⁴ Писания, Иов 34:14. «Если обратит на Него сердце свое, дух и душу его возьмет к Себе».

²⁵ Писания, Иов 34:13. «Кого поставил над ним на земле, и кто устанавливает всю вселенную?»

19) «"И поэтому написано: "Если он обратит на него сердце свое"[24], – в желании сердца должен направить на него", на умершего, "тогда "дух (руах) и душу (нешама) его возьмет к себе"[24], – т.е. он стремится к нему, чтобы отстроиться в этом мире. Что написано после этого: "Разом умрет всякая плоть, и человек вернется в прах"[26]. "Разом умрет всякая плоть"[26] – тело сгниет во прахе и вся эта плоть". А теперь, после этого: "И человек вернется в прах"[26], – таким образом", будет "обновление здания, как раньше, и вернется в прах строения другого тела, как было вначале. Поэтому дух (руах) и душа (нешама) в руке Творца, и жалеет Он людей, чтобы они не исчезали из этого мира и из другого мира. Поэтому написано: "Всевышний (Эль), Всесильный (Элоким) душ (рухот) всякой плоти"[17]».

---

[26] Писания, Иов 34:15. «(То) разом умрет всякая плоть, и человек вернется в прах».

ГЛАВА КОРАХ

Возьми угольницу

20) «"И сказал Моше Аарону: "Возьми угольницу и положи на нее огонь с жертвенника"[27]. Рабби Хия провозгласил: "Гнев царя – вестник смерти, но человек мудрый умилостивит его"[28]. Насколько люди должны остерегаться грехов своих и оберегать дела свои. Ибо много раз судится мир, и каждый день возлагаются деяния на весы, и наблюдают за ними свыше, и записываются они пред Ним. И если деяния человека не пригодны пред Царем, возникает гнев, и пробуждается суд. Это смысл сказанного: "Гнев царя – вестник смерти"[28]. И поэтому каждый день должен человек остерегаться грехов своих"».

21) «"Когда обвинители встают над миром и нависает гнев – если найдется праведник в поколении, отмеченный наверху, Творец смотрит на него, и гнев утихает". Подобно "царю, который разгневался на своих слуг и потребовал от стражника свершить суд. И в это время пришел возлюбленный царя и встал перед ним. Когда увидел его царь, воссияло его лицо. Начал тот возлюбленный царя говорить с ним, и царь обрадовался. Затем, когда пришел стражник, он увидел радостное лицо царя, отступил и ушел, и не совершил суд. И тогда тот возлюбленный просит царя за слуг его. И царь прощает их. И поэтому: "Но человек мудрый умилостивит его"[28]».

22) «"Так же и тут. Когда увидел Моше, что нависает гнев, тотчас же: "И сказал Моше Аарону"[27], – поскольку он приятель", т.е. друг, "царицы, и воскурение не возносится иначе, как его руками, так как он умножает мир в мире, и соединяет узел веры", т.е. Малхут. "Воскурение – ведь уже объяснялось, что это радость наверху и внизу, узел веры, отступление гнева. Это смысл сказанного: "Масть и воскурение радуют сердце"[29]. И тогда: "Но человек мудрый умилостивит его"[28] – он снимет и очистит гнев, и пробуждается милосердие"».

---

[27] Тора, Бемидбар, 17:11. «И сказал Моше Аарону: "Возьми угольницу и положи на нее огонь с жертвенника, и положи курение, и неси скорее к общине, и искупи их, ибо вышел гнев от Творца, начался мор"».

[28] Писания, Притчи, 16:14. «Гнев царя – вестник смерти, но человек мудрый умилостивит его».

[29] Писания, Притчи, 27:9. «Масть и воскурение радуют сердце, а сладость друга – в душевном совете».

ГЛАВА КОРАХ

Не допустите искоренения колена семейств Кеата

23) «Рабби Эльазар сказал: "Не допустите искоренения колена семейств Кеата из среды левитов"[30]. Ибо они ствол и корень левитов. "Такое делайте для них, чтобы они жили и не умерли"[31], – т.е. коэн должен исправить их, чтобы, хотя они и приближаются к святилищу, подходили лишь в исправлении коэна, который знает знак, до которого можно доходить", – до сих пор, "но не более. А когда покрывают священную утварь, пребывает другое покрытие, свыше, и" левитам "нельзя приближаться и видеть, ибо то, что шепотом", т.е. тайно, "относится не к ним, а только к коэнам, слова которых и дела которых – они в тайне и шепотом. А левиты – они в вознесении голоса"» при пении.

24) «"Поэтому коэны – они шепотом и тайно. И поэтому им запрещено вино, ибо вино для вознесения голоса", для пения, "и для раскрытия тайн. И поэтому были отданы левиты для вознесения голоса, ибо они включаются в суд, а суд – он (совершается) открыто, чтобы сообщить об этом перед всеми. Но коэн, все слова его, – тайно и шепотом, а не открыто, ибо это правая (сторона)", т.е. Хесед. "Когда в мире пребывают суды с левой стороны, правая будет приближать. И чем? Воскурением, которое (совершается) шепотом, в тайне, что тоньше и сокровенней всего", и это Бина.

25) «"Смотри, когда другой жертвенник", т.е. внешний жертвенник, и это Малхут, "начинает вызывать пробуждение" суда, "когда нет праведников" для защиты, "внутренний жертвенник", т.е. Бина, "пробуждается к нему и стоит напротив него, и суды успокаиваются. И так один стоит напротив другого, и тогда суд уходит"».

26) «Рабби Эльазар сказал: "Вот служение сынов Кеата в шатре собрания, святая святых"[32]. Когда сыны Кеата берут

---

[30] Тора, Бемидбар, 4:18. «Не допустите искоренения колена семейств Кеата из среды левитов».

[31] Тора, Бемидбар, 4:19. «Такое делайте для них, чтобы они жили и не умерли, когда приступать будут к святая святых: Аарон и его сыны пусть войдут и поставят их, каждого к его служению и к его ноше».

[32] Тора, Бемидбар, 4:4. «Вот служение сынов Кеата в Шатре собрания, святая святых».

святая святых, приходит коэн и покрывает всё, до того как они приблизились, чтобы взять это. И не видели они никогда, что несут, а всё было закрыто от них, как написано: "И войдет Аарон и его сыны, когда выступать в путь стану, и снимут завесу полога"[33]. И большая часть покрывал священной утвари была с синетой, поскольку синету мы уже объясняли и учили.[34] И после того как покрывалось всё, подходили сыны Кеата, носильщики. И приближались они только лишь к тем тканям, которые выступают наружу. Как сказано: "И когда Аарон и его сыны полностью укроют Святилище и все принадлежности Святилища при выступлении стана в путь, то затем войдут сыны Кеата для ношения"[35]».

27) «"Поэтому воскурение – так как оно является внутренним свойством, и всё, что в тайне, передается коэну. И поэтому: "И взял Аарон, как говорил Моше, и поспешил в среду общества ... и возложил воскурение"[36], – поскольку оно является внутренним свойством, тайной коэна", который тоже является внутренним свойством. "Тогда: "И искупил народ. И стал между мертвыми и живыми"[36] – между Древом жизни и Древом смерти. Тогда правое приблизилось одно к другому", т.е. Древо жизни, являющееся правой стороной, приблизилось к коэну, который является правой стороной, "и прекратился мор"[36]. Счастлива участь коэна, у которого есть сила наверху и есть сила внизу. И он вызывает мир наверху и внизу. И всё время левая сторона служит правой. Это смысл сказанного: "И примкнут к тебе, и служить будут тебе"[37]. А правая", содержащаяся "в левой, – находятся в Святилище"».

---

[33] Тора, Бемидбар, 4:5. «И войдет Аарон и его сыны, когда выступать в путь стану, и снимут завесу полога, и покроют ею ковчег свидетельства».

[34] См. Зоар, главу Шлах леха, п. 124/1.

[35] Тора, Бемидбар, 4:15. «И когда Аарон и его сыны полностью укроют Святилище и все принадлежности Святилища при выступлении стана в путь, то затем войдут сыны Кеата для ношения, чтобы им не коснуться Святыни и (не) умереть. Это есть ноша сынов Кеата при шатре собрания».

[36] Тора, Бемидбар, 17:12-13. «И взял Аарон, как говорил Моше, и поспешил в среду общества, и вот начался мор среди народа. И возложил воскурение, и искупил народ. И стал между мертвыми и живыми, и прекратился мор».

[37] Тора, Бемидбар, 18:2. «И также братьев твоих, колено Леви, племя отца твоего, приблизь с тобою, и примкнут к тебе, и служить будут тебе, а ты и твои сыны с тобою – пред Шатром свидетельства».

ГЛАВА КОРАХ

Во всем, где найдешь применение рукам своим

28) «Рабби Эльазар стоял перед рабби Шимоном, своим отцом. Сказал ему: "Написано: "Узри жизнь с женой, которую любил все дни суетной жизни твоей"[38]». Что это означает? «Сказал ему: "Узри жизнь с женой, которую любил"[38], – это тайна, что человек должен соединить жизнь" от Древа жизни, т.е. Зеир Анпина, "с этим местом", т.е. Малхут, называемой женой. "Одно без другого", Зеир Анпин без Малхут, "не получается. И человек должен соединить свойство дня с ночью" – т.е. свойство Зеир Анпина, называемого днем, с Малхут, называемой ночью, и также наоборот, "свойство ночи с днем. И это: "Узри жизнь с женой, которую любил"[38], поскольку "ибо это доля твоя в жизни"[38], так как жизнь", т.е. свечение Хохмы, "пребывает только над этим", над Малхут, потому что свечение Хохмы не раскрывается ни в каком другом месте, кроме нее.[39] "И в труде твоем, над чем трудишься ты под солнцем"[38], это как ты говоришь: "На всех путях твоих познавай Его, и Он выпрямит стези твои"[40]», – ибо «познавай Его (дае́у והעת)» те же буквы, что «познай вав-хэй (ויעת)», и это Зеир Анпин и Малхут.

29) «"И смотри, все слова царя Шломо – все они скрыты внутри с мудростью. И писания эти выглядят так, как будто всё дозволено, поскольку написано затем: "Всё, что найдет рука твоя делать силой своей, делай, ибо нет дела и счета"[41]. В это изречение следует всмотреться: "Всё, что найдет рука твоя делать силой своей, делай"[41]. Неужели Шломо, в котором высшая мудростью пребывала более чем у всех живущих в мире, сказал так?"»

---

[38] Писания, Коэлет, 9:9. «Узри жизнь с женой, которую любил все дни суетной жизни твоей, что дал Он тебе под солнцем, (во) все дни твоей суеты, ибо это доля твоя в жизни и в труде твоем, над чем трудишься ты под солнцем».

[39] См. Зоар, главу Берешит, часть 1, п. 340, со слов: «И, кроме того, так же как высшая Хохма является началом (решит ראשית), так же и нижняя Хохма считается началом (решит ראשית)...»

[40] Писания, Притчи, 3:6. «На всех путях твоих познавай (волю) Его, и Он выпрямит стези твои».

[41] Писания, Коэлет, 9:10. «Все, что найдет рука твоя делать силой своей, делай, ибо нет дела, и счета, и знания, и мудрости в преисподней, куда ты идешь».

30) И отвечает: «"Но все речения царя Шломо были сказаны о тайне мудрости. Смотри: "Всё, что найдет рука твоя делать силой своей, делай"[41] – означает, что человек должен включить левую в правую. И всё, что он делает, должно быть включенным не иначе, как в правую. "Всё, что найдет рука твоя"[41], – это левая", которая называется рукой. "Делать силой своей"[41] – это правая, как сказано: "Твоя десница, Творец, величественна в силе"[42]. И когда человек следит за тем, чтобы все его действия были в правой стороне и включит левую в правую, тогда Творец пребывает в нем в этом мире и заберет его к Себе в тот, будущий мир"».

31) «"И не должен человек говорить: "Когда приду в будущий мир, тогда я попрошу у Царя милосердия и раскаюсь пред Ним". Но" об этом говорит: "Ибо нет дела, и счета, и знания, и мудрости"[41] после того как человек уходит из этого мира. А если человек хочет, чтобы святой Царь светил ему в том мире и дал ему удел в будущем мире, он должен в этом мире заниматься соединением своих действий с правой (линией), и все дела должны быть ради Творца, ведь потом, когда уйдет он из этого мира, чтобы подвергнуться суровому суду, суду ада (геином), нет там совета, мудрости и разумения, как спастись от суда"».

32) «"Ибо нет дела, и счета, и знания, и мудрости в преисподней (шеоль)"[41]. Поскольку в аду есть отделы над отделами. Нижний отдел – это преисподняя. Более низкий отдел, чем он, – это авадон (гибель). И один рядом с другим. Того, кто опускается в преисподнюю, будут судить, и оттуда он взбирается и поднимается, как сказано: "Низводит в преисподнюю и поднимает"[43]. А тот, кто опускается в авадон, не поднимается" оттуда "никогда"».

33) «"Тот, у кого есть доброе дело, или он принадлежит к дающим отчет, каждую ночь, до того как он лег в постель и еще не спит, он должен давать отчет о своих делах, которые совершил в течение всего того дня, и раскаяться в них и попросить на них милосердия. В чем причина того, что" он должен давать отчет "в этот час? Потому что в этот час в мире царит

---

[42] Тора, Шмот, 15:6. «Твоя десница, Творец, величественна в силе, Твоя десница, Творец, сокрушает врага».

[43] Пророки, Шмуэль 1, 2:6. «Творец умерщвляет и оживляет, низводит в преисподнюю и поднимает».

Древо смерти, и все жители мира ощущают вкус смерти". Поэтому "человек должен в это время давать отчет о своих делах и исповедоваться в них, ибо это час смерти, и такие называются дающими отчет"».

34) «"Так же и тот, кто старается знанием и мудростью познать своего Господина", – после смерти, "когда проведут его, чтобы видеть и созерцать тех грешников, которых судят в аду и на ступени преисподней, и все они кричат с этих ступеней, – он не останется там и не будет находиться среди них. И об этом написано: "Нет дела, и счета, и знания, и мудрости в преисподней"[41]». «Нет дела»[41] – тот, у кого есть доброе дело. «И счёта»[41] – тот, кто относится к дающим отчет. «И знания»[41] – тот, кто усердствует в знании, и так далее, как мы уже объясняли. Поскольку все эти не находятся в преисподней. «"И будет находиться лишь высоко-высоко, в месте, где множество светов и множество свечей, и множество благ пребывают в нем, и Творец приходит забавляться с остальными праведниками в Эденском саду. Счастлива участь праведников в этом мире и в мире будущем. О них написано: "Праведники воздадут благодарность имени Твоему, честные воссядут пред лицом Твоим"[44]».

---

[44] Писания, Псалмы, 140:14. «Праведники воздадут благодарность имени Твоему, честные воссядут пред лицом Твоим».

ГЛАВА КОРАХ

И будет служить Леви

35) «"А служение левита – он должен совершать служение при Шатре собрания"[45]. Рабби Аба провозгласил: "Восседающий над кругом земли"[46] Смотри, когда Творец захотел создать мир, возникло у Него желание, и создал Он его с помощью Торы. И с ее помощью он достиг совершенства. Как сказано: "Когда уготовлял Он небеса, я (была) там"[47]. И написано: "И была я у Него питомицею (амо́н)"[48]. И ведь уже объяснялось: следует читать не "амо́н (питомица)", а "ома́н (мастер)"», т.е. была у него мастером мироздания.

36) «"Когда собирался Он сотворить человека, и мы учили, что сказала Тора: "Разве зря назывался Ты долготерпеливым и милосердным? А если не будет человека, который будет грешить", к кому Ты будешь долготерпелив? "В тот час, когда человек вышел в мир, было сияние лика его сверху и снизу, и трепетали пред ним все твари. И это объяснялось. Смотри, не жил мир и не был завершен, пока не появился человек в совершенстве всего, и не освятился день, и не был исправлен святой престол для Царя", т.е. Малхут. "Тогда завершились высшие и нижние, и пребывала радость во всех мирах"».

37) «"В тот час, когда день желает освятиться, выходили духи и демоны, чтобы создать себе тело. Но освятился день, и не создались они.[49] И остался мир, как будто поврежденным при создании его и ущербным" из-за существования духов и демонов. "Когда освятились Исраэль и завершились на своих ступенях, и находились левиты с левой стороны, восполнился этот изъян мира", который образовался "с левой стороны"» из-за существования духов и демонов, поскольку благодаря левитам соединилась левая (сторона) с правой, и таким образом исправилась левая (сторона).

---

[45] Тора, Бемидбар, 18:23. «А служение левита – он должен совершать служение при Шатре собрания, и они понесут их вину. Закон вечный для поколений ваших, и среди сынов Исраэля не получат они удела».

[46] Пророки, Йешаяу, 40:22. «Восседающий над кругом земли, и жители ее, как саранча, – Он распростер небеса, как тонкую завесу, и раскинул их, как шатер для жилья».

[47] Писания, Притчи, 8:27. «Когда Он уготовлял небеса, я (была) там; когда Он проводил круговую черту на поверхности бездны».

[48] Писания, Притчи, 8:30. «И была я у Него питомицею, и была радостью каждый день, веселясь пред Ним все время».

[49] См. «Предисловие книги Зоар», п. 248. «После того, как освятился этот день, осталось сотворить духов, для которых не было создано тело (гуф)...»

38) «"И поэтому левиты должны очиститься, и тогда всё включается в правую линию, и миру не причиняется вред. И поэтому сказано: "А служение левита – он"[45], – он восполнил левую сторону, он восполнил ущерб мира. И даже ту северную сторону, которой не доставало миру, когда Творец сотворил мир, тоже восполнили левиты, потому что левиты благодаря ковчегу завета восполнили всё. Что значит – благодаря ковчегу? То есть благодаря той ноше, когда они несли Скинию", во время перемещения Скинии, "восполнился ими весь тот ущерб"».

39) «А служение левита – он»[45]. «"Он" указывает – наверху в левой (стороне)", то есть, что исправляет левую наверху. "Он" указывает на то, что включился в правую. Еще "он" – это Атик"», т.е. кетер. Ведь его служение и исправление доходит до кетера, поскольку «он» указывает на скрытое. «"Если бы не пребывал суд в мире", т.е. исправление левитов, "люди не знали бы высшей веры, и люди не занимались бы Торой, и не соблюдались бы заповеди Торы, и совершенная работа, которая есть в мире у святого Царя, – кто исполнял бы ее? Ведь говорит: "Левиты"».

40) «Еще. "А служение левита – он"[45]. "Он", это как ты говоришь: "Поскольку Творец (АВАЯ) – Он Всесильный (Элоким)"[50], – так как с Его помощью осуществляется это единство. "Он" восполняет это совершенство, чтобы всё стало единым", то есть, чтобы объединились все ступени, и стали одним целым. "Он" указывает на "распространение" левой линии, "чтобы принять Кнессет Исраэль", т.е. Малхут. "Как сказано: "Левая рука его у меня под головою"[51]. Чтобы соединить" затем "зивуг вместе"» в свойстве «а правая – обнимает меня»[51]. «"Кто пробудил эту любовь"» свойства «левая рука его у меня под головою», то есть любовь возлюбленных? «Ведь говорит: "Он", т.е. Леви. "Еще. "Он" – это как сказано: "Он сотворил нас, а не мы – народ Его"[52], что указывает на Творца. "Поэтому "Он" указывает "внизу" на исправление ущерба в мире,[53] "Он" наверху" –

---

[50] Тора, Дварим, 4:35. «Тебе дано было видеть, чтобы знать, что Творец – Он Всесильный, нет никого кроме Него».

[51] Писания, Песнь песней, 2:6. «Левая рука его у меня под головою, а правая – обнимает меня».

[52] Писания, Псалмы, 100:3. «Узнайте, что Творец – Он Всесильный, Он сотворил нас, а не мы – народ Его и паства Его».

[53] См. выше, п. 38.

на исправление левой наверху,⁵⁴ "Он" в раскрытии", чтобы раскрывать веру и работу в мире.⁵⁴ "Он" скрыт", что указывает на Атика. "Он" – Элоким"», что указывает на единство «АВАЯ – Он Элоким»⁵⁰.

41) «Рабби Ицхак сказал: "В будущем Творец сделает, чтобы луна светила подобно солнечному свету, а свет солнца будет в семь раз больше, как сказано: "И будет свет луны как свет солнца"⁵⁵. И написано: "Не зайдет уже солнце твое, и луна твоя не скроется"⁵⁶. И написано: "Не будет для тебя больше солнце светом дневным, и сияние луны не будет светить тебе, но будет тебе Творец светом вечным, и Всесильный твой – великолепием твоим"⁵⁷».

Раайа меэмана

42) «"Всякий первенец утробы из всякой плоти, что поднесут Творцу, из людей и из скота, будет тебе ... и первородного из нечистого скота выкупи"⁵⁸, – эта заповедь велит выкупить первенца осла, т.е. выкупить" самого себя "для будущего мира. А если до того как он уйдет в тот мир, не выкупит свои нефеш, и руах, и нешама с помощью Торы, должен будет вернуться" для кругообращения "в этом мире, как вначале", как сказано: "Возвратится он к дням юношества"⁵⁹, – и получить нефеш, руах и нешама"».

---

[54] См. выше, п. 39.
[55] Пророки, Йешаяу, 30:26. «И будет свет луны как свет солнца, и свет солнца станет семикратным, как свет семи дней, в день, когда Творец исцелит народ Свой от бедствия и рану его от удара излечит».
[56] Пророки, Йешаяу, 60:20. «Не зайдет уже солнце твое, и луна твоя не скроется, ибо Творец будет для тебя светом вечным, и окончатся дни скорби твоей».
[57] Пророки, Йешаяу, 60:19. «Не будет для тебя больше солнце светом дневным, и сияние луны не будет светить тебе, но будет тебе Творец светом вечным, и Всесильный твой – великолепием твоим».
[58] Тора, Бемидбар, 18:15. «Всякий первенец утробы из всякой плоти, что поднесут Творцу, из людей и из скота, будет тебе; только обязательно выкупи первенца человеческого, и первородного из нечистого скота выкупи».
[59] Писания, Иов, 33:25. «И станет плоть его свежее, чем смолоду; возвратится он к дням юношества».

43) «"Написано: "Вот, всё это делает Творец дважды, трижды с человеком"[60]. То есть "Исраэль, из-за того что их выкуп был без Торы, которая является деньгами (ке́сеф), т.е. покрытием (кису́фа)", означающим наслаждение "будущего мира, возвращались три лишних раза в изгнание. Но в последнем избавлении, которое произойдет с помощью Торы, больше никогда не вернутся в изгнание. Пришли мудрецы и благословили его (Моше). И сказали: "Верный пастырь, Творец выкупит тебя, а весь Исраэль будет выкуплен тобою, и обновишься ты с ними, а они – с тобой"».

---

[60] Писания, Иов, 33:29. «Вот, все это делает Творец дважды, трижды с человеком».

ГЛАВА КОРАХ

Ценности дома

44) «"Заповедь, которая после этого, – обсуждать ценности дома. И в тайне мудрости: дом человека – это его жена. Если это жена от добра и зла, и он хочет поменять дурную жену на добрую, должен он искупить ее от этого зла и дать за нее ее цену. Но жена от Древа жизни", т.е. Малхут, – "сказано о ней: "Несравнимы с ней ни золото, ни стекло, и не выменять ее за сосуд из червонного злата"[61]. И нет ей цены. Как сказано: "Жена добродетельная – венец мужу своему"[62]. И сказано: "Жену добродетельную кто найдет?"[63] И это Шхина. Кто платит ей милостью (хесед) – безгранична его награда. А кто грешит перед ней – безгранично его наказание"».

45) «"Как можно меньше у нее служащих ей, и у каждой из них есть ценность, и каждая из них нуждается в выкупе", т.е. чтобы выкупить ее из сетей ситры ахра. "Но та, что наследует нешаму, или руах, или нефеш от Шхины, не нуждается в выкупе, ибо Шхина, – сказано о ней: "Я – Творец, это имя Мое, и славы Моей другому не отдам"[64], – так как выкуп ее зависит от Творца, поскольку Исраэль притягивают ее к себе с помощью узла тфилин, знаменованием субботы, знаменованием праздников, знаменованием союза (обрезания) и Торы, многочисленными заповедями. Ибо выкуп ее зависит от Творца. Это смысл сказанного: "Но Я поступил так ради имени Моего"[65], и для нее: "Но при всем том"[66]. Так, многие заповеди люди совершают для получения вознаграждения. И многие грехи. И у каждой заповеди есть своя цена в том мире. Но наказанию для того, кто нарушает их, – нет для него цены и границы"».

---

[61] Писания, Иов, 28:17. «Несравнимы с ней ни золото, ни стекло, и не выменять ее за сосуд из червонного злата».

[62] Писания, Притчи, 12:4. «Жена добродетельная – венец мужу своему, а позорная – как гниль в костях его».

[63] Писания, Притчи, 31:10. «Жену добродетельную кто найдет? Выше жемчугов цена ее».

[64] Пророки, Йешаяу, 42:8. «Я – Творец, это имя Мое, и славы Моей другому не отдам, и хвалы Моей – идолам».

[65] Пророки, Йехезкель, 20:9. «Но Я поступил так ради имени Моего, чтобы не осквернилось оно в глазах народов, среди которых они (находились), пред глазами которых Я открылся им, чтобы вывести их из земли египетской».

[66] Тора, Ваикра, 26:44. «Но при всем том, в их пребывание на земле их врагов Я ими не пренебрег и их не отверг, чтобы истребить их, нарушая союз Мой с ними; ибо Я Творец Всесильный их».

ГЛАВА КОРАХ

Отчуждающий свое имущество для коэна

46) «"Заповедь после этой – обсуждать отчуждающих свою собственность для коэна. Как сказано: "Все отчужденное в Исраэле тебе будет"[67]. И как сказано: "Всякий первенец утробы из всякой плоти, что поднесут Творцу, из людей и из скота"[68]. Утроба (рехем רֶחֶם) при изменении порядка букв" – это РАМАХ (רמח 248), "по числу двухсот сорока восьми органов человека. О них сказано: "В гневе о милосердии (рахéм רַחֵם) вспомни!"[69] После того как человек гневается и отчуждает эту скотину для него, – ведь другой бог, змей, пребывает над ним, и сказано о нем: "Проклят ты более всякого скота"[70]. И он слева от человека. Поэтому заповедал Творец отдать" ее "коэну, представляющему собой милосердие и благословение, чтобы смирить гнев, ибо пробудилась в этом человеке желчность, являющаяся мечом ангела смерти. И" поэтому "пробуждается к нему правая (сторона) в милосердии, и гнев левой утихает. И это означает: "В гневе о милосердии вспомни!"[69]»

47) «"Тот, кто гневается, – ведь есть в его гневе смертельный яд, ибо о нем сказано: "Гневающийся – будто поклоняется идолам"[71], поскольку ситра ахра сжигает этого человека. А благодаря тому животному, которое он отдает коэну, отделяется отчужденное (хéрем) от него. Самаэль, другой бог, – это отчужденное (хéрем), а его нуква – проклятие, включенное во все проклятия во Второзаконии (книге Дварим). А Творец благословил всю Тору, и все благословения – они от правой стороны, с которой связан коэн. И поэтому все отчужденное (хéрем) следует отдавать коэну, который сжигает его в огне и истребляет его из мира. А огонь левой стороны утихает в правой, и это вода. И благодаря ей: "И гнев царя утих"[72]».

---

[67] Тора, Бемидбар, 18:14. «Все отчужденное в Исраэле тебе будет».
[68] Тора, Бемидбар, 18:15. «Всякий первенец утробы из всякой плоти, что поднесут Творцу, из людей и из скота, тебе будет. Но ты должен выкупить первенца из людей, и первенца из скота нечистого выкупи».
[69] Пророки, Хавакук, 3:2. «Творец, услышал я весть Твою, испугался! Творец, деяние Твое, которое Ты сделал для меня посреди лет, пусть живет оно! Посреди лет сообщи – в гневе о милосердии вспомни!»
[70] Тора, Берешит, 3:14. «И сказал Творец Всесильный змею: "За то, что ты сделал это, проклят ты более всякого скота и всякого зверя полевого! На чреве твоем передвигаться будешь и прах будешь есть все дни жизни твоей"».
[71] Вавилонский Талмуд, трактат Сота, лист 4:2.
[72] Писания, Мегилат Эстер, 7:10. «И повесили Амана на дереве, которое приготовил он для Мордехая. И гнев царя утих».

ГЛАВА КОРАХ

Два из ста

48) «"Заповедь после этой – выделять большое возношение. И установили – два из ста". Спрашивает: "Что значит – возношение?" И отвечает: "Мудрецы собрания" сказали: "Это возношение, когда нужно выделять два из ста, – что это" означает "в тайнах Торы. Что оно" означает? "Тот, кто хочет вкусить" от него, "если он чужой, будет умерщвлен. То есть – чужой бог, и это Сам. Ибо Творец сказал: "И пусть возьмут Мне возношение"[73] – два из ста", что означает – "выделять его дважды в день. Два из ста", и это "в сорока девяти буквах "Шма" и "Благословенно имя величия царства Его вовеки" вечерней молитвы (аривит) и в сорока девяти буквах ("Шма" и "Благословенно имя величия царства Его вовеки") утренней молитвы (шахарит)", – здесь "недостает двух до" полных "ста, и это высшая Шхина", т.е. Бина, "и нижняя Шхина", т.е. Малхут, "так как обе они нужны, чтобы объединить их с Творцом, поскольку Он – амá их обеих, мера их обеих". И вместе с ними – это "сто в амé. Ама (אַמָּה локоть) – это буквы "сто (מֵאָה)", а при изменении направления букв – это буквы "мать (а-эм הָאֵם)"», что указывает на Бину.

49) «"И вот когда будете есть от хлеба той земли, возносите приношение Творцу"[74]. "Возносите (тариму)"[74] – это как: "Ввысь руки свои вознесла"[75]». И «ввысь руки свои»[75] означает – десять пальцев рук его. «"И это десять пальцев, вознесение которых"», т.е. как написано: «Вознесите руки свои к святыне»[76], – «"это к десяти сфирот, йуд-хэй-вав-хэй (יוֹ"ד הֵ"א וָאו"י הֵ"א), с числовым значением мем-хэй (מ"ה 45). А при перестановке букв алфавита" алеф-тав бет-шин (אי"ת בי"ש) "мем-хэй (מ"ה 45) восходят к числовому значению мем-алеф-хэй (מֵאָה 100)". Так как мем (מ) от мем-хэй (מ"ה) меняется на йуд (י) согласно сочетанию "йуд-мем (י"ם)" перестановки алеф-тав бет-шин (אי"ת בי"ש), хэй (ה) от мем-хэй (מ"ה) меняется на цади (צ) согласно сочетанию

---

[73] Тора, Шмот, 25:1-2. «И сказал Творец Моше, говоря: "Скажи сынам Исраэля, и пусть возьмут Мне возношение; от каждого человека, расположенного сердцем, берите возношение Мне"».

[74] Тора, Бемидбар, 15:19. «И вот когда будете есть от хлеба той земли, возносите приношение Творцу».

[75] Пророки, Хавакук, 3:10. «Увидели Тебя – затрепетали горы, ринулся поток воды, бездна подала голос свой, ввысь руки свои вознесла».

[76] Писания, Псалмы, 134:2. «Вознесите руки свои к святыне и благословите Творца».

"хэй-цади (ה״צ)" перестановки алеф-тав бет-шин (א״ת ב״ש). Цади (צ 90) с йуд (י 10) – это сто. "И это как установили мудрецы, авторы Мишны: "А ныне, Исраэль, что Творец Всесильный твой требует от тебя?"⁷⁷ И сказали: "Следует читать не "что (ма מה)", а "сто (мéа מֵאָה)", соответственно ста благословениям, которыми человек должен каждый день благословлять своего Господина. И это то, что человек должен вкушать каждый день ради своего Господина. И поэтому сказано: "И пусть возьмут Мне возношение"⁷³».

50) «"И сколько этих возношений? Есть возношение от Торы", поскольку возношение (трума תְּרוּמָה) – это буквы "Тора (תּוֹרָה) мем (מ 40). И это возношение – Тора, которая дается за сорок дней. И если скажете, что я ел от нее" в эти сорок дней, "то ведь написано: "И был Моше на горе сорок дней и сорок ночей, хлеба не ел и воды не пил"⁷⁸. Сохранялось оно до этого времени", т.е. до Скинии, – "это возношение для Творца. А раз Царь не ел", т.е. не было зивуга Зеир Анпина с Малхут, называемого едой, "как могут есть Его рабы? Ибо после этого", после того как была возведена Скиния, "когда сказал: "Набрал я мирры с бальзамом моим"⁷⁹, – т.е. произошел зивуг Зеир Анпина с Малхут, – "после этого: "Ешьте, друзья!"⁷⁹, – то есть, чтобы ели рабы Его"», иначе говоря, чтобы получали от свечения этого зивуга.

---

⁷⁷ Тора, Дварим, 10:12. «А ныне, Исраэль, что Творец Всесильный твой требует от тебя? Только страха пред Творцом Всесильным твоим, идти всеми путями Его, и любить Его, и служить Творцу Всесильному твоему всем сердцем твоим и всей душой твоей».

⁷⁸ Тора, Шмот, 24:18. «И вошел Моше в облако, и взошел на гору. И был Моше на горе сорок дней и сорок ночей». Тора, Шмот, 34:28. «И был там сорок дней и сорок ночей, хлеба не ел и воды не пил, и написал на скрижалях слова союза, десять заповедей».

⁷⁹ Писания, Песнь песней, 5:1. «Пришел я в сад мой, сестра моя, невеста, набрал я мирры с бальзамом моим; отведал я соты мои с медом, пил я вино мое с молоком. Ешьте, друзья! Пейте до упоения, любимые!»

ГЛАВА КОРАХ

Выделять десятину

51) «"Заповедь, которая после этой, – выделять десятину (маасе́р) для Леви, и это Шхина. С правой стороны, являющейся Хеседом", дано "большое возношение коэну", т.е. Хеседу. "С левой стороны, являющейся Гвурой", дано "возношение десятины", иначе говоря, возношение десятой части "для Леви, и это Шхина"» с левой стороны.

52) АВАЯ (הויה) с числом САГ (ס״ג 63), то есть «йуд-хэй-вав-хэй (יו״ד ה״י וא״ו ה״י)", – и это свойство Имы, являющейся левой стороной относительно Абы, представляющего собой АВАЯ (הויה) с числом АБ (ע״ב 72), так как АБ САГ это правая и левая линии, – "это "три десятых (эфы) на тельца"⁸⁰», то есть три йуд (י) наполнения САГ, которые называются три десятых. И говорится: «На тельца»⁸⁰, потому что он «"со стороны того, о котором сказано: "И лик быка – слева"⁸¹, и это Гвура", т.е. левая линия. "И одна десятая на агнца"⁸² – это йуд-хэй-вав-хэй (יו״ד ה״א וא״ו ה״א), содержащая десять букв, и это "одна десятая", т.е. десять букв, "и десять" этих букв – они в числовом значении "МА (45), а МА (מ״ה 45) – это сто (меа מא״ה)"», как сказано выше, в предыдущем пункте.

53) «"Однако три десятых" указывают на хлебное приношение, которое готовят из теста, содержащего сорок три яйца и пятую часть яйца. Ибо "йуд (י) йуд (י) йуд (י)", которые содержатся в АВАЯ де-САГ, – это три буквы, "и восходят к" числовому значению "тридцать", и это тридцать три, "и с десятью сфирот, что в них", что в трех йуд (י), "получается сорок три", и это сорок три "яйца. И всё это йуд (י)", т.е. всё число сорок три исходит от буквы йуд (י), и это три буквы йуд (י) в наполнении АВАЯ (הויה) де-САГ и их числовое значение, т.е. тридцать, и десять сфирот. "А пятая часть яйца дополнительно", к сорока трем яйцам, – "она со стороны хэй (ה). Ибо в Малхут есть свойство йуд (י) и свойство хэй (ה). "Так же и десятина (маасер), т.е.

---

⁸⁰ Тора, Бемидбар, 29:3. «И хлебное приношение при них: тонкой муки, смешанной с елеем, три десятых (эфы) на тельца, две десятых (эфы) на овна».

⁸¹ Пророки, Йехезкель, 1:10. «И образ их ликов – лик человека, и лик льва – справа у (всех) четырех, и лик быка – слева у (всех) четырех, и лик орла у (всех) четырех».

⁸² Тора, Бемидбар, 29: 4. «И одна десятая (эфы) на одного агнца, для семи агнцев».

заповедь, чтобы Исраэль отделяли десятину, это со стороны буквы йуд (י)" в Малхут, "которая является десятой частью от десятины". Другими словами, Малхут – одна из десяти сфирот, и девять сфирот включены в нее, и поэтому это свойство йуд (י). "И она – одна из пяти" сфирот "со стороны буквы хэй (ה). Всюду, где сказано десять, – это от буквы йуд (י), т.е. Шхины, и это одна из десяти сфирот. Одна пятая – со стороны Тиферет, со стороны того, что" Тиферет – "это пятый от Кетера", т.е. ХУБ ХАГАТ. "А если будешь считать от Малхут до Тиферет, увидишь, что Тиферет – пятый снизу вверх", т.е. Малхут Есод Ход Нецах Тиферет, "а Шхина – пятая по отношению к нему"», к Тиферет, и все эти четыре, ТАНХИ, светят в ней, и поэтому она свойство хэй (ה). Ибо со стороны этой хэй (ה) она является добавкой пятой части яйца, как мы уже сказали.

54) «"А со стороны" Малхут "она – "две десятых на овна"⁸⁰, поскольку две десятых – это два йуд (י), "и она включает "по десять в ложке, в шекелях священных"⁸³. "По десять (досл. десять десять)"⁸³ – это йуд (י)" справа, "хэй (ה"ה)" в своем наполнении слева, в числовом значении йуд (י 10). "На овна"⁸⁰ – это вав (ו), которая является шекелем священным", средней линией, которая взвешивает и согласовывает их. "И это "десять десять в ложке"⁸³ – поскольку ложка, т.е. Малхут, включает в себя йуд (י) слева и йуд (י) справа, "в шекелях священных (досл. в шекеле священном)"⁸³ – т.е. средняя линия, и это вав (ו). "И еще. "Две десятых (на овна)"⁸⁰ – это йуд (י) йуд (י) от "ва-ицер (וַיִּצֶר и создал)"⁸⁴. "На овна" – это вав (ו) от "ва-ицер (וַיִּצֶר и создал)"⁸⁴. И всё это" форма "алеф (א)", форма которого – "йуд (י) наверху, йуд (י) внизу", указывающие на правую и левую линии, "вав (ו) посередине"», указывающая на среднюю линию. Объяснение. Два йуд (י) от "ва-ицер (וַיִּצֶר и создал)"⁸⁴ указывают на два йуд (י) сочетания АВАЯАдни (אהיהוה), в котором есть йуд (י) сверху, в начале, и йуд (י) внизу, в конце, и шесть (вав ו) букв посередине. И это подобно форме алеф (א), в которой есть йуд (י) наверху и йуд (י) внизу, и вав (ו) посередине. И первая йуд (י) этого сочетания – это высшая Хохма, а последняя йуд (י) – нижняя Хохма, шесть (вав ו) букв посередине – притягивают от высшей Хохмы к нижней Хохме.

---

83 Тора, Бемидбар, 7:86. «Двенадцать золотых ложек, наполненных курением, по десять (шекелей золота) в ложке, в шекелях священных; всего золота в ложках – сто двадцать (шекелей)».

84 Тора, Берешит, 2:7. «И создал Творец Всесильный человека из праха земного, и вдохнул в ноздри его дыхание жизни, и стал человек существом живым».

Выделять благодарение

55) «"И еще. "Три десятых"⁸⁰ – это трижды йуд (י) йуд (י) йуд (י), содержащиеся в АВАЯ (הויה) с наполнением САГ. И они являются заповедью, следующей после этой, – выделять благодарение. И мудрецы, авторы Мишны, установили, что благодарение – это двадцать десятых, которые делятся: десять десятых на квасное и десять – на мацу (опресноки). И из десяти на мацу делают тридцать мацот, а из десяти на квасное делают десять хлебов. И это: "Тонкой пшеничной муки смешанные с елеем пресные хлебы"⁸⁵. Из десяти десятых", т.е. десяти букв АВАЯ (הויה) с наполнением САГ, "и это йуд-хэй-вав-хэй (יו״ד הֵ״י וָא״ו הֵ״י), делали тридцать мацот, и это йуд (י) йуд (י) йуд (י)", которые есть в АВАЯ (הויה) де-САГ, что в гематрии ламед (ל 30). И это три десятых, как мы уже сказали, "это имя", АВАЯ (הויה) с наполнением САГ, "один раз – с правой стороны", Хесед, "один раз – в левой", Гвура, "и один раз – посередине, т.е. милосердие с каждой стороны, как в правой, так и в левой"», поскольку средняя линия включает правую и левую.

56) «"А иногда йуд (י)", т.е. Малхут, "в правой стороне", и это называется, "что не бывает в ней менее десяти правлений (малхиёт)"⁸⁶, и десять – это смысл йуд (י). "А иногда йуд (י)", т.е. Малхут, "в левой стороне", и это означает, "что не бывает в ней менее десяти шофаров"⁸⁷, ибо она тогда называется шофаром, как Има, находящаяся с левой стороны. "А иногда йуд (י)", Малхут, – "она посередине", между правой и левой сторонами, и тогда она называется памятью, по имени Зеир Анпина, являющегося средней линией. И это означает, что "не бывает в ней менее десяти упоминаний"⁸⁸».

---

⁸⁵ Тора, Ваикра, 2:4. «А если желаешь принести жертву хлебного приношения (из) печеного в печи – тонкой пшеничной муки смешанные с елеем пресные хлебы и пресные лепешки, помазанные елеем».

⁸⁶ Часть из молитвы мусаф на Рош а-шана, где собраны отрывки об управлении Творца миром.

⁸⁷ Десять отрывков в молитве мусаф на Рош а-шана, в которых говорится о трублении в шофар.

⁸⁸ Из молитвы мусаф на Рош а-шана, где говорится о том, что Творец помнит о деяниях мира.

ГЛАВА КОРАХ

По слову Творца располагались станом

57) «"По слову Творца располагались станом и по слову Творца выдвигались, предостережение Творца соблюдали"[89]. Тут есть три имени АВАЯ (הויה) соответственно трем йуд (י), как мы уже говорили, "и у каждой йуд (י) есть четыре лика", т.е. четыре буквы АВАЯ (הויה). И это двенадцать границ, в которых заключено всё совершенство, и это четыре буквы АВАЯ (הויה), ХУГ ТУМ, в каждом из которых три йуд (י), т.е. три линии, всего двенадцать. "Три эти создания соответствуют трем йуд (י)", т.е. трем линиям, называемым лев-бык-орел, "и четыре лика есть у каждого создания", т.е. у каждой линии, "соответственно четырем ликам де-АВАЯ (הויה)", иначе говоря, соответственно четырем буквам де-АВАЯ (הויה), которыми являются ХУГ ТУМ. И это двенадцать границ. "Согласно указанию Творца стояли и двигались"» – т.е. согласно совершенству двенадцати границ.

58) После трех АВАЯ: «По слову Творца (АВАЯ) располагались станом и по слову Творца (АВАЯ) выдвигались, предостережение Творца (АВАЯ)»[89], написано: «"Соблюдали"[89] – это Шхина"», которая получает от этих трех линий, представляющих собой двенадцать границ. И на нее указывает слово «соблюдали (шамáру שָׁמָרוּ)», «"потому что она оберегает (шомéрет שׁוֹמֶרֶת) тех, кто соблюдает субботы и праздники, и поэтому не отходит Шхина от Исраэля во все субботы и праздники, и даже в субботы будней, однако она закрывает и закрыта в них"», т.е. не может передавать наполнение нижним, – в отличие от суббот и праздников, когда ее наполнение наибольшее, в большом изобилии.

Объяснение. ГАР Нуквы называются субботой. Однако ГАР есть также и в мохин де-ахораим Нуквы, и они тоже называются субботой, только субботой будней, как объяснялось ранее в главе Шлах.[90] И это означает сказанное: «И даже в субботы будней». И известно, что в это время ГАР де-ахораим она

---

[89] Тора, Бемидбар, 9:23. «По слову Творца располагались станом и по слову Творца выдвигались, предостережение Творца соблюдали по слову Творца через Моше».
[90] См. Зоар, главу Шлах леха, п. 11.

закрыта и застыла, и не может передавать нижним.[91] И это означает сказанное: «Однако она закрывает и закрыта в них», – то есть не может наполнять.

59) «"И в каждой молитве она", Малхут, "поднимается к АВАЯ (היוה)", т.е. Зеир Анпину, "пока не достигает строения (меркава) высших праотцев, то есть Хеседа Гвуры Тиферет, у которых есть двенадцать ликов, соответствующих двенадцати коленам", поскольку каждый из ХАГАТ включает четыре лика ХУГ ТУМ, и их двенадцать. "И согласно тому, как она", Малхут, "пребывает защитой над этими молящимися и обретающими заслуги в каждой заповеди, что в Торе, так и расположатся они станом за свои заслуги, и так будут выдвигаться к заслугам. И так нисходит к ним эта защита"».

60) «"К тем, кто приобретает заслуги ради получения награды", т.е. для получения возмещения, "Творец нисходит в строении (меркава) своего раба", т.е. Матата, "и с четырьмя Своими стражами", Михаэлем, Гавриэлем, Уриэлем, Рефаэлем. "А к тому, кто приобретает заслуги не ради получения награды, Он нисходит в Своем собственном строении (меркава). А к грешникам Он нисходит в делах их – в этих демонах и вредителях, и ангелах-губителях, в их строении (меркава), чтобы воздать им. Провозгласили авторы Мишны, сказав: "Это, безусловно, так. Счастлив удел верного пастыря"». (До сих пор Раайа меэмана)

Закончилась глава Корах

---

[91] См. Зоар, главу Берешит, часть 1, п. 301. «"Воды застывшего моря", т.е. Малхут, вбирают все воды мира и собирают их в себе».

Интернет-магазин каббалистической книги

https://kabbalah.info/rus/books/

Крупнейший международный интернет-магазин каббалистической литературы. Здесь представлен самый широкий и уникальный ассортимент научной, учебной и художественной литературы по каббале, включая каббалистические первоисточники.

Возможность заказать книгу из любой точки мира.

Обучающая платформа Международной академии каббалы

https://kabacademy.com/

Миллионы учеников во всем мире изучают науку каббала. Выберите удобный для вас способ обучения на сайте.

Наша онлайн-платформа позволит вам пройти обучение у лучших преподавателей академии, изучая уникальные каббалистические источники, общаться в онлайн-сообществе, получить индивидуальное сопровождение помощника-тьютора.

Международная академия каббалы

https://kabbalah.info/rus/

Сайт Международной академии каббалы – неограниченный источник получения достоверной информации о науке каббала.

Вы получаете доступ к уникальному контенту: библиотеке каббалистических первоисточников, к широкому спектру передач и архиву лекций. Сайт дает возможность подключаться к прямой трансляции ежедневных уроков основателя и главы Международной академии каббалы Михаэля Лайтмана для всех, кто занимается углубленным изучением науки каббала и исследованием каббалистических первоисточников.

Посвящается светлой памяти нашего товарища
Леонида Илизарова, главного организатора перевода
Книги Зоар, желавшего донести всему человечеству
идеи единства и любви к ближнему,
которые несет в себе Книга Зоар.

Выражаем огромную благодарность
группе энтузиастов из разных стран мира,
выступивших с инициативой сбора средств
для реализации этого проекта.

16+
СЕРИЯ: «ЗОАР ДЛЯ ВСЕХ»

Книга Зоар

Главы Беаалотха, Шлах леха, Корах

Под редакцией М. Лайтмана, основателя и главы Международной академии каббалы

ISBN 978-5-91072-133-7

Руководители проекта: Б. Белоцерковский, Г. Каплан.
Перевод: Г. Каплан.
Редакторт: А. Ицексон, Г. Каплан.
Технический директор: М. Бруштейн.
Дизайн и вёрстка: Г. Заави.
Корректоры: И. Лупашко, С. Пахомкина.
Выпускающий редактор: С. Добродуб.

Подписано в печать 03.04.2023. Формат 60х90/16
Бумага офсетная 80 г/м2. Печать цифровая. Печ. л. 20,5.
Тираж 500 экз.

Отпечатано с электронного оригинал-макета, предоставленного издательством в АО «Т8 Издательские Технологии»
г. Москва, Волгоградский пр., д. 42, корп.5, «Технополис Москва»
email: infot8@t8print.ru www.t8print.com

www.ingramcontent.com/pod-product-compliance
Lightning Source LLC
LaVergne TN
LVHW082009090526
838202LV00006B/264